Amy Jasmin Ritter
Hinter dem Schleier

Amy Jasmin Ritter

Hinter dem
Schleier

Roman

BRUNNEN
Verlag GmbH · Giessen

MIX
Papier | Fördert
gute Waldnutzung
FSC® C083411
FSC
www.fsc.org

© 2023 Brunnen Verlag GmbH Gießen
Lektorat: Carolin Kotthaus
Umschlagfotos: © Marta Bevacqua / Trevillion Images
und Adobe Stock
Umschlaggestaltung: Daniela Sprenger
Satz: Brunnen Verlag GmbH
Druck: CPI books GmbH
ISBN Buch 978-3-7655-3621-2
ISBN E-Book 978-3-7655-7699-7
www.brunnen-verlag.de

Prolog

Sie erinnerte sich noch gut an diese Nacht. Vielleicht zu gut. An das Davor. Und das Danach.

Der Mond war gerade aufgegangen, geheimnisvoll war er aus den schwarzen Wogen des Meeres aufgetaucht, war sofort wieder hinter einigen Wolken verschwunden und hatte nur durch deren rötlichen Schimmer seine Anwesenheit verraten. Sie hatte die Zehen in den nassen Sand gegraben und die Arme um sich geschlungen. Vor ihr brachen sich die Wellen am Strand, doch über ihre Füße strichen sie nur noch wie eine weiche Decke. Es war warm, aber nicht zu warm. Der Wind streichelte mit seiner federleichten Berührung ihren Kopf.

Sie beobachtete, wie der Vollmond gemächlich aus den Wolken aufstieg, sie in sein dunkelrotes Licht tauchte, das sich wunderschön und doch irgendwie bedrohlich im Schwarz des Himmels verlief.

Er war ungewöhnlich groß, als müsste sie nur die Hand ausstrecken, um ihn zu berühren. Sein goldrotes Licht spiegelte sich auf den sanften Wellen, ließ es aussehen wie eine Straße zum Mond. Als könnte sie einfach über die glitzernden Wogen laufen und die Wolken passieren, die sich dort wie das Tor zu einer anderen Welt erhoben.

Sie starrte auf die goldene Kugel, die dort am Himmel stand.

Wie gerne würde sie jetzt, nachdem alles vorüber war, wieder an diesen Strand zurückkehren und diese andere, verheißungsvolle Welt betreten.

Zurück zu dieser Nacht, in der ihre Träume zum Greifen nahe gewesen waren.

Zurück zu dieser Nacht, die so voll von lange gehüteten Geheimnissen gewesen zu sein schien.

Wie sehr wünschte sie jetzt, das, was gefolgt war, wäre für immer in jener Nacht voller Wünsche, Träume und Sehnsüchte verborgen geblieben.

Doch das war es nicht.

Weder das laute Läuten der Alarmglocken, als die Bewohner der Stadt das gelandete Schiff entdeckt hatten. Noch die Schüsse, die Rufe, die Schreie der Verwundeten, die Panik.

Auch nicht die Tatsache, dass sie sich alleine aus dem Sommerhaus ihrer Familie geschlichen hatte, um einen kleinen Augenblick lang allein zu sein, um der Spannung zu entfliehen, die dem Streit ihrer Eltern gefolgt war.

Und egal wie sehr sie wünschte, sie wäre nicht allein an den Strand gegangen an jenem Abend; egal wie sehr sie wünschte, sie wäre bei ihren Eltern gewesen, als die Piraten die Stadt in Brand gesetzt hatten, als der Piratenkapitän Jack Brixton an Land gegangen war und die Verwüstung betrachtet hatte, die seine Männer über das friedvolle Städtchen gebracht hatten. Als er sich umdrehte – und sie dort entdeckte. Allein.

Egal wie sehr sie wünschte, es wäre anders gekommen – das war es nicht.

Und egal wie sehr sie wünschte, die Geschehnisse jener Nacht für immer aus ihrer Erinnerung löschen zu können – das, was gefolgt war, hatte sie für immer gezeichnet. Und wenn sie ehrlich zu sich war, dann rannte sie noch immer, weg von den Schüssen, den Schreien, den Flammen jener Nacht …

1

Juli 1857

Heute Nacht würde niemand sterben.

Auch wenn alles in ihr sich danach sehnte, Patricia an die Kehle zu springen.

Elissa Belham war eigentlich kein gewalttätiger Mensch, überhaupt nicht. Ganz im Gegenteil. Sie war die perfekte Tochter. Wäre bald die perfekte Ehefrau. Die perfekte Lady.

Wenn nur ihre ehemalige Freundin Patricia nicht ganz so dicht neben David Manners, Earl Lavendale, stehen, nicht so liebreizend lachen würde. Aber vielleicht wäre heute der Abend, an dem die Londoner Gesellschaft erfahren würde, dass Elissa doch nicht so perfekt war.

„Hör auf, so eifersüchtig dort rüberzustarren, Elissa", raunte ihr ihre Freundin Lady Amelia Westcliff mit einem amüsierten Grinsen zu. „Komm mit." Sie packte Elissas Hand und begann, sie zu den Rückzugsräumen der Frauen hinter sich her zu ziehen. Mit einem letzten Blick auf Lord Lavendale, wie der Earl genannt wurde, und die junge Frau, die vor gar nicht allzu langer Zeit ihre beste Freundin gewesen war, folgte sie Amelia. An ihrem Ziel angekommen, stellten sie fest, dass sie das Zimmer komplett für sich hatten; der Rest der Damen tummelte sich wohl auf der Tanzfläche von Lady Mendrows Sommerball. Dort, wo eigentlich auch Elissa sein sollte. In Lord Lavendales Armen.

Amelia packte sie an beiden Schultern und sah ihr eindringlich in die Augen: „Hör mir jetzt gut zu. Ich weiß, dass du wütend bist. Zu Recht, wie ich finde. Aber Männer mögen keine wütenden Frauen, genauso wenig, wie sie eifersüchtige mögen."

„Ich bin nicht –"

„Doch, das bist du." Amelia legte den Kopf schief und sah ihr herausfordernd in die Augen.

Elissa kniff ihre Lippen zusammen und schwieg. Ihre Freundin hatte recht. Sie war wütend und eifersüchtig. Und verletzt. Aber das würde sie niemandem auf die Nase binden.

„Ich sage dir, was wir jetzt machen. Du machst dich ein wenig frisch und beruhigst dich. Diese Rivalität ist weit unter deinem Niveau. Du bist Elissa Belham, um Himmels willen! Dein Vater ist einer der reichsten Männer Englands!"

Amelia drehte sie an den Schultern um, sodass Elissa nun gezwungen war, sich selbst im Spiegel zu betrachten. „Es wird Zeit, dass du dir dessen wieder bewusst wirst, und dann gehst du da raus und gewinnst Lord Lavendale für dich, ohne noch einen Gedanken an diese … diese Verräterin zu verschwenden!"

Elissa starrte ihrem Spiegelbild in die Augen. Sie wusste, was Amelia dort sah: blaue, mandelförmige Augen umrahmt von langen Wimpern. Ein perfekter Teint, ihre blonden Haare in sanfte Wellen gelegt. Das lavendelfarbene Kleid nach der neuesten Mode, das sich eng an ihren zierlichen Körper legte und all die richtigen Kurven unterstrich.

Aber Elissa sah nur die unliebsamen Sommersprossen, die es allmählich wagten, unter dem Puder auf ihrer Stupsnase hervorzuleuchten. Sah, dass ihre Rundungen nicht einmal halb so beeindruckend waren wie Patricias. Sah, dass ihre gelockten Strähnen dort, wo die vielen Menschen, die schwülwarme Augusthitze und die zahlreichen Kronleuchter des Ballsaals ihr den Schweiß auf die Schläfen getrieben hatten, wieder zu ihrem eigenen, völlig formlosen Selbst zurückgefunden hatten.

Sah, dass sie die eigentliche Verräterin war. Dass sie schuld war an dem Streit, der Patricia und sie entzweit hatte, der ihre beste Freundin zu ihrer Rivalin hatte werden lassen. Dass die Worte, die Patricia ihr an den Kopf geworfen hatte, vielleicht wahr sein könnten.

„Er wird bereuen, dich mir vorgezogen zu haben. Wird all die Dinge sehen, die du zu verstecken versuchst. Und er wird sehen, dass er die schlechtere Wahl getroffen hat."

Elissa hatte geschwiegen, als ihre beste Freundin davonmarschiert war, hatte verschwiegen, dass nicht er es war, der eine Wahl getroffen hatte.

Und vielleicht war das die eine Tatsache, die noch mehr schmerzte als Patricias Worte.

Doch trotz alledem straffte sie nun ihre Schultern, atmete tief ein und schenkte sich ein selbstbewusstes Lächeln. „In Ordnung. Ich bin bereit."

Amelia lächelte sanft. „Gut. Dann gehen wir jetzt da raus und gewinnen diese Schlacht." Mit bestimmten Schritten ging ihre Freundin auf die Tür zu, öffnete diese schwungvoll und warf einen Blick nach draußen. Dann hielt sie inne und bedeutete Elissa mit einem verlegenen Grinsen, dass sie vorangehen sollte.

Elissa lachte leise, nahm die Hand ihrer Freundin in ihre und drückte sanft zu, um ihr Mut zu machen. Amelia mochte ihr zwar mutig die Stirn bieten, wie sonst kaum jemand in der Londoner Gesellschaft es tat, doch sobald sie nicht mehr unter sich waren, war ihre Freundin beinahe schmerzhaft schüchtern und brachte kaum ein Wort über die Lippen.

Seite an Seite traten sie wieder in den Trubel des Ballsaals.

Elissa war Amelia dankbar für die wenigen ruhigen Minuten und die aufmunternden Worte. Sie war nun wieder bereit, die Führung zu übernehmen und sich durch das Chaos an Menschenleibern, bedeutungslosen Floskeln und gesellschaftlichen Erwartungen hindurch bis zu ihren Zielen durchzukämpfen.

Und vielleicht war es diese Entschlossenheit, mit der es ihr irgendwie gelang, dass Patricia keine zwanzig Minuten später mit einem jungen Offizier und Amelia mit einem Freund des Earls, Raphael Williams, tanzte, während sie selbst sich in Lord Lavendales Armen zur Musik wiegte.

Das Licht der zahlreichen Kristallleuchter spiegelte sich in den Fensterscheiben, die bunten Röcke der Damen webten einen fröhlichen Farbenteppich um sie herum und Elissa schien es, als wäre dies eine Nacht, in der die Sterne zum Greifen nahe waren. In der Wünsche tatsächlich Wirklichkeit werden konnten.

Vielleicht die Nacht, in der Lord Lavendale ihr endlich die Frage stellen würde, auf die sie nun schon beinahe ein halbes Jahr lang wartete.

Er beugte sich leicht vor und raunte: „Auch wenn ich es Ihnen sicher schon bei jedem unserer vergangenen Tänze gesagt habe: Sie sind wahrlich wunderschön. Und eine ausgezeichnete Tänzerin. Ich bin mir sicher, dass mich alle anwesenden Herren beneiden um jede Minute, die ich mit Ihnen an meiner Seite verbringen darf." Seine leicht rauchige Stimme schien jedes Kompliment in ein Sonett zu verwandeln.

Elissa sah zu ihm auf und auf einmal waren ihr seine Lippen so nahe, dass ihr für einen kurzen Moment der Atem stockte und sie zu stolpern drohte. Das selbstbewusste Lächeln auf seinem ebenmäßigen Gesicht und der Humor in seinen Augen zeigten ihr, dass er sich seiner Wirkung auf sie durchaus bewusst war. Nervös schlug sie die Augen nieder, befeuchtete ihre Lippen mit der Zungenspitze.

Langsam hob sie ihren Blick wieder. Hitze stieg in ihre Wangen und die Röte auf ihrem Gesicht vertiefte sich noch weiter, als sie sah, dass plötzlich jeglicher Humor aus seinen stahlblauen Augen gewichen war und sein Blick auf ihren Lippen verweilte.

Einen Augenblick lang fühlte sie sich tatsächlich wunderschön. Begehrt. Als wäre sie genug.

Sie sah das Verlangen, das nun in seinem Blick lag.

Aber sie wusste auch, er würde sie nicht hier auf der Tanzfläche küssen, nicht hier, wo jeder zuschauen konnte. Wo auch –

Ein Räuspern hinter ihr ließ sie herumfahren. Und tatsächlich. Hinter ihr stand – ihr Vater.

Er verbeugte sich leicht, sah den jungen Earl an und fragte mit hochgezogenen Augenbrauen: „Darf ich Sie ablösen?"

Lord Lavendale nickte, hauchte ihr einen Kuss auf die Hand und verschwand rasch im Menschengetümmel.

Elissa legte ihre Hand in die ihres Vaters und folgte ihm zum Takt der Musik. Aber sie war nicht ganz bei der Sache, sondern durchbohrte ihren Vater mit ihrem Blick, bis dieser leise lachte.

„Was ist denn los, mein Mäuschen?" Sein tiefes Glucksen, das sie sonst so an ihm liebte, trieb sie heute einfach nur zur Weißglut.

„Nenn mich nicht so", rügte sie leise und sah sich peinlich berührt um. Mäuse waren grau, langweilig. Und hässlich. „Was sollte das?"

Ihr Vater rieb ihr beschwichtigend über den Arm.

„Vielleicht wollte ich einfach nur verhindern, dass der junge Mann dich mit seinen Blicken bei lebendigem Leibe verschlingt, bevor ihr rechtmäßig verheiratet seid."

„Wenn du so weitermachst und uns jedes Mal störst, bevor er einen Schritt in die richtige Richtung macht, wird das niemals geschehen!"

„Elissa."

„Was?"

„Ich kenne Lavendale schon, seit er ein kleiner Junge war. Der Mann ist noch jung und braucht seine Freiheit. Aber er weiß auch, was er will und wann er es will. Und bis es so weit ist, mach dir keine Sorgen. Eure Verbindung ist absolut sicher, sein Antrag nur noch eine Formsache."

„Gut."

Elissa blieb stehen und wandte sich von ihrem Vater ab.

Für sie war der Antrag deutlich mehr als nur eine Formsache. Aber ihr Vater hatte ja auch nicht die letzten vier Jahre seines Lebens damit verbracht, davon zu träumen, wie Lord Lavendale vor ihr niederknien, ihr einen Ring an den Finger stecken würde. Sie zu der Seinen machen würde.

Sie trat einen Schritt zur Seite, um die Tanzfläche zu verlassen, doch die Stimme ihres Vaters hielt sie erneut zurück: „Elissa."

Ungeduldig wandte sie sich um.

„Deine Mutter hat Kopfschmerzen. Das heißt, wir gehen nach diesem Tanz – falls du dich noch von deinen Freunden verabschieden willst."

Elissa nickte knapp und ging dann auf Amelia zu, die noch immer mit Raphael Williams tanzte.

Sie tippte ihrer Freundin leicht auf die Schulter und fühlte sich dabei ein wenig wie ein ungebetener Eindringling, weil sie deren angeregtes Gespräch mit Mr Williams während des Tanzens unterbrach. Doch Amelia drehte sich sofort mit einem strahlenden Lächeln auf den Lippen zu ihr um, das sich bei einem Blick in Elissas Augen in leichte Besorgnis verwandelte.

„Ist etwas passiert?" Elissa nahm die Hände der Freundin, bedachte Mr Williams nur mit einem kurzen Blick. Sie verstand nicht, warum Amelia offensichtlich so angetan war von diesem Mann, der nicht einmal Engländer war, nichts von seiner Mutter geerbt hatte als nur seine etwas zu dunkle Haut und die dunklen Haare. Der nichts vorzuweisen hatte als das Geld seines Vaters.

Beschwichtigend drückte sie Amelias Hände.

„Nein, nein, es ist nichts passiert. Mutter fühlt sich nur nicht so wohl, das heißt, wir gehen schon früher."

„Jetzt schon?"

Elissa hörte die leichte Panik in der Stimme der jungen Frau. Sie wusste, dass die etwas schüchterne Freundin große Menschenansammlungen nicht allzu sehr mochte und noch viel weniger, wenn sie niemanden hatte, hinter dem sie sich verstecken konnte. Und da Elissa in ihrer aufgeschlossenen Mutter schon seit Kindesbeinen an das perfekte Vorbild gehabt hatte, was ein bestimmtes und zugleich unaufdringliches Auftreten in Londons Elite betraf, machte es ihr nichts aus, diese Person zu sein. Vielmehr blühte sie auf unter all der Aufmerksamkeit. Und auch wenn sie ganz sicher wusste, dass sie Lord Lavendales Frau werden würde, auch wenn er der Einzige war, der jemals infrage kommen würde, musste sie wenigstens sich selbst gegenüber zugeben, dass sie es genoss, ein wenig mit den anderen jungen Männern zu flirten. Dass sie die Blicke – ebenso wie die Aufmerksamkeit – genoss, mit denen sie bedacht wurde.

Und wenn sie erst mit dem Earl verheiratet war, war er sicher froh um ihre Beziehungen, ihre Schönheit, ihre guten Umgangsformen und die Fähigkeit, andere dazu zu bringen, genau das zu tun, was sie wollte. Denn war das nicht einer der Gründe, weshalb er sie heiratete?

Die Liebe ihrer Eltern war tief und aufrichtig. Und das wünschte sich Elissa auch für ihre Ehe. Aber zugleich wollte sie realistisch bleiben, sich nicht völlig ihren Träumen hingeben. In ihren Kreisen galten Freundschaften und Beziehungen wenig mehr als die geschäftlichen Investitionen, die sie waren.

Sie hatte Glück. Lord Lavendale war für sie schon jetzt deutlich mehr als ein Geschäft, das einzugehen sie sich bereit erklärt hatte. Sie bewunderte ihn. Wusste, dass sie seine Ziele im Leben zu den ihren machen würde. Wusste, dass sie ihm Kinder schenken, ihren Körper und ihre Seele mit ihm teilen wollte. Und vielleicht – wenn sie sich anstrengte, wenn es ihr gelang, ein unentbehrlicher Teil seines Lebens zu werden –, vielleicht würde er sie dann eines Tages zurücklieben.

Elissa nickte zur Antwort auf Amelias Frage und fügte mit einem Blick auf Mr Williams hinzu: „Ja, leider. Aber wie ich sehe, bist du in guten Händen." Sie legte den Kopf etwas schief und zog fragend eine Augenbraue hoch.

Der junge Mann runzelte die Stirn, antwortete aber dennoch mit einem zustimmenden Nicken.

Amelia zog sie zum Abschied in eine feste Umarmung und raunte ihr verschwörerisch ins Ohr: „Ich weiß, was du von ihm denkst. Aber wusstest du, dass er in Oxford Medizin studiert? Und hast du seine breiten Schultern gesehen? Und diese blauen Augen!"

Elissa zuckte mit den schmalen Schultern, warf einen weiteren kurzen Blick auf den jungen Mann, seine viel zu durchdringenden Augen, die gerunzelte Stirn und den verkniffenen Mund, den sie noch nicht ein einziges Mal hatte lächeln sehen.

Amelia löste sich wieder von ihr, trat einen Schritt zurück und meinte: „Richte deiner Mutter meine besten Wünsche aus. Ich hoffe, es geht ihr bald besser."

Elissa neigte den Kopf mit einem Lächeln, warf auch Mr Williams ein einnehmendes Lächeln zu, verabschiedete sich und strebte dann auf den Ausgang zu, wo ihre Eltern sich schon von Lady Mendrow verabschiedeten. Sie untersagte es sich, sich ihre Ungeduld ansehen zu lassen, als das Gespräch mit ihrer gesprächigen Gastgeberin sich immer weiter in die Länge zog. Erschöpft fächelte sie sich Luft zu und hoffte, dass der Schweiß den Puder nicht so sehr von ihrem Gesicht gespült hatte, dass jeder ihre Sommersprossen sehen konnte.

Sobald sie – nun doch deutlich später als gedacht – aus dem vollen Festsaal ins Freie traten, erschien die schwüle Augusthitze gleich viel weniger drückend. Und zugleich versprachen die Wolkenberge, die sich in den letzten Stunden am Horizont gebildet hatten, Abkühlung durch ein Gewitter. Ein leichter Wind hob Elissas verschwitzte Locken, brachte eine angenehme Brise mit sich.

Ihre Mutter berührte sie leicht an der Schulter.

„Es tut mir leid, mein Liebes, dass wir nun wegen mir früher gehen müssen; ich weiß, wie sehr du dich auf diesen Abend gefreut hattest."

Elissa unterdrückte die Enttäuschung, zu der dieser Abend geworden war, ließ zu, dass sich ein Lächeln auf ihr Gesicht legte, und musste eingestehen: „Es wird noch viele weitere Bälle geben."

Ihre Mutter lächelte sanft und fügte hinzu: „Auf denen du mit Lord Lavendale tanzen wirst. Als seine Frau."

Ihr Vater legte einen Arm um seine Frau und nickte. „Mary Grace hat recht. Das wirst du."

Elissa lachte leise und die Worte ihres Vaters von vorhin, die Tatsache, dass sie den Ball schon jetzt verließen, waren vergessen. Vertrauensvoll hakte sie sich auf seiner anderen Seite bei ihm ein und legte ihre Wange an seinen starken Arm. Ihre Mutter warf ihr ein liebevolles Lächeln zu.

Sie waren gerade auf halber Strecke zu ihrer wartenden Kutsche, als ihre Mutter auf einmal innehielt. „Ich habe meinen Mantel vergessen. Geht ihr beide schon mal vor, ich muss noch einmal kurz zurück."

„Ich kann doch –"

„Ist schon gut, John. Ich komme gleich nach."

Ihr Vater schaute seiner Frau nach und gluckste leise: „Sie ist beinahe so eigenwillig wie du. Oder andersherum."

Sie setzten sich langsam wieder in Bewegung. Der Kies knirschte leise unter ihren Schritten, die Pflanzen vor Lady Mendrows Anwesen wiegten sich sanft im Wind. Friedvoll.

Und allmählich fand der Friede auch zurück in Elissas Herz. Ihre Eltern hatten recht. Nicht mehr lange, und sie wäre die neue Countess Lavendale. Nichts könnte daran etwas ändern. Sie wäre nicht Elissa Belham, wenn sie den Earl nicht innerhalb kürzester Zeit so bezaubern könnte, dass er sich wünschen würde, ihr schon vor Wochen einen Antrag gemacht zu haben.

***

Raphael starrte aus dem Fenster der Kutsche, ohne irgendetwas zu sehen.

Seine Gedanken drehten sich im Kreis um die Nachricht, die ihn gezwungen hatte, umgehend den Ball und damit auch Lady Amelia zu verlassen.

Er mochte die ruhige junge Frau, ihre sanfte Art, die Reinheit, die im Vergleich mit der Abgebrühtheit, die in Elissa Belhams Augen stand, umso stärker herausstrahlte. Aber ihr Vater würde eine Verbindung sowieso nie gutheißen.

Lady Amelias hilfloser Blick, als er sie mit einer Entschuldigung einfach auf der Tanzfläche stehen gelassen hatte, blitzte vor seinem inneren Auge auf. Sein schlechtes Gewissen regte sich, nachdem er der jungen Miss Belham doch eigentlich zugesichert hatte, auf deren Freundin achtzugeben. Trotz des etwas arroganten, befehlsgewohnten Blicks von Miss Belham war es ihm alles andere als unangenehm erschienen, für einige Stunden Lady Amelias Babysitter zu spielen.

Doch all das war mit der Nachricht des Butlers unwichtig geworden.

Die Pferde zogen an und bald knarrten die Räder der Kutsche bedrohlich, als der Diener der Familie Williams sie hastig durch die engen Londoner Gassen lenkte.

Raphaels Fingerknöchel wurden weiß und seine Finger, mit denen er sich am Sitz festkrallte, taub. Die viel zu schnell vorbeirauschenden Häuser und Gassen, das rhythmische Trommeln der Pferdehufe drohte ihn zurückzuwerfen. Zurück in der Zeit. Zurück zu seinem größten Fehler!

Sein Atem verfing sich in seiner Lunge, Reue schnürte ihm die Luft ab.

Das plötzliche Rumpeln, als sie durch ein Schlagloch fuhren, holte ihn zurück in die Wirklichkeit. Er atmete einmal tief ein und aus, versuchte, die Erinnerung abzuschütteln. Doch seine Finger, mit denen er sich noch immer an die Polster klammerte, blieben verkrampft.

Raphael starrte weiter aus dem Fenster, während die zahlreichen Lichter Londons allmählich hinter ihnen zurückblieben. Und mit ihnen auch die Welt voller Kronleuchter, strahlender Diamanten und glänzender Seidenstoffe, die er um seines Vaters willen an diesem Abend ein weiteres Mal betreten hatte. Wie jedes Mal zuvor hatte sie sich erneut als eine Lüge entpuppt. Trügerisch. Verführerisch.

Und wie das abrupte Ende seines Abends gezeigt hatte, war all die Pracht weder von Dauer noch vermochte sie es, die hässlichen Seiten des Lebens für längere Zeit zu verdecken.

Er würde sich dort niemals mehr wohlfühlen. Würde niemals dorthin gehören.

Raphael runzelte die Stirn. Wenn schon nicht sein fehlender Titel, so schrie seine etwas zu dunkle Haut die Tatsache, dass er nicht zu Londons Elite gehörte, allzu deutlich heraus. Und wenn er die Blicke, mit denen er heute Abend bedacht worden war, richtig deutete, würde man ihn nicht vergessen lassen, dass einzig das Vermögen, das sein Vater mit seinem Handelsunternehmen erwirtschaftet hatte, ihm die Tür zu diesem Ballsaal geöffnet hatte. Und dass er trotzdem nicht willkommen war.

Für diese Leute war er eine ständige Erinnerung daran, wie wenig ihr vieles Geld tatsächlich bewirken konnte. Dass sie eben doch nur Menschen waren – der Willkür des Lebens hilflos ausgeliefert.

Und *ihn* erinnerten diese Menschen daran, wie es früher gewesen war.

Vor dem Unfall. Als die Leute die Schönheit seiner südländischen Mutter, den Kontrast ihrer etwas dunkleren Haut gegen die seidenen Stoffe ihrer prachtvollen Kleider, ihre langen schwarzen Locken und die warmen braunen Augen als exotisch, als außergewöhnlich bewundert hatten.

Bevor seine Mutter Tag für Tag in ihrem prachtvollen Bett lag und kaum noch jemanden erkannte. Bevor jede Minute in dieser Welt ihn daran erinnerte, dass es sein Wunsch gewesen war, der sie all das gekostet hatte – sein Wunsch, zu dieser Welt dazuzugehören.

Die Nachricht seines Vaters, wegen der er umgehend den Ball verlassen hatte, schien ihm ein Loch in die Jackentasche zu brennen. Schon wieder war er nicht da gewesen. Kam zu spät.

Warum nur hatte er sich von seinem Vater überreden lassen, nach London zu reisen?

Er wusste, warum. Er hatte den einzigen Menschen in seiner Familie, der es noch vermochte, ihn ohne Schuldzuweisungen und Vorwürfe im Blick anzusehen, nicht schon wieder enttäuschen wollen. Und Raphael wusste auch, warum sein Vater ihn dort hatte haben wollen. Er wollte, dass Raphael endlich wieder nach vorne sah, sich wieder in Londons hohen gesellschaftlichen Kreisen bewegte, ohne jedes Mal an jene Nacht denken zu müssen. Und vielleicht hatte er sogar gehofft, dass sein Sohn erneut Gefallen an dieser Welt fand und sich für das Familienunternehmen begeistern könnte.

Früher hatte er sich all das gewünscht. Da war es ihm ruhmreich und glänzend vorgekommen. Doch das war lange vorbei. Jetzt durchschaute er die höflichen Worte, die schmerzende Hiebe versteckten; das freundliche Lächeln, das tiefere Absichten verbarg; das unschuldige Blinzeln der Damen, das den messerscharfen Verstand verstecken sollte; das kameradschaftliche Lachen der Männer, das ihre eigentlichen Gedanken verschleierte.

Vielleicht erkannte er nun die Dunkelheit, weil er sie selbst kennengelernt hatte. Erkannte den Schmerz hinter dem zu lauten Lachen, die Leere hinter den scheinbar funkelnden Augen. Vielleicht erkannte er die Schauspieler, seit er selbst einer geworden war.

Nein, Gefallen würde er nicht mehr finden an dieser Welt.

In der Ferne zuckte ein Blitz. Schwarze Gewitterwolken bedeckten den Mond, verbargen das erste Licht des Morgens, das schon bald am Horizont zu sehen sein sollte. Jetzt, da sie London hinter sich gelassen hatten, umgab nur noch rabenschwarze Dunkelheit die Kutsche.

Raphaels nervöse Finger zerknitterten die Notiz seines Vaters.

Nun ging es zurück in die Dunkelheit, zurück zu den hässlichen Seiten des Lebens, in denen Kronleuchter und der Glanz eines Ballsaals keine Rolle spielten. Zurück zu dem stillen Haus am Meer, in dem der Zustand seiner Mutter größtenteils vor der Welt verborgen bleiben konnte; zurück zu den abweisenden Blicken seines Bruders Daniel, den Tränen seiner kleinen Schwester Sarai.

Am allerschlimmsten war es, seine Mutter dort liegen zu sehen, und die laute, anklagende Stimme in seinem Herzen zu hören, die ihn verurteilte: *Schuldig.*

Raphael stützte seinen Kopf in die Hände, begann zu beten: „Gott, nicht um meinetwillen. Ich weiß, dass ich es nicht verdient habe. Aber um ihretwillen. Sei bei meiner Mutter. Lass sie nicht leiden. Und bitte – ich weiß, ich habe es nicht verdient –, aber bitte … lass mich sie noch einmal sehen."

Er wollte, nein, er *musste* sich von ihr verabschieden. Obwohl, wenn er ehrlich war – die starke Frau mit dem lebensfrohen Funkeln in den Augen, die seine Mutter gewesen war, hatte sich schon vor langer Zeit verabschiedet.

Inzwischen waren seine Wangen tränennass, doch er machte keine Anstalten, die Tränen abzuwischen. Er hatte Gott wahrlich keinen Grund gegeben, ihm zuzuhören. Doch vielleicht, vielleicht könnte er eines Tages einen kleinen Teil seiner Schuld wiedergutmachen.

Auch wenn ihm die Wahrheit nur allzu bewusst war: Das, was er angerichtet hatte, konnte niemals wieder *gut* werden.

Ein besonders tiefes Schlagloch warf ihn gegen die Wand der Kutsche. Weder die gute Federung noch die dicke Polsterung der Sitze waren in der Lage, die tiefen Löcher der Landstraße abzufangen. Und wie seinem Körper kein einziger Moment der Ruhe vergönnt war, so hielt auch die Anspannung ihn hellwach, verhinderte, dass seine Gedanken nur einen Augenblick lang zur Ruhe kamen auf der langen Fahrt durch den anbrechenden Morgen.

Als er schließlich aus der Kutsche sprang, noch bevor diese komplett zum Stillstand gekommen war, die Eingangsstufen hinaufhechtete und in die prachtvolle Eingangshalle stürmte, um seiner Mutter wenigstens ein letztes Mal in die Augen zu blicken, um dort Liebe, nicht Verurteilung zu sehen – da erwarteten ihn nur der Butler und ein stumm trauerndes Kopfschütteln.

2

Juli 1857

Braune, frisch aufgeworfene Erde lag neben dem tiefen Loch, in das sie den Sarg gelassen hatten.

Raphael spürte noch immer das niederdrückende Gewicht auf der Schulter, wo er den Sarg tragen geholfen hatte, den bohrenden Blick seines jüngeren Bruders Daniel im Rücken, der hinter ihm gegangen war.

Gähnende Leere breitete sich in ihm aus, während er auf das blumenbedeckte Holz unter ihm starrte. Warum war er hier oben? Und sie dort unten?

Wenn es einen Gott gab, konnte er jedenfalls nicht *gerecht* sein. Oder gut. Oder vielleicht waren ihm die Menschen und ihr Schmerz auch einfach egal.

Schwer legte sich die Hand seines Vaters auf Raphaels Schulter. Unterstützend und zugleich eine weitere Last. Erwartungen, die er enttäuscht hatte, und Erwartungen, die er niemals erfüllen könnte.

Raphael schluckte schwer und drehte sich, um der unausgesprochenen Aufforderung nachzukommen. Schüttelte die Hand, die ihm von einem ihm vage bekannt vorkommenden Mann entgegengestreckt wurde. Er ließ seinen Blick über die Versammelten wandern, entdeckte einige bekannte Gesichter und doch kaum eines, dessen Anwesenheit ihm etwas bedeutet hätte. Neben ihm weinte seine sechzehnjährige Schwester Sarai hemmungslos an der Schulter ihres Zwillingsbruders. Jeder Schluchzer fügte dem Druck auf seiner Brust ein weiteres Gewicht hinzu, bis er das Gefühl hatte, kaum noch atmen zu können.

Er schüttelte Hände, fand die richtigen Worte auf Beileidsbekundungen, ohne überhaupt richtig zuzuhören. Versuchte den Schmerz, den Schrei, der sich in seinem Inneren aufbaute, zurückzuhalten.

Sein Blick traf den seines Bruders über Sarais Kopf hinweg.

Schuldig.

Ruckartig drehte er sich um. Und floh.

Erst im Schatten einiger Bäume, die ihn vor neugierigen Blicken schützen würden, hielt er an.

Das einst so schöne Gesicht seiner Mutter vor Augen – nun, in ewigem Schlaf endlich wieder friedlich – schlug er die Hände vors Gesicht.

Und weinte.

***

Elissa hasste Beerdigungen. Sie machten ihr Angst.

Sie wusste, das klang fürchterlich oberflächlich. Was der Grund dafür war, dass sie diese Worte auch niemals laut äußern würde. Gegenüber keiner Menschenseele.

Und es war auch der Grund, warum sie nicht Nein gesagt hatte, als Amelia sie gebeten hatte, sie zu Miriam Williams' Beerdigung zu begleiten.

Amelia musste Raphael Williams wirklich gern haben, wenn sie für ihn sogar bereit war, zu der Beerdigung seiner Mutter zu gehen. Elissa war sich nicht ganz sicher, ob sie nicht lieber versuchen sollte, ihre Freundin von deren Schwärmerei für den jungen Mann abzubringen, solange es noch nicht zu spät war. Raphael Williams hatte weder englische Wurzeln, noch einen Titel oder guten Ruf. Und Letzteres konnte einer jungen Frau mehr als alles andere zum Verhängnis werden.

Doch sie kannte Amelia. Es war noch nicht zu spät. Denn wenn die junge Frau schließlich zu einer Entscheidung kam, dann konnte man sicher sein, dass sie – ganz im Gegensatz zu Elissas Entscheidungen –

lange und gut durchdacht sein würde. Nein, Amelia würde ihr Herz niemals leichtfertig verschenken.

Außerdem hatte Elissa ihre Freundin in den letzten Monaten zu so vielen Unternehmungen überredet, dass sie ihr diese eine Bitte kaum hatte abschlagen können.

Und so stand Elissa nun an Lord Lavendales Arm neben Amelia und wandte schnell den Kopf ab, als ihr Blick den von Raphaels Vater traf. Die Augen des Mannes glitzerten verdächtig.

Unsicher starrte sie auf ihre Füße. Die Verzweiflung und Trauer im Blick des mächtigen Unternehmers trafen sie irgendwo tief in ihrem Herzen, an einem der Plätze, mit denen sie sich noch nicht auseinandersetzen wollte.

Viele waren gekommen, um Mrs Williams die letzte Ehre zu erweisen, aber Elissa entdeckte kaum jemanden aus der Londoner Gesellschaft, den sie erkannte. Es verwunderte sie nicht sehr. Aus irgendeinem Grund war es der Familie Williams als Neureiche niemals gelungen, sich so zu integrieren, wie ihre eigene Familie es geschafft hatte. Vielleicht lag es daran, dass das Geld ihrer Familie inzwischen einige Generationen alt war und ihr Vater sich beim Militär einen Namen gemacht und die Offiziersränge schneller erklommen hatte, als viele für möglich gehalten hätten. Und vielleicht auch daran, dass sie schon seit Kindesbeinen an dem ältesten Sohn des Duke of Corundy versprochen war.

Sie warf einen Blick auf den Earl, der neben ihr ging. Sie sah ihm nur allzu deutlich an, dass er sich hier ebenso fehl am Platz fühlte wie sie. Dass er sich genauso wenig wohlfühlte an diesem Ort, an dem er sein übliches fröhliches Lachen und seinen Charme eintauschen musste gegen Ernst und Mitgefühl.

Sie passierten eine kleine Gruppe junger Männer, die sich in gedämpftem Ton unterhielten, als Raphael Williams plötzlich an ihnen vorbeirauschte.

Sie blieben stehen und Amelia wandte sich an Lord Lavendale: „Meinen Sie, jemand sollte ihm nachgehen?"

Der Earl zuckte nur unbehaglich mit den Schultern und Amelia hakte noch einmal nach: „Möchten Sie nicht schauen gehen, ob alles in Ordnung ist?"

Der junge Mann sah seinem Freund nachdenklich hinterher. Elissa drückte leicht seinen Arm. „Mylord?"

Ihr Beinahe-Verlobter schüttelte schließlich den Kopf. „Er redet nicht gern über seine Gefühle. Ich glaube, er will einfach etwas allein sein."

Amelia legte zweifelnd den Kopf schief, aber in den Augen des Earls sah Elissa ein tieferes Verständnis, als sie ihm zugetraut hätte, weshalb sie Amelia mit einem leichten Kopfschütteln bedachte. Die Freundin verstand ihre stumme Aufforderung, das Thema fallen zu lassen, doch in ihren Augen meinte Elissa Enttäuschung zu entdecken. Worüber? Über ihre und Lord Lavendales Reaktion? Aber musste nicht jeder Mensch alleine mit seinem Schmerz fertigwerden? Kein Mensch konnte einem anderen seine Last abnehmen.

Ihre Gedanken schienen sich zu bestätigen, als sie weitergingen und kurz darauf vor dem älteren Mr Williams stehen blieben. Er nahm ihre Worte des Trostes mit einem traurigen Lächeln an, dann wandte er sich um, der Schmerz in seinem Blick kein bisschen gelindert. Nein, Worte halfen wahrlich nicht. Nichts, was einer von ihnen sagen oder tun könnte, würde dieser Familie helfen.

Auf einmal wollte Elissa nur noch weg von hier, weg von diesem Ort des Todes und der Trauer.

Es änderte nichts, über den Tod nachzudenken. Lieber wollte sie das Leben feiern, das sie hatte. Jede Stunde genießen, jede Minute voll auskosten.

Plötzlich sehnte sie sich danach, in die kalten Wogen des Meeres zu springen, das sie in der Ferne silbern glitzern sah, ihre Füße in den warmen Sand zu graben, zu lachen, bis ihr Bauch schmerzte. Sie wollte zu den vollen Klängen eines Orchesters in Lord Lavendales Armen über eine Tanzfläche gewirbelt werden, den weichen Stoff eines farbenfrohen Kleides um ihre Beine streichen spüren. Sie wollte ihre Finger über die Tasten eines Flügels fliegen lassen, bis sie außer Atem und das Lied zum Leben erweckt war, sich verbeugen zum begeisterten Applaus ihres Publikums.

Sie wollte alles tun, überall sein – nur nicht hier.

Als Lord Lavendale und Amelia sich den beiden jüngeren Williams-Geschwistern zuwandten – wie hießen sie noch gleich? Daniel und Samira? Sarah? –, um sich mit ihnen zu unterhalten, blieb sie etwas abseits stehen. Vielleicht war Amelia einfach ein besserer Mensch als sie.

Elissa erschrak, als auf einmal eine knochige Hand ihre Finger umklammerte. Sie sah nach unten und entdeckte eine winzige, anscheinend uralte Frau. Ein Lächeln ließ ihr runzliges Gesicht erscheinen wie altes Pergamentpapier, das jeden Augenblick zu zerreißen drohte. Elissa verzog ihre Lippen zu einem gezwungenen Lächeln und warf Lord Lavendale einen hilfesuchenden Blick zu.

Er sah in genau diesem Augenblick zu ihr herüber, jedoch deutete er ihr Lächeln falsch und gab in der Annahme, dass sie sich mit der Frau unterhalten wollte, ihre Hand frei.

Sie verspürte das dringende Bedürfnis, sich sofort wieder an seinen starken Arm zu klammern, doch stattdessen lächelte sie mühsam weiter und beugte sich vor, um die leisen Worte der Frau verstehen zu können.

„So eine schöne junge Frau, das blühende Leben." Ihre Augen leuchteten und sie musterte Elissas Gesicht.

„Es ist gut, wenn wir nie vergessen, wer diese Schönheit gegeben hat. Und danken solltest du dem Herrn Jesus jeden Tag für dein liebliches Gesicht", ihr Blick wurde gedankenverloren und ihre Stimme sehnsuchtsvoll: „Ich war auch einmal so. So schön. Und unbekümmert." Sie nickte, wie um ihre eigenen Worte zu bestätigen.

„Meine Sommerblume', so hat mein Frederic mich immer genannt. Aber mein Frederic ist nicht mehr. Er liegt jetzt dort drüben und wartet mit der lieben Miriam bei unserem Herrn im Himmel auf mich." Sie deutete mit ihrem krummen Finger auf eine Reihe von Gräbern ein Stück entfernt. Dann kehrte das lebendige Funkeln in ihre Augen zurück und sie lachte rau auf. „Hält mir meinen Platz frei bei dem großen Ansturm auf die ewigen Wohnungen."

Elissa schluckte schwer. Und nickte. Zog vorsichtig ihre Finger aus dem Griff der Alten. „Ihr Verlust tut mir sehr leid." Mühsam brachte sie die Worte hervor; ihr Mund schien auf einmal wie ausgedörrt.

In diesem Moment trat Mr Williams zu ihnen, bedachte sie mit einem entschuldigenden Blick und wandte sich tadelnd an die alte Frau: „Mutter, habe ich dir nicht gesagt, du sollst dich in den Schatten setzen? Die heiße Julisonne tut dir nicht gut. Und diese junge Dame wirkt, als hättest du versucht, ihr mit einer deiner Schauergeschichten Angst einzujagen."

Elissa setzte aus ihr unerfindlichen Gründen dazu an, die alte Dame zu verteidigen: „Sie hat nicht –", doch der aufblitzende Schalk in den von unzähligen Fältchen umgebenen Augen ließ sie verstummen. Nun gut, vielleicht hatte die alte Dame ihr ein wenig Angst gemacht. Mit all dem Gerede vom Tod und vom Himmel.

Mr Williams begann eindringlich auf seine Mutter einzureden – wie Elissa meinte herauszuhören, um sie dazu zu überreden, sich endlich aus der Sonne zu begeben.

Elissa murmelte eine wahrscheinlich vollkommen unverständliche Entschuldigung vor sich hin, drehte sich mit einem letzten Blick auf die alte Mrs Williams um und ging, so schnell es ihr in ihrem eng geschnürten Korsett möglich war, auf den Ausgang zu. Ein Tropfen Schweiß lief zwischen ihren Schulterblättern hinunter.

Sie hasste Beerdigungen.

Weshalb auch immer Amelia unbedingt hatte herkommen wollen, sie würde es ohne Elissa zu Ende bringen müssen. Sie jedenfalls würde draußen bei ihrer Kutsche warten. Für wie lange auch immer Amelia noch in die Rolle der moralischen Unterstützung für die Familie Williams schlüpfen wollte.

Das wäre eindeutig das geringere von zwei Übeln.

Und wenn Amelia bereit war, sich wieder dem *Leben* zu widmen, würde sie schon kommen.

Das Friedhofstor fest im Blick, schätzte Elissa, wie weit sie ungefähr davon entfernt war. Noch zwanzig Schritte. Achtzehn. Fünfz– Auf einmal prallte sie gegen eine Mauer und taumelte überrascht zurück.

Atemlos blinzelte sie, versuchte verzweifelt ihr Gleichgewicht wiederzuerlangen und ihre wie zusammengeschnürten Lungen mit einem Quäntchen Luft zu füllen. Vergeblich.

Eine Hand stoppte ihren Fall und sie krallte ihre Finger in feste Muskeln, während sie noch immer nach Luft schnappte.

Ruckartig wanderte ihr Blick nach oben – zu einer maskulinen Brust und breiten Schultern. Und stellte fest, dass die Mauer ein Mann war!

Ein wunderschön gebauter Mann.

Sie blinzelte erneut, entsetzt über ihre eigenen Gedanken, und versuchte mit einer schnellen Handbewegung ihre Röcke wieder in Ordnung zu bringen.

So kamen ihre nächsten Worte schärfer heraus als eigentlich beabsichtigt: „Können Sie nicht besser aufpassen?"

Erst als ihre Anklage lediglich mit Schweigen beantwortet wurde, wanderte ihr Blick weiter nach oben, bis sie beinahe den Kopf in den Nacken legen musste.

Es war Raphael Williams, der da vor ihr stand und sie noch immer festhielt.

Elissa spürte, wie ihr das Blut in die Wangen stieg. Hastig trat sie einen Schritt zurück, raus aus dem sicheren Griff, der sie hielt.

Er ließ seine Hand an seine Seite fallen.

Elissa tat einen weiteren Schritt nach hinten, stolperte beinahe und schwankte. Sofort streckte Raphael seinen Arm wieder nach ihr aus, doch sie hob abwehrend die Hände. Sie musterte intensiv einen kleinen Stein, der vor ihren Schuhspitzen auf dem Weg lag. Als er weiter schwieg, hob sie langsam wieder den Blick.

Erst da bemerkte sie die dunklen Ringe unter seinen Augen, den kleinen Ast, der sich in seinem dichten Haar verfangen hatte. Sah, dass seine Augen gerötet waren, als ob er geweint hätte. Elissa hatte noch nie einen Mann weinen sehen.

Hilflos rang sie die Hände, wusste nicht, was sie sagen sollte.

Schließlich murmelte sie, sich an ihre Manieren erinnernd: „Mein Beileid."

Es hörte sich fürchterlich oberflächlich an. Unzureichend.

Er musterte sie nur weiter aus diesen viel zu durchdringenden Augen.

Elissa erinnerte sich an die Gerüchte, dass *er* dieses Leid über seine Familie gebracht hatte. Dass dies der Grund war, warum die Gesellschaft ihn mied wie eine ansteckende Krankheit.

Unbehaglich verlagerte sie ihr Gewicht von einem Bein auf das andere. „Ich sollte wieder …"

Mr Williams nickte. Sie blieben beide stehen.

Elissa sah an seinen Kiefernmuskeln, dass er die Zähne fest zusammengebissen hatte. In seinem Blick, der zu den vielen Menschen irgendwo hinter ihr wanderte, entdeckte sie den Unwillen, dorthin zurückzugehen. Seine Schultern waren gebeugt wie unter einer schweren Last.

Sie kämpfte dagegen an, ihre Hände erneut zu ringen, trat stattdessen vor und zog in einer raschen, etwas ungeschickten Bewegung den Ast aus seinen schwarzen Haaren. Sie schenkte ihm ein – wie sie hoffte – aufmunterndes Lächeln und floh zu ihrer Kutsche.

3

2. August 1857

Warmer Sonnenschein und das leise Rauschen der Wellen begrüßten Elissa, sobald sie vor das Haus ihrer Eltern trat. Der Strand war nicht weit von hier entfernt. Eine sanfte Brise ließ den wunderbar luftigen Stoff ihres hellen Strandkleides fröhlich um ihre Füße tanzen und ihre Hutbänder flattern. Elissa atmete tief ein, genoss die frische Luft. Wie jeden Sommer war sie unglaublich froh, Londons Hitze und vor allem den Gestank der Themse hinter sich lassen zu können.

Sie entdeckte Amelia und winkte fröhlich. Die Freundin kam ihr entgegen, sie begrüßten sich und machten sich dann gemeinsam auf den Weg zum Strand. Gemütlich schlenderten sie die gepflasterte Straße entlang, jede mit ihren eigenen Gedanken beschäftigt.

Elissas Gedanken wanderten zurück zu Miriam Williams' Beerdigung. Das war nun schon mehr als zwei Wochen her und dennoch verfolgte ihr Zusammenstoß mit Raphael Williams sie noch immer. Es war der Blick in seinen Augen, der selbst jetzt noch immer wieder vor ihrem geistigen Auge aufblitzte und ihre Gedanken durcheinanderbrachte. Der ihr irgendwie Angst machte. Da war eine solche Leere gewesen und zugleich ein so tiefer Schmerz.

Elissa konnte sich nicht vorstellen, jemals eine solche Verzweiflung zu spüren, wie sie sie in seinen Augen gesehen hatte. Auch sie war ab und zu traurig oder wütend, aber die meisten ihrer Tage waren angefüllt mit Freude und Lachen. Ja, sie verstand seine Trauer, sie war nicht hartherzig. Seine Mutter war gestorben. Und trotzdem konnte sie sich nicht vorstellen, was seine Augen mit einer solchen Verzweiflung gefüllt hatte.

Ihr Blick wanderte zu Amelia. Sollte sie versuchen, ihrer Freundin von ihren Gedanken zu erzählen? Sie warnen vor den Untiefen, die sie in seinen Augen zu sehen geglaubt hatte? Vor der Gefahr, dass er ihre Freundin mit hineinziehen würde in diese Verzweiflung, die Dunkelheit? Sollte sie sie warnen vor dem Leben, das die Frau eines solchen Mannes führen würde?

Mit einem weiteren Blick auf Amelia schüttelte sie diese Gedanken ab. Es war ein viel zu schöner Tag für ihre melancholischen Gedanken. Ein Sonnenstrahl kitzelte Elissas Nase und sie hoffte inständig, dass die Augustsonne ihre Haut nicht braun färben würde wie die eines gewöhnlichen Farmers.

Allmählich wurde der Geruch des Meeres intensiver, das Rauschen der Wellen lauter. Der Ozean tauchte vor ihnen auf, wunderschön glitzernd im hellen Sonnenlicht und zugleich so unbezwingbar gewaltig, so ewig.

Elissa liebte diesen Ort, liebte das Kreischen der Möwen über ihr, den spielerischen und doch schon Jahrhunderte andauernden Kampf der unaufhörlich gegen die Küste schlagenden, geduldig die Felsen aushöhlenden Wellen. Auf einmal konnte sie es kaum erwarten, am Strand zu stehen, die unendlichen Weiten des Meeres vor sich.

Lachend packte sie Amelias Hand und zog sie mit sich. „Komm!"

Sie war kleiner als die Freundin, ihr aber dennoch einige Schritte voraus, als sie schließlich lachend und etwas außer Atem auf dem weichen Sand stehen blieben. Der Strand war menschenleer. Kurz musste sie daran denken, dass sie ihrer Mutter versprochen hatte, unter anderen Menschen zu bleiben. Sie hatte gedacht, an einem solch sonnigen Sommertag wären wenigstens einige Spaziergänger am Strand unterwegs. Aber was sollte ihnen hier schon passieren? Es gab auf dieser Welt vermutlich keinen sichereren Ort als dieses wunderbar verschlafene, manchmal schon fast ein wenig zu langweilige Städtchen.

Gemächlich spazierten sie ein Stück den Küstenstreifen entlang. Eine Möwe kreiste über ihnen, ließ ihren Schrei über den einsamen Strand klingen.

Amüsiert erinnerte sich Elissa an das Dinner des vorigen Abends. Sie musste leise kichern und erklärte auf Amelias fragenden Blick hin: „Ich glaube, ich werde nie vergessen, wie Lord Wembley den Kerzenhalter umgestoßen und bei seinem Versuch, die Kerzen zu löschen, auch noch seinen Hemdsärmel in Brand gesetzt hat. Lady Wembleys Gesicht war so rot, als wäre es nicht das Weinglas ihres Mannes, sondern *ihres* gewesen, das einige Mal zu oft nachgefüllt worden war."

Amelia stieß Elissa leicht den Ellbogen in die Seite und rügte: „Elissa!"

Die junge Frau war manchmal einfach ein wenig *zu* gutherzig. Elissa bedachte die Rüge ihrer Freundin nur mit einem fröhlichen Grinsen, woraufhin Amelia sich auf die Lippe biss und murmelte: „Wir sollten nicht darüber lachen! Wie leicht hätte das alles schiefgehen und jemand verletzt werden können …"

Doch dann machte sich auf einmal auch auf ihrem Gesicht ein Grinsen breit und sie kicherte: „Aber es war auch einfach zu komisch!" Der Wind trug das perlende Lachen der beiden jungen Frauen mit sich fort.

Sie schlenderten beieinander eingehakt weiter.

Irgendwann öffnete Amelia den Mund, als ob sie etwas sagen wollte, schloss ihn jedoch wieder ohne ein Wort. Elissa blieb stehen und legte fragend den Kopf schief.

„Was ist?"

„Nichts. Es ist …" Amelia schüttelte den Kopf. „Ach nichts."

Sie ging weiter und zwang damit auch Elissa, sich wieder in Bewegung zu setzen. Nachdem sie jedoch einige Schritte gegangen waren, setzte Amelia erneut an: „Denkst du …"

Elissa blieb erneut stehen und lachte: „Nun sag schon! Was ist?"

Amelias Blick wanderte unsicher zu den blauen Weiten des Meeres. „Denkst du, es ist sicher, hier einfach so spazieren zu gehen?"

„Warum? Weil wir zwei Frauen sind?"

Amelia zuckte mit den Schultern. „Na ja – ja. Und weil Lord Randalf gestern erzählt hat, dass dieser … dieser *Jack Brixton*", sie senkte die Stimme, als wäre es möglich, dass allein sein Name den Piraten in Hörweite bringen könnte, „wieder unterwegs sein soll." Sie erschauderte leicht. „Die Geschichten, die Lord Randalf meinem Vater gestern erzählt hat, sind überhaupt nicht schön. Er dachte wohl, ich höre nicht zu."

Elissa schüttelte den Kopf. „Warum sollte dieser Brixton denn hierherkommen? Es gibt bei uns doch überhaupt nicht viel zu holen. Piraten kapern Schiffe auf See, um möglichst viel Gewinn zu machen", beruhigte sie ihre Freundin.

Doch ihr Interesse war geweckt. Sie wünschte, Lord Randalf hätte Lord Westcott in *ihrer* Hörweite die Geschichten über den Piraten erzählt. Ihr eigener Vater achtete viel zu sehr darauf, dass ihr keine grausamen – ihrer Meinung nach schauerlich-spannenden – Details zu Ohren kamen.

Aber auch wenn der Name *Brixton* unter dem Dach ihres Vaters noch nie erwähnt worden war, so war es ein Name, der in der Londoner Gesellschaft selbst bei feierlichen Anlässen immer häufiger diskutiert wurde. Komplett verschwundene Schiffe mitsamt der wertvollen Waren, die sie getragen hatten, bedeuteten hohe Verluste und Beunruhigung. Und dennoch brachte nichts als ein paar aufgeregt geflüsterte Gerüchte den Piratenkapitän mit dem Namen *Jack Brixton* in Verbindung.

Wenn Elissa nicht sicher wäre, dass seine Manöver Menschenleben kosteten, hätte sie den Piraten beinahe bewundert für seine listige Taktik. Selbst wenn er in einem der Londoner Ballsäle auftauchen sollte, könnte er jederzeit unbehelligt wieder hinausmarschieren – die Männer, deren Schiffe gekapert und entführt worden waren, hatten nichts, rein gar nichts gegen Jack Brixton in der Hand.

Als sich vor ihnen nun einige Felsblöcke auftürmten, als wären es liegen gebliebene Bauklötze eines Riesen, ließ Elissa die Hand ihrer

Freundin los, raffte mit einer Hand ihren Rock und begann leichtfüßig, nach oben zu klettern. Etwa auf halber Höhe drehte sie sich um.
„Komm, Amelia!"

Die Freundin schüttelte vehement den Kopf. „Nein, Elissa, das ist
gefährlich! Und unschicklich! Was, wenn dich jemand sieht?"

Elissa lachte lediglich unbekümmert und streckte auffordernd die
Hand aus: „Nun komm schon! Von hier oben hat man einen viel
schöneren Ausblick!"

Amelia schüttelte erneut den Kopf. „Nein, danke. Der hier unten
reicht mir. Wenigstens eine von uns muss doch vernünftig bleiben.
Ich will nachher nicht deine Mutter anlügen müssen, wenn sie mich
fragt, ob ich immerhin *versucht* habe, dich von etwaigen Dummhei-
ten abzuhalten." Sie grinste, ließ sich anmutig auf einem Felsblock
nieder und erklärte: „Ich weiß ja, dass ich es dir sowieso nicht ausreden kann. Also mach du nur, ich bleibe solange hier sitzen und bete,
dass du dir deinen hübschen Hals nicht brichst."

Amelia wandte den Blick ab, aber nicht bevor Elissa den Humor
in ihren Augen hatte aufblitzen sehen. Elissa grinste, zuckte mit den
Achseln und kletterte, darauf bedacht, nicht ihr schönes Sommerkleid
zu ruinieren, den Rest des Weges nach oben.

Dort angekommen, richtete sie sich langsam auf.

Hinter ihr erhoben sich Dünen wie sanfte Wellen und der Wind
trieb einige Sandkörner als zarten Schleier über den Küstenstreifen.

Vor ihr erstreckten sich die blauen Fluten scheinbar endlos.

Eine Windböe zog an ihrem Kleid, peitschte ihr einige lose Haarsträhnen ins Gesicht und riss an ihrem Hut. Der vom Meer kommen-
de Wind trug einige Wassertropfen mit sich und Elissa konnte das
Salz auf ihren Lippen schmecken.

Die Sonne verschwand kurz hinter einer Wolke und auf einmal
verwandelte sich die eben noch beinahe durchsichtige, türkisblaue
Oberfläche des Meeres. Silbern glitzerte sie nun, erschien hart, als
wäre es geschmolzenes Eisen, das unter ihr wogte.

Elissa starrte auf die feine Linie, die die ungezähmten Wassermassen von dem Himmelszelt trennte, das sich über ihr ausdehnte. Von hier oben erschien die Welt unter ihr beinahe fremd. So als wäre sie weit weg. Und ihre Sorgen noch viel weiter weg. Hier oben gab es nur sie, den Wind, nur … Freiheit.

Elissa streckte die Arme aus und stieß einen Jubelschrei aus. Unbeschwert, befreit und irgendwie siegessicher.

Sie würde den Wind besiegen. Sich nicht unterkriegen lassen, egal, wie unruhig die See ihres Lebens werden würde; würde jeden Atemzug auskosten, tief inhalieren, bis die frische Luft ihre Lungen füllte, ihre Seele, ihr tiefstes Inneres. Würde abheben, sich in die Lüfte erheben. Und fliegen. Dorthin, wo der Himmel in einem sanften Kuss auf das Meer traf. Dorthin, wo ihre Träume Wirklichkeit wurden.

Sie lachte leise auf. Nein, das brauchte sie gar nicht. Denn an der Seite des Earls würden sich ihre Träume auch so erfüllen, auch mit beiden Beinen fest auf dem Boden.

Für einen kurzen Moment schloss sie ihre Augen. Sah sein Gesicht vor Augen. *David*. Es fühlte sich intim an, den Namen, den seine Eltern ihm gegeben hatten, auch nur zu denken. Und zugleich irgendwie … richtig.

Elissa hörte nichts als das laute Rauschen der Brandung, den Wind, der noch immer in Böen um sie wirbelte, spielerisch an ihr zupfte, als wollte er testen, wie fest sie tatsächlich stand. Für einen kurzen Augenblick wurde Amelias Stimme zu ihr nach oben getragen und Elissa beschloss, sich an den Abstieg zu machen.

Der helle Rock, der wild wie eine fröhlich im Wind tanzende Fahne um ihre Beine wirbelte, störte sie dabei kaum. Dennoch war sie sehr vorsichtig und konzentriert, um mit ihren behandschuhten Händen nicht von dem feuchten Felsen abzurutschen.

Schließlich war sie nur noch ein kleines Stück vom Boden entfernt und sprang gewandt zu Boden. Sie drehte sich um – und stand direkt vor David.

Sie unterdrückte einen erschreckten Aufschrei und atmete einmal tief ein und aus, um ihren rasenden Herzschlag zu beruhigen. Dann breitete sich ein strahlendes Lächeln auf ihrem Gesicht aus.

Scherzhaft verbeugte er sich vor ihr und erklärte: „Ich ziehe meinen Hut vor der Herrin des Windes."

Er musste sie dort oben gesehen haben! Elissa spürte, wie sie rot wurde.

David schenkte ihr ein entwaffnendes, leicht amüsiertes Lächeln. Grübchen bohrten sich in seine Wangen und Elissa spürte, wie sie sich entspannte, obwohl sie völlig zerzaust aussehen musste. Sie reichte David ihre Hand und er hauchte einen Kuss darauf.

„Miss Belham."

Sie neigte anmutig den Kopf. „Mylord."

Sein Blick wanderte bewundernd über ihre Erscheinung: „Es scheint, als ob nicht einmal die stürmischen Böen des heutigen Tages Ihrer Schönheit etwas anhaben können."

Er streckte seine Hand aus und strich ihr mit rauen Fingern eine der Haarsträhnen, die sich gelöst hatten, hinters Ohr. Elissa spürte, wie ihr Gesicht zu glühen begann.

David zog seine Hand nur langsam zurück und dennoch sehnte Elissa sofort seine Berührung zurück. Sein Blick wanderte liebkosend über ihr Gesicht, blieb an ihren Lippen hängen. Elissa schlug die Augen nieder. Vielleicht würde er nun endlich –

Ein Kichern zerstörte den innigen Augenblick. Sie sah Amelia einige Schritte entfernt mit Raphael Williams und einem fremden jungen Mann stehen. Ihre Freundin schien sich prächtig zu amüsieren. Sie stand dicht neben Mr Williams, ihre lächelnden Wangen waren rosig und Elissa meinte, sogar auf Mr Williams' Gesicht die Anflüge eines Lächelns erkennen zu können.

David führte sie mit einer leichten Berührung am Arm auf die drei zu und stellte den Fremden als Henry Miller vor, einen Studienfreund von Mr Williams. Das strohblonde Haar des Mannes erschien neben

Mr Williams' dunklerer Haut und schwarzem Haar sogar noch heller und unzählige Sommersprossen leuchteten ihr von seinem Gesicht entgegen. Er war sehr groß, selbst neben David und Mr Williams, die beide keine kleinen Männer waren, wirkte er noch riesig. Ihre Hand fühlte sich mickrig an in seiner, als er einen Kuss darauf hauchte, und selbst Amelia, die ein Stück größer war als Elissa, sah neben ihm winzig aus.

Überrascht bemerkte Elissa, dass ihre sonst so menschenscheue Freundin nur Augenblicke zuvor in der Gegenwart gleich *zweier* Männer kein bisschen ängstlich ausgesehen hatte. Erst als David an ihrer Seite wieder zu der kleinen Gruppe getreten war, war die übliche Scheu in ihrem Blick aufgetaucht.

Sie unterhielten sich ein wenig und es wurde schnell klar, dass Mr Miller zwar eine beachtliche Größe hatte, dass seine hünenhafte Gestalt aber auch das einzig einschüchternde an dem stillen jungen Mann war.

Die Blicke, die er ihrer zurückhaltenden Freundin zuwarf, entgingen ihr nicht. Ebenso wenig wie die Tatsache, dass anscheinend auch Mr Williams diese Blicke bemerkte. Doch statt seinen Studienfreund in dessen Schranken zu verweisen und Amelias Aufmerksamkeit für sich zu beanspruchen, trat er einen Schritt zurück und richtete seinen Blick auf den weit entfernten Horizont. Interessant.

Als die Sonne wieder hinter den Wolken hervorbrach und die Küste in ihr goldenes Licht tauchte, bemerkte Elissa zufrieden: „Was für ein herrlicher Tag, nicht wahr? Es ist immer wieder schön, hier spazieren zu gehen, aber an einem Tag wie diesem wünscht man sich beinahe, das Wasser wäre warm genug, um schwimmen zu gehen."

David nickte zustimmend, doch Mr Williams brummte lediglich, ohne seine Augen vom Horizont abzuwenden: „Es ist allerdings auch nicht ungefährlich für zwei Frauen, hier alleine unterwegs zu sein."

Leicht verärgert über den missmutigen Mann trat Elissa einen Schritt auf ihn zu, zwang ihn dadurch, sie anzusehen, und fragte herausfordernd: „Weil uns Jack Brixton auf seinem Piratenschiff entführen könnte?"

Amelia räusperte sich und Elissa brauchte nicht viel Fantasie, um sich den Tadel auf dem Gesicht ihrer Freundin vorzustellen. Sie wusste, ihr herausfordernder Ton war nicht sehr höflich, aber warum sollte sie sich von einem übel gelaunten Miesepeter den schönen Tag verderben lassen?

Mr Williams runzelte die Stirn und erklärte: „Ich meinte nicht irgendwelche Märchen über diesen Piraten. Ich dachte eher an sehr reale Landstreicher, die hier manchmal nach angeschwemmten Gütern suchen."

„Allein die Tatsache, eine Frau zu sein, bedeutet nicht, komplett wehrlos zu sein, Mr Williams."

Er zog lediglich eine Augenbraue in die Höhe.

Heißer Ärger pulsierte durch sie und sie bekräftigte: „Ja."

Mr Williams nickte lediglich und wandte sich ab, aber das amüsierte Zucken um seine Mundwinkel verriet ihr, dass er sie noch immer nicht ernst nahm.

Dieser arrogante, herablassende –

Eine warme Hand drückte die ihre beruhigend. David. Sofort begann die Wut in ihrem Bauch sich in tausend Schmetterlinge zu verwandeln. Auch wenn etwas von ihrem Ärger blieb.

David bedachte sie mit seinem entwaffnenden Grinsen und bat: „Ich bin sicher, dass Sie sich sehr effizient verteidigen können, Miss Belham. Doch dürften wir die Damen trotzdem zurückbegleiten?"

Sie nickte mit einem leichten Lächeln.

„Und wenn Sie dann noch den Arm auf meinen legen könnten, wäre ich überaus dankbar. Einfach, damit der Sicherheitsbeauftragte Mr Williams mich nicht wegen mangelhafter Pflichtausübung entlassen kann."

Ein Grinsen zupfte an Elissas Mundwinkeln, doch sie versuchte noch, es zurückzuhalten. David beugte sich verschwörerisch zu ihr hinunter. „Sie müssen wissen, er ist ein sehr strenger Auftraggeber."

Mr Williams drehte sich mit nach oben gezogenen Augenbrauen zu David um, doch seine Augen funkelten amüsiert. Als Mr Miller ihm mit seiner Riesenpranke auf die Schulter schlug und lachte: „Das ist er", Amelia leise kicherte und Mr Williams scherzhaft mit dem Zeigefinger drohte, musste auch Elissa lachen und ihr verbliebener Ärger verflüchtigte sich.

Mit gespieltem Ernst donnerte Mr Williams: „Los jetzt, an die Arbeit, Männer!"

Hastig bot auch Mr Miller Amelia übertrieben galant seinen Arm an, während David grinsend salutierte und Elissa mit seinen klaren blauen Augen ansah. „Wollen wir?"

Elissa nickte und folgte ihm hinter den anderen her zurück in Richtung Stadt.

Mr Miller bedachte Amelia mit einem sanften Lächeln, als sie etwas sagte, und seine Antwort entlockte ihr ein helles Lachen. Mr Williams ging mit langen Schritten ein kleines Stück vor den beiden, drehte sich nun allerdings um und warf eine Bemerkung in die Unterhaltung ein, die den anderen beiden ein Lachen entlockte.

Amelia und die beiden jungen Männer verschwanden ein Stück vor ihnen hinter einer Düne und auf einmal war Elissa sich Davids Anwesenheit neben ihr noch viel deutlicher bewusst. Die Stelle, wo ihre behandschuhte Hand auf seinem Arm lag, das leise Geräusch seines regelmäßigen Atems, sogar sein männlicher Duft schien intensiver. Näher irgendwie.

Er blieb stehen und ihr Herz schlug ein hastiges Stakkato.

Langsam wandte er sich ihr zu – und dann presste er seine Lippen fest und doch unendlich sanft auf die ihren. Seine blauen Augen hielten ihren Blick fragend gefangen und erst als sie ihre Arme um ihn schlang und ihn näher zog, schloss er die Augen und vertiefte den Kuss.

Und sie war wehrlos, Lord Lavendale nahm sie vollkommen gefangen. Sein Humor, sein Charme, seine Lebensfreude. Die Liebe, die sie meinte, in seinen Augen gesehen zu haben.

David. Er zog sich ein wenig zurück und schlug die Augen auf. Sein Blick fand den ihren, fesselte sie und gab sie zugleich frei. Noch nie hatte sie sich so befreit, so schwerelos, so glücklich gefühlt.

„Elissa."

Er flüsterte ihren Namen, als ob er eine Kostbarkeit war, seine weichen Lippen warm an ihren.

Er zog sich noch ein wenig weiter zurück, sein Daumen streichelte über ihre Wange. Sofort sehnte sie sich nach seiner Nähe und er wusste es. Der für ihn typische Humor funkelte in seinen Augen.

„Ach, Elissa."

Einer seiner Mundwinkel hob sich zu einem schiefen Lächeln. Ihr Blick fiel unwillkürlich zurück auf seine Lippen.

„Du machst es mir schwer."

Sie riss sich mühsam los, begegnete seinem Blick. Diesen wunderschönen blauen Augen. Sie wusste, ihr Herz gehörte ihm. Wenn er nur danach fragte, sie würde ihm alles geben.

Aber warum fragte er nicht? Warum zog er sich nun wieder zurück?

Es war nicht schwer.

Sie würde es ihm einfach machen.

Ohne lange nachzudenken, stellte sie sich auf ihre Zehenspitzen und drückte ihre Lippen erneut auf die seinen. Mit einem leisen Stöhnen zog er sie wieder an sich. Seine starke Hand hielt sie fest, sein Mund auf ihrem, bestimmt und zugleich unendlich liebevoll.

Das Blut rauschte in ihren Ohren, vermischte sich mit dem Geräusch der Brandung. Der Wind zerrte an ihren Haaren und während in ihrem Inneren Freude explodierte, wurde ihre Seele ganz ruhig.

Und zum ersten Mal seit den hässlichen Worten, die Patricia ihr an den Kopf geworfen hatte, fühlte sie sich wieder, als wäre sie genug. Mehr als genug. Wunderschön und begehrt.

David *hatte* sie gewählt. Und nicht nur wegen des Geldes ihres Vaters. Sie war seine erste Wahl. Und seine einzige.

Doch auf einmal riss er sich von ihr los, trat einen Schritt zurück.

Elissas Wangen wurden heiß. Beschämt wandte sie den Blick ab. Sie hatte sich ihm an den Hals geworfen. Elissa wusste, dass sie das nicht nötig hatte. Was hatte sie sich nur gedacht?

Mit hochrotem Kopf schlug sie die Hände vors Gesicht, stammelte: „Entschuldige … Es … Das war unverzeihlich."

Sie hörte den Sand unter seinen Füßen knirschen, wagte aber nicht, die Hände vom Gesicht zu nehmen.

Erst als seine warmen Hände sich behutsam über ihre kalten Finger legten und sie seine leicht raue Stimme hörte, senkte sie die Arme. „Elissa, sieh mich an."

Sie schüttelte den Kopf, musterte den grobkörnigen Sand zwischen ihren Stoffschuhen und seinen glatt polierten Lederschuhen.

Sie hatte sich nicht verhalten wie die gewandte Dame von Welt, als die ihre Mutter sie erzogen hatte, wie die zukünftige Erbin, die sie war.

Nein, sie wollte ihn nicht ansehen.

Doch seine Hand an ihrem Kinn zwang sie, langsam den Blick zu heben.

Der Ausdruck in seinen blauen Augen war unlesbar.

„Ich könnte mir nichts Schöneres vorstellen, als –", David fuhr mit seinem Daumen liebkosend über ihre Lippen, ehe er ihr wieder in die Augen sah, „das gerade eben zu wiederholen."

Er ließ seine Hand fallen, trat wieder einen Schritt zurück.

„Aber wenn ich –", er schluckte schwer, „wenn ich jetzt nicht aufhöre … Ich will deine Unschuld nicht gefährden. Habe ich deine Erlaubnis, mit deinem Vater zu reden?"

Elissas Augen wurden groß, doch ihre Stimme klang erstaunlich ruhig, als sie antwortete: „Ja, die hast du."

Ein wunderschönes Lächeln erhellte sein Gesicht, dann bohrte sich das Grübchen in seine Wange, als er grinste: „Sehr gut. Sonst hätte ich dich einfach mit einem weiteren Kuss überreden müssen."

Elissa lachte leise, spürte, wie ihre Wangen erneut rot wurden. Doch dieses Mal nicht vor Scham, sondern aus Freude.

Ein Räuspern hinter ihr ließ sie zusammenzucken und sie fuhr herum. Mr Williams stand ein Stück entfernt auf dem Weg, als wäre er soeben zurückgekehrt. Mit hochgezogener Augenbraue wanderte sein Blick von David zu ihr und wieder zurück.

Elissa musterte etwas verlegen ihre ineinander verknoteten Finger, doch David grinste lediglich unbeschwert.

„Wir hatten schon beinahe befürchtet, die Flut hätte euch eingeholt." In Mr Williams' scherzender Stimme schwang leichter Tadel mit.

„Oder Jack Brixton uns auf seinem Schiff entführt?" Davids Gegenfrage klang gespielt ernst.

Elissa kicherte, als sie den Arm nahm, den er ihr anbot. Und als sie sich auf den Weg machten, um Amelia und Mr Miller einzuholen, ging sie leichtfüßig neben David her.

An der Seite dieses wunderbaren Mannes wird das Leben eine Freude, dachte sie.

An der Seite dieses Mannes werden mich die Wogen des Lebens noch lange nicht finden.

4

An diesem Abend konnte Elissa während des Abendessens kaum still-
sitzen. Vorfreude, Erwartung, ein wenig Angst und die Erinnerung an
Davids Kuss vermischten sich in ihrem Bauch zu einer Schar aufgeregt herumflatternder Schmetterlinge. Sie brachte kaum einen Bissen
des köstlichen Essens herunter.

Außer Amelia hatte sie niemandem von dem Kuss erzählt. Und so
sehr sie das Gefühl hatte, bald vor Freude bersten zu müssen, wenn sie
nicht einige der Schmetterlinge in die Freiheit entließ, schwieg sie. Sie
wollte ihrem Vater keinerlei Grund bieten, an David zu zweifeln, bevor
er diesem seine Einwilligung gegeben hatte, um sie zu werben. Und
während sie ihrer Mutter, mit der sie sonst über alles reden konnte, unglaublich gerne von diesem wunderbaren ersten Kuss erzählt hätte, war
diese heute Abend seltsam still. Stumm starrte sie auf den Teller vor sich
und schob die Speisen mit ihrer Gabel von einer Tellerseite zur anderen.

So zog Elissa sich an diesem Abend frühstmöglich auf ihr Zimmer
zurück, um der irgendwie gespannten Atmosphäre zwischen ihren Eltern entfliehen zu können.

Sie schlüpfte aus ihren Schuhen und ließ sich auf ihr breites Bett
fallen, in die vielen Kissen wie in eine warme Umarmung.

Morgen. Beinahe konnte sie die warme Luft und Davids weiche
Lippen dort spüren, wo er ihr zum Abschied verheißungsvoll ins Ohr
geflüstert hatte. *Morgen*. Morgen würde er mit ihrem Vater sprechen.

Andächtig berührte sie ihre Lippen. Was für ein Tag!

Sie erinnerte sich an viele Stunden, die sie hier auf diesem Bett
neben Patricia gelegen hatte, alle beide in ihren Nachthemden und
mit geflochtenen Zöpfen. Und sie hatten davon geträumt, wie es wohl

wäre, sich zu verlieben. Hatten sich ihre Hochzeiten ausgemalt, die eleganten Kleider, die sie tragen würden, den prachtvollen Blumenschmuck, die auserlesenen Speisen. Hatten sich ausgemalt, wie es wohl wäre, sich in den Armen eines Verehrers zur Musik eines Orchesters zu wiegen, hatten gemeinsam über die Vorstellung gekichert, geküsst zu werden.

Nie hätten sie auch nur im Traum daran gedacht, dass sie sich in denselben Mann verlieben könnten. Dass ihre Freundschaft daran zerbrechen würde.

Aber heute wollte sie nicht darüber nachdenken. Sie hätte nichts daran ändern, hätte nichts tun können, um ihren Streit zu verhindern. So oder so, ihre Hand war David schon seit vielen Jahren versprochen, die Verbindung ihrer Familie mit der des Duke of Corundy sicher.

Und eines Tages wäre sie, Elissa Belham, die Duchess of Corundy. Aber davor wäre sie – so Gott wollte und der Duke noch einige Jahre lebte – zunächst Countess Lavendale, Davids Ehefrau.

Die Schmetterlinge in ihrem Bauch tanzten einen immer wilderen Tanz und Elissa sprang wieder auf. Sie konnte sich noch nicht schlafen legen. Sie würde heute Nacht wahrscheinlich überhaupt nicht schlafen können!

In der Mitte des Raumes sank sie in einen tiefen Knicks. „Aber natürlich dürfen Sie um diesen Tanz bitten!"

Leise summte sie die eindrückliche Melodie eines Stückes, das das Orchester auf Lady Mendrows Sommerball gespielt hatte, folgte den Tanzschritten durch ihr Zimmer, spürte wieder Davids Hand an ihrer Taille, ihre behandschuhten Finger in seinen, sah das Licht der zahlreichen Kerzen, das sich in Davids blauen Augen spiegelte.

Morgen.

Auf einmal hörte sie im Erdgeschoss Stimmen laut werden. Abrupt unterbrach sie ihren Tanz und blieb lauschend stehen. Als die streitenden Stimmen nicht sogleich wieder verstummten, verließ sie ihr

Zimmer. Leise schloss sie die Tür hinter sich, schlich im Treppenhaus ans Geländer.

Statt sich zu beruhigen, wurde der Streit im Erdgeschoss immer erregter. Elissa erkannte die laute Stimme ihrer Mutter.

Ihre Mutter wurde nie laut.

Beunruhigt und zugleich auch ein wenig neugierig ging sie die Treppe hinunter. Ihr Herz klopfte wild. Sie wollte nicht beim Lauschen erwischt werden. Und doch konnte sie auch nicht *nicht* zuhören. Es kam so selten vor, dass ihre Eltern sich überhaupt stritten. Was war passiert, dass ihre sonst so gefasste Mutter die Stimme gegen ihren Mann erhob?

„Du musst es ihr sagen!"

Über wen redeten ihre Eltern? Über sie?

„Warum? Es wird sowieso nie ein Thema sein." Ihr Vater lachte leise. „Frühestens wenn ich unter der Erde bin."

„John! Das ist nicht lustig!"

Elissa krallte ihre Finger um das Treppengeländer. Worüber redeten ihre Eltern?

Sie vernahm wieder die tiefe Stimme ihres Vaters, hörte ihre Mutter antworten, konnte aber keine Worte ausmachen. Dann wurden die Stimmen leise, so leise, dass Elissa sich sicher war, der Streit war vorüber und ihre Eltern hatten sich wieder geeinigt. Erleichtert erhob sie sich und ging einige Schritte auf den Salon zu, um sich zu ihren Eltern zu gesellen. Doch in der Mitte der Eingangshalle hörte sie plötzlich, wie sich die Schritte ihrer Eltern auf sie zubewegten und ihre Mutter erneut die Stimme erhob: „Sie ist kein Kind mehr!"

Redeten ihre Eltern wirklich über sie?

Ihr blieb keine Zeit mehr, weiter zu überlegen oder zuzuhören, denn ihre Eltern standen nun direkt vor der Tür. Und so neugierig sie auch war und versucht, ihre Eltern direkt zu fragen, was das Thema ihres Streites war, wollte sie doch nicht beim Lauschen erwischt werden.

Hektisch sah sie zur Treppe. Sie würde es nicht mehr rechtzeitig dort hinauf und aus dem Blickfeld ihrer Eltern schaffen. Und auch die Eingangshalle bot keinerlei Sichtschutz. Außerdem wäre es äußerst seltsam, sollten ihre Eltern sie entdecken, wie sie sich hinter irgendeiner der Marmorstatuen zu verstecken suchte.

Unentschlossen ging sie einige Schritte rückwärts, blieb neben der Garderobe stehen und zuckte zusammen, als die Tür zum Salon aufging und ihr Vater auf einmal ganz nah klang: „Es würde sie zerstören. Außerdem habe ich es dir versprochen. Und ich werde mein Versprechen nicht brechen."

Hastig schlich sie noch einige Schritte weiter rückwärts, schlüpfte schnell aus der Eingangstür hinter ihr ins Freie und zog die Tür leise zu. Gerade noch rechtzeitig.

Ihr hektisch schlagendes Herz beruhigte sich erst allmählich wieder.

Einige Straßen weiter hörte sie den entfernten Klang von Stimmen, Schritte, das Schlagen einer Tür. Und schließlich wieder Stille.

Der glatte Steinboden fühlte sich ungewohnt an unter ihren nackten Füßen. Sie war noch nie barfuß nach draußen gegangen. Aber sie mochte das Gefühl. Es fühlte sich beinahe ein bisschen rebellisch an. Ihre Mutter wäre absolut entsetzt.

Elissa starrte auf die geschlossene Eingangstür vor ihr.

Ihre Mutter wäre auch entsetzt, wenn sie wüsste, dass Elissa soeben den Streit ihrer Eltern belauscht hatte.

Eine sanfte Brise zog spielerisch an einigen Strähnen, die sich aus ihrem für die Nacht geflochtenen Haar gelöst hatten.

Sie wollte nicht wieder rein. Wollte nicht riskieren, dabei von ihren Eltern erwischt zu werden, wie sie um diese späte Stunde wieder ins Haus schlüpfte. Zugleich schien das Rauschen der Brandung in der Ferne sie zu rufen.

Irgendetwas zog sie dorthin. Vielleicht der Gedanke, der Spannung im Haus zu entkommen. Oder die friedvolle Nacht, das Dunkel, das sie zu den unbegrenzten Weiten des Ozeans zog, ihr das Gefühl gab, alles erreichen zu können. Im Schutz der Dunkelheit fühlte sie sich versteckt, unsichtbar und zugleich geborgen. Als würden die funkelnden Sterne am Himmelszelt sie beschützen, sie herausfordern, mutig zu sein.

Als wäre ihr alles möglich, alles erlaubt, als wären die fest definierten gesellschaftlichen Grenzen des Tages nicht länger existent.

Als wären ihre Träume zum Greifen nahe. Als müsste sie nur die Hand danach ausstrecken.

Gemächlich schlenderte sie denselben Weg entlang, dem sie erst an diesem Nachmittag gefolgt waren. Wie sehr sich ihr Leben innerhalb weniger Stunden verändert hatte. Wie sehr *sie* sich verändert hatte.

Nach Davids leidenschaftlichem Kuss war sie sicherlich nicht mehr dieselbe junge Frau, die sich nie ganz sicher sein konnte, ob die Männer sie deshalb umschwärmten, weil sie selbst liebenswert war oder weil sie einen Blick auf das Geld ihres Vaters geworfen hatten. Doch dieser eine Kuss hatte das verändert. Elissa hatte es so deutlich in Davids Augen gesehen. Bewunderung, Anerkennung, vielleicht sogar Liebe.

Bald hatte sie die Dünen erreicht, die sich nun in der Nacht dunkel vor ihr erhoben, ihr den Blick zum Strand verwehrten. Sie unterdrückte ihre kurz aufflackernde Unsicherheit und folgte dem Weg zum Strand weiter. Die Sterne über ihr blinkten ihr fröhlich zu, die kühlen, feinen Sandkörner fühlten sich ungewohnt an unter ihren nackten Füßen.

Und dann lag die nächtliche Weite des Ozeans vor ihr.

Der Mond war gerade aufgegangen, geheimnisvoll tauchte er aus den schwarzen Wogen des Meeres auf, verschwand sofort wieder hinter einigen Wolken und verriet nur durch deren rötlichen Schimmer seine Anwesenheit. Elissa grub ihre Zehen in den nassen Sand und schlang die Arme um sich.

Fasziniert beobachtete sie, wie der Mond als eine goldene Kugel gemächlich wieder aus den Wolken aufstieg, sie in sein dunkelrotes

Licht tauchte, das sich wunderschön und doch irgendwie bedrohlich im Schwarz des Himmels verlief.

Der Wind strich Elissa über die erhitzten Wangen, flüsterte ihr ins Ohr, als hätte er sie erkoren, ihr seine Geschichten, seine ewigen Geheimnisse anzuvertrauen. Die verheißungsvolle Atmosphäre dieser Nacht erweckte ein vorfreudiges, beinahe aufgeregtes Kribbeln in ihr. Neugier. Auf das, was ihre Zukunft für sie bereithielt.

Doch da war auch eine weniger aufgeregte, etwas beunruhigte Neugierde in ihr, wenn sie an den Streit ihrer Eltern dachte.

„Ging es um mich? Und wenn ja, was wollte Mutter, dass Vater es mir erzählt?" Ihre Stimme klang klar in der lauen Nacht.

Mit einem letzten langen Blick wandte sie sich ab vom Meer. Sie musste wieder zurück, bevor ihre Abwesenheit bemerkt wurde. Etwas widerstrebend schlenderte sie in Richtung der Dünen. Strandhafer strich wie eine liebevolle Berührung über den Rock ihres Kleides, der Sand und kleine Muscheln knirschten unter ihren Schritten. Sie kletterte auf eine der Dünen und wandte sich auf ihrer erhöhten Position noch einmal um. Irritiert kniff sie die Augen zusammen, als sie eine dunkle Silhouette in der angrenzenden Bucht entdeckte. Was war das?

Regungslos blieb sie stehen und beobachtete die Schatten. Plötzlich erklangen in der Ferne die Alarmglocken der Stadt. Im selben Moment gaben die dunklen Umrisse ihr fürchterliches Geheimnis preis!

Hart stieß Elissa die Luft aus, die sie unbewusst angehalten hatte. Ein Schiff!

Es war zu weit entfernt, um die gehisste Flagge zu erkennen. Und dennoch ließen die lauten Alarmglocken, die panischen Rufe keinerlei Zweifel. *Ein Überfall! Piraten?*

Sie musste zurück zu ihren Eltern!

Doch dann fielen erste Schüsse, der Wind trug die Schreie von Verwundeten und Sterbenden an ihr Ohr – und Elissa war auf einmal wie erstarrt. Ihre Gedanken rasten so schnell durch ihren Kopf, dass sie nicht einen einzigen fassen konnte. Die Häuser unter ihr gingen in

Flammen auf, Rauch stieg auf in die eben noch so friedvolle Nacht. Und doch fühlte sich alles weit entfernt an, wie ein vollkommen unrealistischer Albtraum.

Elissa konnte ihren Blick nicht abwenden, starrte irgendwie unbeteiligt auf das Geschehen, während zugleich ihr Atem in abgehackten, kurzen Stößen kam.

Erst das Knirschen von Schritten ganz in der Nähe ließ sie aus ihrer Starre erwachen. Erschrocken wirbelte sie herum – und stand vor einem hochgewachsenen Mann. Er hatte die Arme vor der Brust verschränkt, hatte anscheinend ebenfalls die Verwüstung der Stadt beobachtet.

Seine Augen verengten sich, als er Elissa entdeckte. Innerhalb von Sekundenbruchteilen zog ein Sturm auf seinem Gesicht auf. Seine etwas zu langen Haare fielen wild um sein Gesicht, vermischten sich mit den Haaren eines Vollbarts. Ein langer, dunkler Mantel und der Hut auf seinem Kopf ließen sie sicher sein, dass er zu den Piraten gehören musste.

Furcht, wie sie sie noch nie in ihrem Leben gespürt hatte, schnürte Elissa die Luft ab. Sie wich einen Schritt nach hinten aus, stolperte, fing sich wieder. Abwehrend hob sie die Hand, stammelte ein ersticktes: „B-Bitte …"

Er kam einen Schritt auf sie zu und sie wich weiter nach hinten aus. Schlang die Arme um ihren auf einmal zitternden Körper. Im Schein der brennenden Stadt war sie für ihn klar erkennbar, sie dagegen sah nur die Umrisse, das Funkeln seiner Augen. Sie wich weiter nach hinten aus, veränderte ein wenig die Richtung. Wenn sie ihm entkommen wollte, brauchte sie jeden Fuß Vorsprung, den sie bekommen konnte. Ein kleiner Stein löste sich unter ihren Füßen, rollte ein Stück weit die Düne hinunter.

Sein Blick wanderte über ihren Körper, einer seiner Mundwinkel hob sich in einem beinahe boshaften Lächeln. Ihre Augen flehten ihn um Gnade an, doch er schwieg. Schwieg auch, als er sie angriff. Seine

Waffen hatte er noch nicht einmal gezogen, als würde es ihm mehr Spaß machen, sie mit bloßen Händen zu bezwingen.

Elissa schrie, doch ihr Schrei vermischte sich lediglich mit dem Lärm der Zerstörung der Stadt. Als er nach ihr griff, wich sie aus, drehte sich um, lief los. Sein stahlharter Griff um ihre Mitte riss sie brutal zurück, ließ sie atemlos zurück. Sie krallte ihre Fingernägel in seine Hände, trat mit aller Kraft hinter sich, kämpfte mit all der Verzweiflung in ihr.

Er stieß sie von sich, beobachtete, wie sie stürzte, sich die Hände aufriss. Sie schmeckte Blut, das sich mit dem Sand auf ihren Lippen vermischte, rappelte sich wieder auf. Er trat ihr erneut in die Seite und sie landete einmal mehr auf dem vorhin unter ihren Zehen noch so weichen, nun steinharten Sandboden.

Er würde sie umbringen.

Die Erkenntnis umfasste ihr Herz wie eine eiskalte Faust.

Panisch suchten ihre aufgeschürften Hände den Boden ab, suchten nach irgendetwas, mit dem sie sich verteidigen könnte.

Ungläubig keuchte sie auf, als sie einen etwa handgroßen Stein zu fassen bekam. Geistesgegenwärtig umklammerte sie ihn mit ihrer rechten Hand, ließ ihn auch dann nicht los, als seine brutale Hand in ihre Haare griff, sie daran vom Boden hochzerrte. Er hielt sie auf Armlänge von sich weg und schlug ihr in den Bauch.

Elissa klappte zusammen, Schmerz blendete sie.

Doch seine Hand in ihren Haaren hielt sie aufrecht, zog sie wieder zu sich heran. Ihr Rücken berührte seine harte Brust, seine andere Hand griff nach vorn, um sie festzuhalten, sie komplett wehrlos zu machen.

Jetzt! Das war ihre einzige Chance!

Mit aller Kraft rammte sie den Stein in ihrer Hand nach hinten.

Als seinen Lippen ein Stöhnen entwich und sein Griff sich einen Augenblick lang ein wenig lockerte, riss sie sich los, sah kein einziges Mal zurück. Mit wild schlagendem Herzen stolperte sie die Düne hinunter.

Sie stürzte, rappelte sich wieder auf, lief weiter.

Ihre Lungen begannen zu brennen, ihre Seite zu stechen, doch sie hielt nicht an. Ihre baren Füße schmerzten, doch sie lief immer weiter, weiter.

Die ersten Häuser tauchten vor ihr auf, das Geräusch ihrer hastigen Schritte vermischte sich mit dem Knistern von Flammen, Schreien, fliehenden Füßen.

Endlich erreichte sie das Sommerhaus ihrer Eltern, sah einen Dienstboten aus der Eingangstür herausstürmen und die wenigen Stufen vor dem Haus hinunterhetzen. Aus dem Inneren hörte sie einen verzweifelten Schrei. Ihre Eltern! Sie musste zu ihren Eltern!

Elissa hielt sich die Seite, schnappte nach Luft und rannte weiter. Mit keuchendem Atem erklomm sie die Eingangsstufen. Ihr Korsett schnürte ihr die Luft ab, ließ helle Lichtpunkte vor ihren Augen tanzen. Aber sie musste dort hinein, musste sichergehen, dass ihren Eltern nichts zugestoßen war!

Auf einmal öffnete sich die Tür vor ihr und sie prallte heftig mit dem Körper eines Mannes zusammen. Im Schein der irgendwo hinter ihr tanzenden Flammen erkannte sie ihren Vater.

Er erblickte sie im selben Augenblick. Seine Augen wurden groß, eine Panik, wie sie sie niemals zuvor bei ihrem Vater gesehen hatte, breitete sich auf seinem Gesicht aus.

Wo war ihre Mutter? War sie noch im Haus?

Ihr Vater unterbrach ihre Gedanken, schrie ihr ins Ohr: „Elissa, raus! Raus hier!" Seine Stimme zitterte, als würde sie gleich brechen.

Grob packte er ihren Arm und drehte sie um.

Ein lauter Knall erklang. Ein Blumentopf ganz in der Nähe zersplitterte. Was war das gewesen? Ein Schuss?

Mit weit aufgerissenen Augen sah ihr Vater sie an, blanke Panik spiegelte sich darin. Dann stieß er sie auf einmal grob von sich weg, die Treppe hinunter.

Der nächste Schuss ertönte nur Sekundenbruchteile, bevor die Eingangstür und einige Fenster durch eine gewaltige Explosion in tausend Stücke zersprengt wurden. Elissa wurde von den Füßen gerissen, heiße Flammen und scharfkantige Splitter fraßen sich in ihre Haut. Der Geruch nach versengtem Fleisch erfüllte ihre Nase und ein hohes Pfeifen in ihren Ohren übertönte die Schüsse, die Schreie, das Knistern der Flammen.

Ihre Welt ging in einem Inferno auf, brannte.

Ein Schrei begann, sich in ihrem Herzen zu formen, doch noch bevor er ihre Lippen verlassen konnte, verlor sie das Bewusstsein.

Sie sah nicht mehr, wie die Flammen gierig alles auffraßen, was ihr etwas bedeutet hatte.

Wie nichts übrig blieb außer den verkohlten Überresten des Lebens, das sie gekannt hatte, und weißen Flocken von Asche, die in wildem Tanz dem Weg des Windes folgten.

***

Raphael rannte. Gewiss, mit einem Pferd wäre er sicherlich schneller auf seinem Weg zurück vom Friedhof. Aber nein. Das kam nicht infrage.

Sein Atem ging kaum schwerer, auch nicht, als der Friedhof immer weiter hinter ihm zurückblieb. Stattdessen schien es beinahe, als könnte er mit jedem Schritt ein wenig freier atmen. Er war selbst nicht ganz sicher, was ihn an diesem letzten Abend, bevor er wieder nach Oxford zurückkehrte, dazu gebracht hatte, die Tür zu den schmerzhaften Erinnerungen einen Spaltbreit zu öffnen. Die Erinnerungen, die er so mühsam zu verdrängen versuchte.

Vielleicht waren es die kalten Blicke gewesen, die sein Bruder ihm während des Abendessens zugeworfen hatte, vielleicht die ungeweinten Tränen, die in den Augen seiner Schwester geglitzert hatten. Oder vielleicht die stumme Trauer in den Augen seines Vaters, die ihn an die Zeit erinnert hatte, als …

Nein, er wollte wirklich nicht mehr daran denken.

An den Tag der Beerdigung erinnerte er sich allerdings nur zu gut. Es war beinahe, als wäre das Bild mit flammend heißem Eisen in seine Erinnerung gebrannt worden, wie seine kleine Schwester Sarai sich weinend an ihren Zwillingsbruder geklammert hatte. Und obwohl Tränen seine eigenen Augen verschleiert hatten, war die Botschaft in Daniels abweisendem Blick, den er ihm über Sarais Kopf hinweg zugeworfen hatte, nur allzu deutlich angekommen: Halte dich von unserer Familie fern! Möglichst weit weg. Dort, wo du keinen weiteren Schaden anrichten kannst!

Und Raphael hatte gehorcht. Hatte die besorgten Blicke seines Vaters ignoriert, als er sich so früh wie möglich von der Trauerfeier zurückgezogen hatte, die zu besuchen er kein Recht gehabt hatte.

Er konnte die Vergangenheit nicht mehr ändern. Und er konnte auch nicht ändern, was seine Fehler aus seiner Familie gemacht hatten.

Aber die Zukunft lag noch vor ihm, die Chance, es besser zu machen. Und wenn das bedeutete, dass er sich von seiner Familie fernhielt, um ihr die Möglichkeit zu geben zu heilen, ohne die ständige Erinnerung seiner Anwesenheit, dann würde er das tun. Wenn es bedeutete, sich Tag und Nacht in seinen Büchern zu verkriechen, um irgendwann einmal ein Leben retten zu können, statt es zu nehmen, dann würde er das tun.

Sein trainierter Körper legte den Weg bis zu den ersten Häusern beinahe mühelos zurück. Die Spannung fiel ab von ihm, stattdessen breitete sich ein Kribbeln in ihm aus. Es war beinahe unlogisch, wenn man bedachte, dass das Geräusch der Alarmglocken, das Geräusch von Schüssen und Schreien der Grund für seinen Sprint waren. Und doch – vielleicht würde sich heute endlich seine bisherige medizinische Ausbildung bewähren. Vielleicht wäre heute endlich der Tag, an dem er wenigstens einen kleinen Teil seiner Schuld wiedergutmachen konnte.

Er bog in eine der ersten kleinen Seitenstraßen ein, folgte ihr. Ins Chaos.

Männer, Frauen und Kinder liefen in hektischer Panik wild durcheinander, Feuer erhellten die Nacht, Rauchschwaden brannten Raphael in den Augen. Und obwohl noch immer irgendwo Schüsse fielen, schien niemand verletzt.

Raphael rannte weiter, suchte dabei die vorbeieilenden Menschen nach bekannten Gesichtern ab. Erkannte kein einziges.

Auf einmal erschütterte ein ohrenbetäubender Knall die ohnehin schon chaotische Stadt, noch mehr Flammen stiegen in den Nachthimmel auf. Eine Explosion!

Wie auf ein geheimes Zeichen rannte eine ganze Gruppe Männer in Richtung des Hafens, Waffen in den Händen. War die verschlafene Hafenstadt soeben etwa Opfer eines Piratenangriffs geworden?

Doch die Ära der großen Überfälle durch Piraten war vorbei. Es waren lediglich Jack Brixton und seine Mannschaft, die sich noch diesem Geschäft widmeten, und auch dieser Name schien eher auf Gerüchten von geheimnisvoll verschwundenen Schiffen als auf tatsächlichen Überfällen zu beruhen. Schon gar nicht an Land. Was also – oder wer – hatte die friedvollen Straßen innerhalb so kurzer Zeit in einen Kriegsschauplatz verwandelt? Und weshalb?

Raphael kämpfe sich entgegen der fliehenden Menschenmassen in Richtung der Explosion. Er war nicht mehr weit entfernt. Nur wenige Häuserreihen vor ihm stieg Rauch auf, dort, wo die großen Sommerhäuser der Londoner Familien standen.

Seine Augen begannen zu tränen vom Qualm, den die nächtliche Brise in seine Richtung wehte, seine Lunge brannte. Er wurde langsamer. Blieb stehen. Weshalb rannte er auf die Gefahr zu statt wie alle anderen davon? Dort, wo sie hinrannten, gab es sicher genug Verletzte, die seine Hilfe gebrauchen könnten.

Schuldig.

Das Wort hallte hohl in seinem Herzen wieder, trieb ihn weiter vorwärts. Sicherlich hatte Gott seine Schritte aus einem bestimmten Grund hierher gelenkt. Sicher war dies seine Chance, ein Leben zu retten. Das zu tun, worauf er sich in seinem Studium jahrelang vorbereitet hatte.

Aber nichts hätte ihn vorbereiten können auf das, was ihn vor dem Haus der Belhams erwartete.

Die Angreifer waren offenbar mit den anderen verschwunden, denn obwohl sich eine kleine Menschenmenge gebildet hatte, fielen keine weiteren Schüsse. Raphael kämpfte sich nach vorn, bereit, einzugreifen und –

Sein Atem stockte. Erst jetzt registrierte er, dass es nicht Sorge gewesen war, die er in den Gesichtern der Umstehenden gesehen hatte. Es war Horror. Und Schock.

Eine hilflose Menschentraube hatte sich gebildet um zerfetzte Gliedmaßen, die zum Teil kaum mehr als diese erkennbar waren, und einen weiteren Körper, der blutüberströmt und seltsam verdreht etwas näher am Haus auf dem Boden lag.

Eine Frau – ihr Kleid zerrissen, eine blutige Schramme auf der Wange und die Haare vollkommen wirr – beugte sich über den bewegungslosen Menschen. Ihr verzweifelter Schrei zerriss das Schweigen, das Entsetzen, das die friedvolle Stille der lauen Nacht ersetzt hatte. Erst als ihr Schrei in ein leises Schluchzen überging: „Elissa, Elissa!", erkannte Raphael in ihr Mrs Belham, Elissa Belhams Mutter.

Und Raphael blieb nichts anderes übrig, als sich in die Mauer aus Hilflosigkeit um ihn her einzureihen, Horror und Schock auf seinem Gesicht, als er schließlich verstand.

Die blutige Gestalt auf dem Boden, die verbrannte und zerstörte Haut, von hellen Stofffetzen bedeckt, war keine andere als die lebensfrohe Miss Belham.

Entsetzen verwurzelte ihn dort am Boden, als er Zeuge wurde, wie diese Welt wieder einmal von der Realität eingeholt wurde.

Wie er selbst von der Realität eingeholt wurde.

Wem hatte er etwas vormachen wollen? Er war Student, war noch lange kein erfahrener Arzt, der wusste, was zu tun war. Was hatte er sich vorgestellt? Dass es dieses Mal anders wäre?

Nichts hatte sich geändert. Nicht die Grausamkeit der Realität, nicht die Eile, mit der sie selbst die Reichsten unbarmherzig einholte.

Und doch.

Als Mrs Belham begann, sich hin und her zu wiegen, mit gebrochener Stimme schluchzte: „Meine Elissa, mein Kind", und nicht einer der vielen Menschen sich bewegte, da erwachte Raphael aus seiner Starre. Denn auch wenn es nichts gab, das er tun konnte, um die Umstände zu ändern, konnte er vielleicht etwas tun, um sie wenigstens für Mrs Belham ein ganz klein wenig erträglicher zu machen.

Er kniete sich neben die ältere Frau. Der Geruch von verbranntem Fleisch und versengten Haaren stieg in seine Nase. Sein Blick blieb an Elissa Belhams verdrehtem Bein hängen und wanderte schließlich zu ihrem zuvor so wunderschönen, nun blutüberströmten Gesicht.

Er war sich sicher, sie war tot. Erschüttert holte er tief Luft, drehte sich dann um zu Mrs Belham und legte ihr vorsichtig eine beruhigende Hand auf die Schulter. Doch aus dem Augenwinkel heraus sah er plötzlich, wie Miss Belhams Brustkorb sich schwach hob. Und senkte.

Sicherlich hatte er sich das nur eingebildet! Er kniff die Augen zusammen, runzelte die Stirn und heftete seinen Blick auf den zerschundenen Körper. Gespannt hielt er die Luft an. Ihre Brust hob und senkte sich ein weiteres Mal. Elissa Belham lebte!

Doch vielleicht nicht mehr lange.

Kurz streifte ihn der Gedanke, ob der Tod nicht die gnädigere Option für die junge Frau wäre. Doch aus irgendeinem Grund schien Gott ihr Leben bis jetzt verschont zu haben.

Und Raphael würde sein Möglichstes tun, um sicherzustellen, dass sie weiter einen Atemzug nach dem nächsten tun würde.

Ein Leben für ein Leben.

Oder eines für viele.

5

Dunkelheit.

Schmerz.

Flammen. Brennende, alles versengende Flammen.

Schreie. Schrill, schrilles Pfeifen.

Schmerz, eine gleißend helle Stichflamme.

Dunkel. Alles so dunkel.

Stimmen. Schreie. Schluchzen.

Absolute Stille.

Sie kann nicht schreien.

Schwach. So schwach.

Eine Hand, die sich ihr entgegenstreckt. Einladend.

„Komm."

Licht.

Ein Atemzug. Schmerz, heller als das Licht.

Dunkelheit.

Stimmen in der Nacht. Schüsse, Schreie.

Ein Kampf.

Ein Wettlauf.

Wettlauf auf Zeit. Wettlauf um die Zeit.

Gegen die Zeit.

Ziel.

Nicht erreicht.

Mehr Schüsse, mehr Schreie, ein Knall. *Mein Schrei.*

„Sch, Elissa, ich bin doch da!"

Eine Hand aus Licht, die sich ihr entgegenstreckt. Frieden.

„Komm."

Eine weiche Hand, die ihr über die Haare streicht. Eine Stimme. Worte, unverständlich. Liebevoll. Schmerz.

„Komm."

Ich weiß nicht, ich weiß nicht.

Müde, so müde.

Eine Explosion aus Schmerz, ein Schrei, eine Stichflamme, die durch ihren Körper schießt, alles zerstört, verbrennt, versengt. Unerträglich.

Ein gellender Schrei.

Dunkelheit.

19. September 1857

Raphael starrte auf die Worte vor sich und blinzelte. Doch die Buchstaben vor ihm blieben leicht verschwommen, ihr Sinn seinem müden Geist verschlossen.

Er seufzte, fuhr sich mit der Hand durch die kurzen schwarzen Haare und klappte das vor ihm liegende Anatomiebuch zu. Der Deckel des schweren Buches schloss sich mit einem so lauten Geräusch, dass Raphael kurz zusammenzuckte. Erschöpft von den langen Stunden, die er an seinem Schreibtisch zugebracht hatte, erhob er sich und streckte seine eingerosteten Gelenke.

Sein Leben war so eintönig wie nie zuvor. Er bekam schon jetzt Kopfschmerzen, wenn er daran dachte, dass er sich nach dem Abendessen gleich wieder seinen Büchern widmen müsste. Wer hätte gedacht, dass er seinen zweiundzwanzigsten Geburtstag lediglich mit sich, den vier Wänden seines Zimmers und seinen Büchern verbringen würde?

Doch Oxford und seine Bücher waren die deutlich bessere Wahl als nach Hause zu fahren. Nach allem, was geschehen war, war seine Familie sicherlich weder in der richtigen Stimmung, um mit ihm zu feiern, noch begeistert von der Idee, ihre Trauer mit ihm zu teilen.

Außerdem rückten seine Abschlussprüfungen immer näher. Und während er jede verfügbare Minute vor seinen Büchern verbrachte, hatte er zugleich das Gefühl, dass mit jeder neuen Buchseite, die er auswendig lernte, zugleich zehn der zuvor gelernten aus seinem Kopf gelöscht wurden. Die Tage schienen einfach nicht genug Stunden zu haben. Und wenn der Tag in die Nacht überging, war für Raphael noch lange nicht die Zeit gekommen, sich schlafen zu legen.

Er würde nicht so kurz vor dem Ziel scheitern!

Mit erschöpften Schritten machte er sich auf den Weg zum Speisesaal, holte sich ein Abendessen und bahnte sich seinen Weg zu einem der Tische, an dem er seinen Freund Henry Miller entdeckte. Er nickte ihm wortlos zu und ließ sich auf einen Stuhl fallen.

Henry beugte sich über seinen Teller nach vorn und grinste: „Alles Gute zum Geburtstag! Du scheinst deinen Tag ja richtig genossen zu haben."

Raphael grinste: „Ach, sei doch still! Du siehst auch nicht besser aus."

„Ich unterhalte mich immerhin noch nicht mit meinen Büchern in Ermangelung menschlicher Freunde."

„Ich hab doch dich, Henry. Nur wenn du nie mit mir redest …"

Henry lachte und widmete sich wieder seinem Abendessen.

Raphael blinzelte mehrmals gegen seine schweren Augenlider an und führte eine Gabel Essen zu seinem Mund. Sein Körper brauchte die Energie, um durchzuhalten.

Doch auf einmal landete eine schwere Hand auf seiner Schulter.

„Alles Gute zum Geburtstag!", donnerte Isaac Carters Stimme viel zu nah an seinem Ohr.

Raphael zuckte so sehr zusammen, dass ihm die Gabel aus der Hand fiel, mit einem Klirren zuerst auf dem Tisch aufkam und schließlich auf dem Boden landete. Mehrere Köpfe drehten sich mit missbilligend zusammengekniffenen Augenbrauen zu ihnen um, doch Isaac, der hinter ihm stand, grinste nur fröhlich.

Raphael brummte: „Sehr witzig!" Dann bückte er sich mit einem leisen Ächzen, um die Gabel aufzuheben, richtete sich wieder auf – und schlug sich prompt den Kopf an der Tischkante an. Er zog eine Grimasse und rieb sich den schmerzenden Schädel. „Wie friedlich mein Leben nur ohne dich wäre, Carter …"

Isaac lachte nur und mit einem Blick über den Tisch stellte Raphael fest, dass auch ihr gemeinsamer Freund Henry lediglich ein belustigtes Grinsen für ihn übrighatte. Raphael versuchte, das Zucken um seine Mundwinkel mit einer grimmigen Miene zu überspielen.

Isaac zog den Stuhl neben ihm mit einem überlauten Quietschen unter dem Tisch hervor, ehe er sich unelegant daraufplumpsen ließ. „Komm schon, alter Mann, sind deine Mundwinkel schon so eingerostet, dass du sie nicht einmal mehr zu einem Lächeln für deinen alten Freund verbiegen kannst?", zog ihn der lebhafte Rotschopf auf.

Henry lachte leise vor sich hin. Raphael musste zugeben, dass er den stillen jungen Mann in Prüfungsphasen eindeutig Isaacs lauten Späßen vorzog, die seinen vom Lernen beinahe dauerhaften Kopfschmerz regelrecht eskalieren ließen.

Isaac lehnte sich gemütlich zurück und verschränkte die Arme, als würde er sich auf den harten Holzstühlen so wohlfühlen wie überall sonst.

„Und? Was unternehmen wir heute Abend?"

Henry warf ihm einen fassungslosen Blick zu und auch Raphael konnte nur die Augenbrauen nach oben ziehen. Er hatte keine Zeit, etwas zu unternehmen!

Manchmal hätte er gerne Isaacs Selbstbewusstsein und Entspanntheit. Oder vielleicht war es auch einfach nur Dummheit. Denn Isaac, dessen Familie in den letzten Jahren große Teile ihres Vermögens verloren hatte, hatte hohe Schulden gemacht, um das Studium überhaupt zu Ende bringen zu können.

Und Henry hatte den Zorn seines wohlhabenden Vaters auf sich gezogen, als er sich für ein Medizinstudium entschieden hatte. Sein

Vater hatte es nicht so wohlwollend hingenommen wie Raphaels Familie, dass sein Sohn sich nicht in das Familiengeschäft einbringen wollte.

Sie alle hatten viele Opfer gebracht, um bis hierhin zu kommen. Für sie alle hing viel von den kommenden Prüfungen ab.

Isaac hakte noch einmal nach: „Na, sagt schon! Was wollt ihr machen?"

Raphael schüttelte mit einem leichten Grinsen den Kopf. „Lernen."

Die Antwort erntete ein eifrig zustimmendes Nicken von Henry. „Wir haben keine Zeit mehr, Carter. Nach den Prüfungen wieder."

Isaac warf verdrossen die Arme hoch, erntete dabei erneut einige missbilligende Blicke und stöhnte: „Ach, langsam hasse ich dieses Wort. Denkt ihr auch jemals an etwas anderes als *Lernen*?"

Doch, tatsächlich, das tat er.

Er dachte viel daran, *wofür* er lernte. Dafür, Leben retten zu können. Wiedergutmachung. Für seine Familie.

Und manchmal, in besonders wehmütigen Momenten, blitzte Lady Amelia Westcliffs sanfter Blick in seinen Gedanken auf.

Aber er wusste, er könnte sie niemals haben. Sein Blick wanderte zu Henry, der sich erst vor Kurzem mit der jungen Frau verlobt hatte. Die beiden passten perfekt zusammen. Und auch wenn er am Abend von Lady Mendrows Ball, bevor die beiden sich überhaupt kennengelernt hatten, Bewunderung für Raphael in ihren großen Augen gesehen hatte, so wäre eine Verbindung niemals möglich gewesen. Ihr Vater hätte ihn wahrscheinlich eher persönlich erschossen als ihm je die Hand seiner Tochter am Altar zu übergeben.

Aber vielleicht würde die Welt – und er selbst – seine Vergangenheit endlich vergessen können, wenn er ein angesehener Arzt wäre. Vielleicht würde Gott ihm dann, wenn er in der Lage wäre, Leben zu retten, endlich vergeben, was vor so vielen Jahren geschehen war.

Isaacs Stimme riss ihn aus seinen Gedanken: „Wann seid ihr denn zu solchen Spaßbremsen geworden? Man kann sich auch totlernen …"

Raphael zog eine Augenbraue nach oben und warf ihm einen zweifelnden Blick zu.

„Ach, wirklich?"

„Ja, wirklich. Habe ich erst gerade vorhin irgendwo gelesen." Isaac schenkte ihm ein breites Grinsen.

Nun musste Raphael doch lachen, schüttelte aber zugleich seinen Kopf. „Wie gut, dass ich mich noch sehr lebendig fühle, dann kann ich jetzt beruhigt zurück auf mein Zimmer gehen und weitermachen."

Das war vielleicht ein ganz klein wenig übertrieben.

Raphaels Augen brannten, seine Lider waren schwer wie Blei und sein Kopf dröhnte. Aber wenn er in den nächsten Stunden irgendetwas außer Lernen tun würde, dann wäre es, sich auf sein Bett fallen zu lassen und zu schlafen.

Er begann zügig aufzuessen, um seinen Worten möglichst schnell Folge leisten zu können.

Doch als er etwas später die Tür öffnete und seine kleine Schlafkammer betrat, war es weder, um zu lernen noch um zu schlafen. Raphael schüttelte den Kopf über sich selbst, dass er sich wieder einmal hatte breitschlagen lassen. Zugegeben – für seine Konzentrationsfähigkeit war es vielleicht nicht schlecht, eine kleine Auszeit zu nehmen.

Henry und Isaac würden ihn in etwa zehn Minuten abholen. Er musste sich dringend etwas Frisches anziehen, wenn er nicht für einen auf der Straße hausenden Streuner gehalten werden wollte. Mit wenigen Schritten war er bei seinem Kleiderschrank und öffnete die Tür.

Das leise Kratzen von Leder über Holz hätte ihn vorwarnen können. Doch als sein Koffer sich plötzlich von seinem Lagerplatz auf dem Schrank befreite, konnte er sich nur gerade so vor dem Angriff auf seinen Kopf in Sicherheit bringen.

Mühsam unterdrückte er einige Schimpfworte, als die Kante des Koffers dennoch seinen kleinen Zeh attackierte.

Mit zusammengebissenen Zähnen hüpfte er auf einem Bein durch sein Zimmer und rieb seinen schmerzenden Zeh. Konnte irgendjemand dem Geschick – oder Ungeschick – der Welt verraten, dass heute sein Geburtstag war?

Eine Grimasse ziehend, bückte er sich und wuchtete den sperrigen Koffer zurück auf seinen Schrank. Dabei fiel sein Blick auf eine alte Zeitung, die herausgefallen sein musste. Offensichtlich hatte er sie beim Auspacken übersehen.

Raphael las zwei der nun in seinem Zimmer verstreuten Blätter auf und wollte sie soeben zur Seite legen, da fiel ihm ein Artikel ins Auge.

Sein Bett knarrte leise, als er sich darauf sinken ließ, den Blick fest auf das Papier geheftet. Unter dem ausführlichen Bericht über die Unruhen in Indien gingen die wenigen Zeilen beinahe unter. „Gründe für Piratenangriff noch immer unklar", lautete die Überschrift.

Als Raphaels müde Augen den Text nun überflogen, erinnerte er sich nur allzu gut an die Nacht jenes Überfalls. Außer John Belham hatte es keine Toten, außer dessen Tochter Elissa kaum Verletzte gegeben. Miss Belhams zerschmetterte Gestalt tauchte vor seinem inneren Auge auf. Wie sie dort gelegen hatte nach der Explosion … Splitter, Scherben und Aschestaub hatten sie fast genauso dick bedeckt wie den sie umgebenden Boden.

Raphael wusste noch immer nicht, ob die junge Frau überlebt hatte. Ihre Mutter war nach der Beerdigung ihres Mannes in das Londoner Haus der Familie zurückgekehrt, hatte sich völlig von der Gesellschaft zurückgezogen. Selbst sein Freund David hatte nichts von dessen Verlobter gehört.

Noch einmal überflog Raphael die wenigen Zeilen, versuchte Sinn zu finden in der völlig sinnlosen Zerstörung jener Nacht. Er schrak zusammen, als plötzlich seine Freunde ins Zimmer stürmten, und zerknüllte das dünne Zeitungspapier hastig in seiner Faust.

Henry musterte mit hochgezogenen Augenbrauen die überall auf dem Holzboden verteilten Zeitungsblätter. Isaac dagegen zollte ihnen überhaupt keine Aufmerksamkeit, baute sich stattdessen mit seiner schmächtigen Gestalt vor Raphael auf und befand: „Du musst hier raus."

„Aber ich bin noch gar nicht –"

„Zu spät! Wir gehen jetzt."

Umgezogen. Er war noch gar nicht umgezogen.

Isaac ignorierte jeglichen Protest und bedeutete Henry, ihm zu helfen. Dieser nahm mit einem mitfühlenden Grinsen Raphaels Arm und half Isaac, ihn hoch- und aus dem Zimmer zu ziehen. Dabei ließ Raphael den zerknüllten Zeitungsartikel aus seiner Hand unauffällig zu Boden fallen.

Wahrscheinlich hätte er sich trotz Henrys riesenhafter Größe und Isaacs enthusiastischer Energie erfolgreich gegen die beiden zur Wehr setzen können. Er hatte sich früher oft gegen Hänseleien und grobschlächtige Kerle, die Spaß daran gehabt hatten, ihn zu quälen, zur Wehr setzen müssen. Und entgegen der allgemeinen Meinung füllte er seine Tage nicht *ausschließlich* mit Lernen. Nichts war so gut dazu geeignet, seine Gedanken zum Verstummen zu bringen, als seinen Körper bis an dessen Grenzen zu treiben. Und nie schlief er so gut wie nach einem langen Lauf durch die Nacht, wenn er schwer atmend und erschöpft bis auf die Knochen in sein Bett fiel.

Und doch ließ er sich nun von den beiden bis auf den Gang zerren. Seine Freunde gestatteten ihm nur gerade noch, seine Schuhe und eine Jacke überzuziehen.

„Wohin gehen wir?"

Henry zuckte mit einem Blick auf Isaac etwas hilflos mit den breiten Schultern. Isaac warf die Arme hoch: „Es ist Samstagabend! Und Raphaels Geburtstag! Der Schlachtplan für heute Abend: Erst füllen wir Raphael ab, dann schubsen wir ihn auf die Tanzfläche und besorgen ihm ein Mädchen."

Raphael schüttelte protestierend den Kopf und blieb stehen.

„Nein, auf keinen Fall."

Sein Schädel brummte auch ohne Alkohol schon genug.

Isaac lachte auf. „Schon klar. Ich habe nichts anderes von dir erwartet."

Er klopfte ihm fest auf die Schulter: „Aber um eines dieser drei Dinge kommst du nicht herum. Trinken, tanzen, ein Mädchen. Entscheide dich."

Raphael runzelte die Stirn. Isaac wusste genau, dass ein Tanz zwangsläufig eine Partnerin beinhaltete. Und er wusste ebenso gut, dass Raphael ohne den Druck seines Vaters niemals einen Fuß auf die Tanzfläche setzen würde, ohne zuvor etwas getrunken zu haben. Und Raphael trank nicht. Niemals.

Henrys tiefes Lachen erfüllte die noch erstaunlich laue Nachtluft.

„Jetzt sieht er aus, als wolltest du ihn foltern, statt seinen Geburtstag zu feiern."

Isaac musterte ihn mit zusammengekniffenen Augen: „Wie ein in die Falle gegangenes Kaninchen."

Henry verkniff sich ein Grinsen, während Raphael lediglich etwas hilflos mit den Schultern zuckte. Und innerlich beim Gedanken an den vor ihm liegenden Abend erzitterte wie ein in die Falle gegangenes Kaninchen.

6

Was ist Schönheit?

*Ist es ein Sonnenaufgang? Oder der Moment am Abend,
wenn ein weiterer Tag zu Ende geht und Ruhe einkehrt?*

*Die zerbrechlichen Flügel eines Schmetterlings oder die ver-
narbte Rinde eines Baumes, der schon seit Jahrzehnten den
Elementen trotzt?*

*Ist es das sanfte Rauschen des Windes oder die Kraft, mit
der er meterhohe Wogen aufpeitscht?*

November 1857

Die Schnitte, die Verbrennungen in ihrem Gesicht waren langsam
verheilt. Neue, noch rote Haut hatte die Lücken gefüllt. Nur Narben
waren zurückgeblieben.

Und doch war nichts heil.

Elissa strich sich ihre kurzen Strähnen mit zitternder Hand hinter
die Ohren. Noch vor wenigen Monaten hatten sie ihr fast bis zur
Hüfte gereicht. Aber nachdem die Flammen auch vor ihren Haaren
nicht haltgemacht hatten, hatte sie sie ein kleines Stück unter dem
Kinn abschneiden müssen.

„Gib noch nicht auf, du schaffst das."

Sie seufzte und warf ihrer Mutter einen vorwurfsvollen Blick zu.

Ihre Knie zitterten vor Schwäche, heißer Schmerz pulsierte durch ihr rechtes Bein. Elissa war sich nicht einmal sicher, ob sie es überhaupt schaffen würde, sich noch ein weiteres Mal von der Bettkante zu erheben, geschweige denn noch einmal am Arm ihrer Mutter eine Runde durch das Zimmer zu drehen.

Ihr Körper hatte Muskeln abgebaut während der langen Zeit, die sie im Bett verbracht hatte.

Ja, der Arzt hatte gesagt, die Knochen in ihrem Bein wären wieder miteinander verwachsen. Und dennoch gelang es ihr kaum, einige wenige Schritte zu gehen, ohne dass ihre Beine unter ihr nachzugeben drohten und sich der Raum um sie drehte.

Langsam schüttelte sie den Kopf, schloss die Augen. Eine Träne stahl sich aus ihrem Augenwinkel.

Nein, sie schaffte es nicht.

Plötzlich spürte sie die weiche Hand ihrer Mutter auf ihrer Wange, die ihre Tränen abwischte.

„Sieh mich an."

Sie schüttelte erneut den Kopf. Blinzelte langsam, als ihre Mutter einfach schwieg, und öffnete dann die Augen.

Ihre Mutter sah sie an, unglaublich tiefe, bedingungslose Liebe in ihrem Blick. Doch Elissa wusste, was ihre Mutter vor sich sah, kannte ihr eigenes Spiegelbild allzu gut – und empfand nur Abscheu.

„Ich … ich kann nicht."

„Doch, Elissa, du kannst."

Ihre Stimme war sanft und zugleich so bestimmt, dass Elissa unwillkürlich ein klein wenig die Schultern straffte.

„Es kommt nicht darauf an, wie sehr deine Beine zittern. Oder ob du erschöpft bist. Es kommt nicht einmal darauf an, ob du noch eine ganze Runde durch dieses Zimmer schaffst. Es kommt nur darauf an, dass du nicht aufgibst, dich nicht unterkriegen lässt, noch einmal aufstehst." Ihre Mutter legte ihr die Hand aufs Herz: „Das ist es, worauf es ankommt."

Elissa lachte bitter auf.

„Niemand wird sich die Zeit nehmen, an den Narben vorbeizusehen. Tiefer zu schauen. Und falls doch, woher weißt du, dass mein Herz nicht genauso hässlich ist, wie mein Gesicht es ist?"

Schmerz trat auf das Gesicht ihrer Mutter, als sie verstand, dass es nicht nur das Gehen war, das Elissa gemeint hatte. Doch ihre Stimme blieb fest, als sie zitierte: „Behüte dein Herz, denn in ihm entspringt die Quelle des Lebens", und mit ihrem Handrücken sanft Elissas Kinn hob. „Mein Liebling, achte darauf, welchen Stimmen du Gehör schenkst, welchen Worten und Gedanken du Zutritt zu deinem Herzen gestattest. Es ist nicht wichtig, was irgendjemand sonst denkt. Gott sieht tiefer. Und ich auch. Deshalb weiß ich, dass in deinem Herzen und an deinem Körper gerade viele Wunden heilen müssen. Ich weiß, dass es schwer ist. Aber wenn du es zulässt, macht dich das nur stärker, Liebes."

Sie fühlte sich nicht stark. Nicht lebendig. Doch sie sah die Sorge ihrer Mutter, deshalb verzog sie ihre Lippen zu einem Lächeln und nickte müde.

Stützte sich ein weiteres Mal mit dem Unterarm ihrer verkrüppelten rechten Hand in der Armbeuge ihrer Mutter ab und stemmte sich mit der anderen vom Bett hoch.

Ging einen Schritt.

Und dann noch einen.

Schaffte es bis zur gegenüberliegenden Wand und fast den ganzen Weg zurück. Beinahe so siegreich wie die dem Königreich loyalen Truppen, die in dem Aufstand in Indien erst letzten Monat Delhi zurückerobert hatten. Beinahe. Obwohl die Kämpfe auch dort weiterhin anhielten.

Wenn doch ihre eigenen Erfolge ähnlich bedeutend wären, Einfluss auf die Geschicke der Welt hätten! Aber nein, all ihre Energie reichte nur für einige wenige Schritte durch ihr Zimmer, während die Welt sich davon völlig unbeeinflusst weiterdrehte.

Kurz vor ihrem Bett stolperte sie, stürzte fast.

Schmerz schoss ihren rechten Arm hoch, dessen Hand noch immer in der Armbeuge ihrer Mutter ruhte und deren Griff sie aufrecht hielt. Sie stöhnte auf, stolperte noch einen weiteren Schritt vorwärts und ließ sich dann auf ihr Bett sinken. Erschöpft atmete sie aus, schloss die Augen.

Sanfte Finger strichen ihr die verschwitzten Haare aus der Stirn und warme Lippen drückten ihr einen Kuss auf den Scheitel.

„Ich bin stolz auf dich.“

Elissa lächelte, ein echtes, warmes Lächeln, und sah ihre Mutter an. Bewunderte die Kraft, die sie in ihr sah. Die Freude. Obwohl ihr Mann erst vor wenigen Monaten auf grausamste Art und Weise umgekommen war. Obwohl ihre Tochter seit Wochen Hilfe brauchte, selbst bei den einfachsten Tätigkeiten.

Und obwohl sie sich nach den Gewalttaten in ihrem Londoner Anwesen verkrochen hatten, wie eine verängstigte Maus sich in ihr Loch zurückzog, sah Elissa in diesem Augenblick die Kraft einer Löwin im Blick ihrer Mutter. Und hoffte, dass sie ein ganz klein wenig davon in sich selbst hatte.

Ihr Lächeln wurde ein wenig gedimmt, als ihr Blick auf ihre rechte Hand fiel, deren Gelenke, gebrochen durch ihren Sturz bei der Explosion, nie mehr gerade werden würden, deren Haut, vernarbt und verunstaltet durch tiefe Schnitte und Verbrennungen, sich zusammengezogen hatte, die kaum noch zu etwas zu gebrauchen war.

Ihre Mutter sah, wohin ihr Blick gewandert war, und ergriff ihre vernarbte Hand. „Wir werden das schaffen. Gemeinsam.“

Elissa zuckte nur mit den Schultern und ihre Mutter setzte noch einmal nach: „Lass nicht die Verzweiflung oder den Hass gewinnen. Lass nicht die Umstände über dich herrschen.“

Elissa dachte an das Gesicht, das ihr morgens aus dem Spiegel entgegenblickte, an ihre für immer verkrüppelte Hand, daran, wie mühsam es geworden war, auch nur einige wenige Schritte zurückzulegen.

Und sie fragte sich, ob es dafür nicht schon zu spät war.

„Gib nicht auf, Elissa. Du bist noch immer derselbe wunderbare Mensch, der du vor dem Angriff warst."

Das war sie nicht. Und würde es auch nie wieder sein. Dennoch nickte Elissa ihrer Mutter zuliebe zustimmend. Sie konnte deren Trauer um ihren Mann, der wochenlangen Sorge zuerst um Elissas Überleben, dann um ihre Genesung nicht auch noch die Sorge um ihren Lebensmut hinzufügen.

Elissa hatte immer geahnt, dass ihr Vater irgendwann einmal vor ihrer Mutter sterben würde. Schließlich war sein Haar schon von grauen Strähnen durchzogen gewesen, als das ihrer Mutter noch goldblond gewesen war. Er war über zehn Jahre älter gewesen als seine Frau.

Aber niemals hätte sie gedacht, dass dieser Zeitpunkt so früh kommen würde. So unerwartet. So … grausam.

Und niemals hätte sie gedacht, dass das Leben, das sie gekannt hatte, das Leben, das sie geliebt hatte, in derselben Nacht sein Ende finden würde. Früh. Unerwartet. Und grausam.

Ihr Blick wanderte zu einem der wertvollen Gemälde, das die Wand zierte. Glücklicherweise hatte ihr Vater den Banken nie so ganz vertraut, weshalb die Wirtschaftskrise, die von New York viel zu schnell über den Atlantik zu ihnen herübergeschwappt war, den Reichtum ihrer Familie bisher kaum angerührt hatte.

Glücklicherweise.

Denn so, wie sie nun aussah, würde kein Mann sie jemals heiraten wollen. Auch nicht ihr David. Vor allem nicht David. Er hatte die alte Elissa geküsst. Hatte die alte Elissa bewundert. War der schönen, lebensfrohen Elissa versprochen gewesen.

Doch wer würde ihn auf sein Versprechen festnageln, nun, da es weder die schöne noch die lebensfrohe Elissa mehr gab?

Nein, alles, was ihr blieb, war ihr Reichtum. Das Versprechen einer sicheren, wenn auch etwas einsamen Zukunft. Doch ihre Mutter würde sie nicht verlassen, würde den Weg mit ihr gehen.

Es klopfte an der Tür und Hattie kam mit einem Tablett mit Tee und kleinen Köstlichkeiten aus der Küche herein.

Hattie war Elissas Kindermädchen gewesen, bis eine Gouvernante eingestellt worden war. Seitdem war sie so etwas wie die inoffizielle Gesellschafterin ihrer Mutter, Anstandsdame, wenn eine nötig war, irgendwie Mädchen für alles und zugleich so viel mehr. Elissa liebte die herzliche Frau, als gehörte sie zur Familie.

Mit einem aufmunternden Lächeln stellte die ältere Frau das Tablett auf dem Tisch neben Elissas Bett ab.

„Stärkung für unsere tapfere Kämpferin."

Sie schenkte ein und reichte Elissa eine Tasse Tee.

„Danke, Hattie, genau im rechten Augenblick."

Sie nahm einen Schluck und stellte fest, dass Hattie nur zur Hälfte eingeschenkt hatte. Ihre zitternden Finger fest um den Griff der Tasse gekrallt, schenkte sie der Frau ein dankbares Lächeln.

Hattie war ein wahrer Schatz. Sie verhielt sich vollkommen normal, als hätte sich nichts verändert. Und zugleich vergaß sie keines der Dinge, die sich verändert hatten.

Ihre Mutter lud Hattie ein, ihnen beim Teetrinken Gesellschaft zu leisten. Die beiden Frauen unterhielten sich angeregt, ignorierten, wie sehr Elissas Hand vor Schwäche zitterte, bezogen sie immer wieder in ihr Gespräch mit ein, halfen ihr ins Bett, als ihr vor Erschöpfung die Tasse aus der Hand zu rutschen drohte, und blieben selbst dann bei ihr.

Über den ruhigen Stimmen der beiden Menschen, die ihr geblieben waren, schlief sie ein.

***

Raphael setzte seine Unterschrift unter ein weiteres Dokument. Er rieb sich die Stirn, hinter der schon wieder leichter Schmerz pochte, während sich auf seinen Lippen ein Lächeln ausbreitete. Bald war es so weit.

Die letzten Prüfungen waren geschrieben, er hatte seinen Teil des Studiums erfüllt. *Dr. Williams*. Jetzt war es nur noch eine Formsache.

Es war noch früh am Morgen, aber die Straße vor seinem Fenster im Londoner Haus seiner Familie, in dem er das Wochenende verbrachte, war schon jetzt von gedämpften Stimmen, Hufgeklapper und Rufen erfüllt.

Er schob seinen Stuhl zurück und stand auf, wobei der Boden so laut knarrte, dass Raphael kurz innehielt. Er hoffte, dass sein Bruder Daniel im angrenzenden Zimmer nicht davon aufgewacht war.

Kurz streckte er seine eingerosteten Gelenke und ging dann mit langen Schritten auf die Tür zu, während er einen Blick auf seine Taschenuhr warf. Sieben Uhr früh. Ein leichtes Grinsen zog seine Mundwinkel nach oben. Daniel würde ihn hassen, sollte er ihn wirklich aufgeweckt haben. Oder auch nicht. Jedenfalls nicht mehr als ohnehin schon. Das Grinsen gefror auf seinen Lippen. Die Abweisung und Wut seines Bruders hatten sich nach dem Tod ihrer Mutter immer mehr in stillen Hass verwandelt.

Behutsam schloss er die Tür zu seinem Zimmer hinter sich, ging die Treppe hinunter und setzte sich an den langen Esstisch. Wartete, bis ihm sein Frühstück gebracht wurde, und begann nach einem kurzen Dankgebet zu essen. Der köstliche Duft des Essens erfüllte den leeren Raum. Das Haus war noch leise und Raphael genoss die Stille, genoss es, alleine an dem riesigen Tisch zu sitzen, der sonst oft mit zahllosen Menschen, unzähligen glitzernden Diamanten und belanglosen Worten gefüllt war. Oder mit dem angespannten Schweigen einer sich einstmals fröhlich aufziehenden fünfköpfigen Familie.

Raphael schüttelte den Kopf. Ruhe und nichts zu tun zu haben, tat ihm nicht gut. Er leerte schnell seinen Tee und schob seinen Stuhl zurück, um aufzustehen.

In diesem Moment öffnete sich knarrend die große Holztür und sein Vater trat mit einem Lächeln im Gesicht ein.

„Guten Morgen, mein Sohn! Bleib doch noch sitzen."

Raphael nickte und legte seinen rechten Knöchel auf sein linkes Knie. Er beobachtete seinen Vater, wie er mit wenigen Schritten den Weg zum Tisch zurücklegte und sich einen Stuhl hervorzog.

Karl Williams war ein großer Mann mit breiten Schultern, dessen Statur ebenso wie sein leichter Akzent seine deutsche Abstammung verriet. Früher, damals, als Raphael noch seinen Kopf in den Nacken legen musste, um seinem Vater ins Gesicht zu sehen, war er ihm so unglaublich stark erschienen, unerschütterlich. Vielleicht ein kleines bisschen größer als das Leben. Doch je mehr Raphael selbst gewachsen war, desto mehr waren ihm die Sorgenfalten auf der Stirn seines Vaters aufgefallen. In den letzten Monaten schienen seine Schultern dauerhaft gebeugt, niedergedrückt von einer unsichtbaren Last. Und dennoch fand er nun ein herzliches Lächeln für seinen Sohn, als er sich ihm gegenüber niederließ.

Raphael hatte seinen Vater inzwischen an Körpergröße deutlich überholt und noch immer bewunderte er diesen Mann, den kein Schicksalsschlag, egal, wie schwer, komplett aus der Bahn zu werfen vermocht hatte. Dieser Mann, der sich aus eigener Kraft ein Vermögen erwirtschaftet hatte und sich zugleich nicht schämte, Schwäche zu zeigen und Fehler zuzugeben.

Sein Vater würde allerdings einen Ausdruck wie *aus eigener Kraft* nie benutzen, er bezeichnete es als Gottvertrauen, was ihn bis hierhin gebracht hatte. Raphael jedoch hatte die harte Arbeit seines Vaters gesehen, die vielen Stunden, die er im Büro verbrachte, die vielen Ideen, Gespräche und Planungen für die Zukunft. Und er hatte daraus gelernt. Es war nicht Gottvertrauen, das ihn bis ans Ende seines Studiums gebracht hatte, sondern seine eigene harte Arbeit.

„Wie geht es dir?"

Raphael verzog seine Lippen zu einem Lächeln.

„Gut. Ich bin wirklich froh, bald alles hinter mir zu haben."

Sein Vater grinste ihn herausfordernd an: „Du weißt schon, dass es jetzt erst richtig losgeht?"

„Schon klar."

Raphael verstummte wieder. Schwieg, bis das Lachen seines Vaters verklungen war, die Stille beinahe ungemütlich wurde.

„Und … wie geht es euch?"

Trauer legte sich über die Augen seines Vaters wie ein Schleier.

„Den Umständen entsprechend gut, würde ich sagen. Sarai ist jetzt schon aufgeregt, weil wir sie nächstes Jahr in die Gesellschaft einführen."

Ein Jahr später als geplant wegen des Todes ihrer Mutter. Wegen ihm.

„Und Daniel hat begonnen, mir bei der Arbeit zu helfen. Er macht das wirklich gut."

Raphael sollte sich freuen für seinen Vater, dass er endlich einen Sohn hatte, der ihm zur Hand ging, Interesse am Familienunternehmen zeigte. Aber zugleich schnürte ihm das schlechte Gewissen, dass nicht *er* dieser Sohn war, die Luft ab. Als er im gleichen Alter gewesen war wie der nun sechzehnjährige Daniel, hatte er im Gegensatz zu seinem Bruder das zerstört, was seinem Vater am meisten bedeutet hatte.

Er musste an die Nacht denken, in der er von Lady Mendrows Ball nach Hause geeilt war, weil sein Vater ihn benachrichtigt hatte, dass sich der Zustand seiner Mutter weiter verschlechtert hatte. Nur um nach der stundenlangen Fahrt durch den frühen Morgen vor ihrem Bett zu stehen und nichts weiter tun zu können, als ihre leblose Hand in seine zu nehmen. Ihre Finger kalt, das Herz still. Ihre Haut hatte ihn an eine Wachspuppe erinnert, die Augen geschlossen wie in friedlichem Schlaf, ihre einst seidige Haarpracht über eine Schulter drapiert.

Obwohl es noch früh am Morgen gewesen war, war sein Vater schon wach gewesen – vielleicht hatte er auch nie geschlafen – und hatte das Zimmer betreten, angelockt von Raphaels abgehacktem Schluchzen, das er mühsam zu unterdrücken versucht hatte. Seine warme, kraftvolle Hand hatte Raphaels Schulter gedrückt, seine

Stimme versichert: „Es ist nicht deine Schuld, mein Sohn. Sie ist jetzt bei ihrem Herrn Jesus." Raphael hatte genickt, hatte versucht, die Tränen zurückzuhalten, die Worte seines Vaters zu glauben. Aber als er in dessen Augen geschaut hatte, gesehen hatte, dass das Licht, das dort einst gebrannt hatte, erloschen war, da setzte sich die Wahrheit trotz der Worte seines Vaters tief in seinem Herzen fest: Es war seine Schuld.

Und nichts, nicht einmal der abweisende Blick seines Bruders und auch nicht die verzweifelten Schluchzer seiner Schwester hatten ihn so tief getroffen wie die Trauer im Blick seines Vaters, der trotz allem weiter an ihn glaubte, weiter für ihn hoffte.

Raphael hob den Blick und sah direkt in die blauen Augen seines Vaters, die ihn forschend musterten.

„Du weißt, dass du jederzeit willkommen bist, in das Unternehmen einzusteigen. Ich hätte dich noch immer gern an meiner Seite, damit du die Geschäfte irgendwann übernehmen kannst. Aber auch wenn du als Arzt arbeiten möchtest, stehe ich vollkommen hinter dir."

Raphael schüttelte den Kopf, würgte die Worte hervor: „Du kannst Daniel alles erben lassen. Ich habe mich schon entschieden."

Sein Vater kniff die Augenbrauen zusammen, starrte ihm in die Augen, als ob er dort nach etwas suchte, und nickte schließlich langsam. „Ich akzeptiere deine Entscheidung. Solange du weißt, dass du sie jederzeit ändern kannst."

Raphael streckte mit einem leichten Grinsen seine Hand über den Tisch. „Einverstanden." Sein Vater nahm die angebotene Hand und schüttelte sie.

„Soll ich jetzt noch irgendwo unterschreiben?"

Karl Williams schenkte ihm ein schiefes Grinsen. „Ich vertraue darauf, dass ich dich gut genug erzogen habe, ein mit Handschlag besiegeltes Einverständnis einzuhalten."

Raphaels Mundwinkel hob sich ein wenig. Es würde ihm nicht schwerfallen, dieses Versprechen zu halten. Seine Meinung würde sich nicht mehr ändern. Außerdem bräuchte es ein wahres Wunder, dass sein Bruder mit ihm zusammenarbeiten wollte. Oder dass er selbst seinen eingeschlagenen Weg ändern würde.

Einer ihrer langjährigen Diener stellte eine Tasse dampfenden Kaffee vor seinem Vater ab. Irgendwo im Haus öffnete sich eine Tür und Raphael nahm dies zum Anlass, sich zu erheben und sich an seine imaginäre Hutkrempe zu tippen. „Wir sehen uns später."

Er verließ das Esszimmer, zog sich rasch seinen Mantel über, schnappte den Hut und seine Tasche und eilte aus dem Haus. Er wollte weder Daniels Schweigen begegnen noch Sarais Fragen, warum er so selten da war. Lieber wollte er heute wenigstens etwas Sinnvolles tun.

Leichter Nieselregen ging auf die Stadt nieder und er zog seinen Mantelkragen hoch, während er eine Droschke anhielt. Es wäre unpassend, sich von ihrer eigenen Kutsche in die Londoner Slums fahren zu lassen.

Wenig später kamen die Räder der Droschke, deren Fahrer er schon bezahlt hatte, knarrend zum Stillstand. Der Fahrer rief: „Wir sind da, Sir", während Raphaels Schuhe schon auf der dreckigen Straße zwischen den heruntergekommenen Gebäuden auftrafen. Er wappnete sich gegen den Gestank und steuerte auf die nächste Kreuzung zu.

Er war erst wenige Schritte weit gekommen, als eine kindlich hohe Stimme ihn stoppte: „Dr. Williams, Dr. Williams!"

Raphael drehte sich zu der Stimme um und sah die achtjährige Lucy auf sich zurennen. Der Matsch, in den die Regenfälle der letzten Tage die Straßen verwandelt hatten, spritzte von ihren baren Füßen bis zu ihren Waden hoch, das Kleid, das ihr schon bei seinem letzten Besuch zu klein gewesen war, reichte ihr nun gerade noch so über die Knie. Ihre langen ungekämmten Locken schlugen ihr wild auf den Rücken, während sie lief, und als sie näher kam, sah Raphael, dass sie noch dünner geworden war. Sie war das älteste von fünf Kindern und das wenige Geld, das ihr Vater verdiente, gab dieser meist, sobald er es erhalten hatte, in irgendeiner Kneipe aus, um dem täglichen Elend wenigstens einige Stunden entfliehen zu können.

Besorgt runzelte Raphael die Stirn und eilte dem Kind entgegen. Als es ihn erreicht hatte, blieb es keuchend stehen: „Dr. Williams!"

„Ich bin doch noch gar kein Doktor, Lucy."

Sie sah vertrauensvoll zu ihm auf und erklärte: „Nein, du bist viel besser!"

Noch ehe er widersprechen oder auch nur fragen konnte, was passiert war, packte sie seine Hand und zog ihn hinter sich her. Ihre Finger waren eiskalt in seiner warmen Hand, während sie beim Laufen erklärte: „Gut, dass du wieder in der Stadt bist, Dr. Williams! Tante Clara hat mich Hilfe holen geschickt. Aber ich wusste nicht, wer uns helfen kann!"

Seine Stimme war ruhig, verriet nicht den Tumult in seinem Inneren, als er fragte: „Was ist denn passiert?"

„Mama bekommt das Baby. Aber es will einfach nicht kommen. Sie schreit schon seit Stunden. Bei den anderen ging es viel schneller!"

Ein weiteres Baby. Das hieß, Lucy würde noch weniger von den ohnehin mageren Essensportionen abbekommen. Falls das Kind und seine Mutter die Geburt überhaupt überlebten!

„Wie lange liegt sie schon in den Wehen?"

„Seit gestern. Aber ich dachte, das wird schon. Und falls nicht, dachte ich, holt Papa bestimmt eine Hebamme."

Sie rannte weiter neben ihm her, die Lippen fest zusammengekniffen.

„Aber?"

Sie schüttelte sorgenvoll den Kopf: „Er ist gestern Abend nicht heimgekommen. Und ich konnte nicht weg. Wegen den Kleinen."

Sie sagte es, als ob es völlig selbstverständlich wäre. Raphael war schon mehrmals in der Gegend gewesen, um den Menschen hier, denen jegliche Hilfe verwehrt blieb, mit seiner noch unabgeschlossenen Ausbildung zu helfen, so gut er konnte. Bereits beim letzten Mal hatte sich Lucy um ihre jüngeren Geschwister gekümmert, als sei es das Normalste der Welt, dass sie mit ihren acht Jahren ihre Geschwister großzog, während die Mutter den jüngsten Familienzuwachs stillte.

„Ich wusste nicht, wen ich um Hilfe bitten kann. Ich weiß nicht, wo die Hebamme wohnt, und Tante Clara auch nicht. Und außer ihr gibt es hier niemanden, der uns helfen kann." Sie schenkte ihm ein strahlendes Lächeln. „Außer dir, Dr. Williams!"

Das völlige Vertrauen in ihren Augen, als könnte er ihre aus den Fugen geratene Welt wieder in Ordnung bringen, schnürte ihm die Kehle zu.

Sie zog ihn in das schäbige Mietshaus, in dem sie mit ihrer Familie wohnte.

Er folgte ihr die morschen Treppen nach oben, betend, dass sie ihn halten würden, und betrat nach ihr den engen Wohnraum. Die abgestandene Luft roch modrig und seine Augen brauchten einen kurzen Augenblick, bis sie sich an das dämmrige Licht gewöhnt hatten. Sechs Augenpaare sahen ihm ängstlich entgegen, doch es war Lucys erwartungsvoller Blick, der ihn veranlasste, ein Stoßgebet zum Himmel zu schicken. Diese Kinder durften ihre Mutter nicht verlieren!

Raphael ging hinter Lucy her in die Zimmerecke, in der eine junge Frau neben Lucys Mutter kniete, deren Gesicht vor Schweiß glänzte. Die junge Frau warf einen Blick auf seine Ledertasche und wandte sich Lucys Mutter zu: „Gott sei Dank, Hannah, Lucy hat einen Arzt gefunden!"

Raphael schüttelte den Kopf und setzte an: „Ich bin nicht –", doch die Frau ignorierte ihn und rutschte zur Seite, um ihm Platz zu machen. „Ich glaube, das Kind liegt nicht richtig. Es müsste schon längst da sein."

Raphael betete stumm: „Herr, hilf mir!", kniete sich vor die Gebärende und hörte in den langen Stunden der schweren Geburt nicht auf zu beten.

Als er viele Stunden später schweißüberströmt aus dem verwahrlosten Mietshaus in die inzwischen dunkel gewordene Straße hinaustrat, das Leder seiner Tasche rau in den Händen, die erst vor Kurzem das gesunde Neugeborene gehalten hatten, da wusste er, dass die mühsamen Stunden des Lernens sich gelohnt hatten. Und zugleich musste er zugeben, dass es nicht allein seine eigene harte Arbeit gewesen war, die Mutter und Kind am Leben erhalten hatte …

7

Januar 1858

Elissa war bereit. So bereit, wie sie nur sein konnte. Ihre viel zu kurzen Haare waren in sanfte Wellen gelegt. Wie Hattie es geschafft hatte, ihr mit dem glühend heißen Brenneisen so nahe zu kommen, ohne dass Elissa dabei von Panik überwältigt worden war, konnte sie selbst nicht erklären. Mit einem leichten Lächeln auf den Lippen schüttelte sie den Kopf. „Unglaubliche Frau."

Und das alles nur, weil Patricia in einem kurzen Brief an ihre Mutter um Erlaubnis gebeten hatte, sie besuchen zu dürfen. Elissa schüttelte erneut den Kopf, das Lächeln war von ihren Lippen verschwunden. Früher wäre Patricia nicht im Traum auf die Idee gekommen, überhaupt – geschweige denn schriftlich – um Erlaubnis für einen Besuch zu bitten.

Jedenfalls saß Elissa wegen dieses Briefes nun so zurechtgemacht, wie es eben ging, im Empfangszimmer, beobachtete misstrauisch das Feuer, das im Kamin flackerte, und versuchte möglichst ruhig zu atmen, nicht bei jedem unerwarteten Knacken des Holzes, bei jedem kleinen Funkenflug die Luft anzuhalten. Und doch gelang es ihr kaum, das Bild ihres Vaters aus ihren Gedanken zu verbannen. Seine letzten, angsterfüllten Worte in jener Nacht. Das Gefühl seiner Hände, als er sie die Treppe hinabstieß, ihr Leben rettete.

„Jetzt reiß dich zusammen! Patricia darf dich so nicht sehen, sei stark!" Ihre eigenen guten Zusprüche halfen kaum. Patricia kannte sie viel zu gut. Sie würde sie ohnehin durchschauen. Egal, wie gut sie meinte, ihre Gefühle versteckt zu haben.

Worin sie ohnehin noch nie sonderlich gut gewesen war.

Elissa rang nervös ihre Hände. „Wo bleibt sie denn nur?"

Sie war versucht aufzuspringen und im Zimmer umherzugehen, aber ihre Kraft war noch immer nicht vollkommen wiederhergestellt, ihr bei der Explosion gebrochenes Bein noch immer leicht schmerzhaft. Außerdem hatte sie das Feuer hier am besten im Blick. Stattdessen presste sie ihre Lippen fest aufeinander, um nicht auch noch in einem Selbstgespräch ertappt zu werden – eine Angewohnheit, die sie sich irgendwie einfach nie hatte abgewöhnen können.

Sie legte ihre rechte, ihre verkrüppelte Hand in ihren Schoß und vergrub sie in den zahlreichen Falten ihres ausladenden Rockes. Warum nur war sie so nervös?

Sie machte sich nichts vor. Selbst jetzt war Patricia noch die eine Person, die sie besser kannte als eine Schwester. Die ihre Träume kannte, ihre Ziele und ihre Ängste. Die Person, mit der sie alles geteilt hatte, bis –

Ein Klopfen an der Tür unterbrach ihre Gedanken und Elissa erhob sich, zwang sich, ihren Blick vom Feuer abzuwenden.

Patricia stand in der Tür. Ihre langen schokoladenbraunen Locken waren zu einer eleganten Frisur hochgesteckt, ihr türkisblaues Kleid schimmerte im Licht. Ihre Augen wanderten suchend durch den Raum, bis sie schließlich an Elissa hängen blieben. Elissa hätte den Augenblick genau benennen können, in dem das Bild, das Patricia sah, in ihrem Bewusstsein ankam. Ihre Augen weiteten sich, ihre Lippen öffneten sich zu einem tonlosen *Oh*.

Elissa musste den Moment beenden, Patricia irgendwie aus der schmerzhaften Schockstarre erlösen! Aber sie konnte nicht. Stumm stand sie da, ihr Kopf vollkommen leer, vollkommen befreit von jeglichen Höflichkeitsfloskeln, jeglichem Charme, der ihr sonst immer zugeflogen war.

Patricia rang die Hände, schloss den Mund wieder, trat unsicher einen Schritt nach vorn. Blieb stehen und sah sie an.

Und Elissa stand einfach nur da, warf lediglich immer wieder einen kurzen Blick auf den Kamin. Nur um sicherzugehen, dass das Feuer sich nicht befreit hatte.

Es war schließlich Patricia, die den seltsamen Augenblick, die angespannte Stille durchbrach. Völlig unelegant rannte sie auf Elissa zu, warf stürmisch und zugleich so vorsichtig, als wäre Elissa eine Porzellanpuppe, die jeden Augenblick zu zerspringen drohte, ihre Arme um sie.

„Es tut mir leid, Lissy! So leid! Wenn ich gewusst hätte … Oh, und was ich zu dir gesagt habe! Es tut mir so unendlich leid."

Elissa stand stocksteif da, noch immer wie festgewachsen, und starrte in die Flammen. Erst als Patricia begann sich zurückzuziehen, offensichtlich verunsichert durch ihre Stille, legte auch sie ihre Arme um die Freundin.

Patricia schluchzte leise auf, strich ihr vorsichtig über den Rücken. „Ich hoffe, du weißt, dass ich das alles nicht so gemeint habe! Ich war nur eifersüchtig, so schrecklich eifersüchtig. Und ich lag falsch. Du bist ein besserer Mensch als ich es je sein werde! Kannst du mir jemals vergeben, Elissa?"

Elissa nickte stumm an der Schulter ihrer Freundin. Zwang die Worte an dem Kloß in ihrer Kehle vorbei: „Das ist schon lange vergeben."

Patricia hielt sie an den Schultern von sich weg, sah ihr forschend in die Augen. „Ehrlich?"

Elissa nickte, verzog ihre Lippen zu einem Lächeln, obwohl sie wusste, zu welch grässlicher Fratze die Narben ihr Lächeln machten. „Ehrlich."

Es war wahr. In den letzten Wochen und Monaten der Genesung hatte sie Zeit gehabt, um nachzudenken. Und zu vergeben.

Allerdings würden Jahre nicht ausreichen, um die Wahrheit zu verändern. Und Patricias Worte, selbst ausgesprochen im Zorn und Streit, waren wahr gewesen.

Sie würde nie wieder genug sein. Vielleicht war sie es nie gewesen.

Patricia zog sie ein weiteres Mal an sich, flüsterte ein bewegtes „Danke" und wischte sich schniefend über die Augen.

Elissa reichte ihr ein Taschentuch. Sie ließen sich in den bequemen Sesseln nieder. „Eigentlich sollte doch ich diejenige sein, die dich tröstet, Elissa! Du hast so viel verloren." Patricia warf ihr ein weiteres wässriges Lächeln zu. „Aber eigentlich sollte es mich nicht wundern. Du warst schon immer die Stärkere von uns beiden."

Elissa erwiderte das Lächeln, versteckte ihre vernarbte Hand schnell wieder in den Rockfalten. Sie war nicht stark. Fühlte sich wie ein Strohhalm, geknickt vom Wind. Nur noch einen Windstoß davon entfernt, komplett zu zerbrechen.

„Wie geht es dir? Hast du noch Schmerzen?"

Elissa schüttelte den Kopf, behielt das Lächeln bei. Mühsam. „Es ist schon viel besser."

Patricias Blick wanderte über ihren Körper. „Du hast jedenfalls abgenommen."

„Ja, an allen falschen Stellen."

Patricia lächelte höflich.

Sie waren nie höflich gewesen. Beste Freundinnen, wie Schwestern in allen Dingen. Offen, ehrlich, intensiv. Auch im Streit. Aufbauend und verletzend. Wütend oder liebend. Aber nie höflich.

Die Wahrheit stand mitten im Raum. Schien alle Luft aufzusaugen. Füllte die vier Wände des Empfangszimmers mit Spannung, die wuchs, je länger sie unausgesprochen blieb.

Elissa war nicht mehr dieselbe. Sie wusste es. Und Patricia wusste es auch. Sie sah es an dem Blick, der auf ihrem entstellten Gesicht ruhte.

Patricia setzte sich noch ein wenig aufrechter hin; sie war zu gut erzogen, um auf ihrem Sessel herumzurutschen. Und dennoch sah Elissa ihr die Anspannung an. Sie wollte nicht erfahren, was die ehemalige Freundin ihr als Nächstes zu sagen hatte, weswegen sie so angespannt war.

Patricia lehnte sich leicht nach vorn, öffnete den Mund, schloss ihn wieder. Schüttelte den Kopf. Dann setzte sie erneut an: „Ich schätze, ich bin nicht nur hergekommen, um dich um Vergebung zu bitten, Elissa."

Patricia holte tief Luft. „Ich-ich weiß nicht, wie ich es ausdrücken soll." Sie schenkte ihr ein gezwungenes Lächeln. „Ich bereue zutiefst, was ich damals zu dir gesagt habe. Es waren Worte entstanden aus Schmerz, Eifersucht und – unberechtigterweise – dem Gefühl, hintergangen worden zu sein. Kein einziges dieser Worte war wahr."

Das waren sie sehr wohl, aber Elissa würde Patricia nicht bei ihrer kleinen Rede unterbrechen, bevor sie gesagt hatte, was der Grund für ihr Kommen war.

„Aber Elissa, du musst wissen, dass ich Lord Lavendale nicht nur wollte, weil er der Sohn eines Dukes ist. Ich hatte ihn wirklich gern, es waren deutlich mehr als nur die Schwärmereien eines Mädchens."

Elissa versuchte krampfhaft, ihren Gesichtsausdruck neutral zu halten, atmete langsam aus.

„Du … Elissa, du warst wochenlang verschwunden, niemand wusste, ob du den Angriff überhaupt überlebt hast. Ich habe mir so schreckliche Vorwürfe gemacht. Solche Sorgen."

Elissa runzelte die Stirn, ratlos, worauf die Freundin hinauswollte.

„Vor einigen Wochen habe ich Lord Lavendale bei einem Abendessen gesehen, gehofft, dass er mehr Informationen hat als ich. Und ich weiß, dass ich mir das Recht, zu wissen, wie es dir geht, verspielt habe, als ich dir so hässliche Dinge an den Kopf geworfen habe. Aber ich habe mir solche Sorgen gemacht, wochenlang. Also habe ich ihn gefragt. Er wusste auch nichts, rein gar nichts über deinen Verbleib. Doch eins führte zum anderen, wir haben miteinander über dich geredet und dann … auch über andere Dinge."

Elissa konnte das trockene Lachen, das über ihre Lippen kam, nicht unterdrücken.

Patricia verstummte.

„Du willst meinen Segen?"

Ihre Stimme klang ein wenig härter als beabsichtigt. Patricia zuckte zusammen und musterte intensiv das Muster des Perserteppichs unter ihren Füßen. Langsam wanderte ihr Blick zu Elissas Augen. Die Höflichkeit war fort. Patricias Blick war offen wie ein aufgeschlagenes Buch. Sorge, Scham, Verletzlichkeit. Hoffnung. Die Angst zu hoffen.

Abrupt stand Elissa auf. „Du hast ihn."

Patricias Augen weiteten sich, füllten sich erneut mit Tränen. „Es tut mir leid, Elissa."

Sie schüttelte den Kopf. „Ich bin dir nicht böse, Pat. Ich meine es ernst. Wenn ich überhaupt so etwas habe wie einen Segen, dann habt ihr ihn."

Schmerz durchbohrte sie wie ein Speer. Nicht wegen Patricias Bitte, nicht deswegen.

Weil David sie offenbar so schnell zur Seite gelegt hatte. Ihre Gespräche. Ihre Tänze. Ihren Kuss. *Den* Kuss.

Mühsam zwang Elissa ihre Mundwinkel dazu, sich zu heben. Ihre Augen dazu, trocken zu bleiben. Sie war nur noch einige Sekunden davon entfernt, ihre Fassung zu verlieren, als es an die Tür klopfte. „Herein?"

Der Butler, Mr Harold, steckte den Kopf zur Tür rein. „Sie haben noch eine Besucherin, Miss Belham."

„Nun seien Sie doch nicht so fürchterlich förmlich, Harold!", ertönte Amelias Stimme und nur kurz darauf drückte sich deren schlanke Gestalt an dem hochgewachsenen Mann vorbei in den Raum. Als sie jedoch Patricia entdeckte, kam sie augenblicklich zum Stillstand. Das warme Funkeln in ihren Augen gefror zu Eis, auch wenn das Lächeln auf ihrem Gesicht beeindruckend strahlend blieb.

Hoheitsvoll neigte sie den Kopf. „Lady Patricia."

Patricia schien die Manieren, die zahlreiche Gouvernanten ihr wie Muttermilch eingeflößt hatten, vollkommen vergessen zu haben. Kein Lächeln verzog ihre verkniffenen Lippen, als sie den Gruß tonlos erwiderte: „Lady Amelia." Ohne ein weiteres Wort wandte sie sich an Elissa: „Ich werde jetzt gehen."

Sie drückte sie kurz an sich, flüsterte ein leises „Danke", und floh dann aus dem Empfangszimmer.

Elissa blieb bewegungslos stehen. Amelia wartete, bis die eiligen Schritte in der Eingangshalle verklungen waren, dann war sie mit drei Schritten bei Elissa, nahm ihr Gesicht zwischen ihre weichen Hände und sah ihr forschend in die Augen. „Warum war sie hier? Was hat sie dir getan?"

Elissa trat einen Schritt zurück, schüttelte den Kopf. „Nichts."

Amelia ließ die Arme wieder an ihre Seiten sinken.

Elissa presste sich ihren linken Handrücken auf den Mund, um das Schluchzen, das in ihr aufstieg, zu unterdrücken.

Amelia kniff die Augen zusammen. „Das glaube ich dir nicht."

Sie schüttelte erneut den Kopf, spürte, wie ihre kurzen Locken bei der ruckartigen Bewegung über ihre Wangen strichen. Begrub den Schmerz tief in sich drin. Starrte in die Flammen im Kamin, das fröhliche Flackern, das vernichtende Flackern, das ihr alles genommen hatte.

Einfach alles.

März 1858

Tage und Wochen waren in scheinbar endlos langen Stunden vergangen, während sich ein Besuch des Arztes an den nächsten reihte und Elissas Muskeln allmählich wieder an Kraft gewannen. Stunden der Genesung. Des Wartens. Des Ausharrens.

Doch worauf genau sie wartete, konnte Elissa nicht sagen. Vielleicht auf bessere Zeiten. Auf eine Zukunft.

Wie diese Zukunft aussehen sollte, konnte sie sich jedoch nicht einmal vorstellen. Denn worauf konnte sie noch hoffen, nun, da alle ihre Träume zerplatzt waren?

Vielleicht wartete sie auch nicht auf die Zukunft. Vielleicht war es viel mehr die Vergangenheit, auf die sie hoffte – beinahe als wäre das Leben ein Karussell, das sich immer wieder im Kreis drehte, von dem man schließlich abspringen konnte an derselben Stelle, an der man aufgestiegen war.

Dort, wo man schließlich, verzaubert von der märchenhaften Musik, den vielen Lichtern, den liebevoll bemalten, sich in sorgfältig abgestimmtem Tanz bewegenden Pferden, hinuntersprang von der sich noch immer bewegenden Plattform. Die Haare zerzaust vom Wind, die Wangen rot, ein wenig schwindlig und lachend in die starken Arme eines Vaters rannte, von dem man wusste, dass er noch immer dort warten würde. Einen auffangen würde.

Elissa atmete hart aus und trat ein wenig fester auf als nötig. Hattie warf ihr einen besorgten Blick zu, entschied sich aber dazu, nichts zu sagen. Was die vermutlich sicherere Option war. Nicht dass Elissa in der Lage gewesen wäre, viel daran zu ändern, sollte Hattie – oder irgendjemand sonst – sich dazu entscheiden, ihre unangebracht schlechte Laune zu kommentieren.

Hilflosigkeit vermischte sich mit der bitteren Anspannung, die sie unbewusst ihre behandschuhten Finger zu Fäusten ballen ließ. Langsam zwang sie ihre Hände dazu, sich wieder zu entspannen, ihre Füße dazu, mit der Eleganz über das Kopfsteinpflaster zu schweben, die vor der Explosion für sie so selbstverständlich gewesen war wie das Atmen. Bevor ihre Beine sich nach wenigen Minuten anfühlten, als hätte jemand Blöcke aus Blei daran gebunden.

Aber immerhin konnte sie sich wieder ohne Hilfe fortbewegen – es hatte in den letzten Monaten Momente gegeben, da hatte sie ernsthaft daran gezweifelt. Wie elegant oder eher unelegant sie das tat, war nun sowieso ohne Bedeutung.

Es gab also eigentlich wirklich keinen Grund für ihre schlechte Laune an diesem Tag. Keinen außer vielleicht der Tatsache, dass ihre Mutter sie nach Monaten der Zurückgezogenheit überredet hatte, sich wieder hinauszuwagen – und auch noch davon ausging, dass Elissa wie früher am helllichten Tag durch die Stadt spazierte. Und das mit ihrem Gesicht!

Es war schon schlimm genug, dass ihre Gesichtszüge und die makellose Haut, die ihr früher viele Komplimente und noch mehr Bewunderer beschert hatten, durch die Narben so komplett entstellt worden waren. Beinahe noch schlimmer erschien ihr allerdings die Tatsache, dass ihre Mutter diesen Umstand scheinbar nicht anzuerkennen mochte. Denn wie sonst sollte sie sich deren Vorschlag erklären, ein wenig *die frische Luft zu genießen* mit einem Gesicht, das nicht nur kleine Kinder erschrecken könnte?

Was für eine grandiose Idee.

„Wie bitte?", machte Hatties Stimme sie darauf aufmerksam, dass sie offenbar wieder einmal mit sich selbst gesprochen hatte.

Sie schüttelte den Kopf und war froh, darauf bestanden zu haben, in der Öffentlichkeit einen Schleier zu tragen, sodass Hattie nicht sehen konnte, wie rot sie sicherlich geworden war. Auch wenn sie zugeben musste, dass der feine, zartgrüne Stoff sich fürchterlich ungewohnt anfühlte auf ihrer Haut, und dass der Spalt, durch den sie sehen konnte, ihr Blickfeld ein wenig zu sehr einschränkte. Sie hätte es bevorzugt, bei ihrem ersten Spaziergang nach der Explosion, raus aus ihrem sicheren Zufluchtsort, ihre Umgebung vollkommen im Blick haben zu können. Aber lieber nahm sie die Einschränkung in Kauf, wenn sie dadurch verhindern konnte, dass halb London sie ansah wie ein Ungeheuer, das man auf die Stadt losgelassen hatte. Außerdem wusste sie, dass die von ihrer Mutter zu ihrem Schutz angeheuerten Männer sie jederzeit von allen Seiten umgaben. Und selbst wenn sie nun keinen einzigen der Männer entdecken konnte, so bedeutete das ihrer Mutter zufolge nur, dass ihre Beschützer ungewöhnlich gut waren in dem, was sie taten.

Außerordentlich beruhigend.

Oder beunruhigend.

War die Gefahr wirklich noch so stark, dass sie selbst Monate nach dem Angriff das Haus nicht ohne Leibwächter verlassen durfte?

Hattie blickte zu ihr hinüber. „Du hast es schon wieder getan. Ich meine mich zu erinnern, dass es dir früher irgendwie gelungen ist, deine Selbstgespräche auf das Haus zu begrenzen, Elissa."

Diesmal war es unmöglich, Hattie einfach mit einem Kopfschütteln zu begnügen, als sie in deren amüsiertes Gesicht blickte und die weit hochgezogene Augenbraue bedachte. Umso mehr, da sie auch noch recht zu haben schien. Elissa konnte sich nicht daran erinnern, je in der Öffentlichkeit bei einem Selbstgespräch ertappt worden zu sein.

„Vielleicht ist es der Schleier. Vielleicht hast du das Gefühl, darin in deinen eigenen vier Wänden – oder Stoffen – zu sein."

„Klingt plausibel." Elissa lachte leise auf. „Aber du weißt, dass es mehr als unhöflich ist, Gespräche zu belauschen, die innerhalb von vier Wänden stattfinden?"

In diesem Moment zupfte eine der an diesem Tag ungewöhnlich starken Windböen an Elissas Schleier und schnell hob sie die Hand, um ihn festzuhalten.

Als Hattie lediglich weiter vor sich hin lachte, stieß sie diese leicht mit dem Ellbogen in die Seite. „Was habe ich dir denn alles verraten?"

„Das wüsstest du gern, nicht wahr?"

„Hattie!"

„Nun gut. Dass jemand eine grandiose Idee hatte."

„Und …?"

„Und irgendetwas über beruhigende Leibwächter."

Nun lachte Elissa amüsiert auf und zog eine Augenbraue in die Höhe, auch wenn Hattie das nicht sehen konnte. „Dann weißt du ja jetzt Bescheid, nicht wahr?"

Hattie nickte gewichtig. „Durchaus wichtige Informationen."

Elissa hakte sich bei der Freundin ein und gemeinsam schlenderten sie weiter die bevölkerten Einkaufsstraßen entlang, auf denen sie sich ihr Leben lang wie zu Hause gefühlt hatte. Doch heute spürte sie die bohrenden Blicke auf ihrer noch leicht humpelnden, verschleierten Gestalt. Für sie fühlte sich ein Gang auf diesen Straßen noch immer an, wie nach Hause zu kommen. Doch *sie* war diesen Straßen fremd geworden.

***

„Ich denke immer noch, dass es zu früh ist."

David tat die Bemerkung seines Freundes mit einem Schulterzucken ab und betrat den Juwelierladen.

Raphael blieb nichts anderes übrig, als ihm zu folgen. „Du hast sie noch nicht einmal gefragt."

Nun drehte David sich zu ihm um, um ihn endlich einer Antwort zu würdigen – einer Antwort, die Raphael seiner Meinung nach schon vor einer halben Stunde verdient gehabt hätte. Vor 32 Minuten, um genau zu sein, als David ihn auf der Arbeit besucht, darauf bestanden hatte, dass er mit ihm kam, und es ihm sogar irgendwie gelungen war, auch Raphaels neuen Chef von der Notwendigkeit dieser Unternehmung zu überzeugen.

Was an dieser Unternehmung allerdings so eilig war, dass David ihn bei der Arbeit hatte unterbrechen müssen, konnte er beim besten Willen nicht verstehen. Auch nicht, nachdem David ihm bei der Kutschfahrt erklärt hatte, heute einen Verlobungsring für Patricia erwerben zu müssen.

„Das tut überhaupt nichts zur Sache. Sie wird Ja sagen, sobald –"

„Guten Tag. Womit kann ich Ihnen helfen?"

Raphael drehte sich zu dem Verkäufer um und musterte die glitzernden Inhalte der zahlreichen Vitrinen, während David dem Mann sein Anliegen schilderte. Warum war sein Freund in solcher Eile, Lady Patricia Suthcott einen Verlobungsring zu kaufen, wenn er noch nicht einmal ihren Vater um Erlaubnis gebeten hatte?

Ein leichter Stoß in die Seite veranlasste ihn, David und dem Verkäufer einige Schritte zu einer bestimmten Vitrine zu folgen. Der Verkäufer schloss sie auf und holte einige Ringe hervor.

David schien Elissa Belham schnell vergessen zu haben, dafür, dass die beiden einander schon seit Jahren versprochen gewesen waren. Und es war ihm anscheinend nicht einmal allzu schwergefallen.

Raphael konnte das ein Stück weit verstehen. Er dachte an den Abend von Lady Mendrows Sommerball. An das kurze Gespräch, dass David und er mit Miss Belham und deren Freundin Lady Amelia gehabt hatten. An Elissa Belhams ebenmäßige Gesichtszüge, das Lächeln, das die Arroganz dahinter verstecken sollte. Noch immer erinnerte er sich an den Blick, mit dem ihn die kleine Blondine an jenem Abend bedacht hatte. Als er die Frage nach seinem Wohlergehen mit einem einsilbigen „Gut" beantwortet hatte, während seine Mutter im Sterben lag.

David hielt ihm einen Ring mit einem – seiner Meinung nach – viel zu großen Diamanten für das zierliche Goldband unter die Nase und er brummte ein nichtssagendes „Mmh."

Raphael war sich sicher, damals auf dem Ball echte Bewunderung in den Augen seines besten Freundes gesehen zu haben, als dessen Blick auf der jungen Miss Belham geruht hatte. Beinahe spürte er wieder, wie Davids Ellbogen zwischen seinen Rippen ihn an jenem Abend aus seinen Gedanken gerissen hatte. „Du tust es schon wieder."

Das war etwa zwei Stunden später gewesen, als der Abend schon weiter fortgeschritten, zahlreiche Champagnergläser geleert und die Ausgelassenheit der Gäste umso größer, das Lachen lauter gewesen waren. Raphael hatte bewusst seine gerunzelte Stirn entspannt und seine Lippen zu einem Lächeln verzogen.

Davids scherzhaft geraunte: „Hör auf, Mann, vor der Grimasse bekomme ja sogar ich Angst!", entlockte ihm ein echtes Grinsen. Und bei Davids Ergänzung: „Das gefällt den Damen gleich viel besser", wanderte sein Blick unwillkürlich zu den beiden jungen Frauen auf der anderen Seite des prunkvoll dekorierten Ballsaals.

Und tatsächlich – Lady Amelia Westcliff warf ihm ein schüchternes Lächeln zu, beinahe als hätte sie ihn zuvor beobachtet.

„Vergiss es. Sie ist unerreichbar." Seine eigenen mühsam hervorgebrachten Worte.

David zuckte nur sorglos mit den Schultern. „Das heißt ja nicht, dass du nicht ein bisschen Spaß haben kannst."

„Sei froh, dass Miss Belham das nicht gehört hat!"

„Jetzt klingst du wie meine Mutter. Das hat alles keine Eile, wir sind ja noch jung."

Davids Antwort auf Raphaels erneutes Stirnrunzeln war ein unbekümmertes Grinsen: „Komm schon, Mann. Ich will erst noch etwas von der Welt sehen, bevor ich mich mit einem Haufen Kinder abmühen muss …"

„Miss Belham hat nicht so gewirkt, als wollte sie sich noch ewig Zeit lassen."

Und wieder tat David Raphaels Bemerkung nur mit einem Schulterzucken und einem Lachen ab.

Raphaels Blick wanderte erneut zur anderen Seite des Ballsaals. Ja, Miss Belham war noch jung; und zugleich füllte ihr Körper ihr elegantes Abendkleid auf eine Weise aus, die signalisierte, dass die junge Frau mehr als bereit war, David den „Haufen Kinder" zu schenken, den dieser noch nicht haben wollte.

Raphael ertappte Elissa Belham dabei, wie sie über die Tanzfläche hinweg den lachenden David unauffällig beobachtete. Ihr Blick war selbstbewusst, beinahe besitzergreifend.

Und für einen Augenblick lang verachtete Raphael sie aus tiefstem Herzen. Für ihre Selbstsicherheit, für die Arroganz auf ihrem Gesicht, den Glauben, sich alles, was ihr Herz begehrte, einfach nehmen zu können.

Sosehr er sich schämte, es einzugestehen, auch nur sich selbst gegenüber – für einen Augenblick hatte er beinahe gehofft, dass David sie noch ein paar Jahre warten lassen, ihr zeigen würde, dass das Leben selbst dem Liebling der Londoner Gesellschaft nicht gehorchte. Dass das Leben unberechenbar war.

Doch als David damals eine andere junge Frau zum Tanz aufgefordert hatte, hatte Raphael beobachtet, wie der Vorhang aus Selbstbewusstsein und Überheblichkeit auf Miss Belhams Gesicht zur Seite gerutscht war. Nur für einen kurzen Moment hatte er einen Blick erhascht auf eine tiefe Verletzlichkeit und ... – war es Furcht gewesen?

Als Raphael einige Wochen später, nach dem Angriff auf die Sommerresidenz der Belhams, mit Mrs Belham neben der blutigen Gestalt ihrer Tochter gekniet hatte, da hatte er sich gewünscht, sie hätte niemals erfahren müssen, dass das Leben selbst der Tochter eines der reichsten Männer Englands nicht gehorchte. Dass es unberechenbar war.

„Raphael?"

„Hm?"

„Du bist überhaupt nicht bei der Sache."

Raphael sah in Davids Funken sprühende Augen und warf dann einen Blick auf die zwei Ringe in dessen Hand. „Was hast du gesagt?"

„Ich habe gefragt, was du denkst."

„Was ich denke?"

„Ja." David neigte leicht den Kopf. „Ehrlich, Raphael, ich wusste ja, dass du nicht die beste Einkaufsberatung Englands sein würdest, aber du wirst doch zumindest *irgendetwas* denken?"

„Ehrlich gesagt frage ich mich viel eher, warum du meinst, überhaupt einen Ring kaufen zu müssen. Noch vor ungefähr einem halben Jahr warst du –"

„Raphael!"

Der Angesprochene zog die Augenbrauen hoch, als die Zurechtweisung fast einem Zischen gleichkam.

David drehte sich abrupt um, hielt dem Verkäufer einen der beiden

Ringe hin, die Raphaels Meinung nach beinahe identisch aussahen, und erklärte freundlich: „Wenn Sie diesen hier bitte einpacken könnten."

Der Verkäufer blickte von einem Mann zum anderen, brachte gewichtig nickend ein „Sehr wohl" hervor und verschwand in einem kleinen Hinterzimmer.

„Du kaufst tatsächlich einen Ring?"

David richtete seinen Blick weiter stur auf den Eingang zum Hinterzimmer und ignorierte Raphaels Frage.

Irritiert davon, zuerst von seiner Arbeit entführt und dann so vollkommen ignoriert zu werden, brummte er: „Ich warte draußen auf dich und den Verlobungsring."

Die Straßen waren voll mit Damen, die sich unter eleganten Sonnenschirmen vor der Sonne versteckten, und Männern, die in dunklen Anzügen an der Seite der Damen schlenderten oder eilig irgendeinem Geschäft nachgingen. Der strahlend blaue Himmel hatte die Londoner scheinbar aus allen Löchern gelockt. Als Raphael gleich zweimal angerempelt wurde, drehte er sich um, um zurück in den Laden zu flüchten – und stieß beinahe mit David zusammen, der in genau diesem Augenblick durch die Tür nach draußen trat.

Dieser zog die Augenbrauen nach oben und ein Grinsen zupfte an seinen Mundwinkeln. „Hast du mich schon vermisst?"

Raphael antwortete lediglich mit einem Kopfschütteln und trat einen Schritt zurück. Jegliche Anzeichen eines Grinsens verschwanden von Davids Gesicht und er nickte mit dem Kopf in Richtung der Ladentür.

„Was sollte das?"

Raphael runzelte die Stirn. „Was?"

„Ich habe dich mitgenommen, um mir dabei zu helfen, einen Ring zu kaufen. Nicht um gedankenlos neben mir zu stehen, nur um ab und zu aus deiner Erstarrung zu erwachen und deine Kritik an meinem Vorhaben zu äußern."

Raphael lachte leise: „Sehr schön ausgedrückt."

„Raphael!"

„Ich verstehe nur wirklich nicht, warum du dich so schnell mit Lady Patricia verloben willst. Vor nur einem halben Jahr wolltest du noch Miss Belham heiraten."

„Ja, wollte ich. Das hat aber nichts damit zu tun, dass ich jetzt –"

„Es hat sehr viel damit zu tun, David. Du hast Miss Belham nach ihrem Unfall kein einziges Mal besucht. Es ist, als hätte sie für dich nie existiert. Und sosehr ich es unterstütze, dass du nicht ausgerechnet sie heiratest – hilf mir einfach ein klein wenig auf die Sprünge. Denn bei dem heutigen Unternehmen frage ich mich ein wenig, ob nicht viel eher *du* gedanken- oder zumindest etwas gefühllos bist."

David blickte zu Boden, doch Raphael meinte, zuvor in seinen Augen ein wenig Scham entdeckt zu haben. Mit für ihn ungewöhnlich zurückhaltender Stimme erklärte er: „Sie hat für mich existiert und das weißt du sehr wohl."

Raphael nickte entschuldigend. Vielleicht war er ein klein wenig unfair gewesen. Aber das erklärte noch immer nicht, warum –

„Meine Eltern … Nun, ich weiß nicht, wie ich es anders ausdrücken soll, aber … Da, wie du weißt, meine … Verbindung mit Elissa – Miss Belham – sicher war, haben mein Vater und ich –"

David blickte wieder auf, sah ihm fest in die Augen.

„Wir haben mit dem Geld, das Elissa als Mitgift mit in unsere Ehe gebracht hätte, fest gerechnet. Wir haben also schon investiert, damit ich schließlich keine Probleme hätte, eine Familie mit allem zu versorgen, was sie sich nur wünschen könnte. Da aber jetzt überhaupt kein zusätzliches Geld in unsere Familie kommt, haben wir ein Problem. Weswegen meine Eltern mich sehr … nachdrücklich dazu ermutigt haben, meine Pläne bezüglich einer Heirat ein wenig zu beschleunigen."

Raphael holte Luft, doch David hob die Hand, um ihn zu unterbrechen.

„Und bevor du mich nun komplett entsetzt anstarrst, Raphael – ja, Patricia bedeutet mir wirklich etwas. Deutlich mehr als nur ihre Mitgift", fügte er mit leiser Stimme hinzu.

„Weshalb es mir auch wichtig war, einen Ring auszusuchen, der ihr gefallen würde."

„Und trotzdem war das nun wirklich keine Frage von Leben und Tod, wegen der du mich von meiner Arbeit wegreißen musstest."

„Nein, aber ich hatte es doch relativ eilig, da ich Patricia bei Lady Wembley's Dinner in etwa einer Woche das letzte Mal sehe, bevor sie mit ihren Eltern verreist, um, wenn ich das richtig verstanden habe, einen neuen potenziellen Verehrer näher kennenzulernen. Außerdem tut dir ein kleiner Ausflug auch sehr gut und es sah nicht aus, als wärst du gerade dabei gewesen, Leben zu retten, als ich dich von deiner Arbeit *weggerissen* habe."

„Irgendwann muss auch der Papierkrieg bestritten werden."

David grinste.

„Sieht dir ähnlich, die Arbeit anzupacken wie einen Krieg. Haben sich die Zahlen deinem eisernen Willen gebeugt, oh Herr oberster General?"

„Sehr witzig, Lavendale. Ich habe dokumentiert, nicht gerechnet."

David ignorierte Raphaels gerunzelte Stirn und lachte belustigt auf. So laut, dass sich einige Passanten zu ihnen umdrehten.

Doch plötzlich verstummte sein Lachen und die Hand, mit der er auf Raphaels Schulter geklopft hatte, fiel zurück an seine Seite, als er sich umdrehte und in die Seitengasse blickte, die neben dem Juwelier abging.

„David?"

Raphael drehte sich um, um zu sehen, was seinen Freund wie vom Blitz getroffen hatte verstummen lassen – und erstarrte.

Was ist Schönheit?

Eifersucht und Neid haben schon manchen Mord begangen,
weil sie es war, die begehrt wurde.
Aber hat sich dadurch jemals die Schönheit
auf dieser Welt gemehrt?

Schönheit kann lügen, sie kann betrügen.
Sie kann ein Geschenk sein
und ebenso kann sie uns zugrunde richten.

Elissa spürte, dass der heutige Ausflug ihr gutgetan hatte, obwohl sie zuerst nicht allzu begeistert von dem Vorschlag ihrer Mutter gewesen war. Sie fühlte sich wieder ein wenig mehr wie sie selbst, etwas weniger im Exil von der Welt.

Doch sie spürte auch, dass sie ihre Kraft noch nicht komplett wiedergewonnen hatte. Früher hatte sie Stunden damit verbringen können, die verschiedensten Boutiquen zu durchstöbern und Anproben über sich ergehen zu lassen. Heute hatte sie schon nach nur einer Stunde bloßen Schlenderns durch die Gassen bereits das Gefühl, eine ganze Woche lang schlafen zu können.

Eine Windböe riss erneut an ihrem Schleier und sie hob kurz die Hand, um ihn festzuhalten. Sie waren soeben in eine Seitengasse abgebogen, um wieder zurück zu ihrer wartenden Kutsche zu gelangen, als Hattie auf einmal stehen blieb.

„Was ist?"

„Nichts, ich dachte ..." Hattie verstummte, legte lauschend den Kopf schief und schüttelte ihn dann. „Nichts, lass uns weitergehen."

Elissas ehemaliges Kindermädchen ging einige Schritte voran, als ein erneuter Windstoß durch die Gasse fuhr und sie ihren Hut festhalten musste.

Elissa wollte Hattie soeben weiter in die Gasse folgen, als ein Lachen an ihr Ohr drang, das sie nur allzu gut kannte. Ungläubig drehte sie sich wieder um – und blieb wie versteinert stehen, als sie seine vertraute Gestalt erkannte. Der Sonnenschein ließ seine blonden Haare leuchten, erhellte sein lachendes Gesicht. *David.*

Alle Kraft schien aus ihr zu weichen und langsam ließ sie die Hand sinken, mit der sie noch immer ihren Schleier hielt. Die Zeit schien zu gefrieren, während bittersüßer Schmerz sie erfüllte. Sie hatte es gewusst, hatte versucht, sich die Wahrheit auszureden, seit sie mit Patricia gesprochen hatte. Und doch: Sie liebte ihn immer noch.

Es war in diesem Moment, dass David sich umdrehte und sie dort entdeckte.

Und dann, als wäre der Himmel, das Schicksal oder wer auch immer noch nicht zufrieden mit dem Werk, das ihr ganzes Leben zerstört hatte, entschied sich der Wind in genau diesem Augenblick, ihr mit einer kräftigen Böe den Schleier vom Gesicht zu reißen.

Sie konnte den exakten Augenblick benennen, in dem er sie erkannte. Wie vom Blitz getroffen fuhr er zurück.

Für einen kurzen Moment erstarrte Elissa, hoffte entgegen aller Hoffnung. Dann wirbelte sie herum und rannte. Weg. Zollte dem Humpeln in ihrem Schritt keinerlei Aufmerksamkeit. Schlug die Hände vors Gesicht und lief einfach weiter. Ihre Beine trugen sie immer weiter fort. Sie bemerkte kaum die vielen Blicke, die sich verwundert in ihre humpelnde Gestalt bohrten. Bemerkte kaum den heißen Schmerz, der von ihrem Bein durch ihren ganzen Körper schoss. Ignorierte ihre Erschöpfung, die hellen Punkte, die durch ihr Blickfeld tanzten.

In ihrem Kopf sah sie nur noch den einen Blick. Den Blick, der sich wohl für immer in ihr Gedächtnis eingebrannt hatte: Entsetzen, wo Bewunderung gewesen war. Abscheu. *Ekel.*

Elissa rannte weiter, weiter. Sie stolperte, riss sich die Hände auf. Sah Hattie aus dem Augenwinkel, hörte ihren Ruf.

Rappelte sich dennoch auf und rannte weiter.

Stolperte erneut.

Und diesmal blieb sie liegen.

Nur entfernt nahm sie das Gras wahr, das ihre Haut liebkoste, wo ihr Schleier verrutscht war. Schmerz erfüllte sie. Schoss durch ihren Körper. Schien mit dem Blut durch sie hindurchzupulsieren.

Leere. Sie wünschte die Leere zurück.

Sie schluchzte auf. Alles war besser als dieser Schmerz, der ihr Inneres zerreißen wollte. Bitter lachte sie auf, während Tränen über ihr vernarbtes Gesicht strömten. Wann nur war sie so fürchterlich dramatisch geworden?

Aber gab es einen dramatischeren Moment als diesen? Einen besseren Augenblick für Selbstmitleid als diesen, in dem der Mann, den sie liebte, Ekel empfand bei ihrem Anblick?

„Elissa?" Allmählich drang die Stimme in ihr Bewusstsein.

Elissa wischte sich über die feuchten Wangen, zupfte ihren Schleier wieder zurecht.

Erschöpft hob sie den Kopf, begegnete Hatties Blick und erhob sich mühsam. Sah sich um.

Sie war im Hyde Park gelandet. Sie erinnerte sich noch gut daran, wie sie hier vor sieben Jahren an der Hand ihres Vaters über die Industrieausstellung im Crystal Palace geschlendert war. Und nun war ebendieser Park Zeuge ihres Zusammenbruchs geworden.

Der Wind ließ die Blätter der Bäume rascheln und hastig hob sie die Hand in ihrem zerrissenen Handschuh, um den Schleier an Ort und Stelle zu halten. Und schwor sich, den Schleier in der Öffentlichkeit nie mehr zu lüften. Wenn selbst der Mann, von dem sie geglaubt hatte, dass er sie liebte, ihren Anblick nicht ertragen konnte, wem konnte sie ihn dann noch zumuten?

Hatties Arme schlossen sich fest um sie und drückten ihren vor Erschöpfung zitternden Körper fest an sich. Immer wieder strich Hattie ihr beruhigend über den Rücken. Endlich ließ das Zittern etwas nach und Elissa flüsterte tonlos: „Ich will nach Hause."

Sie spürte, wie Hattie nickte. Die ältere Frau trat einen Schritt zurück und nahm sie bei der Hand.

„Komm."

Beinahe willenlos ließ sie sich von Hattie zu ihrer Kutsche zurückführen. Konzentrierte sich darauf, einen Schritt nach dem nächsten zu tun. Nicht den Schmerz die Oberhand gewinnen zu lassen.

Einer der Leibwächter half ihr in die Kutsche und sie ließ sich in die weichen Polster fallen.

Während die Räder der Kutsche durch Londons Gassen rumpelten, legte Hattie einen Arm um sie. Nach einer Weile murmelte sie: „Wir sind da", und Elissa hob den Kopf. Sie folgte der älteren Freundin aus der Kutsche und die Stufen zur Eingangstür hinauf.

Harold öffnete die Tür. Elissa sammelte ihre letzten Energiereserven, um ihre Stimme zu finden: „Wo finde ich meine Mutter?"

„Sie hat sich für einen Mittagsschlaf zurückgezogen, Miss Belham."

Elissa nickte und wie von selbst schlugen ihre Beine trotz der Worte des Butlers den Weg zum Schlafzimmer ihrer Mutter ein. Sie würde es verstehen, wenn Elissa sie aufweckte. Nach der Katastrophe in der Stadt brauchte Elissa ihre Mutter. Musste deren liebende Arme um sich spüren, ihre beruhigende Stimme hören, die ihr versicherte, dass alles wieder gut werden würde. Irgendwann.

Vorsichtig öffnete sie die Tür zum Schlafzimmer ein Stück weit, schlüpfte hinein und zog die Tür leise hinter sich ins Schloss. Sie ging einen Schritt auf das breite Bett zu – und blieb verwirrt stehen. Das Bett war leer.

Harold musste sich geirrt haben.

Soeben wollte sie das Zimmer wieder verlassen, da hörte sie ein kratzendes Geräusch aus dem angrenzenden Ankleidezimmer. Langsam drehte sie sich um. „Mutter?"

Dem Geräusch folgte ein leises Rascheln und etwas, das sich anhörte wie ein Stöhnen. Zögerlich ging Elissa einen Schritt auf die Tür zu dem kleinen Zimmer zu. Blieb wieder stehen und fragte erneut in den leeren Raum hinein: „Mutter?"

Nichts. Nur Stille. Wahrscheinlich hatte ihr erschöpfter Geist ihr einen Streich gespielt.

Und trotzdem war da dieses seltsame Gefühl, das sie nicht loslassen wollte. Das sie dazu brachte, ihre zerfetzten Handschuhe mit ihrem Schleier auf der Mahagonikommode im Zimmer ihrer Mutter abzulegen, die wenigen Schritte bis zum Ankleidezimmer zurückzulegen und nach der Türklinke zu greifen.

Die kühle Berührung an ihrer wunden Handfläche fühlte sich angenehm an. Sie atmete langsam ein. Zögerte.

Was, wenn jemand eingebrochen war? Sich in diesem Augenblick im Ankleidezimmer ihrer Mutter versteckte? Würden eventuelle Einbrecher sie angreifen, sollte sie sie entdecken?

Elissa stieß die Luft wieder aus und drückte die Türklinke herunter. Sie würde nicht vor einem vermutlich leeren Zimmer davonrennen. Kurz entschlossen zog sie die Tür auf und ging einen Schritt vorwärts. Dann blieb sie stehen und sah sich nervös um.

Niemand war hier. Lediglich eine Tür des Kleiderschranks stand offen und die wertvollen Abendkleider ihrer Mutter lagen auf dem Boden.

Erschrocken hielt sie die Luft an. Vielleicht war niemand mehr hier, aber diese Kleider waren nicht von selbst zu Boden gefallen! Jede dieser Kreationen war ein kleines Vermögen wert – die Zofe ihrer Mutter musste sie mit größter Sorgfalt aufgehängt haben.

Sie wollte sich soeben umdrehen, um dem Haushalt Bescheid zu geben über den Einbruch, da hörte sie es wieder – ein Rascheln in dem glitzernden Kleiderhaufen, dann ein Stöhnen.

„Elissa?" Die Stimme war beinahe unhörbar.

Doch sie ließ Elissa lange genug zögern, um die Bewegung wahrzunehmen. Die Gestalt ihrer Mutter auf dem Boden zu entdecken, halb begraben unter den feinen Stoffen, inmitten von Röcken und Kleidern, zwischen funkelnden Steinen und zierlichen Stickereien. Beinahe als hätte sie versucht, sich am Schrank hochzuziehen. Und wäre gescheitert.

Elissa ließ sich neben ihr zu Boden sinken, musterte das Gesicht ihrer Mutter, die Augen dunkel im Kontrast zur fast durchscheinenden Haut.

„Mutter, was …?"

Und dann sah sie die Stichwunde, das Loch im Musselinkleid ihrer Mutter, die Stelle, an der auch das Korsett durchstoßen worden war. Das Blut. Überall!

Hastig rappelte sie sich auf. „Ich hole Hilfe. Hattie. Harold. Der Arzt."

Irgendjemand. Irgendjemand, der das viele Blut stoppen konnte, das noch immer nicht aufgehört hatte zu fließen. Das in die geliebten Kleider ihrer Mutter tropfte.

Die Hand ihrer Mutter hielt sie auf. Ihr Griff um Elissas Finger war kraftlos, ließ sie dennoch innehalten. Die blutleeren Lippen der Sterbenden bewegten sich.

Elissa kniete sich wieder neben sie, um die leisen Worte verstehen zu können.

„… habe nicht verstanden … Du bist nicht mehr sicher."

Sie holte mühsam Luft.

„Hol nur Hattie – sage ihr … Brixton …"

Elissa griff nach ihrer Hand, drückte sie an ihre Brust, weinte: „Streng dich nicht an, Mutter. Ich hole Hilfe!"

Die ältere Frau schüttelte fast unmerklich den Kopf. Elissa hätte es ignoriert, trotzdem Hilfe geholt – doch der Blick in den Augen ihrer Mutter durchbohrte sie, war so dringlich, ängstlich.

„Hör … zu. Zu spät … für mich. Nimm Hattie … den Schmuck …"

Ein Rasseln begleitete ihren nächsten Atemzug. Eine weitere Träne rann über Elissas Gesicht, als sie sah, wie sehr die Frau, die immer ihr Fels in der Brandung gewesen war, um jeden Atemzug kämpfte.

„Lauf, Elissa. Geh!" Die Worte waren kaum mehr als ein Lufthauch.

Sie schüttelte den Kopf. „Nein, ich bleibe bei dir!"

Wieder dieses schreckliche Rasseln.

Weinend beugte sie sich über ihre Mutter, ihr Blick verschwommen von Tränen.

Dann … Stille.

Es dauerte einen Augenblick, bis sie die Bedeutung verstand.

Ihre Mutter kämpfte nicht mehr.

Alles in ihr wurde still. Und schwer, so schwer.

Ein weiteres Schluchzen brach sich Bahn, zerriss die Luft. Erschütterte ihren Körper.

Ihre Welt, die sich nicht länger weiterdrehte.

Einsamkeit legte sich wie ein schwerer Vorhang auf sie. Drückte sie nieder. Raubte ihr alle Kraft.

Warum?

Hatte sie sich nicht gerade erst wieder auf die Beine gekämpft?

Wie sollte sie das noch ein weiteres Mal schaffen? Allein, ohne ihre Mutter, die ihre Hand hielt, sie ermutigte, sie aufmunterte, ihr immer wieder aufhalf?

Warum?

Wut erfüllte sie, heiß und lodernd, beinahe wie die Flammen, die sie zerstört hatten. Wut auf Gott, auf das Schicksal. Wut auf sich selbst, weil sie dieses Schicksal offenbar irgendwie auf sich gezogen hatte. Ja, sogar Wut auf ihre Mutter. Ihre Mutter, die darauf bestanden hatte, dass sie nicht aufgab, auch wenn Aufgeben so viel einfacher gewesen wäre. Auf ihre Mutter, weil sie nicht mehr kämpfte. Weil sie aufgegeben hatte.

Eine neue Welle aus Verzweiflung und Tränen packte sie. Ließ sie sich zusammenkrümmen, würgte sie, bis jeder Atemzug eine Qual wurde. Jeder Atemzug, den sie weiterlebte. Jeder Atemzug, der der wundervollen Frau vor ihr verwehrt blieb.

Ausgelaugt bis auf die Knochen, sackte sie neben ihrer Mutter zusammen, legte den Kopf auf deren reglose Brust, hielt ihre leblose Hand.

Und wünschte sich den Schmerz zurück, den sie heute im Hyde Park gefühlt hatte. Im Vergleich zu dieser Qual war er mild gewesen.

Sekunden vergingen, Minuten, die sich anfühlten wie eine Ewigkeit. Eine Ewigkeit, seit ihre Welt aus den Fugen geraten war.

Sie sah auf all das Blut, das Blut, das nun auch ihr Kleid bedeckte. Nur langsam kämpfte sich die Tatsache in ihr Bewusstsein, woher all das Blut kam. Was es bedeutete.

Mary-Grace Belham war ermordet worden. In ihren eigenen Räumen.

Die letzten Worte ihrer Mutter kamen zurück zu ihr: *„Du bist nicht mehr sicher. Hol nur Hattie – sage ihr … Brixton … Nimm Hattie … den Schmuck … Lauf, Elissa. Geh!"*

In ihren letzten Momenten hatte ihre Mutter versucht, sie zur Flucht zu bewegen. Hatte sie offensichtlich in solch großer Gefahr gesehen, dass sie ihre letzten Atemzüge dazu bestimmt hatte, sie zu warnen.

Ihr Blick flog zur offenen Tür des Ankleidezimmers. Wenn die Angreifer ihrer Mutter hier hereingekommen waren, ohne dass einer der vielen Bediensteten sie bemerkt hatte, hieß das … wer auch immer eine solche Gewalttat verübt hatte, konnte jederzeit zurückkommen!

Sie drückte der Frau, die sie so liebevoll großgezogen hatte, einen letzten Kuss auf die kühle Wange. Stütze sich mit ihren schmerzenden Händen auf dem weichen Teppich ab und stand schwerfällig auf. Ging aus dem Ankleidezimmer, warf noch einen Blick hinter sich und stolperte dann zur Zimmertür. Öffnete diese einen Spaltbreit und rief: „Hattie, kommst du mal eben?"

Mit einer Stimme, die sich beinahe nicht anhörte, als wäre soeben ihre Welt aus der Achse gehoben worden. Als hätte Panik nicht begonnen, sich um ihren Hals zu winden, enger, immer enger. Ihr die Luft abgeschnürt. Sie erstickt.

Sie presste sich die blutige Hand auf den Mund. Holte zitternd Luft. Jeder hätte sich hier hereinschleichen können. Einer der angeheuerten Leibwächter. Einer der Bediensteten. Jemand vollkommen Fremdes. Jeder!

Nur nicht Hattie. Das wusste sie. Sie waren gemeinsam unterwegs gewesen.

Und dann war sie da. Ob einer der Diener nach ihr geschickt hatte oder Hattie selbst ihren Ruf gehört hatte? Es war auch egal.

Die ältere Frau trat ins Zimmer, warf einen Blick auf Elissa und ihre Augen weiteten sich. Mit zwei Schritten war sie bei ihr.

Elissa wusste später nicht mehr, was genau sie Hattie mitgeteilt hatte. Aber irgendwie schien die Freundin ihre wirren Worte, die gestotterten Sätze trotzdem verstanden zu haben, verstanden zu haben, was sie hatte sagen wollen. Das tat sie immer.

Eine einzige Träne hatte sich aus dem Augenwinkel der Frau gelöst, als Elissa ihr den Leichnam der Frau zeigte, deren Wegbegleiterin Hattie zunächst als Dienerin, dann als Freundin beinahe ihr Leben lang gewesen war. Dann hatte sie die Träne abgewischt. Die Schultern gestrafft und die Dinge in die Hand genommen.

Und Elissa war in sich zusammengesackt, in einem grauen Nebel versunken. Hatte dem Wehklagen des Windes gelauscht, der um das Haus gestrichen war, als suche er nach schmalen Spalten und Ritzen, durch die er eindringen könnte. Hatte den Kopf geneigt, zugehört, wie sich das leise Pfeifen der Windböen verändert hatte, die Melodie aggressiver geworden war. Anklagender.

Hattie hatte ihr eine Tasche in die Hand gedrückt. In aller Eile den Schmuck ihrer Mutter zusammengerafft und Elissa hinter einem samtigen Vorhang versteckt, ehe sie kurz verschwunden war. Elissa hatte die Augen geschlossen und die Wange in den weichen Stoff gelehnt. Es waren Jahre vergangen, seit sie in das Zimmer ihrer Mutter getreten war. Oder zehn Minuten. Egal.

Sie zuckte nicht einmal zusammen, als die Tür erneut geöffnet wurde. Vielleicht kamen die Angreifer zurück, um ihr Werk zu vollenden. Irgendwie wusste sie es – sie wäre die Nächste. Erst ihr Vater. Dann ihre Mutter. Nur noch sie war übrig. Egal.

Hattie zog den Vorhang auf, nahm ihr die schwere Tasche ab. Warf Elissa hastig einen abgenutzten Mantel um, legte ihr den Schleier wieder über und zog anschließend auch noch die Kapuze des Mantels darüber.

Elissa ließ es widerstandslos geschehen. Zischend stieß sie die Luft aus, als Hattie ihre aufgeschürfte Hand nahm. Hattie packte sie daraufhin am Handgelenk und zog sie hinter sich her. Elissa folgte ihr wie eine Marionette, deren Fäden jemand anders führte. Sie blieb stehen, wenn Hattie stehen blieb, rannte, wenn sie rannte, versuchte nur, nicht zu stolpern, während sie ungesehen das Haus durchquerten.

Bestimmt schob Hattie sie in eine kleine Abstellkammer, formte lautlos die Worte: „Warte hier", und verschwand wieder. Das Licht nahm sie mit, als die Tür sich hinter ihr schloss. Finsternis umarmte Elissa. Kroch immer näher.

Schließlich wurde die Tür wieder aufgerissen, Hattie nahm erneut ihren Arm. Zischte: „Komm, schnell", und zerrte sie raus, schob sie durch eines der Fenster im Erdgeschoss. Elissas erschöpfter Körper hielt sich mit letzter Kraft auf den Beinen, als sie draußen landete. Sie fand ihr Gleichgewicht wieder, als ihr ehemaliges Kindermädchen sie erneut packte, sie weiterzog. Erst nach einigen Häuserblocks blieben sie in einer dunklen Ecke stehen.

Elissa lehnte sich kraftlos gegen die Wand in ihrem Rücken, legte den Kopf zurück. Beobachtete die Wolken, die den blauen Himmel von heute Mittag komplett übernommen hatten, sich rasend schnell vorwärtsbewegten, sich verformten, kaum zu greifen waren.

Hattie atmete tief durch und strich ihr liebevoll über den Arm. Elissa starrte auf die Berührung, als wäre es der Arm einer fremden Person, die dieses Zeichen der Nähe spürte. Dann heftete sie ihren Blick wieder auf die Wolken, die sich zu bedrohlichen Gestalten aufbauten, nur um Sekundenbruchteile später in sich zusammenzufallen.

„Es tut mir leid, Elissa. Wir können kaum jemandem vertrauen, leider auch nicht den Leibwächtern."

Elissa nickte. Zu diesem Schluss war sie auch schon gekommen.

„Wir müssen weiter."

Sie nickte erneut. Oder vielleicht auch nicht. Hattie durchbohrte sie mit einem besorgten Blick, nahm ihren Arm. Sie hasteten weiter.

Elissa folgte. Der Wind riss an ihr von allen Seiten. „Wohin gehen wir?"

„Dich sicher verstecken. Und dann werde ich Lady Amelia einen Besuch abstatten."

Eine Maus. Grau. Hässlich. Zitternd vor Angst. Wenn sie nur ein dunkles Mauseloch hätte, in das sie sich zurückziehen, in dem sie unsichtbar werden könnte.

9

Es waren nur wenige Stunden vergangen, als Amelia hinter Hattie durch die Tür gestürmt kam, die die ältere Frau hinter ihnen sofort wieder verschloss.

Elissa saß noch immer in sich zusammengesunken auf der Kante des schmalen Bettes, starrte auf den von Kratzern überzogenen Fußboden und konnte nicht aufhören zu zittern. Sie hatte sich kaum einige Haarbreit von der Stelle bewegt, seit Hattie sie sanft auf die Bettkante hinuntergedrückt hatte, ihr den Mantel abgenommen, den Schleier vom Gesicht gezogen, einen Kuss auf die Stirn gedrückt und geflüstert hatte: „Ruh dich etwas aus. Ich bin bald wieder da."

Die besorgte Frau hatte sie in eine armselige Herberge in einem fragwürdigen Viertel der Stadt geschleppt und in aller Eile ein Zimmer gemietet. Elissas verschleierte Gestalt zog auf der Straße anscheinend zu viele Blicke auf sich. Sie hatte keinen einzigen davon bemerkt.

Amelia durchquerte das enge Zimmer, ließ sich neben ihr auf dem Bett nieder, das dabei ein protestierendes Knarren von sich gab, und zog sie in eine feste Umarmung. Elissa ließ sich gegen die Freundin sinken. Legte den Kopf auf deren schmale Schulter. Atmete ihren vertrauten Geruch ein. Elissas Finger zerknüllten den Stoff ihres Kleides in ihrem Schoß.

Langsam begann die Wärme der Umarmung zu ihr durchzudringen, löste sie allmählich aus der Schockstarre. Und als wären ihre Tränen eingefroren gewesen, erstarrt wie das Herz, von dem sie sich nicht sicher war, ob es noch immer in ihrer Brust schlug, begannen sie nun zu fließen. Überwältigten sie wie eine Sintflut. Abgehackte Schluchzer schüttelten ihren nach der langen Zeit der Genesung endlich wieder etwas weicheren Körper. Ihr Herz, das ausgerechnet diesen Augenblick gewählt hatte, um ihr zu zeigen, dass es noch da war, pulsierte mit dem Schmerz, der sie zu zerreißen drohte. Sie merkte, dass auch Amelia weinte, als deren Tränen in ihre Haare tropften, über ihre Kopfhaut liefen. Die Freundin wiegte sie sanft hin und her, summte mit zitternder Stimme ein leises Lied.

Nach einiger Zeit begannen ihre Tränen zu versiegen. Erschöpfung übermannte sie und sie driftete hinüber in einen unruhigen Schlaf. Die murmelnden Stimmen der zwei Menschen, die ihr geblieben waren, füllten den Raum, beruhigten sie. Die Dunkelheit fing sie auf, umhüllte sie in ihrer weichen Umarmung. Umklammerte sie. Erstickte sie. Finsternis.

„Du bist nicht mehr sicher. Lauf, Elissa. Geh!"

Schwer atmend fuhr sie aus dem Schlaf auf. Die Stimme ihrer Mutter verhallte in der Stille. Ihr Herz klopfte wild in ihrer Brust. Dunkelheit umgab sie, fremde Schatten. Wo war sie?

Etwas knarrte neben ihr. Sie fuhr herum, erstarrte. Da war jemand. Hattie.

Sie zwang ihren Atem dazu, sich wieder zu beruhigen. Es war nur Hattie, die neben ihr schlief. Offensichtlich war es Nacht geworden. Ihr umnebeltes Gehirn erinnerte sich; der Tag kam zurück zu ihr und ihre Augen füllten sich, ihr Blickfeld verschwamm.

Kraftlos ließ sie sich wieder auf die ausgebeulte Matratze sinken. Jemand hatte sie zugedeckt. Sie kuschelte sich unter die löchrige Decke, versuchte zu ignorieren, wie fremd diese roch. Versuchte, sich nicht erdrücken zu lassen von dem Gewicht der Erkenntnis, dass die letzten Reste des Lebens, wie sie es gekannt hatte, für immer verschwunden waren. Eine Träne löste sich aus ihrem Augenwinkel, verschwand in ihrem Haaransatz knapp über dem Ohr. Elissa drehte sich auf die Seite, machte sich ganz klein. Lauschte angestrengt Hatties tiefen Atemzügen. Ließ zu, dass ihre brennenden Augen sich wieder schlossen.

Der nächste Tag würde noch früh genug kommen.

„Elissa."

Ihr Traum verflüchtigte sich.

Hattie. Ihre Augenlider flatterten auf. Die Pension.

Elissa kniff die Augen wieder zusammen.

„Wie geht es dir heute Morgen?"

Sie zog lediglich die Schultern nach oben. Sie wusste es nicht. Wusste nicht einmal, was die angemessene Antwort war nach einem Tag wie dem gestrigen.

Sie richtete sich auf, neigte den Kopf: „Und dir?"

Hattie ahmte ihre Geste nach, zog die Schultern nach oben, hob einen ihrer Mundwinkel zu einem etwas schiefen Lächeln. Elissas Blick fiel auf eine Tasche neben einer hölzernen Truhe, die gestern noch nicht dort gestanden war.

„Lady Amelia hat dir das mitgebracht", beantwortete Hattie ihre unausgesprochene Frage. Sie drückte ihre Hand.

„Du wirst heute stark sein müssen. Wir werden uns mit dem Anwalt deines Vaters treffen. Lady Amelia hat ein Treffen arrangiert."

Elissa nickte lediglich. Und die Wahrheit durchdrang sie erneut: Ihre Eltern waren beide nicht mehr am Leben. Sie war die einzig verbliebene Erbin der Familie Belham. Sie wusste nichts, rein gar nichts über das Unternehmen ihres Vaters. War sie nun dafür verantwortlich?

Erschöpft, bevor der Tag überhaupt richtig begonnen hatte, schwang sie ihre Beine auf den Boden, dessen Holz sich kühl anfühlte unter ihren Füßen. Wusch sich und ließ sich von Hattie in eines von Amelias Kleidern helfen. Sie erkannte den schwarzen Stoff. Amelia hatte dieses Kleid bei Mrs Williams' Beerdigung getragen. Damals, als Elissa sich nicht hatte vorstellen können, welchen Schmerz die Familie Williams wohl ertragen musste.

Sie versuchte, die Schwere zu ignorieren, die sich auf sie gelegt hatte, hob das Kinn und straffte die Schultern. Dann setzte sie sich einen schwarzen Hut mit netzartigem Schleier auf, den sie auch als einen von Amelias erkannte, und Hattie steckte ihn fest. Es war ihr unangenehm, dass man ihre Narben durch den Schleier sehen würde, aber immerhin könnte der Anwalt ihres Vaters sie so erkennen und sichergehen, dass wirklich sie es war, mit der er das Testament ihrer Eltern besprach.

Sie schlüpfte in ihre Handschuhe und hängte sich die Tasche mit dem Schmuck ihrer Mutter über den linken Arm, damit er nicht alleine in der Pension verblieb, während Hattie schon nach draußen ging, um eine Droschke zu finden. Schließlich winkte diese Elissa zu, die sie durch das winzige Fenster des Zimmers beobachtet hatte. Hastig eilte sie die Treppenstufen hinab und stieg in die wartende Droschke, ohne dass mehr als eine Handvoll Menschen sie gesehen hatte. Wobei sie wohl kaum fürchten müsste, in diesem Teil der Stadt, geschweige denn in dieser Kleidung, erkannt zu werden.

Andererseits ließ die Art und Weise, wie ihre Mutter in ihren eigenen Räumen ermordet worden war, kaum Zweifel daran, dass der oder die Mörder äußerst professionell vorgegangen waren. Das legte die Vermutung nahe, dass – sollte sie das nächste Ziel sein – es durchaus möglich war, dass weder die unbekannte, etwas heruntergekommene Herberge noch die fremde Kleidung sie auf Dauer verstecken könnten. Panik lief ihr kalt den Rücken herunter im selben Moment, in dem glühender Zorn in ihren Lungen brannte.

Ihre Hände verkrampften sich um die schwere Tasche in ihrem Schoß und Schmerz schoss durch ihre verkrüppelte Rechte.

Londons scheinbar endlose Häuserketten flogen an ihrem Fenster vorbei, die Straßen wurden wieder breiter, die Häuserfronten größer, eleganter, die Luft war erfüllt von den Rufen von Zeitungsverkäufern, Reitern und Kutschern. Blind starrte sie hinaus. Ließ sich durchschütteln von dem Rumpeln der Räder über Kopfsteinpflaster.

Blinzelte. Atmete tief ein und aus. Bis Leere die hochkochenden Emotionen wieder verdrängt hatte. Sie musste stark sein. Während des folgenden Gespräches. Diese Stunde. Die nächste. Heute. Was danach sein würde, wusste sie nicht.

Sie presste die Zähne zusammen und richtete sich kerzengerade auf, als die Kutsche zum Stillstand kam. Hattie folgte ihr hinaus und sie betraten gemeinsam das kleine Restaurant, in dem sie mit dem Anwalt verabredet waren. Elissa versuchte, die ihr anerzogene Würde und Eleganz aufzubringen, als sie das Gebäude mit zitternden Knien betrat und sich schließlich auf den Stuhl sinken ließ, den der Anwalt ihr unter dem reservierten Ecktisch hervorgezogen hatte.

Mit einem hoheitsvollen Nicken begrüßte sie ihn. „Mr Clark. Vielen Dank, dass Sie es so kurzfristig einrichten konnten."

„Selbstverständlich, Miss Belham. Ihr Verlust tut mir sehr leid."

Sie nickte erneut.

Konversation hatte ihr Spaß gemacht, beinahe seit sie sprechen konnte, war für sie immer eine Art Spiel gewesen. Ein Ballspiel, das sie herausforderte, den Ball nie zu lange in ihrem Feld zu behalten, ihn dem Gegner aber auch nie unbedacht oder in die falsche Ecke zuzuspielen. Ein Strategiespiel, das sie dazu zwang, die nächsten Züge ihres Gegners vorauszuahnen, um ihn um den kleinen Finger zu wickeln. Elissa war eine Meisterin dieses Spiels gewesen, ein aufgeregtes Kribbeln hatte ihre Finger ergriffen, jedes Mal, wenn es nicht länger nur ein Spiel gewesen war.

Heute gab es keine Aufregung, kein Kribbeln, heute war sie fast völlig ohnmächtig, was den Ausgang des Gesprächs betraf. Und dennoch beruhigten die höflichen Floskeln, die feste Routine der Konversation ihre Seele ein wenig.

Eine Tasse dampfenden Tees wurde vor ihr abgestellt und sie bedankte sich leise.

Kurz ließ sie ihren Blick durch den noch fast leeren Raum wandern. Es war ein schlichtes Restaurant, das Amelia für dieses Treffen ausgewählt hatte, so vollkommen anders als die kostspielige Eleganz der Häuser, die sie ihr Leben lang gewohnt gewesen war. Und zugleich war es nicht ungemütlich: Weiße Vorhänge begrenzten glänzend polierte Fensterscheiben, weiche Polster bedeckten die einfachen

Holzstühle. Ihr Blick blieb an dem Feuer im Kamin hängen, dessen fröhliches Knistern den Raum erfüllte. Bei Elissa dagegen erzeugte es nur Spannung.

Sie spürte, wie Hattie sanft ihre linke Hand drückte. Mühsam riss sie ihren Blick los und richtete ihre Augen wieder auf den Mann, der ihr gegenübersaß. Er war nicht sonderlich groß, sodass Elissa eine gute Aussicht hatte auf sein lichter werdendes Kopfhaar. Sorgenfalten hatten sich tief auf seiner Stirn eingegraben, während zugleich zahlreiche Lachfalten seine Augenwinkel umgaben.

Sie merkte, dass sie in Gedanken abgeschweift war, als sie die Frage in seinen Augen, in der leicht nach vorn gelehnten Haltung bemerkte, mit der er sie bedachte. Unglaublich. Sie konnte sich nicht daran erinnern, wann sie einem Gespräch das letzte Mal nicht ihre vollkommene Aufmerksamkeit geschenkt hatte.

Mr Clark schien ihren verständnislosen Blick bemerkt zu haben, denn er lehnte sich auf seinem Stuhl wieder zurück und ein leichtes Lächeln zupfte an seinen Lippen, brachte seinen von Grau durchzogenen Schnurrbart zum Wackeln. „Ich werde versuchen, die Hauptpunkte noch einmal in verständlicheren Worten auszudrücken."

Diesmal konzentrierte Elissa sich auf jedes Wort. Und es zog ihr erneut den Boden unter den Füßen weg.

Offenbar war sie durchaus die alleinige Erbin der irdischen Reichtümer ihrer Eltern, die laut Mr Clark kaum unter der Wirtschaftskrise gelitten hatten.

Aber nicht bis zu ihrer Hochzeit.

Wer würde sie noch heiraten wollen? Ihren zerschmetterten Körper? Ihr entstelltes Gesicht? Nichts war übrig geblieben von ihrer früheren Schönheit. Von ihrem Charme.

Oder bis zu ihrem dreißigsten Geburtstag.

Sie war nun achtzehn. Verzweiflung und Trauer würden sie nicht davon abhalten, realistisch zu sein: Das waren zwölf Jahre ohne ein Erbe!

Zwölf Jahre, in denen sie kein Recht hatte auf das Haus ihrer Familie in London, auf die Ruinen, in denen ihr Vater ums Leben gekommen war, auf das Geld, das das Unternehmen ihres Vaters abwarf.

Sicher, Mr Clark hatte ihr versichert, dass sie sich weder jetzt noch in Zukunft um das Unternehmen kümmern müsste, dafür war gesorgt. Sobald sie erbte, wäre sie eine reiche Frau. Aber zwölf Jahre vollkommen auf sich allein gestellt? Sie hatte nichts gelernt, mit dem man Geld verdienen konnte. Es war nie nötig gewesen. Das Einzige, was sie konnte, waren Dinge wie sticken, malen, singen oder Klavier spielen.

Ihr Blick fiel auf ihre rechte Hand, die sie wieder einmal unbewusst in den Falten ihres Rockes vergraben hatte. Die verräterische Hand, die kaum noch zu gebrauchen war, nun versteckt unter dem feinen Stoff ihres Handschuhs. Sie konnte nicht mehr sticken, nicht mehr malen oder Klavier spielen. Alles was ihr blieb, war ihre Stimme. Wie sollte sie damit Geld verdienen? Wie überleben?

Erneut drang das Knistern der Flammen im Kamin an ihr Ohr. Warum hatten die Flammen sie verschont? Warum nur?

Hilflosigkeit überwältigte sie so vollkommen, dass sie beinahe Mr Clarks nächste Worte verpasste: „Es gibt noch ein kleines Erbe von ihrer Großmutter mütterlicherseits, das Ihnen nun direkt zusteht. Dazu gehört ein kleines Cottage in der Nähe von St. Helens und eine Summe, von der Sie sicherlich leben können, bis Sie einen angemessenen Ehepartner gefunden haben. Im Notfall sogar bis zu ihrem dreißigsten Geburtstag, wenn sie wirklich sehr," – er warf einen kurzen Seitenblick auf Hattie – „sehr sparsam damit umgehen."

„Wie sparsam?" Ihre Stimme war kaum mehr als ein raues Flüstern.

Mr Clark schob ein vollgeschriebenes Blatt Papier zu ihr herüber. Zahlen in ordentlichen Reihen, Jahreszahlen, Beträge in einem für sie unerkennbaren Muster. Der Zeigefinger des Anwalts wanderte über die Spalten, während er erklärte, wie viel Geld ihr in den nächsten zwölf Jahren monatlich zur Verfügung stünde. Wie viel er für welche Ausgaben einberechnet hatte. Die tägliche Summe tanzte beinahe höhnisch vor Elissas Augen, als ihr klar wurde, dass von diesem Geld kaum *eine* Person überleben konnte. Sie vermied es, Hattie anzuschauen. Zwei Menschen von diesem Geld zu versorgen, wäre unmöglich. Aber wie könnte sie Hattie je zurücklassen? Alleine wohnen in einem Haus, in dem sie jederzeit damit rechnen musste, in ihren eigenen vier Wänden kaltblütig ermordet zu werden?

Sie konnte es nicht.

Und doch wusste sie, dass eine Heirat keine Option war. Selbst wenn ein Edelmann sich wegen ihres zukünftigen Erbes bereiterklären sollte, sie zu heiraten, so könnte sie es niemals ertragen, einen Mann zu ehelichen, der sie mit Abscheu ansah, mit Ekel, wann immer er einen Blick warf, auf ihr abstoßendes Gesicht, die vernarbte Haut an ihrem Körper. Nie könnte sie Kinder in die Welt setzen, die sich für ihre Mutter schämen müssten, die sie eines Tages vielleicht sogar verachten würden, angespornt von der Abscheu ihres Vaters. Nein, Heirat war keine Option.

Aber es blieb ihr auch nicht viel anderes übrig.

Zu viel. Es war einfach zu viel auf einmal!

Sie wandte sich wieder dem Anwalt zu, bereit, das Gespräch zu beenden, sich endlich wieder zurückzuziehen. „Mr Clark, gibt es sonst noch etwas Dringliches?"

Der Anwalt zögerte.

Er hatte noch etwas zu sagen. Etwas, das ihr nicht gefallen würde. Sie sah es an seinen Augen. Daran, wie er die Hände auf dem Tisch faltete. Sich vorbeugte. Den Mund öffnete. Und dann doch schwieg.

Sie zog eine Augenbraue in die Höhe. Was er nicht sehen konnte unter dem Schleier des Hutes. Aber vielleicht konnte er ihre Ungeduld spüren, die Reste ihrer Kraft, die sie verließen.

„Leider …", er räusperte sich: „Leider gibt es tatsächlich noch etwas, das ich mit Ihnen besprechen muss, nun da Mr *und* Mrs Belham … von uns gegangen sind."

Die Art, wie er es vermied, ihrem Blick zu begegnen, wie er alles ansah, nur nicht sie, ließ Furcht sich wie ein enges Band um ihre Brust legen.

„Ihre Eltern hatten sich geeinigt, Ihnen nichts davon zu erzählen bis Sie erwachsen wären. Um sicherzustellen, dass Sie aufwachsen könnten, ohne dass es Sie belasten müsste. Allerdings sehe ich es nun als meine Aufgabe, Sie über *alle* Tatsachen des Erbes aufzuklären. Und das beinhaltet leider auch die unangenehme Aufgabe, Ihnen mitzuteilen, dass Ihr Vater außerdem der Vater eines außerehelichen Sohnes ist, der im Falle Ihres Ablebens den Familienbesitz erben wird."

Elissa spürte, wie alles Blut aus ihrem Gesicht wich. Hattie griff unter dem Tisch erneut nach ihrer Hand. Sie klammerte sich daran fest.

„Dieser Sohn ist deutlich älter als Sie und entstammt ..." Er räusperte sich erneut: „Nun, er wurde vor der Vermählung Ihrer Eltern gezeugt und nie öffentlich anerkannt."

Das Gesicht des Anwalts war nun beinahe so rot wie eine der Rosen, die zur Dekoration der Tische aufgestellt worden waren. Träfe sie nicht jedes seiner Worte wie ein Schwerthieb tief in ihrer Seele, wäre es beinahe komisch gewesen.

„Dennoch hat Ihr Vater dem Jungen damals eine Ausbildung zukommen lassen und wollte ihn auch in seinem Testament bedenken. Aufgrund von ... Vorkommnissen, die Mr Belham kurz vor seinem Tod zu Ohren gekommen waren, hatte er jedoch Ermittlungen eingeleitet und einen Termin mit mir ausgemacht, um sein Testament, sollte es tatsächlich nötig sein, zu ändern. Allerdings kam sein unerwarteter Tod unserem Treffen zuvor, weswegen Mr Jack Brixton nun noch immer in der Erbreihenfolge bedacht ist."

Brixton. Der Name hallte hohl in ihr wider. Sie erinnerte sich an einen fernen Tag an einem sonnigen Strand, Amelias beinahe geflüsterte Worte, der schaurig-schöne Schauer, der ihr selbst bei dem Gedanken an den Piratenkapitän über den Rücken gelaufen war. Ihre

Witze darüber, dass der berüchtigte Bandit an ebenjenem Strand auftauchen könnte.

Die Worte ihrer sterbenden Mutter: „... habe nicht verstanden ... Brixton ...“

Die Gerüchte, dass der Pirat hinter der Explosion gesteckt haben könnte, die ihren Vater das Leben gekostet hatte.

„*Der* Jack Brixton?“

Mr Clark nickte langsam. „Ich fürchte ja.“

Ihr Herz, das irgendwie stehen geblieben zu sein schien, schlug nun mit doppelter Geschwindigkeit weiter. Ihre Hände, ihr ganzer Körper begann unkontrolliert zu zittern. Bis auf ihre Bewusstlosigkeit in jener furchtbaren, von Schrecken erfüllten Nacht war sie noch nie in Ohnmacht gefallen. Nie. Doch in diesem Augenblick fühlte sie sich, als würde sie nur unbeteiligt beobachten, wie die Stimmen um sie herum immer weiter entfernt klangen. Wie helle Flecken in ihrem Blickfeld zu tanzen begannen. Zu viel. Es war zu viel.

„Miss Belham?“

„Elissa?“

Sie atmete tief ein. Klammerte sich fest an der Tischkante vor ihr. Spürte den rauen Stoff der Tischdecke unter ihren Fingerspitzen.

Der intensive Geruch von gebratenem Fleisch drang aus der Küche an ihre Nase.

Allmählich wurde ihr Sichtfeld wieder klarer. Sie nahm die besorgten Blicke wahr, die Hattie und Mr Clark ihr zuwarfen, und schenkte ihnen ein schwaches Lächeln, um sie zu beruhigen.

„Miss Belham, ist alles in Ordnung?“

Nichts war in Ordnung. Ihre Eltern waren tot. Sie stand beinahe mittellos da. Sie hatte einen Halbbruder, von dem sie nichts gewusst hatte. Es war möglich, dass eben dieser Halbbruder ihre Eltern hatte ermorden lassen. Und dass er nun auch hinter ihr her war.

„Natürlich.“ Abrupt erhob sie sich. „Ich nehme an, wir sind dann fertig für heute?“

Mr Clarks Schweigen ließ sie innehalten. *Bitte, nicht noch etwas!* Sie glaubte nicht, dass sie heute einen weiteren Tiefschlag verkraften könnte.

Das zögerliche Kopfschütteln des Anwalts half nicht, um ihre Befürchtungen zu beruhigen. Langsam ließ sie sich wieder auf ihren Stuhl sinken.

„Es gibt leider noch eine weitere Unannehmlichkeit, über die ich mit Ihnen reden muss. Ich muss Ihnen mitteilen, dass einige Beamte gestern Abend noch bei mir waren und nach ihrem Aufenthaltsort fragten. Das war, bevor Lady Amelia Westcliff mich aufsuchte, weshalb ich wahrheitsgemäß sagen konnte, dass ich nichts von Ihnen gehört hatte."

Er fuhr sich mit einem Taschentuch einmal über die Stirn und sein Schnurrbart verriet ein nervöses Zucken.

„Sie werden von den Behörden als mögliche Tatverdächtige des Mordes an Ihrer Mutter gesucht, Miss Belham. In jedem Fall aber als Zeugin."

„T-Tatverdächtige?"

Sie hatte geglaubt, dass sie heute nichts mehr schockieren konnte. Sie hatte sich geirrt.

„Nun … Ja. Sie waren als Erste am Tatort und das auch noch alleine. Ich sehe nicht wirklich ein Problem, da Sie aufgrund der Erblage kein Motiv gehabt hätten, Ihre eigene Mutter zu ermorden. Aber trotzdem wird eine Zeugenaussage von Ihnen –", er wandte sich Hattie zu: „und natürlich auch von Ihnen – eine absolute Notwendigkeit sein."

Elissa wurde heiß. Sie konnte kaum glauben, wie sachlich der Mann über solche Dinge sprechen konnte.

„Wegen der langjährigen Freundschaft zu Ihrem Vater und …" – erneut wischte er sich nervös über die gerunzelte Stirn – „und auch wegen der besonderen … Sachlage, habe ich mich dazu entschieden, die Behörden nicht über dieses Treffen zu informieren." Was meinte er mit *Sachlage*? Hatte auch er die Vermutung, dass Elissa in Gefahr sein könnte? Oder wollte er ihr lediglich einige Tage Zeit geben, um mit ihrer Trauer zurechtzukommen?

„Dennoch empfehle ich Ihnen dringlichst, möglichst bald bei den Autoritäten vorstellig zu werden. Zu ihrem eigenen Schutz, aber auch, damit der oder die wahren Täter gefunden werden können."

Es war in diesem Augenblick, in dem Elissa die letzten Reste ihrer Energie verließen, dass Hattie die Führung übernahm. Und sie hätte sich keinen besseren Augenblick vorstellen können.

Die resolute Frau stand auf, zog auch Elissa hoch und hakte sie unter. Dann schenkte sie Mr Clark ein beinahe majestätisches Kopfnicken, versicherte ihm: „Wir werden uns darum kümmern", und bedankte sich. Irgendwie vollbrachte Elissa die Worte einer ordentlichen Verabschiedung und folgte dann Hattie hinaus auf die inzwischen sogar noch belebtere Straße.

Wie durch einen dicken Nebel folgte sie der deutlich älteren Freundin in eine Droschke und ließ sich in die Polster sinken. Verknotete ihre Hände ineinander.

Schweigen breitete sich aus. Die Räder begannen langsam zu rollen, schneller, immer schneller zogen die Menschen draußen an ihnen vorbei.

„Ich werde gesucht? Als Tatverdächtige?" Ihre Stimme schien selbst für ihre eigenen Ohren kaum hörbar.

Ganz im Gegensatz dazu war Hatties Stimme fest, füllte den Innenraum der Kutsche mit ihrer Sicherheit: „Wir werden weder ihnen noch diesem *Brixton* eine Chance geben, dir wehzutun. Ich werde Mr Clark unsere unterschriebenen Zeugenaussagen zukommen lassen und dann bringen wir dich in Sicherheit."

Kraftlos nickte Elissa.

Ihr Schicksal lag ohnehin schon lange nicht mehr in ihrer Hand.

10

Sie saßen in einem beengten Abteil des Zuges nach York. Elissa spürte die Blicke auf dem undurchsichtigen Schleier, der heute wieder ihr Gesicht bedeckte, fühlte sich jedoch viel zu ausgelaugt, um sich darüber weiter Gedanken zu machen. Zudem waren ihre Gedanken mit vollkommen anderen Sorgen beschäftigt. Ob sie einem dieser Menschen wohl schon einmal auf einem der zahlreichen Bälle der Londoner Saison begegnet war? Und würde einer der Passagiere ihrem Halbbruder berichten, dass sein nächstes Opfer auf dem Weg in den Norden war?

Ihre und Hatties Zeugenaussagen waren aufgeschrieben, auch wenn die Erinnerungen erneut zu durchleben beinahe unerträglich gewesen war. Nun ruhten sie in einem versiegelten Umschlag in Mr Clarks Büro und Elissa fragte sich, ob irgendjemand die zittrigen Buchstaben entziffern könnte, die sie mit ihrer verkrüppelten Rechten zu Papier gebracht hatte. Hattie und sie hatten beide auch niedergeschrieben, weshalb sie eine Flucht für nötig erachtet hatten. Hatten sorgfältig alles dokumentiert, was ihnen von Bedeutung erschien, auch Brixtons Namen.

Ihre wenigen Habseligkeiten befanden sich in den beiden Taschen zu ihren Füßen und in Amelias Truhe irgendwo im Gepäckwaggon. Sie hatten die Schmuckstücke ihrer Mutter auf beide Taschen aufgeteilt, um die Chance zu verringern, dass man ihnen alles auf einmal stehlen würde.

Mit brennenden Augen starrte Elissa auf die schwere Tasche auf dem dreckigen Boden, die auch noch die Papiere des Anwalts enthielt. Erbärmlich wenig, wenn man bedachte, dass das alles war, was sie in ihr neues Leben mitnahmen.

Ihr Blick verschwamm hinter ihren ungeweinten Tränen, als sie an den schmerzlichen Abschied von Amelia dachte, bei der sie noch einen Zwischenhalt eingelegt hatten. Selbst als die Freundin sie zum Abschied in eine feste Umarmung gezogen und herzzerreißend geschluchzt hatte, waren Elissas Tränen nicht übergeflossen. Stattdessen hatten ihre Gedanken sich immer weiter im Kreis gedreht. Sie fühlte sich wie betäubt.

Von dem Geld, das sie geerbt hatte, könnten Hattie und sie nicht leben. Nicht, bis sie das Vermögen ihres Vaters erbte. Erneut fiel ihr Blick auf ihre behandschuhte Rechte. Sie war nicht in der Lage, Geld zu verdienen. Hatte nichts, kein Talent, absolut nichts, was sie beitragen könnte.

Ihr Oberschenkel streifte Hatties. Sie wusste, die liebe Frau würde sie nie sich selbst überlassen, würde sie nie verlassen. Hattie würde sie als ihre Verantwortung ansehen. Und irgendwann als ihre Last.

Ein neuer Gedanke schoss in ihr Bewusstsein und sie drehte sich zu Hattie um, fragte leise: „Mein Bruder … Du hast es gewusst?"

Hattie sah nicht weg, erwiderte nur ruhig ihren Blick. „Ich habe es gewusst."

Elissa wandte sich wieder nach vorne. Sie war froh, dass unter dem Schleier niemand ihre Tränen sehen konnte. Am allerwenigsten Hattie. Ihre Gefühle waren vollkommen unbegründet. Sie wusste, dass ihre Mutter Hattie alles erzählt hatte. Ebenso wie sie wusste, dass Hatties Treue nie zulassen würde, dass sie ein ihr anvertrautes Geheimnis weitererzählte.

„Denkst du … Denkst du, er weiß von dem Cottage?"

Sie fuhren über eine Brücke und das nun noch lautere Rumpeln der Räder übertönte Elissas tonlose Worte fast vollkommen. Hattie schien sie trotzdem gehört zu haben, denn sie antwortete beinahe ebenso leise, damit die anderen Passagiere sie nicht hören konnten: „Ich weiß es nicht. Es ist durchaus möglich."

Sie nahm Elissas Hand, drückte sie sanft. „Aber mach dir keine

Sorgen. Wir werden uns damit auseinandersetzen, wenn wir dort sind. Und ich werde den ganzen Weg an deiner Seite sein, ebenso wie unser Herr im Himmel, für den kein Problem zu groß ist."

Elissa nickte. Weil sie wusste, dass Hattie das von ihr erwartete. Und weil es stimmte. Sie wusste, dass kein Problem zu groß war für ihren Gott. Sie war sich nur nicht mehr allzu sicher, ob ihre Probleme ihn so sehr interessierten.

Hattie drückte noch ein weiteres Mal beruhigend ihre Hand, dann ließ sie sie wieder los und Elissa wandte sich der draußen vorbeifliegenden Szenerie zu.

In den langen Stunden der Reise sprachen sie nur wenig. Am Abend machten sie einen Zwischenstopp, um am nächsten Morgen einen anderen Zug zu nehmen und ihre Spuren so wenigstens etwas zu verwischen. Elissa stocherte lange in ihrem Abendessen herum, ohne einen Bissen davon zu sich zu nehmen. Es war eine wahre Geldverschwendung. Und das, wo sie ohnehin nicht genug hatten. Noch nie zuvor in ihrem Leben hatte Elissa sich Gedanken über die Kosten einer Mahlzeit gemacht.

Nur wenig später zogen sie sich auf ihr Zimmer zurück und Elissa hörte fast direkt, nachdem sie sich schlafen gelegt hatten, wie Hatties Atemzüge ruhiger und tiefer wurden. Elissa selbst starrte weiter in die Dunkelheit, starrte Löcher an die Decke, die sie kaum ausmachen konnte.

Die Worte ihrer Mutter durchbohrten sie erneut. *„Habe nicht verstanden ... Du bist hier nicht mehr sicher. Hol nur Hattie – sage ihr ... Brixton ... Lauf, Elissa. Geh!"* Und sie war sich sicher, dass ihr Bruder ebenso hinter ihr her war, wie er ihre Eltern verfolgt hatte.

Er würde sie jagen. Ihr auflauern. Vielleicht nicht sofort. Aber auch in der Vergangenheit hatte er nicht lockergelassen. War geduldiger gewesen als ein Tiger auf der Jagd. Immerhin waren ihre Eltern in einem Abstand von mehr als einem halben Jahr ermordet worden.

Falls überhaupt dieselbe Person hinter beiden Morden steckte ... – wofür es absolut keine Beweise gab.

Zugleich war sie sich beinahe so sicher, wie sie wusste, dass am nächsten Morgen die Sonne wieder aufgehen würde, dass *er* es war, der für all das verantwortlich war. Und genauso sicher wusste sie auf einmal, dass sie nicht bis zum Ziel ihres Weges reisen durfte. Würde sie sich in dem Cottage ihrer Großmutter einrichten, wäre sie eine tote Frau.

Und auch Hattie wäre in Gefahr.

Von draußen drangen Männerstimmen zu ihrem Fenster herauf und Elissa lauschte, jeder Muskel angespannt. Schritte entfernten sich, die Stimmen verklangen langsam im Dunkel. Ein Uhu rief beinahe wehklagend und Elissa seufzte. Es würde eine lange Nacht werden.

Am Morgen machte Hattie einen kurzen Zwischenstopp in einem Pfandhaus, ehe die Reise weiterging. Elissa versuchte nicht zu rätseln, welches der Schmuckstücke ihrer Mutter die zurückgelegten Meilen, das weggeworfene Essen, die schlaflose Nacht in ihrem Pensionszimmer finanzierte. Versuchte stattdessen, sich auf jede Meile zu konzentrieren, die die Eisenbahn sie weiter wegbrachte von London, von der Gefahr. Auch wenn sie wusste, dass es so einfach nicht war.

Die Zeit ihrer Reise verging wie im Flug und zugleich schien jede Minute nur kriechend langsam zu verstreichen.

Dann endlich waren sie in York, wo sie umsteigen und auf anderem Wege weiterreisen würden.

Ein leichter Nieselregen ging auf Elissas Schleier nieder, durchweichte ihn, bis der kühle Stoff an ihrer Haut klebte. Sie umklammerte ihre Tasche fester und atmete zugleich befreit auf, streckte ihre schmerzenden Gliedmaßen, sobald sie die eisernen Stufen zum Bahngleis hinabgestiegen war.

Sie folgte Hattie aus dem Bahnhof. Auf der Straße blieben sie stehen und während Hattie sich orientierte, wanderte Elissas Blick zu den roten Backsteinen der Warenhäuser zu ihrer Rechten, folgte dem Verlauf der Straße bis zum *Railway Hotel* links vor ihnen. Das Wasser einer Pfütze spritzte unter den Rädern einer vorbeifahrenden Kutsche hervor und Elissa sprang zur Seite. Sie konnte nicht verhindern, dass ihr ein leises Quietschen über die Lippen kam, als ihr Rock durchnässt wurde. Das schlammige Wasser hinterließ matschig-braune Flecken auf dem karierten Stoff. Zum Glück glich die Farbe des Musters beinahe der Farbe der Erde, sodass die Spritzer nicht allzu sehr auffielen.

Hattie ergriff ihren Arm und führte sie zu einer etwas ruhigeren Ecke. „Warte hier, ich organisiere solange die Weiterfahrt."

Elissa nickte und zog ihren Mantel enger um sich. Ihre Augen wurden feucht, als sie zusah, wie Hattie sich umdrehte und zurück ins Getümmel der Straße marschierte.

Sie wusste, was sie zu tun hatte.

Es würde nicht leicht sein, ohne irgendwelches Gepäck in dieses neue Leben zu starten, aber noch viel schwerer war es, dies ohne Hattie zu tun. Ohne die liebe Freundin, die ermutigenden Worte, ohne eine tröstende Umarmung. Ohne irgendjemanden an ihrer Seite. Aber es war die einzige Möglichkeit.

Führe sie mit Hattie weiter in den Norden – Brixton würde sie finden. Elissa wollte Hattie nicht auch noch in Gefahr bringen. Und ebenso wenig wollte sie sie zwingen, bei jedem Schritt über die Schulter schauen zu müssen. Hattie hatte das nicht verdient.

Sie winkte einen jungen Burschen heran, der trotz des unangenehmen Nieselregens Zeitungen verkaufte. Die behandschuhten Finger ihrer linken Hand waren steif von der Kälte, weshalb sie etwas länger in der Tasche ihres Mantels suchen musste, bis sie eine ihrer letzten Münzen zu fassen bekam.

„Kannst du der Frau in dem dunkelblauen Mantel dort eine Nachricht überbringen?"

Sie zeigte auf Hatties vertraute Gestalt, die sich gerade schwungvoll mit den Händen gestikulierend mit einigen Männern unterhielt, die ihre Truhe mit kräftigen Armen durch die Menschenmenge balancierten.

Der Blick des Jungen folgte ihrer Geste. „Sicher."

Er nahm das Geld entgegen, während sie ihm Anweisungen gab. Sobald sie fertig war, schlängelte er sich durch die Menschen auf der Straße.

Ohne zu warten und den Jungen weiter zu beobachten, wandte sie sich um und eilte die Straße entlang. Hattie würde sie suchen kommen, sobald sie ihre Nachricht erhalten hätte. Elissa hatte nicht die Absicht, sich einholen zu lassen. Sie hoffte nur, Hattie würde tun, was sie ihr hatte ausrichten lassen: *Reise weiter nach St. Helens und warte dort auf mich. Es wäre jetzt noch nicht sicher, wenn ich mit dir kommen würde.*

Sie warf nur einen einzigen Blick über ihre Schulter, während sie weiter die Tanner Row entlanghastete, ihre Tasche fest in der Hand. Ihr Blick streifte erneut das *Railway Hotel*, blieb einen kurzen Augenblick lang daran hängen. Sie schüttelte den Kopf. Hattie würde sie dort finden. Sie würde irgendwo unterkommen müssen, wo ihr ehemaliges Kindermädchen sie nicht sofort vermuten würde. Und sie würde etwas Preiswerteres finden müssen. Sie ließ die breite Hudson Street rechts liegen, warf immer wieder kurze Blicke hinter sich, und wandte sich dann wieder nach vorn.

Irgendwo hinter sich hörte sie einen Ruf, das Klappern schnell näher kommender Pferdehufe, und bog rasch in eine Seitenstraße zu einer Kirche ab, folgte der Straße. Sie hastete weiter, überquerte schließlich die Ouse Bridge, eilte durch enge Gassen und in Kreisen, kam dennoch immer wieder an neue Orte, bis sie sich beinahe verlaufen hatte. Hattie würde sie so sicher nicht finden. Auch wenn sie zugeben musste, dass ihr Schleier einige Blicke zu viel auf sich zog.

Schon bald war ihr immer noch geschwächter Körper erschöpft und ihr Gang wurde deutlich langsamer. Sie schlenderte durch die dunklen Gassen Yorks, deren überhängende Gebäude kaum zuließen, dass Sonnenlicht die Wege berührte. Nicht dass heute überhaupt viel Sonnenlicht vorhanden war. Die schweren Wolken färbten den Himmel zu einem eintönigen Grau.

Als Elissa zufällig an einem Pfandhaus vorbeikam, blieb sie kurz entschlossen stehen. Dann wurde ihr bewusst, was es bedeuten würde, durch diese Tür zu treten, und sie drückte ihre Tasche noch ein wenig fester an ihren feuchten Mantel.

Sie straffte die Schultern. Es gab keinen Weg daran vorbei! Von den Erbstücken selbst könnte sie nicht leben. Sie würde sich von einigen trennen müssen.

Eine neue Entschlossenheit löste einen Teil ihrer Hilflosigkeit, das Gefühl der Ohnmacht ab. Sie hob das Kinn und griff schnell, bevor ihr Mut sich wieder in Luft auflöste, nach der Tür.

Sie würde tun, was immer nötig war, um zu überleben! Um Brixton nicht gewinnen zu lassen.

Auch am nächsten Tag hatte die Farbe des Himmels über York sich nicht verändert. Regenschwere Wolken tauchten alles in ein tristes Grau.

Mit schmerzenden Muskeln setzte Elissa sich auf, schwang die Beine über die Bettkante, der Holzboden des Pensionszimmers rau und ein wenig zu kühl unter ihren nackten Füßen. Draußen beschwerte sich eine Schar Möwen lautstark über das trübe Wetter. Sie warf einen Blick auf den karierten Stoff des Kleides, das sie noch immer trug. Und wünschte, sie hätte einige der Kleider mitnehmen können, die Amelia ihnen in London vorbeigebracht hatte. Der Saum des Rockes war trotz ihrer Anstrengungen am Abend zuvor noch immer dreckig-braun und auch die Matschflecken waren nicht herausgegangen. Aber Elissa hatte keine Wahl und auch keine Ahnung, wie sie dieses Kleid, wenn sie es einmal ausgezogen hatte, mit seinen vielen Knöpfen und ihrer verkrüppelten Hand wieder anziehen sollte. Sie straffte erneut die Schultern. In einem dreckigen Kleid zu schlafen war immerhin besser, als schließlich überhaupt kein Kleid zu tragen. Sie würde sich damit abfinden müssen, nicht mehr den Luxus einer riesigen Auswahl an Kleidungsstücken oder die Hilfe einer Zofe beim Ankleiden zu haben. Daran konnte sie nichts ändern. Nein, sie würde das Beste machen aus dem Wenigen, das sie noch hatte: ihr Leben. Dieses Kleid. Ihren Mantel, ein paar Handschuhe und den Schleier. Unterwäsche und Schuhe. Eine Tasche mit Papieren und einigen Schmuckstücken. Und …

Das war alles.

Ein etwas grimmiges Lächeln verzog ihre Mundwinkel. Noch nie in ihrem Leben hatte sie ihre Besitztümer nennen, geschweige denn an zwei Händen abzählen können.

Sie rieb sich über die Stirn, hinter der ein dumpfer Schmerz anfing zu pochen, und musste feststellen, dass ihr Versuch, sich selbst aufzumuntern, nicht allzu erfolgreich verlief. Aber immerhin war sie nun bereit, an das zu denken, was auf sie zukam. Was ein großer Fortschritt war zum gestrigen Abend, an dem sie sich vollkommen ausgelaugt, ohne allzu sehr auf ihre Umgebung zu achten, ein Zimmer gemietet und müde die Treppe hinaufgestolpert war. Allerdings schien sie selbst in ihrer Erschöpfung keine allzu schlechte Wahl getroffen zu haben. Denn auch wenn die Pension sicher schon bessere Zeiten gesehen hatte, war sie immerhin sauber.

Elissa ließ ihre Hand wieder sinken. Sie war sich ziemlich sicher, dass Hattie ihre Anweisungen inzwischen befolgt hatte. Sie machte sich bestimmt Sorgen, aber hoffentlich sah auch sie die Weisheit darin, getrennt voneinander zu reisen.

Jedoch würde sie wahrscheinlich damit rechnen, dass Elissa spätestens in wenigen Tagen bei dem Cottage in der Nähe von St. Helens auftauchen würde.

Was sie nicht tun konnte. Um Hattie und auch sich selbst zu schützen, würde sie eine ganze Weile lang fernbleiben müssen.

Allerdings wusste sie nun auch, dass sie nur deutlich kürzer als gedacht von dem Geld leben könnte, das sie im Austausch zu den ihr so wertvollen Erinnerungsstücken bekommen hatte. Zwar hatte sie nur zwei der Ketten eingetauscht, aber das Geld, dass sie dafür erhalten hatte, war schon beinahe zur Hälfte aufgebraucht, allein für ihre Mahlzeit und das Zimmer, das sie für diese und die nächste Nacht gemietet hatte. Hatte der Pfandleiher sie übervorteilt?

Aber nein, das Bedauern in den Augen des untersetzten Mannes war echt gewesen, als er ihr eine Summe genannt hatte. Und Elissa mochte in vielen Dingen des täglichen Überlebens unwissend und naiv sein – das musste sie sich selbst, nun endgültig herausgerissen aus ihrem sicheren Umfeld, eingestehen. Aber sie war nicht unwissend oder naiv, wenn es darum ging, Menschen zu durchschauen und versteckte Motive zu erkennen. Man überlebte in Londons Ballräumen ohne einen Titel nicht sehr viel länger als eingesperrt mit einem Rudel hungriger Löwen, wenn man nicht lernte, Menschen zu durchschauen und ihre Gedanken zu lesen.

Elissa war sich sicher: Das Bedauern des Pfandleihers war echt gewesen. Der Mann hatte sie fair, wenn auch nicht sonderlich großzügig behandelt.

Es sollte sie nicht überraschen. Sie hatte immer gewusst, dass ihre ebenmäßigen Gesichtszüge ihr Vorteile gebracht hatten. Mit ihrem Lächeln hatte sie jeden dazu bringen können, genau das zu tun, was sie wollte. Jenes Gesicht war nicht länger ihres, das Lächeln war ihr genommen worden – wie jeder Blick in einen Spiegel ihr vor Augen hielt.

Und dennoch überraschte es sie. Wenn sie ehrlich zu sich selbst war, hatte sie nie weiter darüber nachgedacht, wie Menschen behandelt wurden, die nicht so aussahen wie sie. Die nicht so reich waren wie sie. Die weder Lock- noch Druckmittel hatten. Die nichts wert waren. Und das war sie nun, nicht wahr?

Sie versteckte ihre zitternde rechte Hand in ihren Rockfalten, obwohl sie alleine war in diesem Zimmer. Fuhr sich mit der Linken über die verknotete Haut ihrer einst samtweichen Wange.

Schnell presste sie die Hand auf ihre Lippen, um das Schluchzen zu unterdrücken. Die Tränen ließen sich allerdings nicht aufhalten. Sie füllten ihre Augen, flossen ungehindert über ihre vernarbte Wange.

Aber war es nicht in Ordnung so? Hatte ihre geliebte Familie es nicht verdient, dass sie alle Tränen vergoss, die sie noch in sich hatte? Hatten sie es nicht verdient, dass sie diesen Schmerz fühlte, diese Verzweiflung, dieses tiefe Loch in sich, das sie in einen Abgrund reißen wollte, der so tief war, dass sie wusste, sie würde dort nie wieder hinauskommen?

„Lass nicht die Verzweiflung oder den Hass gewinnen."

Sie hörte die Stimme ihrer Mutter, als würde sie neben ihr stehen.

„Es kommt nicht darauf an, wie sehr deine Beine zittern. Oder ob du erschöpft bist. Es kommt nur darauf an, dass du nicht aufgibst, dich nicht unterkriegen lässt, noch einmal aufstehst."

Sie wusste, dass ihre Mutter nie gewollt hätte, dass sie sich dieser wilden Strömung aus Schmerz hingab, die sie davonzutreiben drohte. Nein, sie hätte gewollt, dass sie kämpfte. Dass sie alles gab, um mit dem Kopf über Wasser zu bleiben. Sie selbst hatte es ihrer Tochter vorgelebt nach John Belhams Tod. Hatte sich treiben lassen mit dem reißenden Fluss aus Gefühlen und Erinnerungen und akzeptiert, dass sie nicht dagegen anschwimmen konnte. Und hatte zugleich darum gekämpft, wenn nicht das rettende Ufer, so doch wenigstens seichtere, friedlichere Wasser weiter flussabwärts zu erreichen.

Wie könnte Elissa nun weniger tun?

Entschlossen stand sie auf und ging die wenigen Schritte bis zu der kleinen Kommode. Blieb dann unentschlossen stehen. Hattie war nicht mehr da. Sie würde sich selbst herrichten müssen. Doch wie sollte sie eine Frisur machen mit nur einer funktionsfähigen Hand?

Ihr Blick wanderte über den Krug, der auf der hölzernen Kommode stand, blieb an einem etwas zerkratzten Spiegel nur ein Stück daneben hängen. Wie sollte sie sich fertig machen, ohne in den Spiegel zu schauen? Denn das würde sie nicht tun, *konnte* sie nicht tun. Dieses …

fremde Gesicht anschauen, das ihr daraus entgegenblickte. Diese absto-
ßende Kreatur, deren Anblick sie kaum ertragen konnte.

Rasch drehte sie sich um, ihr zuvor gefasster Mut bröckelte. Doch
dann fiel ihr Blick auf den Schleier, den sie neben dem Bett abgelegt
hatte. Und Erleichterung ließ sie wieder freier atmen. Man würde
unter dem undurchsichtigen Stoff sowieso weder ihr Gesicht noch
ihre Frisur erkennen können. Sie würde kein einziges Mal in einen
Spiegel schauen müssen.

Etwas unbeholfen steckte sie ihre blonden Strähnen mit der linken
Hand fest, wusch ihr Gesicht und zog dann den Schleier darüber.
Anschließend öffnete sie ihre Tasche und holte eine schlichte Gold-
kette heraus. Mit Tränen in den Augen betrachtete sie das filigrane
Schmuckstück. Sie war schlicht, aber Elissa wusste, dass die Kette un-
glaublich wertvoll war.

Es war ein Geschenk ihres Vaters an ihre Mutter gewesen. Sie erinnerte sich, wie sie als Kind die Schmuckschatulle ihrer Mutter geöffnet hatte, vorsichtig mit ihren kleinen Fingern über den funkelnden
Gegenstand gefahren war. Und statt sie zu schelten, dass ein Kind
nichts verloren habe an dieser Schatulle, hatte ihre Mutter die Kette
vorsichtig aus der Box geholt und sie in Elissas speckige Kinderhände
gelegt. Und ihr erzählt, wie sie John Belham begegnet war, wie sie
begonnen hatten, sich ineinander zu verlieben. Von ihrer Hochzeit.

Ab da hatte Elissa in ihren jungen Jahren geträumt. Davon, selbst
eine solche Liebe zu finden. Das Schmuckstück war ein Sinnbild geworden für sie. Ein Sinnbild für die tiefe Liebe ihrer Eltern, für ihre
eigenen Träume, ihre Hoffnungen.

An dem Abend, an dem sie in die Gesellschaft eingeführt worden
war, hatte ihre Mutter ihr die Kette sogar ausgeliehen, hatte mit
sanften Fingern den Verschluss an ihrem Nacken geschlossen. Sie erinnerte sich noch gut an den stolzen Blick ihres Vaters, als er ihr an
jenem Abend seinen Arm reichte, an das Funkeln in seinen Augen, als
er die Kette um ihren Hals bemerkte.

Sanft strich sie über das kühle Gold. Und wusste, sie würde sich nicht davon trennen können, selbst wenn sie absolut nichts mehr hätte. Sich von dieser Kette zu trennen, wäre, wie sich von der letzten Erinnerung an ihre Eltern zu trennen, von der letzten Erinnerung an eine heile Welt, die für sie irgendwann einmal existiert hatte.

Sie legte sich die Kette um, doch das Zittern ihrer rechten Hand machte es mühsam. Als es ihr schließlich gelungen war, ließ sie das wertvolle Stück unter dem Kleid in ihr Dekolleté fallen, wo es sicher sein würde. Ein letztes Mal strich sie über den Stoff ihres zerknitterten Kleides. Sie bräuchte ein neues, wenn sie respektable Arbeit finden wollte. Aber wer würde sie einstellen?

Diesen letzten entmutigenden Gedanken ignorierend, schnappte sie sich ihre Tasche und verließ die Herberge. Die Wolken über ihr sahen noch immer regenschwer aus, aber insgesamt erschien der Tag etwas heller als vorhin noch und sie atmete tief ein, während sie richtungslos den Straßen Yorks folgte.

Nach einer Weile tauchte vor ihr das trübe Wasser der *Ouse* auf und sie ließ sich auf einer niedrigen Mauer am Ufer des Flusses nieder. Es wurde Zeit, dass sie sich nicht länger von ihren Problemen und den kommenden Herausforderungen erdrücken ließ, sondern nach Lösungen suchte. Sie würde noch mal das Pfandhaus aufsuchen und den restlichen Schmuck gegen etwas Geld eintauschen.

Bald. Sobald sie die Energie aufbringen konnte, um wieder aufzustehen. Sobald sie sich damit abfinden konnte, nun tatsächlich komplett auf sich allein gestellt zu sein.

Wann würde Brixton wohl aufhören, nach ihr zu suchen, sie zu jagen? Wann wäre es sicher, Hattie zu folgen? Eine Bank aufzusuchen und auf ihr Erbe zuzugreifen, ohne die Angst, dass er sie so finden könnte?

Sie schloss die Augen. Wäre sie überhaupt jemals wieder sicher vor ihm?

Sie wusste es nicht. Sicherlich nicht, solange sie noch am Leben und er auf der Suche nach ihr war. Doch er suchte nach Elissa Belham. Wusste er überhaupt, wie sie aussah?

Abrupt riss sie die Augen auf, als ihr eine Idee kam. Sie brauchte eine neue Identität. Einen neuen Namen.

Irgendetwas, das mit ihren Anfangsbuchstaben anfing, falls sie sich einmal verplappern sollte.

E – Elisabeth. Nein, das war zu nah am Klang ihres eigenen Namens. Emily?

Belham. Be … Bennett? Emily Bennett.

Leise flüsterte sie den Namen vor sich hin, versuchte, wie er sich anfühlte auf ihrer Zunge.

Emily Bennett.

Ungewohnt. Aber nicht schlecht.

Warum war sie nicht schon viel früher auf diese Idee gekommen? Es war brillant. Sicher, sie müsste immer noch vorsichtig sein, doch so war es viel schwerer, sie zu finden.

Die Wolken rissen etwas auf und ein Sonnenstrahl ließ den Fluss glitzern.

Mit neuem Mut erhob Elissa sich, drückte ihre Tasche fest an sich, und ging zurück in Richtung der bevölkerten Straßen der Innenstadt.

11

April 1858, York

Mit ihrer Rechten gab Elissa der einfachen Holztür einen leichten Schubs, während sie sich mit der linken Hand den Schleier vom Kopf zog und ihn zielsicher auf das stabil gebaute Bett warf. Sie hörte, wie die Tür leise ins Schloss fiel, und murmelte: „Willkommen zu Hause, Emily! Schön, dass du wieder da bist." Ein Lächeln legte sich auf ihre Lippen, als sie lebhaft das tadelnde und zugleich etwas resignierte Gesicht ihrer Mutter vor sich sah, wenn sie Elissa bei diesem speziellen Selbstgespräch ertappt hätte.

Mutter. Das Lachen verschwand von Elissas Lippen. Würde sie sich je an den Gedanken gewöhnen, das geliebte Gesicht nie wieder vor sich zu sehen?

Elissa zog ihre Handschuhe aus, legte sie auf die Kommode neben den Waschkrug und schüttelte sich die kurzen Haarsträhnen aus den Augen. Sie hatte einen erfolgreichen Tag hinter sich.

Und ja, sie hatte noch immer keine Arbeit gefunden, auch nachdem sie zwei Wochen lang an die Türen Yorks geklopft und nach einer Anstellung gefragt hatte – ihre Verschleierung schien die Leute abzuschrecken. Aber dennoch weniger, als ihre Narben es ohne den Schleier vermutlich tun würden. Davids Blick stand ihr noch immer deutlich in Erinnerung.

Doch auch wenn sie noch keine Anstellung gefunden hatte, so hatte sie heute immerhin dieses deutlich preisgünstigere Zimmer mitten in der Stadt gefunden. Der Vermieter des Gebäudes hatte ihr versichert, dass sie den Raum für mindestens ein Jahr lang mieten könnte.

Emily Bennett hatte ein neues Zuhause. Und Brixton könnte ganz York durchsuchen, ohne je auf Elissa Belham zu stoßen.

Einmal drehte sie sich um sich selbst, atmete den leicht staubigen Geruch ihrer eigenen vier Wände ein. Vorhin war sie erneut beim Pfandleiher gewesen, um die restlichen Ketten einzutauschen. Lediglich die feine Goldkette ihrer Mutter ruhte noch immer sicher unter dem Stoff ihres Kleides. Und diesmal hatte sie genug Geld für die Wertstücke bekommen, dass sie eine ganze Weile davon leben konnte, bis es ihr gelingen würde, Arbeit zu finden. Selbst jetzt noch, nachdem sie während der letzten Woche einige der lebensnotwendigen Dinge ersetzt hatte, die sie nicht aus London hatte mitnehmen können.

Nun müsste sie nur noch die Treppen wieder hinuntersteigen, ihren Vermieter ausfindig machen und für die nächste Nacht, den nächsten Monat bezahlen.

Und dann ist der erste Schritt geschafft. Nur noch …

Sie steckte die linke Hand in ihre Tasche und zog das Tuch heraus, das sie obenauf hingelegt hatte. Nachdem sie es neben sich auf das Bett gelegt hatte, griff sie erneut in die Tasche.

Dann …

Eine schreckliche Vorahnung schoss bis in ihre Zehen. Sie vergrub ihre Hand noch tiefer im Innern der Tasche, ihre Finger suchend.

Ihre Fingerspitzen begannen zu kribbeln.

Doch sie stießen auf nichts Festes mehr.

Nein!

Die nagende Vorahnung wandelte sich in Panik.

Mit zitternden Knien stand sie auf, leerte hektisch den Inhalt ihrer Tasche auf das Bett aus.

Neben ihren Einkäufen fiel eine einzige, beinahe wertlose Münze heraus. Rollte über die weiche Decke, fiel auf der anderen Seite des Bettes hinunter und rollte über den Boden, bis sie mit einem leisen Geräusch an die Wand stieß und mit einem Klirren zum Liegen kam.

Ungläubig sank Elissa zurück auf das Bett ihres gemieteten Zimmers.

Es war weg. Alles.

Irgendwo, irgendwann unterwegs musste es ihr gestohlen worden sein.

Ihr Atem begann schneller zu gehen. Sie hatte nicht einmal mehr genug, um für eine einzige Nacht in dieser Unterkunft zu bezahlen!

Nichts, sie hatte nichts mehr.

Dumpf klangen die Geräusche der Straße unter ihrem Fenster an ihr Ohr. Eine winzige Staubflocke tanzte in den Strahlen der Sonne, die durch das winzige Fenster schien. In Gedanken verfolgte sie ihren Weg zurück.

Sie hatte so sehr aufgepasst. Selbst als sie eine Margerite bewundert hatte, deren zarte Blütenblätter zu einem weißen Band um die goldgelbe Mitte verschmolzen waren. Wie ein echter Held hatte sich die einsame Blüte zwischen den Pflastersteinen der Straße einen Weg zur Sonne erkämpft und Elissa damit Hoffnung gemacht, dass auch sie diesen Weg finden würde.

Zugleich hatte Elissa ihre Tasche fest an sich gedrückt, damit niemand sie ihr entreißen konnte. Auch als sie über den *Thursday Market* geschlendert war, um einige lebensnotwendige Dinge einzukaufen. *Vor allem,* als sie über den *Thursday Market* geschlendert war.

Irgendwo im Haus klopfte es.

Und Elissa starrte weiter auf die Staubflocke, verfolgte ihren Weg.

„Miss Bennett?"

Allmählich sank die Staubflocke zu Boden, verschwand aus dem Lichtstrahl, der ihren Tanz beleuchtet hatte wie ein Scheinwerfer.

„Miss Bennett?"

Das Klopfen wurde eindringlicher.

Elissa hob den Kopf.

„Miss Bennett?"

Das bin ich.

Der Gedanke begann Fuß zu fassen. Die Stimme ihres Vermieters klang ungeduldig.

„Ja?"

Die Tür öffnete sich langsam. Und Elissa bemerkte ihren Fehler etwas zu spät. Hastig griff sie nach ihrem Schleier, den sie in ihrer guten Laune beim Heimkommen aufs Bett geworfen hatte, und zog den Stoff über ihren Kopf. Etwas zu spät.

Der füllige Mann, der sich inzwischen in den schmalen Türrahmen gezwängt hatte, musste ihre Narben zumindest erahnt haben. Seine buschigen Augenbrauen waren weit nach oben gezogen, sein Blick schockiert.

Elissa versteckte ihre zitternden Hände in den Falten ihres Rockes. Richtete sich auf und neigte hoheitsvoll den Kopf, wie sie es so oft bei ihrer Mutter beobachtet hatte.

„Was kann ich für Sie tun?"

Der scharfe, schweißige Gestank seines ungewaschenen Körpers erreichte ihre Nase und sie kämpfte gegen den Drang an, einen Schritt nach hinten auszuweichen. Vor allem, da sein breiter Körper noch immer ihren einzigen Fluchtweg versperrte.

„Ich bin hier, um die Bezahlung einzuholen, über die wir gesprochen haben." Seine Stimme war leise, rau, als ob sie zu oft benutzt worden war. Beinahe klangen die Worte wie das ferne Grollen des Donners. Zumindest fühlten sie sich so an.

Elissa straffte ihre Schultern noch ein wenig mehr und atmete tief ein. „Selbstverständlich. Tatsächlich war ich vorhin auch beim Pfandleiher, wie ich es Ihnen versichert hatte. Allerdings ... Nun ... D-das Geld wurde mir auf dem Heimweg geklaut." Die Worte hatten noch immer die Macht, ihr den Boden unter den Füßen wegzuziehen.

Und dem Blick des menschlichen Türblockers nach zu urteilen, der auch jetzt noch ihre Flucht verhinderte, war dem auch so.

„Ich weiß, wie das klingen muss. Aber ich verspreche Ihnen, wenn

Sie mir erlauben, noch diese eine Nacht zu bleiben, werde ich bis morgen genug Geld auftreiben – wenigstens für diese Woche."

Wie sie das bewerkstelligen sollte, wusste sie nicht.

Er starrte sie einfach an. Schwieg.

„Bitte." Sie wusste selbst, dass sie verzweifelt klang. Bettelnd.

Doch was blieb ihr übrig?

Das Schweigen schien den kleinen Raum immer mehr zu füllen, den Druck immer weiter anwachsen zu lassen.

„Nein." Sein Blick war kalt. Unbewegt.

„Sir, ich bitte Sie. Ich kann nirgends sonst hin."

„Das ist nicht mein Problem."

„Aber wenn ich doch verspreche, das Geld bis morgen aufzutreiben?" Ihre Stimme war so dünn geworden, dass sie brach. Erbärmlich.

Er drehte sich ohne ein weiteres Wort um, als wäre sie selbst seinen Atem nicht mehr wert. Als er schon beinahe zur Tür hinaus war, warf er noch über die Schulter zurück: „Sie haben bis zum nächsten Glockenschlag Zeit, um zu verschwinden. Wenn Sie dann noch hier sind, lasse ich Sie rauswerfen."

Elissa starrte ihm fassungslos hinterher. Noch nie in ihrem Leben hatte sie um etwas *betteln* müssen. Und noch nie war ihr ein Wunsch einfach so abgeschlagen worden.

Wie in Trance drehte sie sich von der offen stehenden Tür weg, begann ihre wenigen Habseligkeiten wieder einzupacken.

Sie hob ihre Tasche auf, sah sich noch einmal in dem Raum um, der zu ihrem neuen Zuhause hatte werden sollen. Schlang ihre Rechte um ihren Körper und ging aus dem Zimmer.

Hinein in das enge, dunkle Treppenhaus und die morschen Treppenstufen hinunter. Hinaus auf die Straße.

Der strahlende Sonnenschein erschien ihr beinahe höhnisch, der Duft des Frühlings in ihrer Nase das betrügerische Zeichen eines Neuanfangs.

Gott, was habe ich dir je getan?

Ein vorbeigehendes Mädchen drehte sich an der Hand ihrer Mutter zu ihr um, wurde aber schnell weitergezogen. Offenbar hatte sie ihre Gedanken wieder einmal laut ausgesprochen.

Sie setzte sich in die entgegengesetzte Richtung in Bewegung. Folgte ziellos den engen Gassen Yorks. Bis sie wieder an die *Ouse* kam, deren friedliches Rauschen sie anzulocken schien.

Mit einem Seufzen stellte sie ihre Tasche ab und ließ sich wieder auf der Mauer am Ufer nieder. Eine Möwe kreischte über ihrem Kopf und Elissa war versucht, einfach mitzuschreien.

Was jetzt? Wohin konnte sie nun noch gehen, außer nach St. Helens, wo Brixton sie sicherlich finden würde?

Sie beobachtete einen Stock, den der Fluss mit sich trug. Wie es wohl wäre, sich einfach vom kühlen Wasser umarmen zu lassen? Sich sinken zu lassen? Aufzugeben?

Würde die *Ouse* ihre Probleme mit sich forttragen?

Dann hätte Brixton gewonnen.

Sie konnte nicht aufgeben!

Durfte ihn nicht gewinnen lassen.

Doch kämpfen konnte sie auch nicht mehr.

London

Raphael fuhr mit der Hand ein letztes Mal glättend über seinen Anzug, ehe er sein Zimmer im Londoner Haus seiner Familie verließ. Der dicke Teppich schluckte die Geräusche seiner Schritte, als er über den Flur zu den Treppenstufen ging, die er vor fünfzehn Jahren einmal auf einem Tablett hinuntergerutscht war. Die Standpauke seines Vaters, die gefolgt war, trieb ihm noch heute ein Grinsen auf die Lippen.

„Ich weiß, dass das Spaß macht, mein Junge. Aber in Zukunft machst du das — wenn überhaupt — nur noch mit mir zusammen. Und auch nur, wenn wir unten Decken hingelegt haben! Verstanden?"

Raphael sah seine Familie am Treppenabsatz stehen und beeilte sich. Sein Vater hatte einen Tisch reservieren lassen für heute Abend. Raphael war spät dran, da er erst heute für den Geburtstag seines Vaters aus dem Norden nach London zurückgekehrt war. Er hatte begonnen, dort in einer Praxis zu arbeiten, die er, wenn alles gut lief, bald übernehmen konnte.

Am Treppenabsatz angekommen, schüttelte er seinem Vater, der ihm kräftig auf die Schulter klopfte, die Hand.

„Schön, dass du gekommen bist, Sohn."

Seine siebzehnjährige Schwester Sarai nahm seinen Arm und sah zu ihm auf. Raphael lächelte. „Schön, da zu sein." Er beugte sich hinunter und drückte seiner Schwester einen Kuss auf die Wange. „Jedes Mal, wenn ich dich sehe, bist du noch schöner."

Sein Blick begegnete dem missbilligenden Blick seines Bruders und das Lächeln verschwand von seinem Gesicht.

„Also, dann lasst uns gehen."

Sanft drückte Raphael Sarais Hand auf seinem Arm und führte sie zur Tür. Heute Abend würde er sich das nicht nehmen lassen. Er arbeitete weit genug entfernt, dass Daniel sich keine Sorgen machen musste, ob Raphael ihm nicht doch seinen Platz im Unternehmen ihres Vaters streitig machen wollte. Weit genug entfernt, dass sie ihn – außer an Geburtstagen und Familienfeiern – vergessen konnten. Vielleicht könnten sie so endlich Frieden finden.

Er half Sarai in die wartende Kutsche und überließ den Platz neben ihr deren Zwillingsbruder. Er selbst teilte sich die Sitzbank mit seinem Vater. Es war eng in der Kutsche mit den drei Williams-Männern und Raphaels Knie berührten immer wieder die seines Bruders, der schon jetzt beinahe die Größe ihres Vaters erreicht hatte. Raphael versuchte, sich möglichst klein zu machen, und starrte aus dem Fenster, an dem die schmutzigen Gassen Londons vorbeizogen, während Sarai ihrem Vater von ihrem Tag erzählte.

Raphael vermisste den Norden Englands schon jetzt. Die sanften

Hügel und grünen Wiesen. Er liebte dieses Land. Auch wenn in ihm kein Tropfen britischen Blutes floss. Die Eltern seines Vaters waren aus Deutschland eingewandert, als Raphaels Vater Karl noch ein kleiner Junge gewesen war, und hatten dann ihren Nachnamen zu Williams ändern lassen, um sich besser einzugliedern in ihrer neuen Heimat. Wirklich gelungen war ihnen das jedoch nicht. Noch viel weniger, als Karl auf einer seiner Reisen Miriam kennenlernte, deren Mutter Jüdin war und deren Vater sowohl italienische, als auch griechische Wurzeln hatte. Nein, eingegliedert hatten sie sich nie. Aber der Reichtum seines Vaters und die Schönheit und sanfte Freundlichkeit seiner Mutter hatten die Türen in beinahe jeden gesellschaftlichen Kreis für sie geöffnet.

Die Kutsche kam mit einem Ruck zum Stehen und sie stiegen aus. Ein Kellner brachte sie zu einem kunstvoll gedeckten Tisch.

Es dauerte nicht lange, bis eine Speise nach der nächsten gebracht wurde. Im Hintergrund spielte leise ein kleines Ensemble. Sarai plauderte mit ihrem Vater, der mit Daniel immer wieder auf das Familienunternehmen zurückkam, und Raphael warf hin und wieder einen Kommentar ein.

Sie alle versuchten das, was keiner von ihnen je vergessen konnte –, die Abwesenheit ihrer Mutter zu ignorieren.

Raphael unterdrückte ein erleichtertes Seufzen, als endlich die letzten Platten und leeren Teller abgeräumt wurden und sein Vater sich erhob. Ihre Mäntel und Hüte wurden gebracht und sie machten sich auf den Weg nach draußen.

„Mr Williams!"

Sein Vater drehte sich um. „Guten Abend, Mr Benton." Die beiden Männer schüttelten sich die Hand. „Daniel kennen Sie ja aus dem Büro und meine Jüngste, Miss Sarai Williams, haben Sie, glaube ich, auch schon getroffen."

Sein Vater wandte sich zu Raphael um und legte ihm eine Hand auf die Schulter. „Und das ist mein Ältester, Dr. Raphael Williams. Raphael, das ist Mr James Benton, einer unserer Handelspartner."

Raphael gab dem grauhaarigen Mann die Hand: „Freut mich."

„Mr Williams, ich störe nur ungern Ihre Familienzeit, aber hätten Sie eventuell einige Minuten?"

Sein Vater warf Daniel einen Blick zu. „Du weißt, dass das wichtig ist." Sein Blick wanderte weiter zu Raphael: „Fahrt ruhig schon, ich komme dann nach."

Raphael nickte und sie verabschiedeten sich. Die Kutsche wartete bereits auf sie und er folgte den Zwillingen ins Innere.

Draußen setzte schon die Dunkelheit ein, als sie anfuhren. Das Klappern der Pferdehufe und entferntes Lachen drangen an ihr Ohr. Im Innern der Kutsche dagegen herrschte eisiges Schweigen, das Sarai immer wieder mit Geplauder zu durchbrechen versuchte, während Raphael damit beschäftigt war, Daniels vorwurfsvolle Blicke zu ignorieren.

Er atmete tief ein, als die Räder nach einer scheinbar endlosen Fahrt endlich zum Stillstand kamen. Da er am nächsten an der Tür saß, stieg er als Erstes aus. Raphael runzelte die Stirn. Es war deutlich dunkler, als er gedacht hatte. Er kniff die Augen zusammen in dem Versuch, mehr zu erkennen, und wollte soeben Sarai beim Aussteigen helfen, als Daniel sich dazwischendrängte und ihn mit einem ärgerlichen Blick durchbohrte.

„Tu nicht so, als würdest du dich für sie interessieren! Sonst kümmert es dich doch auch nicht, wie es irgendjemandem von uns geht."

Sarais Kopf tauchte im Türrahmen auf und sie versuchte zu schlichten: „Daniel, das stimmt doch nicht. Er ist nur sehr beschäftigt. Du weißt, dass sein Beruf viel Zeit kostet."

Raphael hob abwehrend eine Hand und murmelte: „Es ist in Ordnung, Sarai. Lass es gut sein."

Er drehte sich um, die Abendluft kühl auf seinem Gesicht, und ging einige Schritte in Richtung der Haustür. Plötzlich stieß sein Fuß gegen ein Hindernis und er stolperte. Raphael konnte den erschrockenen Aufschrei nicht ganz unterdrücken, als sein Körper auf dem kalten Boden aufschlug. Etwas verwirrt blieb er dort liegen, wo Treppenstufen zum Haus der Familie führten.

Er hätte wissen müssen, dass die Stufe dort war!

Aber er hätte sie auch sehen müssen. So dunkel war es noch nicht. Seine Hände und Knie brannten, wo die rauen Steine sie aufgeschürft hatten. Er fühlte sich wie ein Fünfjähriger, während er darauf wartete, dass sich sein wilder Herzschlag beruhigte.

Dann hörte er Sarai entsetzt rufen: „Raphael!"

Sie eilte an seine Seite.

Daniel folgte ihr und blieb einige Schritte entfernt stehen. „Lass ihn, Sarai. Komm. Er kommt schon irgendwie zurecht. Und wenn nicht, ist das nicht dein Problem."

„Daniel!"

Raphael rappelte sich langsam auf. „Nein, es stimmt schon, was er sagt."

„Raphael! Hört auf jetzt – alle beide!"

Daniel drehte sich um und ging zum Haus. Die Tür öffnete sich und Licht erhellte den Eingangsbereich. Raphael hörte noch Daniels Begrüßung des Butlers, ehe die Tür hinter ihm zufiel und es wieder dunkel wurde.

Sanft spürte er Sarais Berührung an seinem Arm. „Hast du dich verletzt?"

„Nein."

Sarai zog ihre Hand zurück. Und Raphael bereute augenblicklich seinen groben Tonfall.

Doch sie zog sich gar nicht ganz zurück, sondern legte nun ihre Hand in seine Armbeuge. „Dann komm."

Schweigend gingen sie in Richtung ihres sich imposant gegen den Nachthimmel erhebenden Hauses.

Eine Droschke fuhr hinter ihnen vorbei, das Geräusch ihrer Räder laut auf den Pflastersteinen.

Einige Schritte vor der Tür blieb Sarai stehen. Im Halbdunkel konnte er nur mühsam erkennen, wie sie sich ihm zuwandte und das Gesicht hob. „Das hat er nicht so gemeint."

Raphael schwieg. Sein Bruder hatte jedes Wort gemeint.

Sarai senkte den Kopf. Raphael meinte, eine glitzernde Spur auf ihrer Wange erkennen zu können, und hasste sich dafür, seine kleine Schwester zum Weinen gebracht zu haben. Er erinnerte sich noch gut daran, wie er sie zum ersten Mal im Arm gehalten hatte. Erinnerte sich an die Ehrfurcht, als er ihre perfekten Gesichtszüge betrachtet hatte, ihre winzigen Hände. Damals hatte er sich geschworen, sie immer zu beschützen. Nun war sie siebzehn Jahre alt und besser dran, wenn er ihrem Leben weit fernblieb.

„Du bist nicht schuld. Das weißt du, oder? Auch wenn Daniel das immer wieder behauptet."

Ihre leisen Worte holten ihn aus seinen Gedanken zurück. „Doch, Sarai, das bin ich." Er hörte die Niedergeschlagenheit in seiner eigenen Stimme, sah den Widerspruch, der sich in Sarais Augen aufbaute. „Nein, widersprich mir nicht. Es stimmt. Und irgendwann wirst selbst du sehen, dass ihr besser dran seid ohne mich."

Je schneller er wieder abreiste, desto besser für alle.

York

Der Sonnenschein war langsam hinter den dicht stehenden Häuserketten Yorks verschwunden und der Dämmerung gewichen. Der Wind hatte zugenommen, kräuselte die raue Oberfläche der *Ouse* und trieb Elissa eine Gänsehaut auf die Arme.

Sie wusste noch immer nicht, wohin sie gehen sollte.

Als schließlich ein Regentropfen auf ihrer Wange landete, erhob sie sich. Sie drückte ihre Tasche fest an sich und wanderte weiter ziellos durch die Straßen Yorks.

Allmählich verschwanden die letzten Reste des Sonnenlichts und die hell erleuchteten Fenster einer Kneipe lockten sie. Ihre Eltern wären entsetzt gewesen, sie auch nur in der Nähe eines solchen Gebäudes zu sehen. Aber inzwischen zitterte sie am ganzen Körper vor Kälte, ihr Magen knurrte und ihre Augen wurden schwer. Und wohin sonst sollte sie gehen?

Als genau in diesem Augenblick in der Ferne ein Blitz den Nachthimmel erhellte, zog sie kurz entschlossen die Tür auf. Warme, stickige Luft schlug ihr entgegen, das schummrige Licht grell in ihren Augen. Es roch nach Gebratenem und ungewaschenen Menschenleibern. Alle Blicke waren auf einmal auf Elissas verschleierte Gestalt gerichtet und etwas hilflos blieb sie an der Tür stehen, die hinter ihr wieder ins Schloss gefallen war.

Drei schon ältere Männer, ihrer Kleidung nach vermutlich Straßenarbeiter, saßen an einem Tisch in der Mitte des Raumes und ein deutlich benebelter, ungepflegter Mann hing an einem weiteren Tisch über einem Krug Ale. Am Tresen standen ein etwa fünfzigjähriger Mann, dessen Gesichtszüge große Ähnlichkeit aufwiesen mit der jungen Frau, die mit einem Krug in der Hand neben ihm stand. Sie alle musterten Elissa mit unverhohlener Neugier. Einzig ein junges Liebespaar, das eng umschlungen in einer Ecke saß, nahm keine Notiz von ihr.

Elissa drückte ihre Tasche ein wenig fester an sich und ging vorsichtig die wenigen Schritte zu einem freien Tisch. Ein lautes, unangenehmes Geräusch erfüllte die Stille, die ihre Ankunft ausgelöst hatte, als sie sich einen Stuhl zurückzog.

Mit gesenktem Kopf ließ sie sich darauf nieder. Nach und nach begannen wieder Gespräche den Raum zu füllen und Elissa hob den Kopf für einen kurzen Blick. Sie kam nicht darum herum, das zerkratzte Klavier ein Stück neben dem Tresen zu bemerken. Ihr Blick fiel auf ihre im Schoß ineinander verkrampften Hände. Früher war sie eine Meisterin auf dem Piano gewesen. Hatte jedes Stück mit Gefühl und Leben zu füllen vermocht.

„Kann ich dir etwas zu trinken bringen?" Die tiefe Stimme ließ

Elissa beinahe erschrocken aufspringen. Neben ihr stand der vermutliche Besitzer der Kneipe. Seine Hosenträger spannten über einem sich vorwölbenden Bauch und den breiten Schultern, sein Hemd war voll von getrockneten Getränkespritzern. Ruckartig schüttelte sie den Kopf: „N-nein. Nichts, danke. Ich habe kein … Wenn es in Ordnung ist, würde ich mich gerne nur kurz ausruhen."

Grüne Augen musterten sie aus einem wettergegerbten Gesicht. „Klar."

Elissa zog ein wenig die Schultern ein, vergrub die noch immer zitternden Hände ein wenig tiefer in ihrem Rock. „Vielen Dank."

Der Mann verschwand wieder und Elissa betrachtete weiter das Klavier. Das Holz war ausgebleicht und vollkommen zerkratzt, aber dennoch sah es so aus, als ob jemand es regelmäßig polierte.

Plötzlich wurde ein Krug so schwungvoll vor sie gestellt, dass ein Teil des Getränks überschwappte. Sie zuckte erneut zusammen.

Die tiefe Stimme des Wirts brummte: „Geht aufs Haus."

„Danke." Sie war zu erschöpft, um zu widersprechen. Um auch nur über ihren Stolz nachzudenken.

„Wie heißt du?"

Elissa wagte es, den Blick zu heben, und stellte fest, dass der Mann noch immer mit ihr sprach.

„E-Emily."

„Ich bin Carl. Wärm dich ein wenig auf." Mit einem Blick auf das kleine Fenster, hinter dem noch immer Wetterleuchten den Himmel erhellte, fügte er hinzu: „Das wird eine unangenehme Nacht."

Elissa brachte ein zustimmendes Murmeln zustande, ehe er sich wieder seinen anderen Gästen zuwandte. Dann widmete sie sich dem geschenkten Getränk und nahm einen zaghaften Schluck. Es war köstlich. Sie hatte seit heute Mittag nichts mehr gegessen oder getrunken.

Durstig nahm sie einige Schlucke und bemerkte gar nicht, wie schnell sich der Krug leerte. Doch kaum stellte sie überrascht fest, dass nur noch ein kleiner Rest übrig war, da stand schon die junge Frau, die sie beim Hereinkommen gesehen hatte, neben ihr und schenkte nach. Abwehrend hob Elissa die Hand: „Nein, bitte, ich kann doch nicht bezahlen."

Die Frau schüttelte nur mit einem Lächeln den Kopf und füllte den Krug. „Das ist schon in Ordnung so."

Elissa lächelte hinter dem Schleier scheu zurück.

Allmählich spürte sie, dass ihr Magen nicht mehr leer war, und eine wohlige Wärme breitete sich in ihr aus. Warum nicht das Wohlwollen der Menschen genießen, solange sie es hatte? Niemand sonst hatte ihr irgendetwas Gutes getan in dieser Stadt.

Sie begann, sich langsam zur Musik zu wiegen, und stellte überrascht fest, dass die junge Frau, die gerade eben noch neben ihr gestanden war, auf dem Klavier zu spielen begonnen hatte. Lebhafte Melodien erfüllten den Raum. Erklommen die Wände und regneten wie ein wohliger Schauer auf sie herab.

Elissa hob ihr Glas, trank und wippte mit dem Fuß zur Musik. Der Raum hatte sich von ihr vollkommen unbemerkt gefüllt und zahlreiche Arbeiter klatschten begeistert, als das Lied zu Ende ging. Beinahe vergaß Elissa ihre vernarbte rechte Hand, beinahe klatschte sie mit. Gerade noch rechtzeitig bremste sie sich und nahm stattdessen einen Schluck aus ihrem schon wieder fast leeren Krug.

Sie spürte, wie ein kleines bisschen Freude in ihr wiederbelebt wurde, als das nächste Stück begann, wie Aufregung sie ergriff, als sie das Lied erkannte.

Leicht tanzten die Finger der brünetten Frau über die Tasten, nicht so leicht, wie Elissas Finger es getan hatten, aber doch flink genug, um den Raum voller Menschen zum Leben zu erwecken. Sanft wiegte Elissa ihren Körper zum Rhythmus des Liedes hin und her, begann leise, die Melodie mitzusummen.

Die Musik steigerte sich immer mehr, wurde lauter, erfüllte die Luft, erfüllte Elissa. Ihre Stimme stieg mit den Höhen an, bis das

Stück schließlich ruhig, beinahe friedlich endete. Die letzte Note ihres Gesangs verklang zeitgleich mit dem letzten Ton des Pianos und die Besucher der Kneipe jubelten. Lächelnd verbeugte sich die junge Frau, dann sah sie Elissa direkt an und klatschte.

Eine raue Männerstimme rief: „Und ein Hoch auf unsere verschleierte Sängerin!"

Elissa grinste, obwohl niemand es unter ihrem Schleier sehen konnte. Sie fühlte sich leicht schwindlig, so glücklich wie schon lange nicht mehr.

Die Leute schrien: „Zugabe!", und als die Kellnerin zu spielen begann und Elissa auffordernd ansah, stieg sie voll Leidenschaft mit ein. Die Finger der Pianistin flogen über die Tasten und Elissas Stimme erhob sich über die lebhaften Melodien. Ein schlaksiger junger Mann warf mit einem breiten Grinsen einige Münzen in den leeren Krug, der vor Elissa stand. Ein Paar begann auf dem engen Raum zu tanzen. Der Raum wurde immer wärmer und Elissa spürte, wie ihre Wangen rot wurden.

Das Stück ging viel zu schnell zu Ende.

Elissa erhob sich, um sich spielerisch vor dem kleinen Publikum zu verneigen. Doch der Raum begann sich um sie zu drehen – und dann wurde alles schwarz.

12

September 1861

Drei Jahre waren vergangen. Drei Jahre seit dieser ersten Nacht ohne ihr Erbe, in der sie sich aus Versehen betrunken und in einer Kneipe gesungen hatte. Als sie am nächsten Morgen im Zimmer der jungen Kellnerin erwacht war, hatte der Wirt ihr angeboten, regelmäßig in seiner Schenke zu singen. Seitdem hatte sie in den verschiedenen Kneipen in und um York gesungen, während die Zeit ins Land gezogen war.

Drei Jahre, in denen Brixton sie nicht gefunden hatte. In denen sie ein neues, ein zerbrechliches Gefühl von Sicherheit erlangt hatte.

Drei Jahre, in denen sie es irgendwie geschafft hatte, ihren Kopf über Wasser zu halten. In denen sie gelernt hatte, dass sie sich auf niemanden verlassen, nur noch auf ihre eigene Hilfe zählen konnte.

Dass ihre Mutter ihr nicht die ganze Wahrheit verraten hatte.

Die Leute halfen niemandem, der so aussah wie sie. Ihre Mutter mochte ihr Herz angesehen haben, die Welt jedoch sah nur ihr Gesicht, ihre Narben. Für die Welt war sie abstoßend. Ekelerregend. Eine Erinnerung daran, dass das Leben sich ganz einfach gegen einen wenden konnte.

Niemand wollte daran erinnert werden.

Und so versteckte sie sich weiter hinter ihrer Einsamkeit und ihrem Schleier. Es war einfacher so. Und zu ihrem Markenzeichen geworden.

Die verschleierte Sängerin – so warben die Besitzer der Etablissements, in denen sie auftrat.

Und während es ihr ihren Lebensunterhalt sicherte, erlaubte es ihr zugleich, für sich zu bleiben. Es erhielt die mysteriöse Aura aufrecht, die sie auf dem schmalen Grat zwischen ausgestoßen und bewundert balancieren ließ.

„Reichst du mir das Mehl, bitte?", durchdrang Muriels Stimme ihre Gedanken.

„Klar." Elissa beugte sich vor und reichte ihrer derzeitigen Wirtin die gewünschte Zutat. Muriel hatte sie gefragt, ob sie ihr beim Brotbacken zur Hand gehen wollte und Elissa hatte zugestimmt. Vielleicht würde die Aktivität ihre Gedanken ein wenig zur Ruhe bringen.

Sie sang noch nicht lange in dieser Dorfschenke, dennoch mahnte eine innere Unruhe sie, bald weiterzuziehen. In den letzten drei Jahren hatte sie kaum auf irgendjemanden gehört außer auf diese innere Stimme. Und doch war da diesmal auch irgendetwas in ihr, das bleiben wollte. Das beim Backen helfen, Wurzeln schlagen wollte. Auch wenn sie wusste, dass sie das nicht konnte. Nicht durfte.

Wenn es wirklich Jack Brixton gewesen war, der ihre Eltern hatte ermorden lassen, dann besaß der Mann eine außergewöhnlich ausdauernde Geduld, wie ein Raubtier, das nicht müde wurde, seiner Beute aufzulauern, bis dieses sich in Sicherheit wiegte.

„Wo kommst du her, Emily?" Muriels beinahe graue Augen strahlten sie freundlich an. Zahlreiche Lachfältchen umgaben sie, für jede Sorgenfalte auf ihrer Stirn mindestens eine.

„Aus dem Süden." Sie wusste selbst, dass ihre Antwort vage war. Sah, wie Muriels Blick schärfer wurde, interessierter. Schnell warf sie ihr eine Gegenfrage entgegen, bevor sie nachbohren konnte: „Und woher kommst du ursprünglich?"

Die schlanke Frau lachte hell auf. „Von genau hier. Mein Vater hat immer Witze gemacht, dass ich diese Küche nur so sehr liebe, weil er und meine Mutter die Finger selbst bei der Arbeit nicht voneinander lassen konnten. Ich habe nie nachgefragt, in welcher Ecke dieses Zimmers ich entstanden bin."

Elissa spürte, wie ihr Gesicht unter ihrem Schleier verlegen zu glühen begann, und murmelte ein nichtssagendes „Mhm."

Muriel begann mit energischen Bewegungen, die eine Hälfte des Teiges zu kneten. Ihre dürre Gestalt stand im starken Gegensatz zu den Köstlichkeiten, die sie jeden Tag servierte. Doch wenn sie danach gefragt wurde, dann lachte sie auch das fröhlich weg: „Bei dem Stress, zwei Paar Zwillinge aufzuziehen, verbraucht man augenblicklich jede Energie, die man sich angefuttert hat."

Fasziniert beobachtete Elissa die routinierten Handgriffe der etwas älteren Frau und blinzelte überrascht, als die Wirtin auf einmal die andere Hälfte des Teiges vor Elissa klatschte.

„Ich hab dich doch nicht gebeten, mir bei der Arbeit zuzuschauen." Mit einem herausfordernden Zwinkern erklärte sie: „Das ist deine Hälfte."

Elissa begann mit ihrer linken Hand Muriels Bewegungen nachzuahmen und vergrub die rechte im Stoff ihres einfachen Rockes. Mehl hing in einem feinen Staub in der Luft, bedeckte alle Oberflächen und sogar Muriels Haare, aus deren ordentlicher Frisur sich einige verschwitzte Strähnen gelöst hatten.

„So wird das nie etwas. Das ist ein Job, den du sicher nicht mit links erledigen kannst", erklärte diese auf einmal lachend. „Dafür brauchst du mindestens beide Hände."

Noch ehe Elissa auch nur blinzeln konnte, griff sie nach Elissas rechter Hand und legte sie auf den Teig. Ihr Blick fiel auf das Körperteil, das nie mehr wirklich richtig funktionsfähig sein würde. „Ist …?"

Muriel hielt inne und schüttelte leicht den Kopf, wobei sich einige weitere Haarsträhnen lösten. Dann schien sie sich schon wieder gefasst zu haben. „Entschuldige. Habe ich dir wehgetan?"

Elissa drehte den Kopf leicht weg, antwortete leise: „Kaum. Es ist nicht schlimm."

„Aber tut es noch weh?"

„Manchmal."

Stille erfüllte die Küche, lediglich das leise Knistern des Feuers, das im Backofen brannte, war zu hören. Elissa wurde das Geräusch erst jetzt bewusst und wieder roch sie den Rauch, die Flammen, die Panik jener Nacht.

Hörte die Stimme ihres Vaters in ihrem Ohr. *„Elissa, raus! Raus hier!"* Das Zittern in seiner Stimme. Spürte seine grobe Berührung an ihrem Arm, als er sie in Sicherheit stieß. Oder zumindest ins Leben.

„Emily?"

Elissa schüttelte den Kopf. Kalter Schweiß stand auf ihrer Stirn.

Muriels besorgter Blick schien sich glühend heiß durch ihren Schleier zu bohren, beinahe als könnte sie durch ihn hindurchsehen, könnte die Ruinen sehen, die der Brand stehen gelassen hatte. „Ist alles in Ordnung?"

Noch immer am ganzen Körper zitternd, nickte sie. Sie hatte gedacht, die lebendigen Erinnerungen hinter sich zurückgelassen zu haben. Schon seit einer ganzen Weile hatte das Flackern eines Feuers im Kamin sie nicht mehr in jene Nacht zurückversetzt.

Vielleicht lag es an der gemütlichen Atmosphäre in Muriels Küche. Vielleicht hatte sie sich zu sehr entspannt, ihre angespannte Aufmerksamkeit zu sehr aufgegeben.

„Wirklich?"

Zu nah. Sie hatte schon wieder jemanden zu nah an sich herangelassen. Sie würde sich die Finger verbrennen. Nicht nur die Finger.

Sie nickte erneut, zwang eine Entschiedenheit in ihre Stimme, die sie nicht spürte: „Ja, alles in Ordnung."

Muriels Blick war noch immer zweifelnd, dennoch wandte sie ihre Aufmerksamkeit wieder der Arbeitsfläche vor sich zu. Ihre kräftigen Hände kneteten weiter den Teig.

Elissa atmete auf, dankbar, dass Muriel das Thema fallengelassen zu haben schien.

Doch da durchdrang Muriels Stimme erneut die Stille, leise, mitfühlend: „Was ist passiert?"

Elissa wandte den Blick ab. Und schwieg.

„Entschuldige, Emily, du musst das nicht erzählen." Muriel klatschte leicht in die Hände und Elissa zuckte erschrocken zusammen. „Also, dann lass uns das Brot in den Ofen schieben."

Elissa hörte die gezwungene Freude aus Muriels Stimme heraus, zu der die Fröhlichkeit sonst so selbstverständlich gehörte wie das Atmen. Elissa hatte kaum bemerkt, wie die Wirtin, während sie gesprochen hatten, offenbar auch die zweite Hälfte des Teiges geknetet hatte.

„So, das muss jetzt nur noch eine Stunde da drin schwitzen, dann haben wir köstlichstes Brot."

Elissa erwiderte Muriels Lächeln. Trotz der Fragen hatte sie das gemeinsame Backen genossen.

Die friedliche Gemeinschaft.

Zu sehr.

Und als Muriel sie das nächste Mal fragte, ob sie ihr helfen wollte, wusste sie, dass es nun wirklich Zeit war, zu verneinen und weiterzuziehen.

Sie versuchte den Abschied nicht zu nah an sich heranzulassen, Muriels Umarmung nicht zu sehr zu genießen. Und dennoch sog sie die menschliche Nähe auf wie ein ausgetrockneter Schwamm.

Ihre Tasche war nicht allzu schwer auf ihrer Schulter, als sie durch die Tür auf die kaum befahrene Straße hinaustrat. Trotz des Sonnenscheins, der ihren dunklen Schleier erwärmte, wehte ein kühler Herbstwind. Über einem weiter entfernten Feld versammelte sich ein Vogelschwarm zum Flug in den Süden.

Sie machte sich auf den Weg, wohin genau, wusste sie noch nicht. Doch als hinter ihr ein Heuwagen die Straße heraufkam, winkte sie, um ihn zu stoppen.

Sie ignorierte den misstrauischen Blick des Farmers und fragte, wohin er unterwegs war. Da die eine Richtung so gut war wie die andere, nickte sie auf seine Antwort hin, als wäre das genau richtig, und neigte leicht den Kopf. „Darf ich mitfahren?"

Sie sah, wie der hagere Mann zu einem Kopfschütteln ansetzte, und fügte schnell hinzu: „Ich kann auch bezahlen. Bitte?"

Er ließ seinen Blick noch einmal über ihre Gestalt wandern. „Bist du diese verschleierte Frau, die überall singt?"

„Genau die."

„In Ordnung. Aber nur, wenn du uns die Fahrt durch deinen Gesang verkürzt."

Schnell stieg Elissa auf, ehe er es sich anders überlegen konnte.

***

Raphael klappte den Kragen seines Mantels nach oben und verkroch sich noch ein wenig tiefer in dem alten, aber dick gefütterten Stoff seines Mantels. Was für ein ekelhafter Freitagabend!

Mit einem letzten etwas wehmütigen Gedanken an die Wärme im Haus hinter sich trat er aus der Tür und in den kalten Septemberabend. Es war deutlich später geworden, als er gehofft hatte. Und der Weg zu seinem nächsten Patienten, ebenso wie danach der Rückweg zu seinem Haus, waren dadurch deutlich ungemütlicher als erhofft. Aber die Sprechstunde hatte sich länger hingezogen an diesem Tag und er hatte noch drei dringende Hausbesuche zu erledigen gehabt, die er nicht auf den nächsten Tag hatte verschieben können.

Die Arbeit schien kein Ende zu nehmen, seit er vor zwei Jahren die Praxis übernommen hatte. Aber sie erfüllte ihn auch, gab seinem Leben Sinn. War ein Neuanfang, weit entfernt vom Schatten Londons über ihm. Hier fühlte er sich viel leichter. Freier. Als könnte er tiefer atmen.

Und wieder war es ihm gelungen, dem Tod ein Schnippchen zu schlagen. Triumph zauberte ihm ein Lächeln ins Gesicht, bis eine besonders starke Windböe ihm den Nieselregen ins Gesicht schleuderte.

Hastig verstärkte er den Griff um seine lederne Hausbesuchstasche und eilte in Richtung der Straße. Und übersah prompt die Stufe vor dem Haus seines Patienten. Es gelang ihm gerade so, sein Gleichgewicht wiederzufinden, ohne eine unelegante Bauchlandung auf dem matschigen Weg hinzulegen.

Raphael kniff die Augen zusammen. Es war deutlich dunkler geworden, als er gedacht hatte, während er in dem Haus des Schmieds gewesen war. Die Dämmerung hatte sich über das Land gelegt, noch deutlich verdunkelt durch die düsteren Regenwolken am Himmel über ihm. Die Schatten verschwammen zu einer einzigen dunklen Fläche vor seinen Augen, unterbrochen nur von einigen hellen Strukturen, die er gerade noch ausmachen konnte.

Kurz durchfuhr ihn Angst, kälter noch als die Temperaturen, die durch seine Kleidung dringen wollten. Er hatte nicht wahrhaben wollen, wie viel schlechter sein Sehvermögen geworden war in den letzten Monaten.

Sicher, er hatte es zu einem gewissen Maß bemerkt. Hatte bemerkt, wie viel schwerer ihm das Lesen fiel, wie viel mehr er sich konzentrieren musste, um kleine Verletzungen richtig behandeln zu können.

Und doch hatte er all dies weitgehend verdrängt.

Hatte es trotz der zahlreichen Augenärzte, die er besucht hatte, die besten im Land, nicht akzeptieren wollen.

Keiner hatte eine Lösung gehabt. Sein Sehvermögen hatte immer mehr nachgelassen und Raphael hatte sein Bestes gegeben, dennoch weiter jeden Tag seinem Beruf nachzugehen, von morgens bis abends. Gewissenhaft. Und nicht an morgen zu denken.

Er musste einfach noch härter arbeiten, noch mehr geben, dann würden niemandem die kleinen Patzer auffallen, mit denen er sich verriet.

Vorsichtig ging er weiter die Straße entlang, versuchte dunklere Flecken auszumachen, die auf Pfützen und schlammgefüllte Schlaglöcher hinwiesen. Grüßend hob er seinen Hut, als jemand an ihm vorbeiging, vermutlich auf dem Weg zum Wirtshaus, das selbst an diesem verregneten Freitagabend bis zum Bersten gefüllt sein würde.

Der Nieselregen hielt ein wenig inne und dennoch trieb der kalte Wind ihm eine Gänsehaut auf die Arme.

Raphael blieb kurz stehen. Kniff die Augen noch ein wenig mehr zusammen und versuchte herauszufinden, ob sich zu seiner Rechten etwas bewegt hatte. Doch er nahm nichts mehr wahr und als er meinte, vor sich ein Schlagloch entdeckt zu haben, wich er auf die rechte Straßenseite aus.

Hart prallte er mit einem Körper zusammen.

Der erschrockene Laut, den die Person von sich gab, war eindeutig weiblich.

Er erahnte anhand der Umrisse, wie die dunkle Gestalt noch immer um ihr Gleichgewicht kämpfte, streckte eine helfende Hand aus. Doch er verfehlte die Person und zog seine Hand zurück. Blieb unsicher stehen.

„Was ist nur los, dass immer mir so etwas passieren muss! Wahrscheinlich sind wir überhaupt die einzigen zwei Personen, die an so einem Abend in dieser gottverlassenen Gegend unterwegs sind", drangen die gemurmelten Worte seines Gegenübers, das endlich sein Gleichgewicht wiedergefunden zu haben schien, an Raphaels Ohr. In einer Stimme, die ihm vage bekannt vorkam. Aber es konnte nicht sein. Nicht hier.

Er zog in einer reumütigen Geste seinen Hut ab: „Es tut mir unglaublich leid, das war unverzeihlich. Ich hoffe, Sie haben sich nicht verletzt?"

„Nein, nein. Es ist alles …"

Die Worte verstummten auf einmal.

Und Raphael erstarrte.

Wenn er sich nicht vollkommen irrte, dann kannte er diese Stimme tatsächlich!

„Miss Belham? Elissa Belham?"

13

Ihr erster Gedanke war wegzurennen.

Sie war nicht länger vollkommen anonym.

Ihr altes Leben hatte sie gefunden. *Brixton* könnte sie nun finden.

„Miss Belham? Elissa Belham?“

Lauf.

Der Impuls war so stark, dass sie sich tatsächlich beinahe umgedreht hätte und weggerannt wäre. So weit wie möglich. Bevor das Leben, das sie zurückgelassen hatte, sie wieder einholen konnte.

„Miss Belham, sind Sie das?“

Elissa konnte kaum glauben, dass sie Raphael Williams gegenüberstand. Und dass er sie trotz ihrer Verschleierung offenbar allein an ihrer Stimme erkannt hatte. Das letzte Mal, als sie ihm in einem Gespräch gegenübergestanden hatte, war sie in ihr fliederfarbenes Sommerkleid und glitzernde Diamanten gehüllt gewesen. Eine andere Welt, ein anderes Leben.

Als ihr Gegenüber von einem Fuß auf den anderen trat, wurde ihr bewusst, dass sie ihm noch immer nicht auf seine Frage geantwortet hatte.

Verstohlen sah sie sich um, doch außer ihnen war kein Mensch auf der verlassenen Straße unterwegs. Vielleicht hatte sie Glück und niemand sonst hatte ihren wahren Namen aufgeschnappt.

Sie straffte die Schultern, sammelte ihren Mut. Versuchte, ihre Stimme möglichst leise zu halten, als sie antwortete: „Ja, ich bin es tatsächlich, Mr Williams. Wie … unerwartet Sie hier zu treffen. Ich hoffe, es geht Ihnen gut?“

„Unerwartet trifft es ganz gut.“

Sie musste beinahe den Kopf in den Nacken legen, um in seine Augen zu sehen. Humor funkelte in dem hellen Blau in dem etwas zu dunklen Gesicht, gab ihr das Gefühl, er würde sie verspotten.

Erklärend fügte er hinzu: „Ich bin geschäftlich hier. Und Sie, Miss Belham?"

Sein durchdringender Blick war ihr unangenehm. Schien beinahe durch sie, durch ihren Schleier hindurchsehen zu können. Von allen Orten des Königreichs – warum war er ausgerechnet *hier*? Was konnte Raphael Williams in einem Dorf wie diesem und zu einer solch späten Stunde geschäftlich zu tun haben?

Sie hatte einen Mann auf der Straße näher kommen sehen, war wegen seines unsicheren Gangs davon ausgegangen, dass irgendein Arbeiter schon viel zu früh am Abend das Wirtshaus besucht hatte, in dem sie heute Abend singen würde. Der Wind hatte ihr den Schleier gerade in dem Moment in die Augen geweht, als er nur noch wenige Schritte entfernt gewesen war. Aber warum sie zusammengestoßen waren, verstand sie trotzdem nicht. Hatte er sie nicht auch kommen sehen?

Elissa lehnte sich etwas vor, um riechen zu können, ob er getrunken hatte. Das würde seinen unsicheren Gang erklären. Nicht unbedingt schwankend, aber irgendwie … wie die hilflosen Schritte eines Kleinkindes statt der selbstsicheren, langen Schritte des Mannes, den sie in London kennengelernt hatte.

Sie roch nichts, aber sie konnte sich auch nicht noch näher lehnen, ohne aufdringlich zu wirken.

Er runzelte die Stirn, eine unangenehme Angewohnheit, an die sie sich von früher erinnerte, und ihr wurde bewusst, dass sie erneut nicht auf seine Frage geantwortet hatte. Rasch warf sie ihm eine Gegenfrage entgegen, ehe er noch einmal nachhaken konnte: „Ich nehme an, Geschäfte im Auftrag Ihres Vaters?"

Mr Williams schüttelte den Kopf, richtete sich ein wenig auf. Irgendetwas war anders an ihm. Er schien ruhiger, selbstsicherer, als er es in London gewesen war. Und zugleich spürte sie seine Anspannung, vielleicht in der wachsamen Art, mit der seine Augen in der inzwischen immer mehr Raum einnehmenden Dunkelheit hin und her wanderten.

„Nein, mein jüngerer Bruder hat einen Teil der Geschäfte meines Vaters vor etwa einem halben Jahr übernommen, ich selbst habe mich schon vor ein paar Jahren selbstständig gemacht."

Entgegen ihrer Hoffnung und bevor sie eine weitere Frage stellen konnte, fragte er nach: „Aber Sie haben mir immer noch nicht verraten, weshalb Sie hier sind …?"

Elissa atmete tief aus und musste zugleich ein wenig grinsen hinter dem rauen Stoff des Schleiers, den sie an diesem Tag trug. Er war deutlich aufmerksamer, als sie vermutet – oder zumindest gehofft – hatte.

„Ich bin für eine Weile hier in der Gegend untergekommen und habe heute Abend noch einen Termin ein paar Straßen weiter."

„Darf ich Sie begleiten, wohin auch immer Sie unterwegs sind? Und gehen Sie nicht davon aus, dass mir Ihre erneute ausweichende Antwort entgangen ist."

Elissa lächelte sanft und ignorierte diese letzte indirekte Frage. „Keine Angst, ich werde meinen Weg schon finden. Aber vielen Dank für das freundliche Angebot."

Mr Williams runzelte die Stirn.

„Ich habe nie bezweifelt, dass Sie Ihren Weg finden. Allerdings sehe ich es als meine Pflicht als Gentleman sicherzustellen, dass Sie an ihrem scheinbar etwas ominösen Ziel unbescholten ankommen."

„Der Sicherheitsbeauftragte Mr Williams, hm?"

Seine erschöpften Gesichtszüge hellten sich auf und er lachte leise, ein tiefes Glucksen, das über dem kalten, feuchten Septemberwind zu schweben schien.

„Daran erinnern Sie sich noch?"

Sein ansteckendes Lachen ließ sie kichern: „Ja, natürlich."

Ja. Natürlich. Es war einer der eindrücklichsten Tage ihres Lebens gewesen. Der Tag, an dem ihre so hoffnungsvolle Zukunft begonnen hatte. Elissa hielt inne. Und der Tag, an dem ihre so hoffnungsvolle Zukunft in Flammen aufgegangen war.

Sie räusperte sich. „Also … Dann mache ich mich wieder auf den Weg. Einen schönen Abend, Mr Williams", verabschiedete sie sich schnell, bevor er sein Angebot wiederholen konnte.

Sie eilte davon, auf einmal begierig, dem kalten Abend zu entkommen. Ihre Schritte klangen laut durch die Stille. Erst als sie ein ganzes Stück gegangen war, stellte sie fest, dass sie nie gehört hatte, wie er weitergegangen war. Sie blieb stehen, drehte sich um und kniff die Augen zusammen.

Auf die Entfernung konnte sie in der hereinbrechenden Dunkelheit gerade noch so erkennen, wie seine muskulöse Gestalt unsicher mitten auf der Straße stehen blieb, dann zögerlich einige Schritte ging. *Seltsam.* Wahrscheinlich überlegte er, ob er ihr nicht doch folgen sollte. Elissa zuckte mit den Schultern und hastete weiter, um ihm nicht die Chance zu geben, sie einzuholen.

Erleichterung erfüllte sie, als sie vor der Tür des Wirtshauses angekommen war und noch immer niemanden sonst auf der Straße entdeckte. Schnell zog sie die Tür auf und schlüpfte ins Innere des Gebäudes, dessen wohlige Wärme ihre Finger kribbeln ließ.

Doch die Kälte folgte ihr, durchfuhr sie beinahe so kalt wie die Temperaturen draußen. Emily Bennett begann zu zittern.

Elissa Belham war soeben wieder zum Leben erwacht.

Und Jack Brixton würde versuchen, sie zu finden!

Oktober 1861

Raphael streckte seinem Freund die Hand entgegen, doch statt dass diese geschüttelt wurde, ergriff Henry Miller sie, zog Raphael an sich und klopfte ihm fest auf den Rücken. Als ob die Begrüßung nicht so schon überfallsartig genug gewesen war, fügte Isaac Carter noch einen seiner Schläge hinzu und boxte Raphael gegen die Schulter. „Wow, ist das lange her!"

Raphael grinste und boxte Isaac zurück. „Ja, meine blauen Flecken waren endlich verschwunden."

Er kniff die Augen zusammen und streckte die Hand in die Richtung aus, in der er Henrys Wange vermutete. Scherzhaft liebevoll tätschelte er diese und lachte: „Das Leben als verheirateter Mann scheint dir gutzutun. Mindestens 20 Pfund mehr."

Isaac, der inzwischen auch verheiratet und trotzdem noch genauso dürr war wie eh und je, meinte trocken: „Felicity würde dir für den Kommentar bestimmt das Fell über die Ohren ziehen. Sie behauptet, ich sei ein schwarzes Loch, bei dem alles Essen der Welt nicht hilft. Vielleicht beginnt sie bald, mir Dünger über den Kopf zu schütten und mich mit einer Gießkanne zu begießen."

Raphael grinste: „Keine schlechte Idee", und drehte sich um.

„Aber jetzt kommt erst mal richtig rein, Mrs Martin bringt sicher gleich Tee und vielleicht sogar etwas, das dir noch beim Wachsen hilft, Isaac."

Das Haus roch schon nach irgendeinem Leckerbissen.

Seine Studienfreunde folgten ihm in den Salon und Raphael war froh, das Haus so gut zu kennen. Bisher schienen sie noch nichts bemerkt zu haben.

Das letzte Mal hatten sie sich gesehen, als Henry vor etwa einem Jahr Lady Amelia Westcliff geheiratet hatte. Die schöne Braut hatte vor Glück gestrahlt, das Licht in ihren Augen nur beim Blick auf David kurz gedimmt. Vermutlich hatte seine Anwesenheit sie daran erinnert, dass sie noch immer nichts von ihrer Freundin gehört hatte.

Raphael konnte noch immer kaum glauben, dass er vor zwei Wochen hier mitten im Nirgendwo auf Elissa Belham gestoßen war. Wortwörtlich. Und doch hielt ihn irgendetwas davon zurück, seinen Freunden von ihr zu erzählen. Vielleicht das sichere Gefühl, dass sie nicht hatte gefunden werden wollen. Dass sie ihm während ihres kurzen Austausches etwas verschwiegen hatte.

Andererseits konnte Raphael das nicht so genau sagen, denn er hatte in der Dämmerung höchstens noch ihre Umrisse ausmachen können. Seitdem war sein Augenlicht sogar noch schlechter geworden, noch trüber, sodass er selbst jetzt, am helllichten Tag, kaum mehr als grobe Schatten und Kanten ausmachen konnte.

Er ließ sich auf einem Sessel nieder und deutete mit seiner Hand einladend auf die Sitzgruppe, die zu seiner Linken stand: „Setzt euch. Wie gesagt, Mrs Martin müsste gleich hier sein."

Isaac nahm zügig Platz, während das Sofa, das Henry gewählt hatte, ein langes, schwermütiges Knarzen von sich gab, als der riesenhafte Mann sich darauf niederließ.

Isaac lachte gutmütig. „Das hört sich ja richtig vertrauenerweckend an. Oder nach den zusätzlichen 20 Pfund, die der gute Doktor dir diagnostiziert hat, Henry."

„Sehr witzig, Carter."

Der Rotschopf lachte lediglich. Isaac konnte nie allzu lange still sitzen. Schon stand er wieder auf und ging Richtung Fenster. „Was ist das?"

Henry brummte nur und so fühlte Raphael sich gezwungen, auf Isaacs Frage einzugehen. „Was?"

„Das da draußen?"

Langsam, etwas widerwillig stand Raphael auf. „Was meinst du?"

Er sah, dass Isaac den Arm hob und auf irgendetwas außerhalb des Fensters deutete. „Na das."

Raphael stellte sich neben ihn, blickte in Richtung des Fensters. Dort irgendwo musste der Marktplatz des nahe gelegenen Dorfes sein, die Kirche. Er kniff die Augen angestrengt zusammen, erkannte trotzdem nichts außer groben Umrissen und helleren Flächen. Er klopfte Isaac auf den Rücken und grinste: „Entschuldige, Mann, ich werde auch nur älter."

Raphael hörte Henrys tiefes Lachen, sah wie Isaac ihm den Kopf zuwandte. Er lachte nicht.

Dann ging auf einmal die Tür auf und Mrs Martin rettete ihn. Mit wenigen Schritten war sie am Tisch, stellte das Tablett ab und begann, Tee auszuschenken.

Raphael lächelte ihr dankbar zu, als sie ihm schließlich seine Tasse in die Hand drückte. Sie wusste von seinem schlechter werdenden Sehvermögen, wusste, wie schwer es für ihn geworden war, kleinere Gegenstände auf dunklen Oberflächen zu erkennen.

Keine guten Voraussetzungen, um als Arzt auf dem Land selbstständig zu arbeiten. Seine Weigerung, ein Pferd zu besteigen, hatte es ihm schon schwer genug gemacht. Aber dies gefährdete seine Arbeit auf einem vollkommen neuen Level. Einem existenziellen Level.

Mühsam zwang er Leichtigkeit in seine Stimme, als er sich bei Mrs Martin bedankte und sich den beiden Männern neben ihm zuwandte: „Ich hoffe, eure Reise bis hierher war in Ordnung?"

„Nebel und ekelhaftes Regenwetter. Fürchterliche Sehnsucht nach meiner Felicity. Und dann dieser Freund, der in dieses winzige, abgelegene Dorf gezogen ist, das auf keiner Karte eingezeichnet ist …" – Raphael kannte das Grinsen, das Isaacs helle Gesichtszüge nun erfüllte, nur zu gut – „Nein, im Ernst: Die Reise ist wunderbar."

Henry lehnte sich vor und fragte witzelnd: „Warum kommst du eigentlich nicht mit?"

„Ja, warum eigentlich nicht?"

Isaacs Frage und Henrys zustimmendes Brummen nun waren ernst gemeint.

Die beiden waren auf dem Weg nach London zu einem Ärztekongress. Doch Raphael, der früher zwar immer einer der besten gewesen war, zählte sich mit seiner Landarztpraxis im Gegensatz zu seinen Freunden nicht zu den renommiertesten Ärzten des Landes. Und außerdem würde er niemals nach London zurückkehren, wenn es nicht unbedingt nötig war. Vor allem jetzt nicht mehr.

Es gab dort zu viele ihm unbekannte Orte, Ärzte mit Kliniken, die auf dem neuesten Stand der Wissenschaft waren, während er einfach nur versuchte, möglichst viele seiner Patienten mit den ihm hier zur Verfügung stehenden Mitteln am Leben zu halten. Seinen Kopf über Wasser zu behalten. Niemanden merken zu lassen, dass seine Augen ihn immer mehr im Stich ließen, dass er langsam unterging.

Er lachte, als hätte er die Ernsthaftigkeit in Isaacs Stimme nicht bemerkt: „Nein, danke, ich muss doch meinem Ruf als einsamer Kauz gerecht werden und mich weiter hier im Niemandsland verstecken."

Isaac setzte an, ihm zu widersprechen: „Ach, Raphael, das –"

Mit einem leisen Knarren öffnete sich die Tür und Mrs Martin steckte den Kopf herein. „Ein Notfall, Dr. Williams."

In ihrer Stimme lag dieselbe Dringlichkeit, die in ihm so oft gespannte Aufregung ausgelöst hatte. In letzter Zeit schnürte ihm lediglich die Angst die Kehle zu, ob heute der Tag war, an dem sein Geheimnis das Leben eines Menschen und seine Karriere, sein eigenes Leben beenden würde.

Er ließ es sich nicht anmerken, erhob sich stattdessen rasch und hob entschuldigend die Schultern. „Meine Herren, es tut mir leid. Mrs Martin wird euch sicher noch Proviant einpacken." Er ging zur Tür. „Auch wenn es ein sehr kurzer Besuch war – freut mich, dass ihr da wart."

Mit diesen Worten drehte er sich um – und lief gegen die Tür, die Mrs Martin offen stehen gelassen hatte. Er hörte seine Freunde laut einatmen und lachte sein Missgeschick schnell weg. Versuchte, es echt klingen zu lassen, und eilte nach Mrs Martins Worten: „Die

Patientin liegt schon im Behandlungsraum", die Treppe zu seiner Praxis hinunter.

Vor der Tür zum Behandlungszimmer blieb er kurz stehen, obwohl das sanfte Knarren der Bodendielen seine Anwesenheit schon verraten haben musste, und atmete tief ein und aus. Er würde nicht zulassen, dass seine Ungeschicklichkeit ihm in die Praxis folgte.

Dr. Williams war einer der besten in dem, was er tat.

Er straffte die Schultern und stieß die Tür auf. Trat mit langen Schritten an die Liege, auf der Mrs Smith sich vor Schmerzen wand. Die alte Frau hatte schon ihren Mann und ihre Söhne überlebt und lebte inzwischen auf dem Bauernhof ihres Enkels. Mrs Martin musste den fürsorglichen jungen Mann im Salon warten lassen.

„Guten Tag, Mrs Smith." Er legte ihr eine beruhigende Hand auf die Schulter. „Weshalb hat Michael Sie hergebracht? Was ist los?"

Ihre knochige Schulter zitterte unter seiner Berührung. Während sie begann, ihm von ihren Zahnschmerzen zu berichten, wandte er sich schon um und fuhr vorsichtig mit der Hand über die Arbeitsplatte. Irgendwo hier musste doch …

Erleichtert atmete er auf, als er das Fläschchen Laudanum zu fassen bekam, und füllte eine kleine Portion ab. Er ging zurück zur Tür, rief nach Mrs Martin und gab Mrs Smith von dem Schmerzmittel zu trinken. Er wusste, um welchen Zahn es ging. Als Mrs Smith vor einiger Zeit da gewesen war, hatte er schon geahnt, dass man den Zahn wohl bald ziehen müsste. Als er noch so genau hatte sehen können im Tageslicht.

Er hörte Mrs Martins leichte Schritte die Treppe herunterkommen, gefolgt von den Schritten seiner Freunde, die direkt in Richtung der Haustür weitergingen.

Mrs Martins schlanke Gestalt kam auf ihn zu und blieb vor ihm stehen. „Dr. Williams?"

„Wir müssen Mrs Smiths Zahn ziehen. Ich brauche Sie, um mir zu assistieren."

Er spürte ihr Zögern daran, wie sie ihn weiter ansah, anstatt in ihrer üblichen Geschäftigkeit direkt loszulegen. Hörte es in ihrer Stimme, als sie sich zu ihm vorlehnte und raunte: „Denken Sie, Sie sind in der Lage –"

Rasch unterbrach er sie, unterbrach seine eigenen Gedanken: „Ja, auf jeden Fall."

Und seine Worte bewahrheiteten sich.

Bis er Mrs Smith noch etwas mehr Laudanum gab.

Bis zu dem Moment, in dem er Mrs Martin die Hand hinhielt und bat: „Die Zange, bitte."

Bis er den verfaulten Zahn gezogen hatte.

Bis er eine dankbare Mrs Smith neben ihrem Enkel Michael Smith nach draußen begleitete.

Und dann fiel ihm ein, dass auf seiner Arbeitsfläche auch eine andere Flasche gestanden hatte. Eine Flasche mit tödlichem Inhalt!

Er hatte sie dort schnell abgestellt, als Henry und Isaac eingetroffen waren. Hatte sein System, das er sonst sorgfältig aufrechterhielt, durcheinandergebracht.

Mrs Smith hatte seine Praxis zwar guter Dinge und auf ihren eigenen Beinen verlassen, doch in der entsprechenden Dosierung konnte die giftige Wirkung des Roten Fingerhuts auch verzögert ein Leben beenden.

Raphael spürte, wie ihm das Blut aus dem Gesicht wich, und stolperte einen Schritt zurück.

Dann brannte der Schreck einen heißen Weg durch seine Adern. Er rannte zurück in seinen Behandlungsraum, ergriff die Flasche von dort, wo er sie wieder abgestellt hatte, und eilte in Richtung der Küche, wohin seine Haushälterin nach der abgeschlossenen Behandlung verschwunden war.

„Mrs Martin?" Beinahe stolperte er über seine eigenen Füße, rannte weiter. „Mrs Martin!" Seine Stimme donnerte durch das nun leere Haus. „Mrs Martin!"

Keuchend blieb er im Eingang zur Küche stehen, holte tief Luft.

Er sah ihre Silhouette vor dem hellen Hintergrund des Fensters. Sah, wie sie sich bewegte, auf ihn zukam.

„Um Himmels willen, was ist denn los?"

Lydia Martin kannte ihn beinahe sein ganzes Leben, ihr Mann war schon vor Raphaels Geburt der Stallmeister seines Vaters gewesen. Nach dem Tod ihres Mannes hatte sie beschlossen, Raphael in den Norden zu begleiten. Sich seiner Flucht vor den Erinnerungen anzuschließen. Doch in all der Zeit hatte sie ihn nie so aufgebracht erlebt.

Wortlos streckte er ihr die Flasche hin.

Spürte, wie sie sie ihm aus der Hand nahm.

„Was steht drauf? Was steht auf dem Etikett?" Seine Worte klangen hart. Grob. Ein langer Herzschlag verging. Raphael roch seinen eigenen Schweiß, seine Panik über den Düften der Küche.

„Laudanum", durchdrang Mrs Martins Stimme das laute Rauschen in seinen Ohren.

Raphaels Knie wurden weich, als Erleichterung ihn durchströmte. Er taumelte einen Schritt zurück, streckte eine Hand nach der stützenden Küchentheke aus – und griff in einen spitzen Gegenstand.

Warmes Blut lief über seinen Handballen, als er reflexartig die Hand zurückzog.

Mrs Martins entsetzter Ausruf kam kaum bei ihm an. Er hatte soeben beinahe eine Frau umgebracht. Es war Zeit, dass er sich die Wahrheit eingestand!

Der Sicherheitsbeauftragte Mr Williams, hm?" Hohl hallte Elissa Belhams Stimme in seinen Ohren wider.

Es war nie wirklich sicher gewesen, dass es ihm gelingen würde, seinem nächsten Patienten zu helfen statt zu schaden. Doch inzwischen konnte er kaum mehr seine eigenen Schritte lenken und sicher sein, dass er nicht gegen irgendein Hindernis laufen würde.

Das Risiko war zu hoch geworden!

Er war ein zu hohes Risiko geworden.

14

Dezember 1861

Elissa zog ihre verschlissene Decke ein wenig enger um sich, während ein weiterer Hustenanfall ihren ohnehin schon schmerzenden Körper durchschüttelte.

Jack Brixton hatte sie noch nicht gefunden. Vielleicht hatte Raphael Williams niemandem verraten, dass er ihr in der Nähe Yorks begegnet war.

Draußen heulte der Wind.

Vor ungefähr zwei Wochen war der Prinzgemahl, Albert von Sachsen-Coburg und Gotha, verstorben. Königin Victoria trauerte, das Land trauerte, und Elissa sang erst wehmütige, melancholische Lieder, dann Weihnachtslieder. Und jetzt gar nicht mehr.

Ihre Stimme war so heiser, dass selbst Flüstern schmerzte. Elissa fragte sich, wohin sie gehen sollte, wenn ihr derzeitiger Wirt beschloss, sie vor die Tür zu setzen, da sie auch heute Abend noch nicht in der Lage war, für seine Gäste zu singen.

Der Mann war zwar freundlich, aber er war auch ein Geschäftsmann. Und im Augenblick war sie ein schlechtes Geschäft.

Sie hatte die letzten zwei Monate an diesem Ort gesungen, weshalb Mr Miller sie hatte hierbleiben lassen, auch als sie sich vor vier Tagen, pünktlich zu den Weihnachtsfeiertagen, erkältet hatte und ihre Stimme sie im Stich ließ.

Doch nun stand er in ihrem Türrahmen, sein Ausdruck besorgt. Vielleicht hatte er Angst, sich anzustecken, vielleicht machte er sich auch Sorgen um sie.

„Es tut mir leid, Miss Bennett, ich kann Sie so nicht länger bleiben lassen."

Er räusperte sich, trat unbehaglich von einem Bein auf das andere und blickte zu Boden.

„Die anderen Gäste hören Sie husten. Und wenn mir die Einnahmen Ihrer Auftritte fehlen, dann brauche ich diesen Raum, um das wettmachen zu können." Sein bärtiges Lächeln war bedauernd. „Sie sollten einen Arzt aufsuchen."

„Den kann sich jemand wie ich nicht leisten." Elissa hasste das Geräusch ihres eigenen rauen Flüsterns. Hasste die Tatsache, dass ihre Worte wahr waren. Selbst ihr Erspartes würde für keinen Arzt ausreichen.

Mr Miller lehnte sich gegen den Türrahmen. „Es gibt einen Arzt, den auch Sie sich leisten können."

Elissa unterdrückte ein weiteres Husten und musterte kritisch ihren derzeitigen Arbeitgeber. Was war der Haken?

„Seine Praxis ist nur einige Ortschaften von hier entfernt. Allerdings …" Er hob seinen Blick und schien zu versuchen, durch ihren Schleier zu blicken. Sie atmete aus. Also gab es einen Haken. „Der Mann ist ein brillanter Arzt, auch wenn er diese seltsame Abneigung gegen Pferde hat. Stadtkind, würde ich sagen."

Mr Millers Blick verriet seine Abneigung gegen *Stadtkinder*. Elissa vermied es, ihm zu sagen, dass sie selbst größtenteils in der Stadt aufgewachsen war.

„Allerdings?"

„Er hat seine Praxis vor einer Weile geschlossen."

Was? Warum empfahl er ihr einen Arzt, der seine Praxis schon vor einer Weile geschlossen hatte? Machte er sich über sie lustig?

„Es geht das Gerücht um, dass er kaum noch etwas sieht. Und er ist ein etwas komischer Kauz, soll nicht sehr freundlich sein. Aber wenn man vehement genug nachfragt, behandelt er manchmal umsonst."

War sie inzwischen so verzweifelt, dass sie tatsächlich ernsthaft darüber nachdachte, diesen blinden, unfreundlichen Arzt aufzusuchen?

Anscheinend ja. Eindeutig.

Und weder Unfreundlichkeit noch beinahe Blindheit wären ein großes Problem, wenn es darum ging, eine Erkältung zu behandeln.

Mr Miller schien zu bemerken, dass sie der Idee nicht vollkommen abgeneigt war, und lehnte sich leicht vor. „Ich muss heute sowieso noch geschäftlich nach York. Wenn Sie möchten, kann ich Sie unterwegs dort absetzen."

Elissa konnte kaum glauben, dass sie tatsächlich nickte. Doch hier konnte sie ohnehin nicht mehr bleiben. Vielleicht war es einen Versuch wert …

Wenig später saß sie neben Mr Miller auf dessen Wagen und der frostige Dezemberwind pfiff ihr um die Ohren, kroch selbst durch die vielen Schichten ihrer Kleidung und durch die Decke, in die sie sich gewickelt hatte. Elissa war froh um ihren Schleier, der die kalte Luft daran hinderte, ihr Gesicht direkt zu berühren. Mr Millers alter Gaul zog an und das Holz des Wagens knarrte, als sie sich in Bewegung setzten.

Bald hatten sie das Dorf hinter sich gelassen und lediglich Hufgeklapper und das Knirschen der Räder waren zu hören. Einige Raben suchten auf den verlassenen Feldern nach zurückgelassenen Halmen. Als ihr Wagen vorbeifuhr, flogen sie aufgeschreckt auf und beschwerten sich krächzend. Elissa bewunderte ihre glänzenden schwarzen Federn, spürte das Gefühl der Einsamkeit, der Ruhe, das die abgeernteten Felder vermittelten.

Sie passierten die Ortschaft, in der Elissa Mr Williams begegnet war und kurz hielt sie angespannt die Luft an, doch Mr Miller ließ den Wagen weiterrollen und bald lag das Dorf hinter ihnen. Sie waren noch einmal eine ganze Weile unterwegs, während lediglich die Natur und einige Bauernhöfe sie umgaben.

Als schließlich vor ihnen wieder mehr Häuser in der Ferne auftauchten, stoppte Mr Miller den Wagen vor einem etwas außerhalb der Ortschaft stehenden Gebäude. Das Haus aus roten Backsteinen war nicht sehr groß, aber auch nicht gerade klein. „So, da sind wir."

Elissa hustete und er wartete ab, bis sie sich wieder gefangen hatte.

„Ich hoffe, der Doktor kann Ihnen helfen, dass Sie bald wieder so wunderschön singen können. Und wenn Sie wieder gesund sind, sind Sie bei uns jederzeit willkommen!" Seine braunen Augen lächelten sie freundlich an.

Elissa bedankte sich, nahm ihre Tasche und sprang vom Wagen. Sie sah ihm nach, als er gemütlich davonfuhr. Die Sonne begann soeben, den Horizont zu berühren.

Dann wandte sie sich dem Gebäude hinter sich zu. Es wirkte sehr gepflegt und ein kleiner, von einer niedrigen Mauer umgebener Garten erstreckte sich rings um das Haus. Und doch wirkte es irgendwie leblos, verlassen.

Zögerlich öffnete sie das Gartentor und ging einige Schritte. Dann blieb sie stehen und kaute unsicher auf ihrer Unterlippe herum. Sie ging einen weiteren Schritt vorwärts, blieb wieder stehen.

Das Haus sah so *schön* aus. Ein wenig wie das Haus, in dem sie früher den Sommer verbracht hatten. Nur deutlich kleiner. Aber es hatte einen prächtigen Giebel, feine Vorhänge in den Fenstern und Winterblumen zierten die Eingangstür.

Zaghaft klopfte sie an die Tür.

Sie würde nicht wegen ein paar schmerzhafter Erinnerungen aufgeben, nicht nachdem sie die letzten Jahre so hart gekämpft hatte, um zu überleben.

Eine besonders eisige Windböe hob die Ränder ihres Mantels, ließ sie erzittern. Ihr Hals schmerzte. Und es wurde immer kälter. Und dunkler.

Sie klopfte erneut.

Niemand öffnete.

War keiner zu Hause? Was sollte sie jetzt tun? Bis ins Dorf würde ihr erschöpfter Körper es nicht mehr schaffen.

Da fiel ihr ein Kellerfenster ins Auge, das das sanfte Licht der untergehenden Sonne, deren letzte Strahlen durch die Wolken drangen, anders spiegelte als die anderen Fenster. Jemand hatte vermutlich aus Versehen eines der Fenster trotz der frostigen Temperaturen offen stehen lassen.

Elissa blieb reglos stehen. Ihr Griff um ihre Tasche wurde fester. Sollte sie …?

Einen Augenblick lang kämpfte sie mit ihrem Gewissen.

Dann gewann die Kälte, die ihren ganzen Körper erzittern ließ. Die Schwere, die die Tasche in ihrer linken Hand zu Boden zog. Die Schwäche, die ihre Beine weich machte. Die bleierne Müdigkeit, die ihre Augenlider schwer werden ließ. Der Husten, der noch immer in ihren Lungen rieb.

So, wie Mr Miller den Arzt beschrieben hatte, glaubte sie nicht, dass er etwas dagegen hätte, wenn sie heimlich in seinem Keller übernachtete, statt elendig zu erfrieren.

Vorsichtig drückte sie das Fenster etwas weiter auf. Ausnahmsweise war sie froh über ihre zierliche, etwas zu dünne Gestalt, als sie sich mühsam durch das enge Fenster quetschte. Sie ließ ihre Tasche zu Boden fallen und hielt die Luft an, als das Geräusch des Aufpralls in dem Kellerraum hohl wiederhallte.

Ihre schwache rechte Hand verkrampfte sich um den Fensterrahmen und so ließ sie sich schnell die restlichen Zoll, die ihre Füße in der Luft hingen, zu Boden fallen und zog das Fenster dabei hinter sich zu.

Nur ein kleines bisschen Licht drang durch das Kellerfenster in den Raum. Sie griff nach ihrer Tasche, rollte sich in einer Ecke des Raumes so klein es ging zusammen und kuschelte sich in ihre Decke. Hier drinnen war es deutlich wärmer als draußen im Wind. Kurz fragte sie sich, wie sie am nächsten Tag wieder unbemerkt aus dem Haus herauskommen sollte, doch dann siegte die Erleichterung darüber, die Nacht nicht den Elementen ausgesetzt im Freien verbringen zu müssen. Ihr Kopf sank auf ihre Tasche und die Müdigkeit übermannte ihren erschöpften Körper.

„Was …?"

Der schrille Schrei riss Elissa aus den wohlig warmen Träumen.

„Wer sind Sie?"

Als die Realität allmählich zu ihr durchdrang, riss Elissa erschrocken die Augen auf und hob den Kopf. Ihr Hals war steif und jeder Teil ihres Körpers schmerzte nach der Nacht auf dem harten Fußboden.

„Was tun Sie hier in Dr. Williams' Keller?"

Dr. Williams?

Ihr blieb keine Zeit, den Gedanken weiter zu verfolgen, als ihr Blick dem der aufgebrachten Frau begegnete, die beinahe ebenso erschrocken über Elissas Anwesenheit zu sein schien wie Elissa über die der Frau.

„Ich …" Ihre Stimme brach.

Der schlanken Frau in dem einfachen Kleid und einer gesteiften weißen Schürze war anzusehen, dass sie allmählich die Geduld mit ihr verlor.

Hastig rappelte Elissa sich auf, musste sich aber an der Wand abstützen, als Schwindel sie ergriff.

Kaltes Tageslicht vom Fenster erhellte den Raum. Es musste schon spät sein. Elissa hatte vorgehabt, lange bevor die Bewohner des Hauses erwachten, wieder unterwegs zu sein. Sie räusperte sich in der Hoffnung, ihre Stimme wiederzufinden.

Die Frau vor ihr stemmte energisch die Hände in die Hüften und etwas Mehl flog auf, bildete eine pulvrige Wolke um sie herum.

„Ich … Es tut mir leid."

Elissa sah zu Boden. Ihre Stimme war heute nicht mehr ganz so heiser, das Kratzen in ihrem Hals beinahe komplett verschwunden.

Sie räusperte sich erneut, um eine Erklärung verlegen. Dann jedoch erinnerte sie sich an ihre Erziehung, an die zahllosen Stunden, in denen sie darin unterrichtet worden war zu kommunizieren. Sie richtete sich auf und erklärte: „Es tut mir wirklich leid. Mir wurde empfohlen, diesen Arzt aufzusuchen, allerdings hat niemand geöffnet –"

„Und dann sind Sie stattdessen einfach eingebrochen?"

„Nein, bitte, so war das nicht."

Sie verstummte. Es war genau so.

„Wir sind keine Wohltätigkeitsorganisation." Der Ton der Frau war so hart, dass Elissa zusammenzuckte.

„Aber wir sind auch keine Unmenschen." Der Gesichtsausdruck der Frau hatte sich kein bisschen verändert. Ihr Blick ruhte noch immer fest auf Elissas Augen, das Einzige, was sie hinter dem Schleier sehen konnte. „Also, wer sind Sie?"

„Emily Bennett, Madam."

Einer der Mundwinkel der Frau zuckte, und hätte sie nicht so stahlhart gewirkt, hätte Elissa es vielleicht für Nervosität gehalten. Ihr Blick wanderte langsam über Elissas verschleierte Gestalt, ihren zerknitterten Rock, die ausgeblichene Tasche zu ihren Füßen, Elissas verkrampfte Hände.

Ihre Stimme klang überrascht, als sie feststellte: „Sie sind noch jung."

Elissa schwieg lediglich, versuchte weiter, ihrem Blick standzuhalten.

„Woher kommen Sie, Miss Bennett?"

„Hier und da."

Ein unerwartetes Lachen erhellte die ernsten Gesichtszüge der Frau. „Und Sie hoffen darauf, dass ich Ihrem Wort vertraue? Das war sehr vage."

Elissas Lippen verzogen sich zu einem traurigen Lächeln und die Worte waren über ihre Lippen, ehe sie sie zurückhalten konnte: „Und dennoch wahr, Madam."

„Mrs Martin, die Haushälterin."

Elissa nickte, trat unruhig von einem Fuß auf den anderen. Sollte sie fliehen und hoffen, dass Mrs Martin gütig genug wäre, sie einfach gehen zu lassen?

Sie blieb stehen.

Stille breitete sich aus zwischen ihnen und Mrs Martin ging wieder dazu über, sie mit diesen Augen zu mustern, denen nicht viel zu entgehen schien. „Wohin waren Sie gestern Abend unterwegs?"

Elissa zuckte nichtssagend mit den Schultern.

Die Haushälterin presste ihre Lippen fest aufeinander, ihre Augen zu Schlitzen zusammengekniffen. „Wissen Sie es nicht oder wollen Sie es mir nicht verraten?"

Elissas Augen folgten den Sonnenstrahlen, die den Keller erreichten, fixierten den Fleck am Boden, an dem sie einen wunderschönen Regenbogen malten. Ihre Stimme war dünner, als sie gewünscht hätte, als sie schließlich zögerlich antwortete: „Ich weiß es nicht."

Die ältere Frau legte den Kopf schief und musterte sie von Kopf bis Fuß. Dann schloss sie ihre Augen für einen kurzen Moment, ehe sie vollkommen unvermittelt vorschlug: „In Ordnung. Ich nehme an, Sie können als Dienstmädchen hierbleiben, wenn Sie möchten. Ich erwarte Pünktlichkeit, Ordentlichkeit und Disziplin. Und dass Sie fragen, wenn Sie etwas nicht wissen. Und sollten Sie stehlen, glauben Sie mir, werde ich es bemerken, bevor Sie damit davonkommen können."

Elissa erstarrte überrumpelt von der unerwarteten Wende des Gesprächs.

Mrs Martin nickte mit einer schnellen Kopfbewegung, als hätte sie soeben erst ihren eigenen Vorschlag für gut befunden. Die ruckartige Bewegung löste wieder eine geringe Menge Mehl.

Langsam blinzelte Elissa, versuchte ihrer Überraschung Herr zu werden. In all der Zeit hatte niemand sie fest anstellen wollen wegen ihrer Verschleierung und nun, da sie unerlaubt in diesem Haus übernachtet hatte – sie nahm an, man könnte es wahrscheinlich tatsächlich einbrechen nennen –, wurde ihr einfach so eine Stelle angeboten?

Sie würde sich nicht beschweren. Singen konnte sie nicht im Augenblick. Ihr Erspartes würde nicht weit reichen. Und wohin sonst sollte sie gehen?

„Ich muss das natürlich erst mit Dr. Williams besprechen, aber ich gehe davon aus, dass er mir zustimmen wird."

Dr. Williams.

Sie hatte es schon beinahe wieder vergessen. Das wäre ein Grund, nicht zu bleiben …

Und doch konnte es nicht wirklich sein. Mr Miller hatte von einem fast blinden Arzt gesprochen. Und Raphael Williams war weder beinahe blind noch ergab es Sinn, dass er hier im Norden arbeitete statt in einer der renommierten Kliniken Londons.

Selbst nachdem sie ihn hier im Norden angetroffen hatte, schien es sehr unwahrscheinlich, dass es derselbe Dr. Williams war.

Das Risiko war vorhanden. Aber es war extrem gering. Und es war es wert im Austausch gegen eine feste Anstellung. Niemand außer Mr Miller wusste, dass sie hier war. Und der glaubte, sie wäre nur für einen kurzen Besuch bei dem Arzt geblieben und dann weitergezogen.

Die verschleierte Sängerin war inzwischen schon beinahe etwas zu bekannt geworden, erst recht nachdem Raphael Williams ihr in dieser Gegend begegnet war. Sollte Brixton herausfinden, dass sie die Frau hinter der Verschleierung war, müsste er sie nicht einmal mehr suchen. Die Besitzer der Wirtshäuser warben sogar damit, wenn sie dort auftrat.

Doch niemand würde in einem einfachen Dienstmädchen Elissa Belham vermuten.

Und sollte sie herausfinden, dass dieser Dr. Williams tatsächlich eine Verbindung zur Familie Williams hatte, könnte sie noch immer weiterziehen.

Langsam nickte sie, der Stoff ihres Schleiers strich weich über ihre Wange.

„Eins noch."

Elissa hielt die Luft an. Es war zu gut gewesen. War klar gewesen, dass das noch nicht alles war.

„Falls Dr. Williams Sie anstellen soll, möchte ich sehen, wer sich hinter dem Schleier verbirgt."

„Nein." Elissas Stimme klang in ihren eigenen Ohren kalt, viel härter noch als Mrs Martins Stimme es während des ganzen Gesprächs gewesen war, selbst am Anfang.

„Weshalb nicht?"

„Ich bin entstellt." Nun klang ihre Stimme einfach nur leer.

„Ach, Kind, das ist nichts, mit dem ich nicht zurechtkommen würde, glauben Sie mir. Lassen Sie mich sehen, mit wem ich spreche, damit ich mir ein Bild von Ihnen machen kann." Mrs Martin streckte behutsam eine Hand zu ihr aus, ihre Worte so sanft, als würde Sie versuchen, ein schreckhaftes Pferd zu beruhigen.

„Nein."

Wenn dies der Preis war, dann würde sie eine andere Arbeit finden. Elissa konnte sich nicht, *würde* sich nicht dem Entsetzen der Haushälterin aussetzen, dem Ekel, der Abscheu. Ihr Gesicht würde die Frau nur abschrecken, würde sie ihr Angebot zurückziehen lassen. Und dann müsste Elissa sich sowieso nach einer anderen Arbeit umsehen. Ihre Schultern sackten herab, als ihr bewusst wurde, dass dieser kurze Augenblick der Freude, dass jemand den Schleier ignorieren konnte, nichts weiter gewesen war als ein Irrtum.

Vollkommen unerwartet trat Mrs Martin auf einmal einen Schritt zurück, während sie Elissa weiter musterte. „Er wird Sie trotzdem anstellen. Folgen Sie mir."

In der ihr typischen etwas abrupten Art, die Elissa schon nach diesen wenigen Minuten bekannt vorkam, wandte sie sich ab und verließ den dämmrigen Kellerraum so zügig, dass Elissa Eile hatte, ihre Tasche und Decke aufzuheben und hastig zu folgen.

Die Haushälterin führte sie in einen Korridor, von dessen steinernen Wänden das Klackern ihrer Schritte hohl widerhallte. Elissa stieg hinter ihr eine schmale steinerne Wendeltreppe hinauf und eilte dann durch einen ähnlich schmalen Gang, versuchte Schritt zu halten, während die Haushälterin sie zu den Fähigkeiten befragte, die von einer Magd erwartet wurden.

Zu ihrem Leidwesen musste Elissa zugeben, dass sie nicht viel konnte außer den zum Überleben notwendigen Fähigkeiten, die sie in den letzten Jahren zwangsweise erlernt hatte. Schließlich öffnete Mrs Martin die Tür zu einer nicht sehr großen, aber stilvoll eingerichteten Eingangshalle. Dunkle Farbtöne, Möbel mit einfachem Design, aber aus elegant geschliffenem Holz, und einige wenige Kunstwerke dominierten den Raum. Eine breite Treppe aus dunklem Holz führte in ein zweites Stockwerk.

Mrs Martin war stehen geblieben und Elissa betrachtete interessiert den Treppenaufgang. Hinter einem kleinen Plateau befanden sich direkt eine Wand und eine weitere solide Holztür, die beinahe Ähnlichkeit mit einer Haustür hatte. Es gab keine Galerie.

„Dort oben befinden sich die Wohnräume des Doktors, die untere Etage ist komplett abgetrennt. Bis auf einen Empfangsraum und den großen Speisesaal, falls wir einmal Gäste haben sollten, befinden sich hier unten nur Praxis-Räumlichkeiten."

Elissa wollte soeben nachfragen, ob die Praxis tatsächlich komplett geschlossen war, als ein leises Knarren ihre Aufmerksamkeit auf sich zog. Die Tür zum oberen Stockwerk öffnete sich langsam.

Nervös, etwas ängstlich, aber auch neugierig beobachtete sie, wie die Tür sich immer weiter öffnete. Sie musste sich zusammenreißen, um vollkommen entspannt stehen zu bleiben.

Doch als schließlich der einschüchternde Schatten des Hausherrn in der Tür erschien, konnte sie ein erschrockenes Einatmen nicht zurückhalten.

Und ihr Körper, der Verräter, wählte genau diesen Augenblick, um in einen unvermutet heftigen Hustenanfall auszubrechen.

15

Das fröhliche Zwitschern der Vögel vor seinem Fenster weckte ihn.

Regungslos blieb Raphael dennoch in seinem Bett liegen, die Augen geschlossen.

Das Band der Angst um seinen Brustkorb, das sich in den letzten Wochen und Tagen immer und immer fester zugezogen, ihm immer mehr die Luft abgeschnürt hatte, wurde noch ein kleines bisschen enger. War heute der Tag, an dem …?

Hastig riss er die Augen auf. Nein. Es war dunkel. Viel zu dunkel. Aber da waren noch etwas hellere Flächen, ein klein wenig dunklere Schatten in der grauen Fläche, die zu seiner Welt geworden war.

Offenbar hatte Gott ihm einen weiteren Tag Galgenfrist gewährt, einen weiteren Tag, an dem sein Leben noch nicht vollkommen in Dunkelheit verschwand.

Langsam drehte er sich um, spürte seine allmählich älter werdenden Knochen und stand auf. Der kalte Fußboden an seinen nackten Füßen sandte eine Gänsehaut über seinen Körper.

Mit wenigen Schritten war er am Fenster, legte die Hände aufs Fensterbrett und presste die Stirn an die eiskalte Fensterscheibe. Starrte nach draußen, ohne irgendetwas sehen zu können. Aber das Licht war hier ein wenig heller, verriet ihm, dass vielleicht sogar die Sonne schien.

Heute war der 28. Dezember. Weihnachten schon wieder vorbei.

Und er hatte seine Familie seit über einem Jahr nicht mehr gesehen. Mrs Martin hatte ihm einen Brief seines Vaters vorgelesen, den dieser ihm einige Wochen vor Weihnachten geschickt hatte. Sein Vater war davon ausgegangen, dass Raphael Weihnachten bei der Familie in London verbringen würde.

Raphael drückte die Stirn ein wenig fester an die Scheibe.

Er hatte Mrs Martin eine kurze Nachricht zurücksenden lassen, dass er zu beschäftigt sei. Er hatte ihre Missbilligung wahrgenommen. Hatte Gottes strafenden Blick auf sich gespürt. Aber das hatte ihm kaum etwas ausgemacht. Es gab nicht viel, das Gott ihm noch nehmen könnte. Er war nun 26 Jahre alt, im besten Alter, und doch vollkommen hilflos den Menschen um ihn her ausgeliefert.

Das Einzige, das seinen Magen noch immer zu einem harten Klumpen werden ließ, wann immer er an den Brief seines Vaters dachte, war sein eigenes Schuldgefühl darüber, seinen Vater angelogen zu haben. Seinen Vater, der immer hinter ihm gestanden, ihn immer unterstützt, immer an ihn geglaubt hatte. Daran, dass er es hier schaffen, es zu etwas bringen konnte.

Und doch war es nur ein weiterer Kieselstein auf dem riesigen Berg seiner Schuld. Ein notwendiger Kieselstein.

So konnte er seinem Vater nicht unter die Augen treten. Und auch nicht seinem Bruder. *Vor allem* nicht Daniel.

Raphael gestand es sich nur ungern ein, aber er hatte Angst gehabt. Angst vor den Räumlichkeiten, in denen er sich nicht wie hier auch ohne sein Sehvermögen gut zurechtfand, Angst vor der Enttäuschung seines Vaters, Angst vor Daniels Abneigung, seinen Anschuldigungen, ja, sogar Angst vor Sarais sanften Worten, dem Mitleid, das sie sicher haben würde.

Abwesend fuhren seine Finger über den immer länger werdenden Bart. Er konnte sich nicht einmal mehr selbst rasieren. Sicher, er könnte Mrs Martin fragen, aber es war einfacher so.

Mit wenigen Schritten war er an dem Stuhl neben dem Fenster, auf den Mrs Martin seine Kleidung für den heutigen Tag gelegt hatte. Er griff nach dem Stapel und zog sich die Socken über die eisigen Zehen. Und war froh, dass alles am üblichen Platz zu liegen schien, auf die übliche Weise gefaltet.

Seit Mrs Martin begonnen hatte, selbst die einfachsten Dinge zu sortieren, fand Raphael sich deutlich besser – und schneller – zurecht. Nachdem er fertig war, ging er die acht Schritte zur Tür und zog sie auf. Der Geruch nach gebratenem Speck und frisch gebackenem Brot drang an seine Nase und sein Magen knurrte. Mrs Martin war also schon eine Weile wach.

Er wollte sich soeben auf den Weg zu seinem Arbeitszimmer machen, als gedämpfte Stimmen an sein Ohr drangen. Die Stimmen wurden lauter.

Lauschend legte Raphael den Kopf schief, ging vorsichtig einige Schritte den Korridor entlang. Die Bodendielen knarrten unter seinen Schritten und seine rechte Hand strich leicht über die Wand. Sie hatten vor etwa zwei Wochen alle Dekoration, über die er stolpern könnte, aus den Gängen entfernt.

Als er glaubte, nicht mehr allzu weit von der Tür zur Eingangshalle entfernt zu sein, ging er etwas langsamer, kniff die Augen zusammen, um den dunkleren Schatten ausmachen zu können. Er hörte Mrs Martins Stimme, dann nichts mehr. Unsicher, was ihn erwarten würde, öffnete er langsam die leise quietschende Tür. Er sah viel zu wenig, um die Situation einschätzen zu können. Sogar zu wenig, um überhaupt erkennen zu können, wie viele Personen sich in der Eingangshalle befanden.

Unentschlossen blieb er im Türrahmen stehen.

Bis ein abgehacktes Husten die Stille zerbrach.

Vermutlich war das wieder eine arme Seele, die noch nicht von der Schließung der Praxis gehört hatte oder dennoch auf eine Behandlung hoffte.

Das Husten ihres Gastes verstummte.

Er wartete auf Mrs Martins Vorstellung, doch sie kam nicht, und so fühlte er sich gezwungen zu fragen: „Wer ist denn unser Gast, Mrs Martin?"

„Was lässt Sie davon ausgehen, dass nicht ich mir eine Erkältung eingefangen habe?"

Belustigung zupfte an einem seiner Mundwinkel, doch sein Gesichtsausdruck blieb neutral.

„Erstens", er hob einen Finger, „bilde ich mir ein, dass ich es mitbekommen hätte, wenn Sie sich so sehr erkältet hätten. Zweitens habe ich Sie soeben reden hören. Mit einer anderen Person. Oder muss ich mir neben ihrer Gesundheit auch noch Sorgen um ihren Geisteszustand machen?"

Er hörte ihr leises Glucksen selbst bis an den Treppenabsatz.

„Und drittens", mit ernstem Gesicht hob er einen dritten Finger, „werden Sie nicht krank. Nie."

Das erntete ein echtes Lachen. Und ein ersticktes Geräusch von der zweiten Person, auf das ein weiterer schmerzhaft klingender Hustenkrampf folgte.

Als dieser wieder verstummte, fragte Raphael noch einmal: „Mrs Martin, würden Sie mir bitte unseren Gast vorstellen?"

„Sicher. Das ist Emily Bennett, sie hat heute hier übernachtet und ich habe sie eben als Dienstmädchen eingestellt – natürlich nur, wenn Sie zustimmen, Dr. Williams."

Raphael brummte kaum hörbar: „Seit wann brauchen Sie meine Zustimmung zu irgendetwas, das Sie tun?" Dann runzelte er die Stirn und sagte lauter: „Hier übernachtet? Denken Sie nicht, dass *das* vielleicht meiner Zustimmung bedurft hätte?"

„Nun haben Sie sich nicht so, das arme Kind hatte sonst keinen Ort, wo es hätte hingehen können."

Raphael nickte. Allmählich war er verzweifelt, ja, aber herzlos war er nicht. Sie hatten immer noch mehr als genug, um zu überleben, und wenn irgendeine arme Seele dafür keine Dezembernacht im Freien verbringen müsste – wer war er, sich darüber zu beschweren?

Er fuhr sich nachdenklich über den Bart. „Miss Bennett, möchten Sie denn als Dienstmädchen hierbleiben?"

„We …" Ein kurzes Husten, dann: „Wenn ich darf, sehr gerne."

Die Worte waren heiser und so leise, dass sie kaum noch auszumachen waren. Und dennoch waren sie von keinerlei Dialekt gefärbt, klangen nicht nach jemandem, der nie in seinem Leben eine Bildung genossen hatte.

Raphael kniff noch einmal die Augen zusammen, doch sosehr er sich anstrengte, er konnte keine der Personen unten an der Treppe erkennen. Er nickte langsam und wandte sich wieder an seine Haushälterin: „Mrs Martin, zeigen Sie Miss Bennett ihr Zimmer und kochen Sie ihr bitte einen Kamillentee, dann möchte ich Sie in der Bibliothek sprechen."

Raphael nickte etwa in die Richtung, in der er den Stimmen nach die Frauen vermutete, und wandte sich ab. Er kannte das Haus inzwischen gut genug, um zielsicher nach dem Türgriff zu den Wohnräumen greifen zu können.

Während er sich auf den Weg zu seiner Bibliothek machte, runzelte er erneut die Stirn. Er war nicht begeistert über die Idee, dass eine weitere Person seine selbst gewählte Einsamkeit störte, und verstand nicht so ganz, warum Mrs Martin die Landstreicherin eingestellt hatte. Sicher, sie hatte ein weiches Herz, aber das hatte sie in der Vergangenheit auch nicht davon abgehalten, Anstellungsanfragen abzulehnen und sein Haus größtenteils frei von Besuchern zu halten.

Aber solange das Mädchen seinem Job nachging und ihn in Ruhe ließ, würde er ihre Anwesenheit wahrscheinlich kaum bemerken.

***

Elissa musste sich zusammenreißen, um nicht vor Mrs Martin ungläubig den Kopf zu schütteln. Von allen Häusern, in denen sie hätte unterkommen können – scheinbar war *Dr. Williams* also doch Raphael Williams.

Ihr letzter Wirt hatte den Arzt als „fast blind" bezeichnet. Gewiss, Elissa war ihm nicht sehr nahe gekommen, aber seine sicheren Schritte und seine eine Erklärung einfordernde Stimme hatten auf sie nicht so gewirkt, als hätte der Mann sie nicht mehr sehen können.

Und doch – warum hatte er sie dann nicht sofort erkannt? Ihre Stimme war heiser genug, dass sie selbst sie kaum noch erkannte, aber Mr – *Dr.* – Williams war ihr doch zuvor schon begegnet! Und es gab sicherlich nicht allzu viele Frauen, die sich komplett verschleierten. Vielleicht war es also doch wahr, vielleicht war Dr. Williams tatsächlich fast blind. Auch wenn Elissa sich das kaum vorstellen konnte.

Sie folgte Mrs Martin die Treppe nach oben und schüttelte nun tatsächlich über sich selbst den Kopf. Sie konnte kaum glauben, dass sie nicht sofort umgedreht und zur Haustür hinausgestürmt war, als sie Raphael Williams erkannt hatte. War sie inzwischen wirklich so verzweifelt, dass sie als Dienstmädchen für einen Mann arbeiten wollte, der früher weit unter ihr gestanden hatte?

Vielleicht.

Es stimmte, die verschleierte Sängerin war tatsächlich zu bekannt geworden. Und Hausangestellte waren nahezu unsichtbar, selbst für die Menschen, die im Haus täglich ein- und ausgingen.

Aber da war noch etwas. Etwas, das sie selbst nicht ganz verstand, das sie dazu drängte zu bleiben …

Mrs Martin öffnete die schwere Holztür, die dringend geölt werden musste, und Elissa folgte ihr. Sie sah sich um. Nervös. Neugierig.

Die Haushälterin führte sie durch einen breiten Korridor. Keine Gemälde verzierten die Wände, keine Beistelltische enthielten irgendwelche Blumen, die den Gängen ein etwas weicheres, weiblicheres Gefühl verliehen hätten. Auch die Räume, deren Türen offen standen, glichen in ihrer Einrichtung dem Korridor. Nur das Nötigste – einfache, robuste, wenn auch elegante Holzmöbel, kaum Dekorationen.

Es sollte sie nicht wundern, schließlich schien Raphael Williams alleine zu wohnen. Aber zugleich ließen die fehlenden Verzierungen die Räumlichkeiten kalt wirken, unbewohnt.

Mrs Martin warf immer wieder einen Blick nach hinten, wie um sich zu versichern, ob Elissa ihr noch folgte.

Elissa beschleunigte ihre Schritte etwas, um die Haushälterin nicht aufzuhalten, als sie soeben an einer weiteren geöffneten Tür vorbeikamen. Ihr Blick streifte nur kurz über die Türöffnung, dann jedoch kehrte er augenblicklich zurück, ihre Schritte stockten. Im Gegensatz zum Rest der Räume, die sie bisher gesehen hatte, war die Bibliothek mit weichen Teppichen ausgekleidet, unzählige Reihen an Büchern zierten die Wände und der Raum war gemütlich, beinahe verschwenderisch dekoriert.

Ein riesiger Schreibtisch aus Eichenholz stand unter einem breiten Fenster. Doch ihr Blick blieb an dem gemütlich und oft benutzt aussehenden Sessel in der rechten Ecke des Zimmers hängen. Dr. Williams saß darin, ihnen abgewandt, lediglich sein Profil war zu sehen, das kantige Kinn, die markanten Gesichtszüge. Das einfallende Licht des Fensters vor ihm ließ die harten Linien seines Körpers beinahe wie aus Marmor gemeißelt erscheinen. Er saß dort einfach, starrte aus dem Fenster. Und Elissa konnte ihren Blick nicht lösen. Da war irgendetwas Neues an dem ruhigen Mann, den sie früher nie hatte leiden können, das sie plötzlich zu ihm hinzog, in ihr den Wunsch weckte, das Rätsel zu lösen, zu dem der junge Arzt geworden war.

Das Knarren einer Bodendiele erinnerte sie an Mrs Martins Gegenwart und peinlich berührt senkte sie den Blick. Die schlanke Frau musterte sie einen Augenblick, dann drehte sie sich zackig um und führte sie ohne einen Kommentar weiter durch das Haus.

Als sie einige Schritte gegangen waren, hörte Elissa die leise Stimme der Haushälterin: „Er hat aufgegeben. Seit beinahe zwei Wochen sitzt er so jeden Tag. Und scheint darauf zu warten, dass das Leben ihn auch aufgibt."

Sie blieb stehen, sah Elissa an und in ihren Augen erkannte sie eine große Traurigkeit. „Die Bibliothek wirst du nicht putzen und nicht betreten. Dr. Williams hätte es auch mir verboten, hätte ich nicht auf die Notwendigkeit bestanden, dort ab und zu Staub zu wischen."

Elissa nickte, beobachtete jedoch nachdenklich den Rücken der Haushälterin, als diese sich wieder umwandte und sie über eine enge Treppe ein weiteres Stockwerk hinauf ins Dachgeschoss führte.

Vor einer schmalen Holztür blieb sie stehen und deutete mit einer schnellen Handbewegung auf die Tür: „Das ist dein Zimmer. In den nächsten Tagen werde ich mich um Arbeitskleidung für dich kümmern und falls du sonst etwas brauchst, melde dich einfach! Pack aus, ich erwarte dich in etwa einer halben Stunde in der Küche, um dich in deine Pflichten einzuführen."

Elissa nickte, doch Mrs Martin hatte sich schon umgedreht und ging die Treppe wieder hinunter.

Etwas zögerlich stellte Elissa ihre Tasche und Decke auf dem Boden ab und griff mit der Linken nach dem Türgriff. Die einfache Holztür öffnete sich mit einem leisen Knarren, als wäre der Raum schon lange nicht mehr betreten worden. Doch als sie sie komplett geöffnet hatte, sah sie, dass die kleine Kammer sauber und das Bett bezogen war, beinahe als hätte das Zimmer nur auf eine neue Bewohnerin gewartet.

Es roch nach Staub und nach Lavendel, der vermutlich als Schutz vor Motten in einer Kommodenschublade verstaut worden war.

Zügig räumte Elissa ihre wenigen Habseligkeiten ein und ließ sich, als sie nach weniger als fünf Minuten fertig war, mit einem Seufzen auf das Bett sinken. Alle ihre Knochen schmerzten und ein dumpfes Pochen hallte durch ihren Schädel. Aber sie hatte heute Nacht ein Dach über dem Kopf. Beinahe andächtig fuhr sie über die dicke, warme Decke, die auf ihrem Bett lag.

Erleichterung durchfuhr sie beinahe zeitgleich mit dem Zweifel, ob sie die richtige Entscheidung getroffen hatte, als sie sich dafür entschieden hatte, vorerst zu bleiben. Sie wusste noch immer nicht so recht, was sie dazu bewogen hatte.

Dr. Williams' Gestalt dort in der Bibliothek tauchte vor ihrem inneren Auge auf, die gebeugten Schultern, die Kraft und zugleich die einsame Hoffnungslosigkeit, die er ausgestrahlt hatte. Mrs Martins Worte. *„Er hat aufgegeben."*

Vielleicht war es die Neugierde, ob Raphael Williams tatsächlich sein Augenlicht verloren hatte, die sie zum Bleiben überzeugt hatte. Neugierde, warum der Sohn eines mächtigen Handelsunternehmers das Leben eines einfachen Landarztes gewählt hatte. Vielleicht sogar der Nervenkitzel, durch das Schlüsselloch einer verschlossenen Tür einen Blick auf ihr altes Leben zu werfen. Während *sie* beinahe unsichtbar war für dieses Leben, das sie einst gekannt hatte.

Sie wusste es nicht. Doch eins war sicher: Solange Raphael sie nicht erkannte, war sie hier, so nahe an ihrem alten Leben, wie sie es seit über drei Jahren nicht mehr gewesen war, sicherer als irgendwo sonst.

Und doch hatte Dr. Williams sie schon einmal lediglich an ihrer Stimme erkannt. Sie würde vorsichtig sein müssen. Müsste auf jedes Wort achten, das ihren Mund verließ, damit ihre Ausdrucksweise, ihre Stimme sie nicht verrieten.

Sie spürte, wie ihre Augenlider schwer wurden. Hastig setzte sie sich auf und erhob sich dann. Mit einem letzten Blick auf die Kammer, die für die nächste Zeit ihr Zuhause sein würde, drehte sie sich um und ging die steile Treppe wieder hinunter. Als sie ihren Weg die Flure entlang zurückverfolgte, hörte sie auf einmal erhobene Stimmen aus einem der Räume vor ihr dringen. Unsicher, ob sie weitergehen sollte, blieb sie stehen und legte lauschend den Kopf schief. Als keine weiteren Geräusche an ihr Ohr drangen, ging sie zögerlich weiter. Sie fühlte sich wie ein Eindringling in diesem fremden Haus mit den unbekannten Räumlichkeiten und dem ihr fremden, feinen Geruch nach Kräutern, der das ganze Haus einzuhüllen schien.

Und doch, früher war es vollkommen egal gewesen, was die Dienstmädchen dachten, was die bediensteten Ohren im Haus hörten. Sie würde sich daran gewöhnen müssen, dass nun auch sie mehr Inventar als eine eigenständige Person war.

Sie ging weiter in der Hoffnung, auf dem Weg zur Küche auf Mrs Martin zu stoßen. Doch sogleich blieb sie abrupt stehen, als sie Stimmen hörte. Sie drangen durch die geschlossene Tür schräg vor ihr, die zu der Bibliothek gehören musste, in der sie vorhin Dr. Williams hatte sitzen sehen.

Unentschlossenheit verankerte sie im Boden. Und die Angst, dass ihre Schritte gehört werden könnten, sollte sie versuchen, sich unauffällig wieder zurückzuziehen.

Raphael Williams' Stimme erklang beinahe wie ein leises Grollen: „Aber warum haben Sie sie gleich eingestellt?"

Elissa zuckte leicht zusammen. Offenbar ging es um sie. Sie sollte zurückgehen und sich später noch einmal auf die Suche nach der Küche begeben. Gleich. Sobald sie wusste, ob sie bleiben durfte.

„Der Herr hat es mir gesagt."

„Der Herr?"

„Ja, unser Herr im Himmel. Und Dr. Williams, ich weiß, dass irgendwann in Ihrem Leben, irgendwann, bevor Sie angefangen haben, die Arbeit unseres Herrn zu übernehmen und sich selbst zu verurteilen, auch Sie versucht haben, auf seine Stimme zu hören."

Nun hörte Elissa nichts mehr als Stille. Beinahe als wüsste Raphael Williams selbst ebenso wenig wie Elissa, was er aus diesen etwas absurden Worten machen sollte. Wofür verurteilte der Arzt sich selbst?

Einen kurzen Augenblick fühlte sie sich an ihre Jugend zurückerinnert, an die vordergründig liebevollen, hintergründig so spitzen Bemerkungen, die vielen Gerüchte. An das Gerücht, dass Raphael Williams etwas mit dem Gesundheitszustand seiner Mutter zu tun gehabt haben könnte. Dass er gewalttätig sein könnte.

„Im Gegensatz zur allgemeinen Meinung in diesem Haushalt habe ich nicht aufgehört, seine Stimme zu hören." Er sprach nun sehr leise.

Mrs Martins Lachen dagegen drang hell zu Elissa nach draußen: „Ich habe ja auch davon gesprochen, *auf* seine Stimme zu hören."

Elissa fuhr nachdenklich mit dem Finger über eine Kante der getäfelten Wand. Sie musste zugeben, dass auch sie selbst noch nicht viel darüber nachgedacht hatte, dass es einen Unterschied zwischen diesen beiden Aussagen geben könnte.

„Wie auch immer, ich weiß, dass sie uns brauchen wird. Das arme Kind bleibt."

Ein weiterer kurzer Augenblick der Stille. „Sie werden sich daran gewöhnen."

Und Elissa fragte sich, wer in diesem Haushalt tatsächlich das Sagen hatte. Dann ging die Tür so rasch auf, dass sie hastig einen Schritt zurückweichen musste, um nicht mit der Person zusammenzustoßen, die aus dem Raum geeilt kam.

Mrs Martin blieb abrupt stehen, als sie Elissa sah. Ihre Gesichtszüge blieben nahezu unbewegt.

Elissa versuchte, ihre Anwesenheit zu erklären: „I …", doch ein erneuter Hustenanfall schnitt ihr das Wort ab.

Als sie sich wieder gefasst hatte und soeben den Mund öffnete, um es noch einmal zu versuchen, fragte Mrs Martin ruhig: „Du hast mich gesucht?"

Elissa nickte stumm. Dankbar, ein weiteres Wort in Dr. Williams' Nähe eingespart zu haben.

„Jetzt kochen Sie dem Mädchen endlich einen Tee, bevor es sich die Lunge aus dem Leib hustet!", klang die tiefe Stimme in den Flur.

Mrs Martins Lippen zuckten zu einem kurzen Lächeln, dann winkte sie Elissa, ihr zu folgen, und eilte sogleich vorwärts, während sie erklärte: „Nun komm, ich mache dir diesen Tee und dann reden wir über deine Aufgaben."

Elissa beeilte sich, ihr zu folgen. Und die Zahnrädchen in ihrem Kopf drehten sich, versuchten einzuordnen, was sie soeben mit angehört hatte, während ihr aufgeregt schlagendes Herz allmählich wieder zu einem normalen Rhythmus zurückfand.

16

Raphael drehte sich um und versuchte, noch etwas an den letzten Resten seines Traumes festzuhalten. Er drückte sein Gesicht fester in sein weiches Kissen und zog die Decke eng um sich, wo die trotz des Feuers im Kamin kühle Morgenluft Wege in die gemütliche Wärme gefunden hatte.

Er seufzte wohlig und versuchte weiterzuschlafen.

Aus dem Zimmer neben seinem war ein Klappern zu hören. Offenbar hatte Mrs Martin das neue Dienstmädchen noch nicht darüber in Kenntnis gesetzt, ab wann es diesen Teil des Hauses putzen durfte. Raphael gab auf und öffnete die Augen.

Nichts veränderte sich.

Durch sein Fenster hörte er die Vögel zwitschern wie auch sonst jeden Morgen. Irgendwo im Haus erklangen Mrs Martins forsche Schritte.

Warum waren die beiden Angestellten heute schon so unglaublich früh auf, dass es draußen noch dunkel war? Außer …

Eine fürchterliche Ahnung ließ seine Fingerspitzen kribbeln.

Er blinzelte.

Es blieb dunkel.

Panik ließ sein Herz schneller schlagen, Angst, wie er sie nie zuvor gespürt hatte, griff ihm mit kalten Fingern um die Kehle, schnürte ihm die Luft ab.

Mühsam versuchte er sich zu beruhigen, tief ein- und auszuatmen. Es konnte immer noch sein, dass es tatsächlich dunkel war. Es musste nicht unbedingt sein, dass –

In diesem Augenblick schlug die Kirchturmuhr im Dorf.

Raphael zählte mit. Und jeder Schlag ließ ihn seine Hände etwas fester zu Fäusten ballen, die Muskeln in seinem Körper sich kampfbereit anspannen.

Sechs Schläge.

Es konnte sein. Noch konnte es immer noch sein –

Sieben Schläge. Acht. Neun.

Seine Atmung ging immer schneller. Doch da war nichts, vor dem er wegrennen, kein Gegner, den er bekämpfen könnte.

Als die Kirchturmuhr schließlich zum zehnten Mal schlug, blieb er wie erstarrt liegen, seine Atemzüge flach und sein Herzschlag viel zu schnell. Eine Träne lief in seinen Haaransatz und er merkte, dass er weinte.

Mit zitternder Hand wischte er sich über die nun vollkommen blinden Augen.

Jedes Licht war aus seinem Leben gewichen. Da waren keine Kontraste mehr, keine Schatten und hellen Flächen. Nichts.

Regungslos blieb er liegen, während weiterhin die Geräusche des alltäglichen Lebens in seinem Haushalt an sein Ohr drangen. Das neue Dienstmädchen – Miss Bennett – hatte sich offensichtlich an Mrs Martins Anweisungen gehalten. Nur er hatte verschlafen. Hatte nicht einmal bemerkt, wie die Nacht dem Tag gewichen war.

Es machte keinen Unterschied mehr.

Lange lag er so da. Versuchte Sinn zu finden, allein schon in dem einfachen Akt, seine Beine bald, irgendwann über die Bettkante zu schwingen.

Das Dorf würde sich jetzt gerade zum Sonntagsgottesdienst versammeln. Um ihren großen Gott zu loben, zu preisen. Vielleicht auch um zu versuchen, diesen mächtigen Gott der Gerechtigkeit zu besänftigen.

War es das? War dies nun seine endgültige Bestrafung?

Ein Leben in Dunkelheit – wie seine Mutter, die nie wieder das Sonnenlicht sehen würde? Ein Leben, niemals durchbrochen von

Lichtstrahlen, mit nichts, auf das er sich konzentrieren konnte außer seinen Erinnerungen, den Bildern, die noch immer so lebendig waren vor seinem inneren Auge.

Damals war es auch Nacht gewesen. Die Nacht, in der Raphael seine Mutter ermordet hatte.

Der Mond war hinter dichten Wolken verschwunden gewesen. Man hatte kaum die Hand vor Augen gesehen.

Die perfekte Nacht für ihr Vorhaben ...

Die Familien, die wohlhabend genug waren, hatten sich für die in London so unangenehmen Sommermonate aufs Land zurückgezogen. Raphael war sechzehn Jahre alt gewesen, an der Grenze zum Mannsein. Alt genug, dass sein Vater ihn zu immer mehr Gesprächen mitnahm, ihn immer öfter in die Herrenklubs mitkommen ließ.

Er hatte deutlich gespürt, dass er nie so ganz dazugehörte zu den anderen Jungen in seinem Alter. Und er war bereit gewesen, alles zu tun, um das zu ändern.

Als seine Eltern an diesem Abend aus dem Haus gingen, bot sich die perfekte Gelegenheit für das geheime Zeichen, das sie vorher ausgemacht hatten. David und noch vier andere junge Männer versammelten sich im Schutz der Dunkelheit heimlich beim Anwesen der Williams'.

Die Nacht war feucht von den Nebelschwaden, die die Gegend wie eine Decke einhüllten. Sie ließen die Versammlung noch etwas geheimnisvoller wirken. Beinahe wie einen Geheimorden.

Nach kurzer Diskussion hatten die anderen sich auf eine Mutprobe geeinigt: Raphael sollte den teuren Hengst seines Vaters in dieser stockfinsteren Nacht ausführen und an der Grenze ihres Grundstücks über den Zaun springen lassen. Sein schlechtes Gewissen zwickte ihn ein wenig, aber wenn es das war, was er tun musste, um endlich dazuzugehören, nicht länger ausgegrenzt und gestichelt zu werden, weil seine Eltern weder echte Briten waren noch einen Titel besaßen, dann würde er es tun! Dem nachtschwarzen, riesigen Biest seines Vaters würde schon nichts geschehen. Außerdem war Raphael ein ausgezeichneter Reiter und sein Vater hatte ihm seinen Hengst auch schon früher ausgeliehen.

Etwas nervös, aber viel mehr freudig aufgeregt schwang sich Raphael auf das Tier. In der Ferne war das Rauschen des Meeres zu hören und hinter ihm das Flüstern, die scherzhaften Kommentare seiner Freunde.

Der riesige Hengst unter ihm tänzelte nervös zur Seite und kam einem der jungen Lords etwas nahe. Schreckhaft sprang dieser zur Seite und gedämpftes, raues Lachen erfüllte die Nacht.

„Psssst", erklang Davids lachende Stimme, etwas zu laut dafür, dass die Mutprobe geheim bleiben sollte.

Raphael atmete einmal tief ein, die Abendluft war erfüllt vom Geruch der salzigen Meeresluft. Die Ohren des Pferdes unter ihm waren ihm aufmerksam zugewandt, als Raphael ihm die Hacken in die Seite presste. Der gigantische Körper unter ihm setzte sich in Bewegung, die Anspannung der kräftigen Muskeln deutlich spürbar.

Der Hengst streckte sich in einem langen Galopp. Der Wind rauschte Raphael um die Ohren, ließ seine Augen tränen und er lehnte sich noch etwas näher an den Hals des Hengstes. Raphael war versucht, einen Jubelschrei auszustoßen, als das Tier unter ihm und sein eigener Körper zu einer Einheit verschmolzen, unsichtbar und doch unglaublich schnell in der finsteren Nacht.

Sie kamen dem Rand des Grundstücks immer näher, beinahe bedrohlich und zugleich wie eine spielerische Aufforderung tauchte der schwarze Umriss des hohen Zaunes vor ihnen auf.

Und dann waren sie direkt davor.

Raphael spürte das kurze Zögern des Hengstes, doch da war es schon zu spät und er lehnte sich nach vorn. Der riesige Pferdekörper streckte sich zum Sprung wie eine gespannte Feder, die nur darauf gewartet zu haben schien.

Plötzlich riss einen kurzen Augenblick lang die Wolkendecke auf und im selben Augenblick, in dem Raphael die Gestalten seiner Eltern auf dem Feldweg hinter dem Zaun erkannte, erreichte ihn der erschreckte Aufschrei seiner Mutter.

Wie erstarrt beobachtete er, wie sie hastig einen Schritt zurückwich, stolperte und rückwärts auf dem Boden aufschlug.

Dann kamen die Hufe des Hengstes nur knapp neben ihr auf dem Boden auf. Das Tier bäumte sich auf und sein schrilles Wiehern zerriss die Nacht.

Raphael konnte sich nur mit Mühe im Sattel halten. Als die Vorderhufe des Hengstes wieder auf dem Boden aufschlugen, erwischte ein Huf das Bein seiner Mutter. Ein lautes Knacken erfüllte Raphaels Ohren, der panische Ruf seines Vaters, die Stille seiner bewegungslosen Mutter.

Gefangen in seiner Hilflosigkeit verharrte er schockiert im Sattel des aufgebrachten Hengstes, versuchte lediglich, diesen zur Ruhe zu bringen. Während sein Vater ihn anschrie, den Hengst anschrie, seine Mutter anflehte, wieder zu erwachen.

Sie war nie wieder als dieselbe lebhafte Schönheit aufgewacht, die sie vor dem Sturz gewesen war. Offenbar war ihr Kopf auf einem Stein aufgeschlagen und ihr Gehirn hatte schwere Schäden davongetragen.

Und wie die früheren glücklichen Sonnentage allmählich aus Raphaels Erinnerung verschwunden waren, so war auch Miriam Williams immer mehr verschwunden, bis nichts mehr übrig geblieben war als nur ein Schatten, eine flüchtige Erinnerung an den Menschen, der sie einmal gewesen war.

Raphael hatte sich geschworen, nie wieder hilflos danebenzustehen.

Nach dieser Nacht hatten sich außer David alle seine Freunde von ihm abgewandt, wegen denen er in jener Nacht überhaupt nur über den Zaun gesprungen war.

Nach dieser Nacht war seine Familie nie wieder dieselbe gewesen, Trauer und Leere hatten die Augen seines Vaters erfüllt, Wut und Hass waren in die Augen seines Bruders eingezogen und Sarais waren voll gewesen von Tränen, von einer neuen Stille und Trauer.

Wie sein Vater ihm das je vergeben hatte, wusste er nicht.

Er jedenfalls konnte sich diese Nacht nicht vergeben. Würde es nie können.

Und Gott offenbar auch nicht.

Nun hatte er ihm sogar die eine Möglichkeit genommen, seinen Schwur sich selbst gegenüber zu halten und Leben zu geben, statt zu nehmen.

Weit entfernt schlug die Kirchturmuhr elfmal und Raphael stellte fest, dass er anscheinend eine ganze Stunde reglos in seinem Bett gelegen hatte und in der Vergangenheit versunken war. Resignation vermischte sich mit seiner Angst, dass die Zukunft für ihn viele solcher Stunden bereithalten würde. Stunden, in denen er der Vergangenheit und der Reue über seine Fehler hilflos ausgeliefert wäre. *Hilflos.*

Hatte er sich nicht geschworen, nie mehr in seiner Hilflosigkeit zu verharren?

Doch aus dieser Situation gab es keinen Ausweg. Er wusste nicht, wie er dieser Art der Hilflosigkeit entkommen, wie er seine Fehler wiedergutmachen konnte.

Schwerfälliger als sonst schwang er seine Beine aus dem Bett und erhob sich. Noch etwas unsicherer als zuvor – vor diesem Tag, an dem er vollkommen blind erwacht war – ging er einige Schritte in Richtung des Stuhls, auf dem Mrs Martin ihm immer seine Kleidung für den neuen Tag hinlegte.

Plötzlich stolperte er über seine Schuhe, die sich nicht an ihrem üblichen Platz befanden.

Versuchte sich aufzufangen.

Und landete dennoch hart auf dem Boden.

Ein schmerzerfülltes Grunzen entwich ihm. Seine Finger berührten den Stuhl neben seinem Bett und er schloss seine Hände fest um die Stuhlbeine. Mühsam hielt er den Schrei zurück, der sich in seinem Inneren angestaut zu haben schien. Den Schmerz in seinen Knien und Händen, das Pochen an seiner Stirn, wo er sich bei seinem Sturz den Kopf am Bettrahmen angeschlagen haben musste. Die Wut auf das neue Dienstmädchen, das offenbar die übliche Ordnung, in der er sich allmählich zurechtzufinden begann, durcheinandergebracht hatte. Die Wut auf Mrs Martin, die überhaupt erst jemanden eingestellt hatte gegen seinen Willen. Der Zorn auf sich selbst. Auf das Schicksal. Auf Gott!

Und dann konnte er das brodelnde Chaos aus giftigen Gefühlen nicht länger zurückhalten. Mit einem Brüllen schlug er seine Faust gegen den Stuhl vor ihm.

***

Elissa wischte sich über die schweißige Stirn, hustete, versuchte möglichst leise zu sein dabei. Scheinbar war der Hausherr an diesem Morgen noch nicht aufgestanden. Sie versuchte keine Abneigung in sich aufsteigen zu lassen. Sie erinnerte sich an eine Zeit, als sie selbst den Luxus gehabt hatte, den Tag dann beginnen zu lassen, wann sie es wollte. Den Luxus, sich ein weiteres Mal umzudrehen, die Wärme ein wenig länger zu genießen. Ja, sogar Frühstück ans Bett zu bekommen.

Sie staubte gerade das letzte Regal in einem der Gästezimmer ab, als aus dem Raum neben ihr ein lautes Poltern kam. War jemand gestürzt?

Hastig eilte sie aus dem Zimmer. Im Flur blieb sie vor der Tür zum Nebenraum stehen, kaute unsicher auf ihrer Unterlippe herum.

Elissa hatte noch nie die Räumlichkeiten eines Gentlemans alleine betreten. Geschweige denn irgendeines Mannes. Die Dielen knarrten unter ihren Füßen, als sie ihr Gewicht verlagerte, beinahe als würden sie sich über ihre Anwesenheit beschweren.

Zögerlich stand sie vor der Tür. Sollte sie …?

In diesem Augenblick hörte sie ein Brüllen, ein krachendes Geräusch. Ihr Herz fing wild an zu schlagen. Doch der Schrei war so voller Schmerz gewesen, dass sie ohne weiteres Zögern die Tür aufstieß.

In ihrer Sorge um Dr. Williams eilte sie einige Schritte ins Zimmer – und kam abrupt zum Stillstand. Ihre linke Hand umklammerte den staubigen Putzlappen so fest, dass sie die Staubkörner unter ihren Nägeln spürte.

Offenbar war Raphael Williams gestürzt.

Der Stuhl, auf den sie Mrs Martins Anweisung gemäß seine Wäsche für diesen Tag gelegt hatte, lag umgeworfen in der Zimmerecke, ein Stuhlbein war abgebrochen und die Kleidung wild darum verteilt.

Anscheinend hatte er sie hereinkommen hören und begann, sich hastig vom Boden aufzurappeln. „Raus!"

Bedrohlich, einschüchternd, stand er nun in seiner vollen Größe vor ihr. Ein Gewitter zog auf in seinen Gesichtszügen und er brüllte sie an: „Raus hier!"

Elissa blieb erstarrt stehen.

„Sofort!"

Es klang viel mehr wie das Brüllen eines verwundeten Löwen als wie der disziplinierte, ruhige Raphael Williams.

Die Haut an seiner Stirn war aufgeschürft, eine Beule begann sich schon zu formen. Seine blutige Hand umgriff den Bettpfosten so fest, dass die Fingerknöchel weiß hervortraten.

Und er war nur halb bekleidet. Seine lange weiße Unterhose bildete einen scharfen Kontrast zum olivfarbenen Teint seines Oberkörpers.

Elissa hielt den Atem an. Stand dort wie festgefroren.

Doch obwohl sie noch nie einen erwachsenen Mann ohne Hemd gesehen hatte, streifte ihr Blick kaum seine angespannten Muskeln.

Sie konnte den Blick nicht abwenden von dem großen Mann vor ihr. Von den eisblauen Augen, die in ihre Richtung sahen.

Den *leeren* Augen, die durch sie hindurchsahen.

Ihr Atem ging schnell und flach.

Früher war ihr der Blick aus seinen Augen unangenehm gewesen. Irgendwie schien er sie durchbohrt zu haben, hatte durch sie hindurchsehen können. Als hätte ihr strahlendes Lächeln ihn nie davon abhalten können, tiefer zu sehen. Die hässlichen Dinge in ihrem Herzen zu sehen, die sie bis dahin so erfolgreich vor der Welt versteckt hatte.

Einen kurzen Augenblick lang musste sie gegen das Bedürfnis ankämpfen, einen erschrockenen Schritt nach hinten auszuweichen.

Wenn die Augen einen Blick in die Seele offenbarten, dann war Raphael Williams seelenlos geworden. Das Leben, das spöttische, kritische Funkeln war aus dem hellen Blau gewichen. Es war beinahe, als würde ein Spiegel ihren Blick einfach zurückwerfen.

Er kam einen hilflosen Schritt auf sie zu.

Nun überragte er sie deutlich und Elissa fühlte sich winzig. Seine Augenbrauen zogen sich wütend zusammen und er fragte mit aufgebrachter, donnernder Stimme: „Was stehst du noch hier? Verschwinde!"

Endlich drehte Elissa sich um und floh. Zog hastig die Tür hinter sich zu, eilte den Flur entlang und lehnte sich dann mit schwachen Beinen an die Wand. Ein Hustenanfall schüttelte sie, schien ihr die Lunge aus dem Körper pressen zu wollen.

Sie drückte ihre Linke fest gegen den hämmernden Kopfschmerz hinter ihrer Stirn und stellte erst jetzt fest, dass sie offenbar ihren Lappen hatte fallen lassen.

Ihre Hand zitterte. Sie hatte es nicht glauben wollen, dass Raphael Williams fast blind war.

Nun konnte sie es noch weniger glauben.

Konnte nicht begreifen, wie der kontrollierte, erfolgreiche junge Mann, der all seinen Ehrgeiz in sein Studium gesteckt hatte, zu diesem … diesem … in die Ecke gedrängten wilden Tier hatte werden können.

Die Veränderung in ihm – in ihnen beiden – ließ ihr Herz schmerzhaft klopfen. Was war nur aus ihnen geworden? Elissa Belham hatte verschwinden müssen, damit Emily Bennett überleben konnte. Und jegliches Licht in Raphael Williams' Augen war ausgelöscht worden.

Sie schlang ihre Arme um sich. Versuchte das Zittern zu unterdrücken. Und hielt zugleich die Bewegung ihres Körpers fest, die sie daran erinnerte, dass sie überlebt hatte.

17

Elissas zweiter Arbeitstag als Dienstmädchen war angebrochen. Ihr ganzer Körper schmerzte von der ungewohnten Hausarbeit. Muskeln brannten, von denen sie nicht einmal gewusst hatte, dass es sie gab.

Vielleicht kamen einige der Schmerzen auch von der Erkältung, die ihr wieder mehr zu schaffen machte. Sie wusste es nicht, konnte nicht trennen, wo der Schmerz anfing und wo er aufhörte. Und doch war der Schmerz kein Vergleich zu damals, als …

Elissa schüttelte den Kopf und beugte sich näher über die Kommode, die sie gerade abstaubte. Mrs Martins Stimme unterbrach sie: „Emily?"

Elissa wischte ein letztes Mal über die elegante Holzoberfläche, fuhr sich mit dem Ärmel über den Schweiß auf ihrer Stirn und trat dann aus dem Gästezimmer.

„Ich bin hier." Selbst die wenigen, leisen Worte kratzten in ihrem wunden Hals. Wollten sie erneut zum Husten zwingen, was Elissa mühsam unterdrückte.

Mrs Martin kam gerade mit einem Tablett im Arm um die Ecke.

„Ich bringe das noch schnell Dr. Williams, geh doch schon in die Küche und mach uns einen Tee und ein paar Eier mit Speck."

Elissa nickte lediglich, während Mrs Martins schlanke Gestalt schon davoneilte.

Sie wischte sich ein weiteres Mal über die schweißige Stirn und machte sich auf den Weg zur Küche. Auf der Dienstbotentreppe blieb sie immer wieder stehen und versuchte, zu Atem zu kommen. Versuchte, den Husten zu unterdrücken. Sie brauchte diese Arbeit. Und sie war nicht sicher, wie lange sie noch hierbleiben durfte, falls

Mrs Martin herausfinden sollte, wie krank und energielos sie tatsächlich war.

Entschlossen, nicht gleich an ihrem zweiten Arbeitstag zu versagen,
drückte sie ihre Wirbelsäule durch und streckte sich, in der Küche
angekommen, nach dem Gewürzregal über ihr. Ihre Finger berührten
gerade das Gefäß voll Pfeffer, als ein Hustenanfall sie überfiel. Das
Gefäß kippte und Elissas andere Hand schoss nach vorn, um das Ge-
würz aufzufangen. Doch dabei stieß ihr Ellbogen gegen die Schüssel
mit den aufgeschlagenen Eiern!

Sie konnte nichts weiter tun, als hilflos zuzusehen, wie die Schüssel
auf dem Boden aufschlug und zersprang. Entsetzt beobachtete sie, wie
Eier und Scherben sich auf dem sauberen Küchenboden verteilten.

Im selben Moment musste sie niesen.

Das Gefäß voll Pfeffer war auf der Küchentheke aus massivem
Holz aufgekommen und Pfeffer war nun ... überall!

Elissa nieste erneut. Und wieder und wieder – dann brachte das
Niesen sie zum Husten. Und zwischen niesen und husten hatte sie das
unbändige Bedürfnis zu weinen – oder zu lachen. Was für ein Bild sie
abgeben musste inmitten dieses Chaos!

„Oh!"

Der überraschte Ausruf ließ sie sich umdrehen.

Mrs Martin stand in der Tür. Ihre geweiteten Augen schweiften
über das Tohuwabohu, das Elissa in nur zwei Minuten über Mrs Martins ordentliche Küche gebracht hatte. Die Haushälterin der Belhams
hätte so etwas in Elissas früherem Leben keinem der Dienstmädchen
durchgehen lassen.

„Was ist denn hier passiert?" Aber Mrs Martins Stimme klang
beinahe ... amüsiert? Die drahtige Frau ließ ihren Blick über das
Durcheinander schweifen, beinahe wie ein General, der ein besonders
chaotisches Schlachtfeld inspizierte, um den Schaden abschätzen zu
können.

„Es – *Hatschi!*" Es tut mir leid – das war es, was sie hatte sagen wollen. Aber die Worte fanden den Weg nicht aus ihrem Kopf, als sie weitere fünfmal niesen musste.

„Nun komm doch erst mal weg von diesem fürchterlichen Pfeffer, um Himmels willen!"

Elissa blickte hinunter auf ihre Schuhe, die inmitten einer Pfütze von rohen Eiern und Scherben standen. „Aber dann – *Hatschi!*"

Mrs Martin beobachtete das Drama nicht länger; mit wenigen resoluten Schritten war sie bei Elissa und zog sie am Arm vorsichtig aus dem Küchenchaos.

Sie waren gerade einige Schritte gegangen, als nun auch Mrs Martin zu niesen begann. Offenbar war sie dem Pfeffer ebenfalls zu nahe gekommen. Oder vielleicht hatte der Pfeffer sich inzwischen auch einfach überall in der Luft verteilt.

Doch die ältere Frau lachte lediglich fröhlich auf. Und auch Elissa konnte nicht verhindern, dass sich ein leises Lachen den Weg über ihre Lippen bahnte.

Es war lange her, seit dies das letzte Mal geschehen war. Beinahe, als müsste sie sich erst wieder daran gewöhnen, stimmte sie nur langsam in Mrs Martins herzliches Lachen ein.

Es tat so unglaublich gut!

Und zugleich tat es weh. Ihre Stimmbänder streikten, ihre Lunge zog sich zusammen, der Husten presste ihr erneut jegliche Luft aus dem Körper. Doch dieses Mal hörte er überhaupt nicht mehr auf! Elissa hatte keine Chance, zu Atem zu kommen. Helle Flecken tanzen vor ihren Augen wie Glühwürmchen.

Sie bekam keine Luft mehr.

Mrs Martins Stimme drang entfernt zu ihr durch, ruhig, beruhigend. Eine warme Hand, die ihr über den Rücken strich, eine menschliche Berührung, liebevoll.

Nach einer gefühlten Ewigkeit gelang es ihr endlich, einen pfeifenden Atemzug zu tun. Vollkommen erschöpft ließ sie sich auf den Küchenhocker sinken, den Mrs Martin hinter sie gestellt hatte.

„Besser?"

Elissa nickte kraftlos.

„Gut. Warte hier, während ich Dr. Williams hole."

„Nein, das –" Schon diese zwei Worte waren zu viel für Elissas Stimmbänder und Schweiß sammelte sich auf ihrer Stirn, als sie mühsam versuchte, den Husten zu unterdrücken. Und versagte.

„Genug", befand Mrs Martin mit ihrer für eine Frau ungewöhnlich tiefen Stimme. Sie drehte sich um und eilte aus der Küche.

Und Elissa atmete. Während sich ihr Brustkorb anfühlte, als würde er brennen, und ihr Herz viel zu schnell gegen ihre Rippen klopfte.

Sie wollte aufstehen, Mrs Martin folgen, aber ihre Energie schien nicht auszureichen.

Sicher würde Mrs Martin sie auf die Straße setzen, sobald sie zurück wäre.

Und dann?

Elissa hatte nichts als die Kleider, die sie trug, und die wenigen Dinge, die in ihre Tasche passten. Etwas Erspartes. Sie konnte nichts. Nichts als singen. Und selbst dazu war sie im Augenblick nicht in der Lage.

Sie stützte sich mit den Ellbogen auf ihren Knien ab und ließ ihren sich schwer anfühlenden Kopf in ihre Hände sinken.

An ihrem zweiten Arbeitstag entlassen. Und weitere Möglichkeiten, außer zu betteln, hatte sie im Augenblick nicht. Nicht wirklich. Doch alles in ihr sträubte sich gegen diese Option. So tief hätte Elissa Belham, John Belhams Tochter, sich nicht einmal in ihren wildesten Albträumen herabgelassen!

Aber vielleicht wäre Emily Bennett nun dazu gezwungen.

Elissa zuckte erschrocken zusammen, als etwas sie am Arm berührte.

Mrs Martin war zurückgekommen, ohne dass sie sie bemerkt hatte. „Dr. Williams untersucht dich, komm!"

Mrs Martin zog sie sanft und doch bestimmt auf die Beine. Elissa hatte keine andere Möglichkeit, als der Haushälterin zu folgen, um von Raphael Williams untersucht zu werden. Keine Möglichkeit, sich von ihm fernzuhalten, die Chance darauf, dass er sie erkannte, minimal zu halten.

Angst ließ ihr Herz noch schneller schlagen. Wie lange würde Mrs Martin ihre Kündigung noch hinauszögern? Bis Dr. Williams sie untersucht hatte? Wo sollte sie dann hingehen? Es war noch immer Winter, noch immer kalt. Beinahe willenlos folgte sie der älteren Frau, die ihren Arm auch dann nicht losließ, als sie die schmale Dienstbotentreppe hinaufstiegen.

Schließlich blieben sie vor der Bibliothek stehen. Die Tür aus dunklem Holz stand weit offen. Als würde er sie bereits erwarten.

Mrs Martin nickte ihr auffordernd zu und Elissa bemerkte, dass sie zögerlich in der Tür stehen geblieben war. Sie versuchte, ihre gute Erziehung hervorzuholen und die Schultern zu straffen, doch innerlich erzitterte sie. Das hier war ihrem alten Leben viel zu nahe. Die Bibliothek der ihres Vaters viel zu ähnlich. Der Geruch nach alten Büchern, nach gewachstem Holz und wertvollen Teppichen warf sie zurück in der Zeit. Erinnerte sie an alles, was sie verloren hatte.

Früher wäre Raphael Williams für sie aufgestanden, hätte ihre Hand geküsst, ihre Schönheit bewundert. Und sie hätte ihm eines ihrer koketten Lächeln gewidmet, die Unterhaltung dorthin gelenkt, wo sie sie haben wollte. Seine Gedanken und Gefühle dorthin geleitet, wo sie ihr von Vorteil waren.

Oder vielleicht auch nicht.

Der ruhige junge Mann war ihrem Charme nie wirklich verfallen. Sicher, er war höflich gewesen, hatte die richtigen Dinge gesagt, Komplimente gemacht. Und zugleich hatte sein Blick sie verurteilt, sie verunsichert.

Dennoch – sie würde alles geben, um noch ein weiteres Mal ein solches Gespräch mit ihm haben zu können. Ein weiteres Mal ein Kompliment von seinen Lippen zu hören. Selbst wenn er nicht David war. Selbst wenn er seine Komplimente wohl nie so wirklich ernst gemeint hatte.

Alles war besser als das hier. Sie, die unsicher hinter seiner Haushälterin in der Tür stehen blieb. In einem schäbigen Kleid, das Gesicht hinter der schützenden Mauer eines Schleiers versteckt. Von ihrer verkrüppelten Rechten ging der Schmerz nach dem ungewohnten Gebrauch heute in Wellen aus, ihre Lungen brannten, ihr Körper fühlte sich unglaublich schwer an. Er, der sich nur langsam aus seinem Sessel am Fenster erhob. Seine nicht sehenden Augen, die an ihr vorbei blickten, die dunklen Augenringe, die seinem Gesicht einen ausgezehrten Ausdruck verliehen, der ungewohnte, etwas ungepflegte dunkle Bart, der die untere Hälfte seines Gesichtes versteckte.

Elissa konnte nicht verhindern, dass auf einmal unerwartete Tränen ihre Augen füllten. Kam nicht umhin sich zu fragen – warum?

Sie kannte Raphael nicht gut genug, um für ihn sprechen zu können, doch sie war sicher, dass sie kein solches Schicksal verdient hatte. Dass kein Mensch so etwas verdient hatte.

Ein weiterer Hustenanfall riss sie aus ihren Gedanken. Mit ihrer linken Hand klammerte sie sich am Türrahmen fest, versuchte wieder zu Atem zu kommen. Blieb nach Luft schnappend zurück. Blieb zurück mit der Überzeugung, dass es egal war, ob sie fragte: „Warum?" Gott interessierte sich nicht mehr für sie.

Mrs Martin wechselte einige Worte mit Dr. Williams, zu leise, als dass Elissa sie hätte verstehen können. Dann kehrte sie mit zügigen Schritten an die Seite ihres Dienstmädchens zurück. Legte ihre Hand auf Elissas Rücken und strich beruhigend darüber.

Sie musste sich zusammenreißen, um nicht vor der erneuten Berührung zurückzuzucken. Wie lange war es her, dass jemand sich so selbstverständlich neben sie gestellt, sich zu ihr gestellt hatte? Wie lange, seit sie es zugelassen hatte?

Alles in ihr sehnte sich danach, sich in die Berührung zu lehnen, sich in der menschlichen Nähe zu entspannen. Und genau deshalb konnte sie es nicht zulassen! Sie richtete sich etwas gerader auf, ballte ihre Hände zu Fäusten, spürte die vernarbte Haut, die verbogenen

Finger ihrer rechten Hand. Sie hatte gute Gründe, niemanden zu nahe an sich heranzulassen. Abstand zu halten.

„Also, *Doktor* Williams, jetzt haben Sie selbst gehört, wie dringend es ist. Wir wollen ja nicht, dass das arme Kind eine Lungenentzündung bekommt."

Elissa bekam das Gefühl, dass Raphael nicht so begeistert war von der Idee, sie zu untersuchen, wie Mrs Martin es ihr hatte weismachen wollen.

Seine Augenbrauen zogen sich zusammen und er runzelte die Stirn, während er den Kopf zu ihr drehte, dabei aber die richtige Richtung um ein ganzes Stück verfehlte. „Wie alt bist du?"

Er klang kritisch. Als wäre er nicht begeistert davon, dass ein Kind in seinem Haus putzte.

„Zweiundzwanzig."

„Das arme *Kind?*"

Diesmal donnerte seine Stimme und Elissa hätte es nicht gewundert, wenn ein Blitz Mrs Martin getroffen hätte. Doch diese lachte lediglich.

Die Falten auf Raphael Williams' Stirn vertieften sich und zugleich schien sein rechter Mundwinkel etwas zu zucken. Ob aus Anspannung oder ob ein Lächeln daran zupfte, konnte Elissa nicht beurteilen.

Unbehaglich musterte sie den Raum. Ihr Blick blieb an dem Sessel in der Ecke des Zimmers hängen.

Der junge Arzt kam einen Schritt auf sie zu. Nun überragte er sie bei Weitem. Er begann, Mrs Martin Anweisungen zu geben. Die Hälfte der Worte, die er benutzte, hatte Elissa noch nie gehört.

Sie nutzte die Chance, nun da sie einmal nicht auf der Flucht vor ihm und er anderweitig beschäftigt war, und musterte ihn genauer aus der Nähe. Sorgenfalten hatten sich auf seiner Stirn eingegraben, seine Schultern waren breiter als früher, seine ganze Haltung selbstsicherer. Und zugleich war da ein leichter Knick in seiner Haltung, seine Schultern kaum merklich gebeugt.

Besiegt. Das war das Wort, das ihr in den Sinn kam, als sie ihn betrachtete. Wie ein Gladiator, der alles richtig gemacht hatte. Muskeln aufgebaut, trainiert hatte und nun dennoch am Boden lag, umgeworfen von Umständen, denen er nichts entgegenzusetzen hatte. Ein Kämpfer, der wusste, dass er stark war, aber auch, dass er verloren hatte.

Und zugleich war da die Beule auf seiner Stirn, die er sich gestern bei dem Sturz in seinem Zimmer zugezogen hatte. Heute war sie unter der aufgeschürften Haut blau verfärbt. Und obwohl er sie schon immer etwas eingeschüchtert hatte, ließ die neben seinen leeren Augen banale Kopfwunde ihn beinahe verletzlich wirken.

„Also gut, Mrs Martin, vergessen Sie nicht, das Stethoskop für das *Kind* mitzubringen, wenn Sie wiederkommen."

Er wandte sich an Elissa: „Dann schaue ich Sie mir jetzt mal an." Er klang nicht allzu begeistert von der Aussicht, das Dienstmädchen, das er überhaupt nicht hatte anstellen wollen, untersuchen zu müssen.

Elissa biss sich nachdenklich auf die Unterlippe und überlegte fieberhaft, wie sie ihnen beiden einen Ausweg bereiten könnte.

***

Raphael blieb bewegungslos stehen. Er hörte, wie Mrs Martins resolute Schritte sich entfernten.

„Dann schaue ich Sie mir jetzt einmal an." Als wäre es nicht schlimm genug, dass seine Welt in Dunkelheit versunken war, schien sein Gehirn diese Tatsache den wenigen Menschen um ihn herum und sich selbst auch noch ständig vor Augen halten zu wollen.

Da, schon wieder! Selbst seine Gedanken schienen ihn immer wieder zu verspotten.

Er hörte, wie das Dienstmädchen von einem Fuß auf den anderen trat, und korrigierte seine Körperhaltung ein wenig in ihre Richtung. Sie schien nervös.

Er ging zwei weitere Schritte auf sie zu, blieb stehen. Jetzt waren es nur noch eineinhalb Schritte bis zur Tür. Raphael runzelte die Stirn, unsicher, was er tun sollte. Vermutlich sollte er etwas sagen, um das Mädchen – die *Frau* – zu beruhigen. Jedoch wollten die richtigen Worte ihm nicht über die Lippen kommen. Es fühlte sich falsch an, so zu tun, als könnte er einfach wieder in seine Arztrolle schlüpfen, nun, nachdem er so eindeutig kein Arzt mehr war.

Mrs Martins Schritte verklangen und die Stille war gerade dabei, unbehaglich zu werden, als Miss Bennett flüsterte: „Es tut mir leid. Ich werde Sie nicht weiter stören." Er hörte am Knarren der Bodendielen, am Rascheln ihrer Röcke, wie sie sich zügig umdrehte.

„Warten Sie!" Beinahe reflexartig trat auch Raphael einen Schritt nach vorn und griff nach ihrer Hand. Wie durch ein Wunder bekam er sie tatsächlich zu fassen.

Miss Bennett zog zischend die Luft ein, versuchte ihre Hand zurückzuziehen, als hätte sie Schmerzen. Sofort lockerte Raphael seinen festen Griff, um ihr nicht noch mehr wehzutun, spürte die raue, beinahe derbe Haut unter seinen Fingern, die ungeraden Knochen. Er räusperte sich und stellte mit rauer Stimme fest: „Sie sind verletzt."

„Nein."

„Sie waren verletzt."

Sie schwieg. Entzog ihm langsam, aber bestimmt ihre Hand.

Raphael fuhr sich über seinen Bart. Sein neues Dienstmädchen schwieg noch immer eisern. Ob, weil sie heiser war oder weil sie nicht mit ihm reden wollte, wusste er nicht. Er könnte nachbohren, auf einer Antwort bestehen. Aber was würde es bringen? Mrs Martin hatte sicher ihre Gründe, warum sie die junge Frau angestellt hatte. Und helfen konnte er ihr ohnehin nicht.

Er fuhr sich ein weiteres Mal über den Bart, runzelte die Stirn. „In Ordnung. Geben Sie einfach Mrs Martin Bescheid, damit Sie Ihnen nicht zu schwere Aufgaben zumutet."

Er hörte Miss Bennett ausatmen, ein weiteres Mal unruhig von einem Fuß auf den anderen treten. Sie erinnerte ihn ein wenig an eine Maus im Angesicht einer Katze. Vorsichtig, still, jederzeit bereit zur Flucht.

Was machte das aus ihm? Das Raubtier, das Angst verbreitete?

Ein weiteres Knarren der Bodendielen übertönte beinahe ihr leise gemurmeltes „Danke." Dann eilten ihre Schritte davon, unterbrochen nur von einem kurzen Husten.

Raphael blieb etwas ratlos zurück. Hilflos, weil er ihr nicht schnell genug folgen konnte. Und mit einem frustrierten Stirnrunzeln bemerkte er, dass sie weggehuscht war, ohne je von ihm untersucht worden zu sein.

18

Januar 1862

Das Zwitschern der wenigen Vögel, die nicht in den Süden geflogen waren, drang sogar durch das geschlossene Fenster. Die Wärme, die Raphael auf seiner Haut spürte, ließ ihn wissen, dass es ein ungewöhnlich sonniger Tag war. Früher wäre dies das perfekte Wetter gewesen, um nach draußen zu gehen. Nun könnte er gegen einen Baum laufen und würde es erst bemerken, wenn es zu spät war.

Eine Woche war es her. Eine Woche, seit seine Welt vollkommen dunkel geworden war. Und Raphael würde sich selbst belügen, würde er behaupten, dass er sich damit abgefunden hatte. Kaum etwas hatte sich verändert.

Die Zahlen waren sicherer geworden, präsenter in seinen Gedanken, die Zahlen, die ihn wissen ließen, wo er sich befand. Zahlen, die es ihm einfach machten, Winkel zu berechnen, Geraden und Kurven. Die Zahl der Schritte bis zur nächsten Tür, zum nächsten Korridor.

Doch nie die Schritte nach draußen.

Ein Knarren im Flur ließ ihn den Kopf drehen. Und wieder zurückdrehen. Er würde ohnehin niemanden kommen sehen.

Die Schritte waren schnell, resolut. Mrs Martin.

Ihr Klopfen an der offenen Tür entlockte ihm ein fragendes Brummen.

Als hätte er sie freundlich aufgefordert, zu einem Gespräch hereinzukommen, betrat sie schwungvoll sein Heiligtum. Der Geruch nach alten Büchern, nach Geschichten und Wissen, das ihm früher völlig neue Welten eröffnet hatte, war das Einzige, das die Panik in Schach hielt. Mrs Martin blieb drei Schritte entfernt von ihm stehen und Raphael erhob sich. Beinahe hörte er die Stimme seiner Mutter in seinem Ohr: *Steh auf, Junge. Das macht man so als Gentleman.*

Schon so lange nicht mehr da und doch immer bei ihm, immer. Und er brachte es nicht übers Herz, nicht auf ihre Stimme zu hören. Auch wenn Mrs Martin seine Haushälterin war. Und auch wenn sie beide die Wahrheit wussten, dass er sicher kein Gentleman war.

„Ich werde ins Dorf gehen und einkaufen. Gibt es etwas Besonderes, das Sie möchten?"

Mrs Martins zackige Handbewegungen, die ihm so bekannt waren, wirbelten die leicht staubige Luft auf, ließen ihn einen leichten Lufthauch auf seiner Haut spüren.

Ihr sauberer, frischer Geruch drang an seine Nase und ihm wurde sein eigener unangenehmer Geruch bewusst.

Er brummte ein weiteres Mal, ablehnend, schüttelte den Kopf.

Es entfernten sich keine Schritte, also nahm er an, dass sie ihm gegenüber stehen geblieben war.

„Ist alles in Ordnung?"

Nein, wenn er ehrlich war, war nichts mehr in Ordnung.

Beinahe sah Raphael ihren musternden Blick vor sich, wie er sicherlich über seinen inzwischen ausgemergelten Körper wanderte. Er hatte sich kaum aus seinem Sessel bewegt in letzter Zeit und Bewegungsmangel und fehlender Appetit hatten ihr Übriges getan, sodass er nun deutlich spüren konnte, wie seine Kleidung an ihm herunterhing, wo einst Muskeln gewesen waren.

Lediglich die Besorgnis in Mrs Martins Stimme hielt ihn von einer sarkastischen Antwort ab. „Ja, Mrs Martin."

Selbst er konnte hören, wie falsch seine Worte klangen. Er verzog seine Lippen zu einem Lächeln, versuchte, seiner Stimme einen etwas weicheren Tonfall zu geben: „Viel Spaß im Dorf. Gönnen Sie sich eine Kleinigkeit von mir."

„Danke, Dr. Williams."

In ihrem kurzen Zögern hörte Raphael, dass sie noch etwas anderes hatte sagen wollen. Doch schließlich drehte sie sich ohne ein weiteres Wort um und ließ ihn in der Bibliothek zurück.

Er wollte sich wieder in seinen Sessel sinken lassen, beschloss dann aber, einige neue Wege, neue Zahlen in seinem Haus zu erkunden, seine Welt ein kleines bisschen größer werden zu lassen, während Mrs Martin weg war.

Doch dann kam ihm das neue Dienstmädchen in den Sinn und Raphael stöhnte, als ihm bewusst wurde, dass er sich nicht von der Stelle bewegen würde. Es wäre zu seltsam, wenn er ihr über den Weg laufen würde.

Und zugleich schien das Zwitschern der Vögel, der warme Sonnenschein und Mrs Martins Schweigen ihn herauszufordern. Mit einem leisen Seufzer ging er die neun Schritte bis zur Tür. Den Flur entlang. Und kam schließlich vor der Tür zur Eingangshalle zum Stehen.

Dort draußen erwartete ihn die Welt. Die Welt, die ihm fremd geworden war. Und die Treppe, die zu einem zeitaufwendigen Hindernis geworden war. Unentschlossen blieb er stehen, runzelte die Stirn und wollte gerade umdrehen, als eine leise Melodie aus der Eingangshalle an sein Ohr drang.

Für einen kurzen Augenblick hielt er den Atem an, so sehnsuchtsvoll klangen die wenigen Noten, die ihn erreichten. Vorsichtig drückte er die Türklinke herunter, öffnete die Tür einen winzigen Spaltbreit und hoffte, dass die Sängerin es nicht bemerken würde.

Das Plätschern von Wasser und ein regelmäßig wischendes Geräusch untermalten die schönste Stimme, die er je gehört hatte. Bewegungslos verharrte er vor der fast geschlossenen Tür, lauschte dem Lied. Ihre Stimme wurde kräftiger, fröhlicher, ließ sein Herz, von dem er geglaubt hatte, dass es zu Eis geworden war, einen lebendigen Satz machen, brach dann und verklang schließlich so leise und sanft wie ein Windhauch, den kaum jemand überhaupt bemerkt hätte, und der zugleich den wenigen Aufmerksamen eine Gänsehaut auf die Arme trieb.

Als die Stimme zu einem weiteren Lied ansetzte, kam er nicht um das Gefühl umhin, dass die Melodien die für ihn so schwere Tür zur Welt dort draußen einen Spaltbreit geöffnet hatten.

***

Elissa drehte den Kopf, unterdrückte ein Seufzen und spülte ihren Lappen ein weiteres Mal in dem inzwischen schmutzig braunen Wasser in ihrem Eimer aus. Mrs Martin hatte sie, bevor sie sich auf den Weg ins Dorf gemacht hatte, mit Anweisungen zurückgelassen, wie sie den Eingangsbereich säubern sollte. Nicht, dass Raphael je irgendwelche Gäste zu empfangen schien …

Was für sie äußerst praktisch war, legte zugleich ein Gefühl der Schwere für ihn auf ihr Herz. Raphael Williams war ihr nie als ein äußerst geselliger Mensch erschienen und auf Lady Mendrows Ball hatte ein etwas missbilligender Ausdruck auf seinem Gesicht gelegen, beinahe als hätte er seine Zeit als zu kostbar für ein solches Ereignis betrachtet. Aber dennoch hatte er auf sie auch nie wie ein einsamer Mensch gewirkt, schien immer in der Anwesenheit anderer Menschen oder zumindest mit David unterwegs gewesen zu sein.

David. Sie seufzte ein weiteres Mal und stimmte leise ein Lied an.

Wie oft hatte sie geglaubt, ihn vergessen zu haben, die Gefühle beiseitegelegt zu haben! Und wie oft hatte ihr Herz dennoch nicht mit ihr übereingestimmt! Elissa schüttelte über sich selbst den Kopf, wandte ihren Blick aus den Erinnerungen wieder den Fliesen vor ihren Knien zu. Und schrubbte.

Früher waren durch diese Eingangshalle sicher unzählige Paar Schuhe und ähnlich viele bare Füße gelaufen, auf dem Weg zu Dr. Williams' Praxis, um Hilfe zu erfahren.

Sie spülte ihren Lappen ein weiteres Mal aus, stimmte die Melodie eines lebhaften Walzers an, träumte von einem von Kristallleuchtern erhellten Ballsaal. Bei dem Gedanken, wie einer der Gentlemen von damals hier durch die Tür spazierte, um sie auf dem kalten Fußboden kniend vorzufinden, entwich ihr ein leises Kichern, ehe sie weitersang. Sie konnte sich die schockierten Gesichter nur zu gut vorstellen.

Und gleichzeitig war da das leise Echo der Worte ihrer Mutter, die durch ihren Kopf zu hallen schienen. *„Lauf, Elissa. Geh!"*

Die Erinnerung an diese Worte war wie ein leichter Wind, der die glatte Oberfläche ihrer Zufriedenheit kräuselte, Wellen erscheinen ließ, sie dazu aufforderte weiterzuziehen.

Ihr Lied wurde nachdenklicher, ruhiger, als sie darüber grübelte, weshalb sie dieses Mal nicht weitergezogen war. Warum sie nicht davongelaufen war, direkt am Anfang, als sie herausgefunden hatte, dass dies Raphael Williams' Haus war.

Vielleicht war es Mrs Martins liebevolle Aufmerksamkeit, durch die sie sich allmählich wieder wie ein menschliches Wesen fühlte. Andererseits hatte menschliche Nähe sie auch früher schon nicht davon abgehalten weiterzuziehen. Inzwischen funktionierte ihre Stimme schon seit einigen Tagen wieder, sie konnte wieder singen, könnte zu ihrer Anstellung als Sängerin zurückkehren.

Sie wusste nicht, was sie dazu drängte, noch länger hierzubleiben. Da war noch etwas anderes als nur, dass sie als Sängerin inzwischen zu bekannt geworden war.

Etwas anderes als die anrüchigen Bemerkungen, als die betrunkenen Pfiffe, die nach ihren ersten fünf Liedern in den Kneipen immer häufiger geworden waren.

Elissa wrang ihren Lappen ein letztes Mal aus und erhob sich.

Vielleicht die Tatsache, dass sie müde geworden war? Müde davon, immer nur von einem Tag zum nächsten zu leben, nie zu wissen, wo sie in einer Woche sein würde.

Oder vielleicht war es wie bei einem spannenden Buch, das man nicht aus der Hand legen konnte, bis man wusste, wie es enden würde. Oder zumindest die Handlungsstränge, die Ausgangssituation verstanden hatte. Elissa verstand dieses abgelegene Haus auf dem

Land nicht. Verstand nicht, wie aus dem vielversprechenden jungen Arzt ein Mann hatte werden können, der sich so vollkommen zurückgezogen hatte.

Oder die Tatsache, dass sie sich hier geborgen fühlte? Dass sie trotz der Risiken, die hier so viel höher waren, das Gefühl hatte, in Sicherheit zu sein.

Sie versuchte noch immer, ihre eigenen Beweggründe zu verstehen, als sie am nächsten Mittag im Hinterhof des Hauses mit der Wäsche kämpfte.

Und es war in der Tat ein Kampf. Jedes Mal, wenn Elissa glaubte, den Wäscheberg allmählich zu besiegen, schien das Waschbrett ihrer Hand weitere Schmerzen zuzufügen. Frustriert hob sie ihre Rechte, starrte auf die vernarbte Hand, die kaputten Finger, die nie wieder gerade gewachsen waren. Mit einem Seufzen machte sie sich wieder an die Arbeit. An eine neue Runde gegen das Waschbrett.

Doch bevor sie weitermachen konnte, ließ sie ein leises Rascheln den Kopf heben.

Vor Schreck stieß sie beinahe einen Schrei aus – sie blickte direkt in ein Paar Kulleraugen, umgeben von hellbraunem Fell.

Eine Maus!

Das Tier schien beinahe ebenso überrascht wie Elissa. Ihr Schnäuzchen zitterte und ihr Blick ließ Elissa nicht los. Beide waren sie erstarrt und musterten sich. Das kleine Lebewesen voller Panik, Elissa unsicher und doch irgendwie fasziniert.

Mäuschen.

Sie erinnerte sich nur zu gut an den Kosenamen aus dem Mund ihres Vaters. Erinnerte sich nur zu gut an ihre eigene Reaktion. Erinnerte sich, wie sie Mäuse als grau angesehen hatte, als hässlich.

Nun schien das Fell des winzigen Tieres eher braun als grau. Und so unglaublich weich. Beinahe wie feinste Seide schimmerte es im Licht der winterlich tief stehenden Sonne. Nichts an den riesigen Kulleraugen, dem zitternden Schnäuzchen oder den winzigen Pfoten

211

erschien ihr nun hässlich oder langweilig. Viel eher erschien sie ihr süß. Hübsch.

Aus dem Dorf klang das entfernte Läuten der Kirchenglocken und die Maus huschte davon.

Mäuschen. Elissa lächelte sanft vor sich hin.

Ein weiteres Läuten ließ sie sich wieder der Wäsche zuwenden. Doch im nächsten Moment hielt sie erneut inne, als sich die überlasteten Muskeln in ihrer Hand verkrampften und brennender Schmerz durch ihren Arm schoss. Durch zusammengebissene Zähne murmelte sie vor sich hin: „Es sind nur noch fünf Wäschestücke. Du schaffst das!"

Ob sie damit sich selbst Mut machen wollte oder ihrer schmerzenden Hand, wusste sie nicht. Sie legte den Kopf schief, spürte, wie ihr Schleier über ihre Wange strich und betrachtete die verbliebenen Wäschestücke. Vieles mochte sich geändert haben, doch sie war noch immer dieselbe Frau, die bereit war, für ihre Ziele zu kämpfen.

Sie hätte nur nie gedacht, dass es je mit einem Haufen Wäsche wäre …

19

„Mrs Martin?" Raphael erwartete keine Antwort. Er hoffte sogar, keine zu bekommen. Vorsichtshalber hatte er sich aber wenigstens Hemd und Hose angezogen, obwohl er damit rechnete, niemandem über den Weg zu laufen. Es musste mitten in der Nacht sein.

Quälend langsam kämpfte er sich die Dienstbotentreppe zur Küche herunter, während er die linke Hand vor sich ausgestreckt hielt, um eventuelle Hindernisse erkennen zu können. Es waren nun schon über zwei Wochen vergangen, seit er erblindet war, und noch immer war es nicht leichter geworden. Noch immer schien die Dunkelheit mit gierigen Händen nach seinem Herzen zu greifen. Die Schuld immer drückender zu werden, ohne den täglichen Wechsel von Tag und Nacht, ohne die vollen Arbeitstage eines Landarztes, ohne die Ablenkung, die seine Patienten ihm gebracht hatten. Ohne Wiedergutmachung.

Wieder einmal hatte ein Albtraum ihn aus dem Schlaf gerissen. Sie waren häufiger geworden. Und schwerer zu ertragen nun, da er sich kein Licht mehr anzünden konnte, das die Schatten vertrieb. Vielleicht würde eine warme Milch schaffen, was sonst nichts mehr vermochte. Vielleicht würde die heiße Flüssigkeit seine Gedanken aus den schweren Gedankenkreisen befreien und ihn etwas beruhigen. Noch immer schlug sein Herz viel zu schnell.

Die steinerne Wand war kühl unter seinen Fingern und allmählich wurde die Kälte des Bodens schmerzhaft an seinen baren Fußsohlen, während er sich die Treppe hinuntertastete. Selbst bevor er sein Augenlicht verloren hatte, war er kaum in der Küche dieses Hauses gewesen. Kurz überlegte er umzudrehen und sich wieder in sein Zimmer zurückzuziehen. Wie sollte er in der geräumigen Küche die Milch und eine Tasse finden, geschweige denn die Milch erhitzen, wenn ihm allein der Weg dorthin Schwierigkeiten bereitete? Doch in seinem Zimmer würde ihn nur eine weitere schlaflose Nacht erwarten, genauso gut könnte er die Zeit bis zum Morgen auch damit verbringen, die Küche nach den benötigten Gegenständen abzusuchen.

Allmählich müsste er doch an der Tür zur Küche stehen? Oder hatte er diese schon verpasst? Etwas verunsichert blieb er stehen, als auf einmal ein Rascheln an sein Ohr drang. Das Geräusch war zu laut gewesen, als dass es eine Ratte oder ein kleineres Tier hätte sein können. Lauschend legte er den Kopf schief und blieb still stehen.

Wieder ein Rascheln. Dann ein schleifendes Geräusch, als würde ein schwerer Sack über die Küchenfliesen gezogen werden. Stille.

War jemand eingebrochen und bediente sich nun in ihrer Küche? Doch würde ein Einbrecher nachts nicht viel eher im Obergeschoss nach Wertgegenständen suchen?

Frustriert atmete Raphael aus und drückte sich etwas fester gegen die Wand hinter sich, das Einzige, auf das er sich in diesem Augenblick verlassen konnte. Die Kälte der steinernen Wand drang durch sein dünnes Hemd und trieb ihm eine Gänsehaut auf die Arme. Oder vielleicht war das auch das Gefühl der absoluten Hilflosigkeit. Mit seinem vermutlich weißen Hemd wäre er leuchtend hell zu erkennen, selbst in der nächtlichen Dunkelheit. Er versuchte den Atem anzuhalten, um etwaige Geräusche besser wahrnehmen zu können.

Da war es wieder. Ein schleifendes Geräusch, dann ein Stöhnen. Und dann eine Stimme, die Raphael viel zu bekannt vorkam. „Komm schon! Es kann doch wohl nicht sein, dass du mich ausgerechnet jetzt im Stich lässt!"

Obwohl er diese Stimme schon lange nicht mehr gehört hatte, wusste er sofort, zu wem sie gehörte. Elissa Belham.

Raphael stieß die Luft aus, die er angehalten hatte.

Was machte die junge Frau in seiner Küche? Warum sollte sie hier einbrechen? Ihre Familie war reich genug gewesen, dass sie sich jeden Koch, jede Küche und jede Zutat leisten konnte. Was tat sie überhaupt hier im Norden, in dieser abgelegenen Gegend? Als er sie im Herbst getroffen hatte, war er davon ausgegangen, dass sie Verwandte oder Bekannte besuchte. Viel mehr noch – mit wem sprach sie?

Oder irrte er sich?

„Jetzt reiß dich zusammen, du blöde Hand! Was wird Mrs Martin sagen, wenn ich selbst die simpelste Aufgabe nicht erledigen kann?"

Du blöde Hand?

Unterhielt die junge Frau sich mit einem Körperteil? Raphaels Mundwinkel zuckte, ob amüsiert oder aus Anspannung konnte er selbst nicht sagen. Dann durchfuhr ihn eine Ahnung wie ein Blitz.

War etwa …?

Das konnte nicht sein. Raphael schüttelte den Kopf, lauschte, aber Miss Belham sprach nicht mehr weiter, stattdessen hörte er wieder das Geräusch, als würde sie versuchen einen Sack durch die Küche zu schleifen, und laute Atemgeräusche.

Doch die Zahnräder in Raphaels Kopf drehten sich fieberhaft weiter. *Du blöde Hand …* Niemand sonst, niemand außer der etwas hochmütigen Elissa Belham, schien sich in seiner Küche aufzuhalten. *Was wird Mrs Martin sagen …* Sie schien seine Haushälterin zu kennen.

Gedankenverloren trat er einen Schritt in Richtung Küche.

Du blöde Hand … Er erinnerte sich an die vernarbte Hand des neuen Dienstmädchens unter seinen rauen Fingern. Konnte es vielleicht tatsächlich sein, dass Elissa Belham sein neues Dienstmädchen war? Dass es schon Morgen war? Oder beschäftigte Mrs Martin die junge Frau heimlich noch als zusätzliches Küchenmädchen?

Aber nein, Mrs Martin würde ihn nicht hintergehen. Der verwöhnten jungen Frau dagegen, die er von früher kannte, traute er das sogar zu. Nicht vieles schien sie davon abgehalten zu haben, ihren Willen durchzusetzen.

Unschlüssig fuhr er sich durch die ungekämmten Haare. Das war nicht fair, wenn er ehrlich war. Viel war passiert, seit Elissa Belham diese manipulierende Tochter aus gutem Hause gewesen war. Wieder blitzte das Bild ihrer zerschmetterten, blutüberströmten Gestalt in seiner Erinnerung auf, wie sie nach der Explosion auf dem mit Splittern bedeckten Boden gelegen hatte.

Plötzlich – schneller, als dass er hätte reagieren können – kamen rasche Schritte auf ihn zu. Und dann der erstickte Aufschrei einer Frau, ein lautes Scheppern, als ein metallener Gegenstand zu Boden fiel.

Er hörte das Rascheln grober Stoffe, als sie sich bückte, ein weiteres Klirren, als sie etwas vom Boden hob, und sich dann wieder aufrichtete.

Frustriert, dass er nicht einmal anbieten konnte zu helfen, blieb er stocksteif an Ort und Stelle stehen. Und statt zu fragen, ob alles in Ordnung war, ob sie sich verletzt hatte, stieß er lediglich in einem einzigen Atemzug aus: „Wie viel Uhr ist es?"

Die Worte klangen gröber – und vor allem ihr Inhalt viel unvermittelter – als seine Gedanken es gewesen waren. Und doch schien er nicht über seine Überraschung hinwegkommen zu können, dass Elissa Belham vor ihm stand.

„Sechs Uhr früh." Also Morgen. Und nicht so spät, dass er sich in seinem Zeitgefühl vollkommen geirrt hatte.

Es waren nur drei Worte. Und doch verriet auch der kultivierte Tonfall, die Artikulation dieser Worte erneut ihre gehobene Herkunft, ihre gute Kinderstube.

Ein leises Rascheln begleitete ihre ruhigen Worte und Raphael erinnerte sich daran, wie er sie das letzte Mal wirklich gesehen hatte. Er war mit David unterwegs gewesen, um einen Verlobungsring zu kaufen. Damals hatte Miss Belham einen Schleier getragen, bis der Wind ihr vernarbtes Gesicht enthüllt hatte. Trug sie diesen etwa immer noch?

Er hörte, wie sie unruhig von einem Fuß auf den anderen trat.

Und zum ersten Mal seit Monaten weckte etwas seine Neugierde. Sein neues Dienstmädchen war auf einmal zu einem Rätsel geworden. Was tat sie hier? Wollte sie sich einen Scherz erlauben, um später in London von der armseligen Hülle eines Menschen erzählen zu können, die er nun war? Aber nein, seine Freunde hatten ihm schon vor einiger Zeit berichtet, dass Miss Belham nach dem Mord an ihrer Mutter nicht nur aus der Londoner Gesellschaft, sondern vollkommen verschwunden war.

Was hatte sie ausgerechnet jetzt aus den Schatten hervortreten lassen? War sie freiwillig daraus hervorgekommen oder war sie dazu gezwungen worden?

Ob rechnete sie damit, dass Raphael sie nicht erkennen würde? Vielleicht war sie überhaupt nicht aus ihrem Versteck gekommen. War sein Haushalt etwa ihr neues Versteck?

Es ergab Sinn. Sie musste wissen, dass er erblindet war, und bisher hatte sie kaum ein Wort mit ihm gewechselt. Doch warum sollte sie sich überhaupt verstecken? Und vor wem? Was hatte eine der reichsten Frauen Großbritanniens dazu gebracht, in seiner Küche zu arbeiten?

***

Es benötigte all ihre Selbstbeherrschung, still stehen zu bleiben. Oder sollte sie lieber an Raphael vorbeihuschen und ihren weiteren Aufgaben an diesem Morgen nachkommen, bevor Mrs Martin sie suchen kam?

Doch sie konnte den Hausherrn schlecht hier stehen lassen, wo er sich vermutlich mit einem bestimmten Anliegen auf den Weg zur Küche gemacht hatte, nachdem er die Bibliothek nun tagelang kaum verlassen hatte. Aber warum sagte er dann nichts? Er war sicher nicht zur Küche gegangen, nur um nach der Uhrzeit zu fragen, oder?

Ihr Griff um den Eimer, der ihr heruntergefallen war, als sie beinahe gegen ihn geprallt war, wurde immer fester, je länger das Schweigen andauerte. Sie musste beinahe den Kopf in den Nacken legen, um ihm ins Gesicht zu schauen, über das sich eine ausdruckslose Maske gelegt hatte. Lediglich sein etwas schief gelegter Kopf und die gerunzelten Brauen deuteten darauf hin, dass er noch dort drin war. Seine leeren Augen blickten ein kleines Stück an ihr vorbei.

Langsam ließ sie ihren Blick über seine regungslose Gestalt wandern, während sie darauf wartete, dass er etwas von sich gab, einen Befehl, eine Frage, einfach *irgendetwas*.

Seine dunklen Haare waren verstrubbelt, als wäre er gerade erst aufgestanden. Vielleicht war er das auch, denn er trug nichts außer dem Hemd und der leinenen Hose, die sie ihm für den heutigen Tag auf den Stuhl gelegt hatte. Zum ersten Mal, nun, da er so dicht vor ihr stand, fiel ihr auf, wie sehr die Kleidung an dem früher so muskulösen Mann herunterhing. Erst jetzt bemerkte sie, dass er barfüßig war; der Steinboden musste eiskalt sein an seinen Fußsohlen. Einen kurzen Augenblick lang zupfte Sorge an ihrem Herzen, dann drängte sie diese entschlossen davon. Er war ein erwachsener Mann. Ein ausgebildeter Arzt. Er musste selbst wissen, was er zu tun hatte, um gesund zu bleiben.

Und doch offenbarte ihr Blick auf ihn das genaue Gegenteil.

„Er hat aufgegeben." Mrs Martins Worte hallten in ihrer Erinnerung wider. Es schien so.

Sein schwarzer Bart war noch ein Stück länger und ein ganzes Stück unordentlicher geworden. Wo die dunklen Haare sein Gesicht nicht versteckten, schienen seine Wangen abgemagert, ausgemergelt. Dunkle Ringe zeichneten sich unter dem hellen Blau seiner Augen ab. Seine gebräunte Haut schien blasser als sonst.

Aber war es ihr Problem? Sicher nicht. Soweit sie wusste, war er bis auf seine erblindeten Augen vollkommen gesund. Wenn er entschied, seinen Körper allmählich an dessen Grenzen hungern zu wollen, so war das seine Entscheidung.

„Wie geht es Ihnen inzwischen? Haben Sie sich von Ihrer Krankheit erholt?"

Seine tiefe Stimme ließ sie ertappt zusammenzucken. Seine um sie, ein einfaches Dienstmädchen, besorgten Worte belebten ihr schlechtes Gewissen.

Sie nickte und merkte dann, dass er das nicht sehen konnte. Sie würde ihm wohl oder übel mit Worten antworten müssen. Aber würde er sie an ihrer Stimme erkennen?

Nervös biss sie sich auf die Unterlippe und antwortete dann einsilbig: „Ja, danke."

Doch der sonst so wortkarge Raphael Williams schien auf einmal eine Leidenschaft für höfliches Geplänkel zu entwickeln, denn statt direkt zum Punkt zu kommen, wie sie es eigentlich von ihm kannte, fragte er: „Wo kommen Sie ursprünglich her, Miss … Bennett?"

Ihr Herz begann, schneller zu schlagen. Warum hatte er gezögert? Ahnte er etwas?

Wieder war sie gezwungen, ihm zu antworten. Und das Risiko, dass er sie an ihrer Stimme erkannte, wuchs mit jedem Wort, das sie von sich gab. „Aus dem Süden."

Ein brummendes Geräusch drang durch seinen Bart an ihr Ohr. Hatte er etwa gelacht? Sicher nicht. Elissa kannte keinen anderen Menschen, der schon in jungen Jahren so ernst und ruhig gewesen war wie Raphael Williams.

„Haben Sie früher schon als Dienstmädchen gearbeitet?"

Elissas Hände verkrampften sich um den Griff des Eimers. Woher kam das plötzliche Interesse an ihr? „Nein."

Er legte den Kopf schief und zog die Augenbrauen in die Höhe. Sie straffte die Schultern und presste die Lippen zusammen. Sie konnte ihm nicht erzählen, dass sie in Tavernen gesungen hatte. Als Hausangestellte wurden zumeist nur Frauen mit tadellosem Ruf eingestellt. Genauso wenig konnte sie ihm erzählen, weshalb sie noch nie in einem Haushalt gearbeitet hatte.

Aber irgendetwas musste sie sagen, um nicht sein Misstrauen zu wecken.

Den Blick fest auf sein Gesicht gerichtet, murmelte sie leise: „Ich habe in einem Gasthaus gearbeitet." Es stimmte – fast. Und wenn er ihre Worte falsch interpretierte, sollte ihr das nur recht sein.

Seine Augen bewegten sich ein Stück, korrigierten die Richtung, in die sie blickten. Nun bohrte sich sein blinder Blick durch sie hindurch. Früher hatte so oft Kritik in dem hellen Blau gelegen, wenn er sie angesehen hatte. Nun konnte sie überhaupt nicht mehr einschätzen, was er wohl dachte. Seine Gesichtszüge verrieten nichts.

„Darf ich fragen, weshalb sie dort aufgehört haben?"

„Wegen meines Hustens."

„Das tut mir leid." Er hob den schief gelegten Kopf, und hätte sie es nicht besser gewusst, hätte sie gedacht, er würde sie intensiv mustern. Dennoch spürte sie seine konzentrierte Aufmerksamkeit auf sich. „Sie brauchen keine Angst zu haben, dass ich Sie aufgrund einer Erkältung entlassen werde."

Elissa drückte ihre Hände mit dem Eimer darin fest gegen ihren Bauch. Sein Tonfall war freundlich. Doch was war sein Motiv? Wollte er sie beruhigen? Einen anderen Grund finden, sie zu entlassen? Versuchen, sie zu durchschauen? Oder hatte er das schon?

Das Schweigen wurde immer angespannter, die Luft zwischen ihnen aufgeladener. Und Elissas Herzschlag immer schneller. Was, wenn er sie tatsächlich durchschaut hatte?

Oh, die Demütigung! Sie, die früher auf ihn heruntergeschaut hatte, putzte nun seine Küche, verbrachte ihre Tage damit, seinen Wünschen nachzukommen. Oder zumindest denen seiner Haushälterin. Und was, wenn er mit jemandem darüber gesprochen hatte, ohne dass sie es wusste? Sie würde erneut alles zurücklassen, erneut fliehen müssen. Falls Brixton sie nicht zuvor ausfindig machte.

Ihre Hände begannen zu zittern, als ihr ein noch viel fürchterlicherer Gedanke kam: Würde sie den Tod an die Haustür dieser Menschen bringen, die sie aufgenommen hatten?

Was, wenn es schon zu spät war?

20

Raphael war sich sicher. Sicher, dass Elissa Belham und das Dienstmädchen Emily Bennett die gleiche Person waren. Und zugleich war er ratlos. So vieles ergab keinen Sinn, am allerwenigsten die Frage warum.

Mrs Martin hatte ihm inzwischen erzählt, wie sie sein neues Dienstmädchen gefunden hatte. Doch warum hatte eine der reichsten Frauen des Königreichs keinen Arzt aufgesucht, als sie so krank war? Warum hatte sie stattdessen versucht, heimlich in seinem Keller zu übernachten? Und viel mehr noch – warum war sie geblieben?

Frustriert fuhr er sich durch die immer länger werdenden Haare und verfluchte seine blinden Augen. Wenn er ihr nur in die blauen Augen schauen könnte, die ihm ihre wahren Gefühle und Motive früher enthüllt hatten wie ein offenes Buch!

Doch nein, seine einzige Möglichkeit, an Antworten zu kommen, war ein Gespräch. Und das verweigerte sie ihm erfolgreicher, als er es für möglich gehalten hätte.

Vier Tage war ihr Gespräch im Untergeschoss nun her. Und kein einziges Mal war das scheue Dienstmädchen ihm mehr über den Weg gelaufen. Obwohl Raphael sich in diesen letzten Tagen öfter aus der Bibliothek und durch die Flure bewegt hatte, als er es in den gesamten vergangenen Wochen getan hatte. Und doch war sie ihm immer verborgen geblieben. Nur noch selten hörte er ihre leichten Fußtritte, die sich in den vorigen Wochen den ganzen Tag über wie selbstverständlich zwischen den verschiedenen Räumen hin und her bewegt hatten, und wenn, dann schienen sie sich immer von ihm zu entfernen. Er hätte nie gedacht, dass das möglich wäre in einem Haus dieser Größe.

Sein Landhaus konnte es nicht einmal annähernd mit einer der beeindruckenden Londoner Villen aufnehmen.

Doch nun war sie gezwungen, ihm Antworten zu geben. Raphael fuhr sich ein weiteres Mal durch die Haare und runzelte ungeduldig die Stirn. Er hatte Mrs Martin den Auftrag gegeben, die junge Frau in die Bibliothek zu zitieren, bevor sie für ihre wöchentlichen Einkäufe auf dem Markt ins Dorf ging. Er hoffte, dass seine treue Haushälterin nicht davon ausging, dass Miss *Bennett* etwas falsch gemacht hatte, denn soweit er das beurteilen konnte, arbeitete sie trotz der offensichtlich mangelnden Erfahrung sorgfältig und zügig, so wie die geschäftige Mrs Martin es am liebsten hatte.

Ein leises, zögerliches Knarren der Bodendielen an der Tür ließ ihn den Kopf heben. Das waren sicherlich nicht die resoluten Schritte seiner Haushälterin. „Kommen Sie herein."

Während seine rauen Worte noch im Raum verklangen, erhob er sich rasch aus seinem Sessel. Dabei roch er seinen eigenen Schweiß und kräuselte unangenehm berührt die Nase. Auf einmal war er nervös.

Es war nun schon Monate her, dass er jemandem gegenübergestanden hatte, der auf sein Erscheinungsbild Wert legen würde. Er runzelte die Stirn. Was sie von ihm denken musste, wie er nun vor ihr stand? Aber vielleicht war es auch egal – ihren schnell verurteilenden Blick, der ihm so wohlbekannt war, sah er ohnehin nicht.

Er hörte, wie ihre leichten Schritte sich vorsichtig näherten. Hatte sie Angst vor ihm? Aber warum sollte sie?

Mit einer Hand stützte er sich an dem Sessel ab, während er auf ihre regelmäßigen Atemzüge lauschte. Sollte er warten, bis sie von sich aus etwas sagte? Nein, ihr letztes Gespräch hatte bewiesen, wie beharrlich sie schweigen konnte, wenn er nicht eine direkte Frage stellte. Er hatte sich viele Gedanken gemacht über ihr letztes Gespräch. Und wenn ihm die Tatsache, dass sie auf seine Fragen überhaupt – wenn auch ausweichend – geantwortet hatte, etwas verriet, so war es, dass ihr etwas an ihrer Anstellung in seinem Haushalt zu liegen schien. „Warum sind Sie wirklich hier, Miss Belham?"

Das war vielleicht etwas *zu* direkt gewesen.

Sie keuchte auf und es hörte sich an, als wäre sie einen unsicheren Schritt zurückgetaumelt. Ihre Atemzüge waren lauter, klangen mühsamer als gerade noch. Und sie sagte kein Wort.

Raphael verbot es sich, frustriert zu seufzen. Was dachte sie? Es gab keinerlei Geräusche, die ihm verrieten, dass sie nervös herumzappelte. Und sie schwieg weiterhin eisern – beinahe bereute Raphael seine Entscheidung für eine direkte Frage. Doch was hätte er sonst tun sollen, wenn sie allen anderen Fragen kunstvoll auswich?

Entschlossen presste er die Zähne aufeinander. Er würde durchhalten, bis die Stille sie zu einer Antwort zwang.

Stockend atmete sie ein, stotterte: „W-was …?"

Ein Grinsen stahl sich auf sein Gesicht. Das zählte sicher nicht als Antwort, vor allem nicht von der sonst so eloquenten jungen Frau. Doch mehr als diese gestotterten Silben gab sie nicht von sich.

„Woher ich weiß, dass Sie Miss Belham sind?"

„Wie kommen Sie denn auf die Idee, dass ich diese … diese Miss … Belham bin?"

Ihre Antwort bewegte ihn zu einem leisen Lachen, auch wenn die Situation an sich sicher nicht belustigend war. Aber ihr Tonfall war so herrlich arrogant empört, die Worte erklangen in einem für sie so typischen Singsang, die Silben so gebildet artikuliert, dass Raphael nicht anders konnte. Er versteckte sein Lachen hinter einem leichten Husten, um sie nicht noch mehr aufzuregen, und wurde, als er an die Natur des Gesprächs dachte, schnell wieder ernst. „Die viel interessantere Frage ist – warum behaupten Sie, *nicht* Miss Elissa Belham zu sein?"

Raphael trat einen Schritt auf sie zu, wo er sie vorhin hatte zurücktaumeln hören, und sofort wich sie einen weiteren Schritt nach hinten aus. Er versuchte, seine Stimme ruhig zu halten, doch er hörte selbst, wie sich Neugierde, Faszination und zugleich etwas Ärger über ihre offensichtlichen Lügen in seine Stimme schlichen, als er sich vorbeugte und raunte: „Ich weiß, dass Sie es sind. Was ich allerdings nicht verstehen kann, ist das Warum. Warum brechen Sie in mein Haus ein, nur um im Keller übernachten zu können? Nehmen unter falschem Namen eine Stelle als Hausmädchen an? Sind Sie so verzweifelt? Oder haben Sie höhere Motive?" Er beugte sich etwas vor zu ihr. „Wer schickt Sie?"

Seine Stimme kam nun eher einem Grollen nah, statt der ruhigen Neutralität, die er hatte ausstrahlen wollen. Was tat sie hier? Wollte einer der Konkurrenten des Unternehmens seiner Familie ihn ausspionieren, seine nun so vollkommen hilflose Person als Druckmittel verwenden?

Raphael lehnte sich noch ein Stück weiter vor, so nah, dass er ihren schnellen Atem auf seiner Haut spüren konnte. Er wusste, sie konnte nicht weiter nach hinten ausweichen, stand mit dem Rücken an einem Buchregal.

„Warum sind Sie wirklich hier?"

Er musste tatsächlich ein armseliges Bild abgeben, denn seine Einschüchterungstaktiken brachten nichts. Absolut nichts. Ihr rasend schneller Atem war das einzige Geräusch, das seine Fragen beantwortete. Kurz registrierte sein Gehirn die zu schnelle Atemfrequenz, sie war nicht mehr weit davon entfernt, zu hyperventilieren. Dann gewann seine Frustration mit ihr wieder die Oberhand. „Miss Belham."

„Ich heiße jetzt Emily Bennett." Ihre Worte waren so leise wie ein Windhauch. Und sie zitterten. Warum war sie so ängstlich?

Die Überlegung lenkte ihn einen kurzen Augenblick davon ab, dass sie so gut wie zugegeben hatte, dass sie es tatsächlich war. „Warum?"

„Warum Emily Bennett? Haben Sie etwas an meinem Namen auszusetzen?"

Offenbar schien sie einer unangenehmen Frage noch genauso kunstvoll ausweichen zu können wie damals in den Londoner Ballsälen.

Zunehmend ungeduldiger presste er die Zähne zusammen. „Nein. Warum Sie hier sind, *Miss Belham?*"

„Mein Name ist Emily Ben …"

Auf einmal ließ sie ihre Stimme verklingen, mitten im Satz. Alarmiert hob er den Kopf. Was war passiert?

Er hörte sie resigniert ausatmen, dann tief Luft holen, als müsste sie Mut sammeln. Ein leises Stoffraschen begleitete ihre Atemzüge. Trug sie tatsächlich noch den Schleier, mit dem er sie damals in der Stadt gesehen hatte?

„Egal. Nun kann ich es Ihnen auch erzählen." Ihre Stimme klang tonlos. Emotionslos. Zumindest oberflächlich. Und zugleich voller Gefühle, die er nicht einordnen konnte.

Gespannt auf die Antworten, auf die er nun vier Tage lang gewartet hatte, trat er etwas zurück, um ihr wieder etwas Freiraum einzugestehen.

Und dann auf einmal war sie wieder in ihrem Singsang, den sorgfältig gewählten Worten, als sie fortfuhr: „Sie haben mich gefragt, warum ich in ihren Keller eingebrochen bin. Die Wahrheit ist, ich hatte sonst keinen Ort, an dem ich hätte übernachten können, und war zu geschwächt, um es bis ins Dorf zu schaffen. Warum ausgerechnet Ihr Keller? Ich wusste nicht, dass dies Ihr Haus ist, als ich hergekommen bin. Ein Gastwirt hat mir empfohlen, mich an Sie zu wenden, da ich mir keinen anderen Arzt leisten konnte."

Raphael verbot sich jede Reaktion, konnte allerdings nicht ganz verhindern, dass seine Stirn sich ungläubig runzelte.

Mit einem leisen, humorlosen Lachen fuhr sie fort: „Ich weiß, dass Sie dies – vermutlich zu Recht – bezweifeln, doch es stimmt. Ich habe nun schon seit mehreren Jahren keinerlei finanzielle Mittel mehr zur Verfügung. Und das ist auch der Grund, warum ich geblieben bin. Sie haben gefragt, ob ich so verzweifelt bin."

Einen Moment lang füllte lediglich Stille den Raum zwischen ihnen, das regelmäßige Ticken der Standuhr.

„Die Antwort ist ja."

Ihre Worte waren kaum verklungen, doch seine Gedanken überfielen ihn, eilten davon in jede Richtung. Ihre kurze Rede, in der sie eine Antwort auf jede seiner Fragen gab, hatte kaum eine seiner Fragen tatsächlich beantwortet. Jedes ihrer Worte musste sie viel gekostet haben, musste demütigend gewesen sein für die stolze Frau. Und zugleich war sie erneut seiner eigentlichen Frage ausgewichen. Warum? Was hatte eines der prachtvollsten Juwele der Londoner Gesellschaft dazu gebracht, als Dienstmädchen vor ihm zu stehen und zuzugeben, dass sie auf ihn angewiesen war?

Er zwang eine Ruhe in seine Stimme, die er nicht empfand, als er leise bemerkte: „Das hat noch immer nicht wirklich meine Frage beantwortet, warum Sie hier sind, Miss Belham."

„Reicht es Ihnen denn nicht als Grund, dass ich auf das Geld angewiesen bin?" Ihre Stimme war so voll Bitterkeit, dass Raphaels Herz sich schmerzlich zusammenzog. Unwillkürlich runzelte er die Stirn.

Ein weiteres Mal wählte er die Stille, schwieg geduldig. Früher oder später hatten die meisten Menschen das Bedürfnis, das Schweigen mit Worten zu füllen.

Doch sie ließ sich schneller dazu bewegen, ihm Antwort zu geben, als er gedacht hatte. „Sie werden nicht lockerlassen, nicht wahr?"

Verschwunden war der süße, liebliche Tonfall, zurück blieb nur rohe Emotion, quälende Hoffnungslosigkeit, als sie ein weiteres Mal bitter auflachte. Resignation. „Sie werden mich ohnehin nicht weiter für sich arbeiten lassen, ob ich es Ihnen nun erzähle oder nicht. Der Grund, nach dem Sie fragen, ist die Ermordung meiner Eltern. Seit dem Tod meiner Mutter bin ich auf der Flucht vor ihrem Mörder."

„Das ist …", er rechnete schnell nach, „fast vier Jahre her."

Er erinnerte sich noch gut an den Zeitungsbericht, der in die Londoner Gesellschaft eingeschlagen war wie ein Blitz. An seinen Schock, als er gelesen hatte, dass Elissa Belham selbst als Tatverdächtige gehandelt wurde. Dass es Zeugen gab, die sie mit blutbeflecktem Kleid hatten fliehen sehen.

Doch so sehr er es versuchte – Raphael konnte das Bild der jungen Frau einfach nicht mit dem Bild einer kaltblütigen Mörderin zusammenbringen. Und als sie nun über die Ermordung ihrer Mutter sprach, konnte er im Gegensatz zu ihrer sonst so zuckersüßen Stimme nur Ehrlichkeit heraushören.

„Das muss sich für Sie anhören wie eine kleine Ewigkeit. Und trotzdem bin ich sicher, dass er nicht aufgeben wird. Das ist auch der Grund, weshalb ich einen anderen Namen angenommen habe. Ich bitte Sie also – zu Ihrem Schutz und Mrs Martins –, dass Sie mit keinem Wort, niemandem gegenüber, den Namen Elissa Belham erwähnen. Es tut mir leid, dass ich Sie durch meine Anwesenheit überhaupt erst in Gefahr gebracht habe. Und ich danke Ihnen für alles, was Sie unwissentlich für mich getan haben. Richten Sie bitte auch Mrs Martin meinen Dank aus. Noch einmal – es tut mir leid. Am besten vergessen Sie, dass ich überhaupt je hier war."

„Das werde ich nicht." Er hörte sie erstarren. Sogar das regelmäßige Geräusch ihres Atems verstummte. „Am Ende meines Studiums habe ich einen Schwur geleistet. Und ich werde auch jetzt niemandem in Not meinen Rücken zukehren. In diesem Fall Ihnen. Aber um helfen zu können, brauche ich ein paar weitere Informationen."

„Sie können mir nicht helfen. Niemand kann das." Er hörte, wie sie ihr Gewicht verlagerte, sich umdrehte.

„Warten Sie!" Rasch streckte er die Hand nach ihr aus. Und traf ins Leere. Frustriert atmete er aus.

Doch er schien sie von ihrem Vorhaben, sein Haus schnellstmöglich zu verlassen, abgebracht zu haben – zumindest für den Augenblick –, denn sie drehte sich wieder zu ihm um. Er spürte ihre Aufmerksamkeit auf sich wie ein brennend heißes Eisen.

„Haben Sie schon jemandem erzählt, dass ich hier bin?" Unverhüllte Panik erfüllte ihre alarmierte Frage.

Reflexartig streckte er erneut die Hand nach ihr aus, um sie ihr in einer beruhigenden Geste auf den Arm zu legen. Er lernte nicht aus seinen Fehlern. Natürlich traf er wieder nicht, griff erneut ins Leere. Er spürte Hitze in seine Wangen steigen. Schnell zog er seine Hand zurück und beeilte sich, sie wenigstens mit seinen Worten zu beruhigen: „Nein, keiner Menschenseele, keine Angst."

„Gut." Das Wort war kaum mehr als ein Atemzug. Aber er spürte ihre Erleichterung so stark, als wäre hörbar ein Gewicht von ihren Schultern auf den Holzboden zwischen ihnen gefallen.

Und zugleich merkte er, dass ihre Angst ungebrochen war.

„Gut. Gehen wir einen Augenblick davon aus, dass Sie hierbleiben –"

„Das kann nicht –"

Er hob eine Hand, um sie zu bremsen, und zu seiner Überraschung verstummte sie. „Gehen wir einen Augenblick davon aus, dass Sie hierbleiben – warum sind Sie so sicher, dass Sie noch verfolgt werden?"

***

Raphael Williams' Worte ließen sie innehalten. *„Warum sind Sie so sicher, dass Sie noch verfolgt werden?"*

Plötzlich flackerte Zweifel in ihr auf. Konnte es sein, dass sie sich irrte? Dass all ihr Verzicht, das Leben in Armut überhaupt nicht mehr nötig waren?

Aber nein, sie spürte es, wusste so sicher, wie sie wusste, dass am nächsten Tag die Sonne wieder aufgehen würde, dass Brixton nicht aufgeben würde. Die Ermordung ihrer Eltern war zu sorgfältig geplant, zu gründlich gewesen. Er würde nicht einfach aufhören! Ihr Überleben war sein einziger Fehler gewesen. Und sie wusste, dass er diesen Fehler beseitigen würde!

Ein kalter Schauer lief ihr über den Rücken.

„Miss Belham?"

„Hm?" Hatte sie eine Frage verpasst? Hatte sie sich so sehr in ihren Gedanken verloren?

„Wer ist *Er?* Wer wird nicht einfach aufhören?"

Oh. Hatte sie wieder einmal mit sich selbst gesprochen? Sie musste vorsichtiger sein!

„Miss Belham?"

„Bennett."

„Wie auch immer. Woher sollte dieser Mensch überhaupt wissen, dass Sie hier sind?" Bisher hatte er deutlich gefasster reagiert, als sie erwartet hatte.

Und während das einen Teil tief in ihr drin beruhigte, stürzte es sie zugleich in ein Dilemma. Seither hatte sie geglaubt, hier vor Brixton sicher, unauffindbar zu sein. Doch was, wenn sie sich irrte? Wenn sie Gefahr in dieses Haus brachte? Sie war noch immer nicht sicher, ob nicht allein ihre Anwesenheit hier in diesem Augenblick ihn und Mrs Martin zur lebendigen Zielscheibe machte.

„Ich … ich weiß nicht. Aber was, wenn er es herausfindet?" Ihre Stimme klang dünn. Winzig. Wie ein verloren gegangenes Kind.

Sie räusperte sich, versuchte es erneut, dringlicher: „Was, wenn er es herausfindet?" Jetzt klang ihre Stimme fester, doch das verlorene Gefühl, dieser Wunsch, sich an irgendetwas, irgendjemanden anlehnen zu können, ging davon nicht weg.

„Das kann ich nicht beantworten. Aber was, wenn er es nicht herausfindet?"

Ja, was dann? Würde sie ihr ganzes Leben lang weiterrennen, gefangen in der Angst vor ihrem Halbbruder, der in ihren Gedanken allmählich größer geworden war als das Leben selbst?

„*Lauf, Elissa. Geh!*" Die Worte hallten wie so oft in ihr wieder. Doch sie hatte keine Kraft mehr. Was, wenn er es *nicht* herausfand?

Sie musterte Raphaels ernstes Gesicht vor sich, die besorgt gerunzelte Stirn, die leicht nach ihr ausgestreckte Hand. „Miss Belham?"

„Benn …“, sie brach ab, seufzte. Es tat gut, wenigstens für einen Augenblick Elissa Belham sein zu können. Ihr Blick wanderte zum Fenster, zu dem Grau, das sich über den heutigen Tag gelegt hatte. Und doch blühte in ihr eine kleine Knospe, ein gefährlicher Funke Hoffnung auf. „Er ist gefährlich. Und sorgfältig. Er hat mich schon einmal fast vollkommen zerstört.“

Raphael lachte trocken auf und bei dem unerwarteten Geräusch wandte Elissa ihm ruckartig den Kopf zu.

„Dann ist es ja gut, dass ich nicht mehr viel zu verlieren habe.“

„Das … Sag … Sagen Sie doch so etwas nicht!“

Da war es wieder, das bittere und zugleich ein wenig amüsierte Lachen. „Ich war schon immer ein Freund von Ehrlichkeit. Aber gerade geht es nicht um mich.“

Seine blinden Augen schienen nach ihr zu suchen und Elissas Blick folgte ihrem Weg, während Hoffnung in ihr aufkeimte und zugleich Resignation. „Ich möchte, dass Sie hierbleiben. Als mein Gast.“

„Das –“

„Falls Sie es für nötig erachten, kann ich Sicherheitspersonal einstellen.“ Seine leise, aber bestimmte Stimme bremste ihre Widerrede. Er legte den Kopf leicht schief, wartete geduldig auf ihre Antwort, während sie ihn stumm anstarrte.

Sie sollte Nein sagen.

Sein Haus so schnell es ging verlassen.

Und nie wieder zurückblicken.

„Ich möchte keine Almosen.“ Das war nicht das, was sie eigentlich hatte sagen wollen. Was war es nur an ihm, das sie ohne weitere Überlegung ihre Gedanken aussprechen ließ?

Doch er reagierte nicht, wartete lediglich weiter geduldig ihre Antwort ab. Das Schweigen zog sich immer länger, wurde angespannter. Und immer noch spürte sie Raphaels intensive Aufmerksamkeit auf sich. Er hatte seine Meinung gesagt, war sogar bereit, Sicherheitsvorkehrungen zu treffen. Nun war sie an der Reihe.

„Ich kann nicht Ihr Gast sein. Falls … Falls ich bleiben sollte, dann als Dienstmädchen."

„Das wäre ein deutlich überqualifiziertes Dienstmädchen."

Das stimmte nicht wirklich. Sie war alles andere als überqualifiziert, zu Beginn ihrer Zeit hier war sie ein vollkommen unfähiges Dienstmädchen gewesen.

„Nein, das wäre meine Bedingung. Ich kann nicht … möchte nicht …" Sie holte tief Luft. Konnte es so schwierig sein, ihre Wünsche zu äußern? Ihr Blick ruhte auf Raphael. Der junge Arzt hatte erwartungsvoll die Augenbrauen hochgezogen und wartete geduldig. Warum war er so nett zu ihr? So großzügig, bereit, ihr zuzuhören? Bereit, für ihre Sicherheit seine eigene aufs Spiel zu setzen?

Konnte sie so egoistisch sein und sein Angebot annehmen?

Er kniff die Augen zusammen. Seine ernste Stimme klang ungewohnt sanft, als er ihr den Kopf zuwandte: „Elissa."

Jeden anderen Mann, der ohne Erlaubnis ihren Vornamen gebraucht hätte, hätte sie ohne zu zögern mit einer Ohrfeige in seine Schranken gewiesen. Doch trotz des dunklen Barts, trotz der zusammengekniffenen Augen sah er in diesem Augenblick unglaublich verletzlich aus. Und aus irgendeinem Grund fühlte es sich richtig an. Er war der einzige Mensch, der wusste, wer sie tatsächlich war. Und der zugleich wusste, wer sie gewesen war.

Sie zwang sich dazu, ihre ineinander verkrampften Hände zu entspannen und an ihre Seiten sinken zu lassen. „Nein, wirklich. Ich … ich könnte nicht nur herumsitzen und mich fragen, wann er mich finden wird."

Da, schon wieder war sie ehrlicher gewesen, als sie es beabsichtigt hatte. Sie wandte sich ab. „Ich gehe jetzt in die Küche."

Sein leises Glucksen ließ sie innehalten. „Dann ist es ja entschieden. Du bleibst – auf deinen *ausdrücklichen* Wunsch hin als Dienstmädchen."

Trotz der ernsten Lage spürte sie, wie ihre Lippen sich zu einem

Grinsen verzogen. Sie nickte, dachte zu spät daran, dass er das nicht sehen konnte. Der Teppich verschluckte das Geräusch ihrer Schritte und ihr Lächeln war noch immer in ihrer Stimme hörbar, als sie über die Schulter zurückwarf: „Ich gehe jetzt kochen."

„Lass mich dir helfen."

Erschrocken wirbelte sie herum: „Nein, das geht nicht. Das schickt sich nicht!"

Er zog eine herausfordernde Augenbraue hoch und vielleicht war es der Beginn eines Lächelns, das seine Augenwinkel kräuselte, als er widersprach: „Wenn die Tochter eines der einflussreichsten Männer des Königreichs bei mir als Dienstmädchen angestellt sein kann, kann ich diesem Dienstmädchen auch kochen helfen. Und außerdem kann sich dieses Dienstmädchen gleich daran gewöhnen, mich ebenfalls zu duzen."

Mit diesen Worten ging er an ihr vorbei, ihren gestotterten Widerspruch ignorierend. Seine Schritte waren bestimmt, als er ihr voran in Richtung Küche ging.

Verwirrt und zugleich irgendwie erfreut folgte sie ihm.

21

Elissa war überrascht, wie sicher Raphael sich durch die Flure bewegte, lediglich für die Dienstbotentreppe zur Küche benötigte er etwas mehr Zeit. Dann ging er ihr wieder mit langen Schritten voran, bis er schließlich mitten in der geräumigen Küche stehen blieb. Mit einem schiefen Grinsen drehte er sich zu ihr um: „Ab hier musst du übernehmen." Er begann, sich die Ärmel seines Hemdes hochzukrempeln. „Was kann ich tun?"

Einen kurzen Augenblick lang konnte Elissa nicht anders, als ihn sprachlos anzustarren. Das Grinsen hatte sein ganzes Gesicht verwandelt – zumindest die Hälfte, die sie sehen konnte –, und der viel zu ernste Mann, der ihr immer schon unsympathisch gewesen war, war vollkommen verschwunden. Dieses Grinsen, das sie so aus der Bahn warf, verschwand nun jedoch allmählich und Raphael runzelte die Stirn. „Fällt dir wirklich nichts ein, das ich tun könnte?"

Oh. Sie hatte nicht einmal darüber nachgedacht, welche Aufgaben für ihn zu bewältigen sein könnten. Sie räusperte sich. „Vielleicht … Eventuell könnten Sie … könntest du …"

„Gemüse schneiden?"

„Nein, das …" Wieder brach sie mitten im Satz ab. Warum waren ihre Gedanken so durcheinander?

„Wolltest du überhaupt kein Gemüse kochen?"

Ruckartig wandte sie Raphael den Kopf zu. Er hatte die Augenbrauen hochgezogen und schien verstehen zu wollen, was sie dachte. Das war unmöglich, schien sie doch gerade selbst nicht mit ihren eigenen Gedanken mithalten zu können.

„Oder vertraust du mir nicht mit einem Messer?"

Da war es wieder, das schelmische Grinsen. Elissa wandte hastig den Blick ab von ihrem Arbeitgeber, der mit den Lachfältchen und den verstrubbelten dunklen Haar auf einmal viel zu attraktiv aussah. Ihr wurde plötzlich heiß in dem hochgeschlossenen Arbeitskleid und der gesteiften Schürze in der aufgeheizten Küche.

Was sie daran erinnerte, dass sie schauen musste, ob das Feuer im Herd noch brannte. Wortlos wandte sie sich von Raphael ab und öffnete die Ofentür, um zu überprüfen, ob das Feuer ausgegangen war. Erleichterung ließ ihre Schultern herabsinken, als sie die noch heiße Glut entdeckte. Zwar warf das Feuer im Herd sie nicht mehr jedes Mal zurück in der Zeit, doch ihre Angst vor den Flammen war ungebrochen.

„Ich verspreche auch, dir mit dem Messer nichts anzutun, wenn du mich Gemüse schneiden lässt."

„Ich mache mir mehr Sorgen um deine Finger als um mich." Oh. Schon wieder hatte sie einfach ihre Gedanken ausgesprochen statt zu filtern, was sie sagen wollte – und sollte. Sie musste vorsichtiger sein. Raphael war noch immer ihr Arbeitgeber. Nur weil er nun wusste, wer sie war, hatte sich nicht viel geändert an ihrer Situation. Sie war noch immer nur ein Dienstmädchen, noch immer abhängig von ihrer Position in diesem Haus und dem Gehalt, das sie jede Woche verdiente.

Doch statt einer sofortigen Rüge, der Kritik, die sie von ihm erwartete, lachte er lediglich leise vor sich hin. „Komm, hab etwas Vertrauen."

Und seltsamerweise hatte sie das. Vielleicht mehr, als sie sollte.

Trotzdem konnte sie nicht verhindern, dass ihre Augen immer wieder zu seinen Händen wanderten, als er kurz darauf Gemüse in Würfel schnitt. Während sie selbst Eier für einen Teig aufschlug, beobachtete sie skeptisch seinen Umgang mit dem Messer. Auch wenn sie vorhin gescherzt hatte, war sie tatsächlich nicht vollkommen sicher, ob es klug war, ihn mit einem Messer hantieren zu lassen.

Und dann war es nicht nur ihre Besorgnis, die ihren Blick an seinen gebräunten Händen hängen bleiben ließ. Fasziniert beobachtete sie seine feingliedrigen und doch kräftigen Finger, wie sie geschickt die Kartoffeln schnitten.

„Wie kommt es, dass du nichts mehr sehen kannst? War es ein Unfall?" Elissa atmete scharf ein, erschrocken darüber, dass ihr diese Worte tatsächlich über die Lippen gekommen waren. Sie wusste, dass sie zu Selbstgesprächen neigte, wenn sie alleine war. Doch noch nie war es ihr schwergefallen, in einem Gespräch die richtigen, *feinfühligen* Worte zu finden. Oder neugierige, vollkommen unangebrachte Fragen zurückzuhalten. „Entschuldige, das war unverzeihlich, das hätte –"

„Nein, es macht nichts." Seine tiefe Stimme unterbrach ihre hastige Entschuldigung.

Überrascht hob sie den Kopf. Überhaupt hatte er sie in den letzten Stunden öfter überrascht, als sie für möglich gehalten hätte. Unter der ernsten Fassade dieses zurückgezogenen Mannes hatte sie heute flüchtige Blicke erhaschen können auf einen großherzigen, humorvollen Mann, der das Wort „Aufgeben" entgegen der Annahme seiner Haushälterin nicht zu kennen schien. Selbst wenn es die letzten Wochen so gewirkt haben mochte.

In vielerlei Weise hatte eher Elissa aufgegeben, hatte nicht nur zu ihrem Schutz ihren Namen gewechselt, sondern hatte Elissa Belham, das Leben, das sie einst geführt hatte, ja, selbst die Erinnerung an dieses Leben, zu vergessen versucht. Sie mochte weitergemacht haben, weitergegangen sein. Und doch hatte sie all diese Zeit den Atem angehalten. Hatte ein neues Leben begonnen, war Brixton entkommen – und zugleich wurde ihr nun klar, dass sie ihn auf gewisse Weise hatte gewinnen lassen, dass sie Elissa Belham widerstandslos hatte sterben lassen. Vielleicht war es tatsächlich an der Zeit, sie wieder zum Leben zu erwecken. Zumindest hier in diesem abgelegenen Haus, in dem keine Gefahr zu drohen schien.

Außer vielleicht von den hellen blauen Augen, die gerade leicht an ihr vorbeistarrten, ohne etwas zu sehen, und zugleich auf eine ihr vollkommen unverständliche Weise tiefer sahen.

Raphael hatte, von ihr unbemerkt, das Messer zur Seite gelegt und den Kopf leicht geneigt. Er räusperte sich und runzelte die Stirn. „Amaurose."

„Wie bitte?" War das eine andere Sprache, die sie können, ein Fachbegriff, den sie eigentlich kennen sollte?

„Das ist der medizinische Fachbegriff für Blindheit. Und alles, was nach monatelangen Besuchen bei den besten Ärzten des Landes herauskam. Ein schlau klingender Begriff und eigentlich nur eine Beschreibung dafür, dass niemand irgendetwas weiß."

Elissa hielt absolut still, um ihn nicht zu unterbrechen.

„Es gab keinen Auslöser, nichts, was sie hätten beobachten, benennen – oder verhindern – können, nur mein Augenlicht, das immer mehr verschwunden ist und ...", seine Stimme brach und Elissa legte instinktiv ihre schmale Hand auf seine große. Er zuckte überrascht von der Berührung zurück und Elissa wurde wieder einmal bewusst, dass er das nicht hatte kommen sehen können. Wie ausgeliefert er ihr war.

Etwas verlegen begann sie, ihre Hand zurückzuziehen. Doch Raphael stoppte sie, indem er seine andere Hand auf ihre legte und sie sanft drückte. Seine Haut war rau auf ihrer und warm. Und obwohl er abgemagert war in den letzten Wochen, spürte sie die Kraft in dem leichten Druck seiner Berührung.

Seine Stimme war rau, als er fortfuhr: „Sie konnten nichts tun. Gar nichts. Es wurde einfach immer schwerer, kleine Gegenstände auf ähnlich hellen Oberflächen zu erkennen. Ich habe angefangen, immer öfter gegen Dinge zu laufen, häufiger über Gegenstände zu stolpern. Im Dämmerlicht immer schlechter zu sehen, bis ich irgendwann nur noch dunkle Schatten erkennen konnte. Die Woche, in der du hergekommen bist ..."

Sein Druck um ihre Hand wurde etwas fester, beinahe als müsste er sich daran festhalten. Was ein absurder Gedanke war. Seine breiten

Schultern – wenn auch gebeugt – schienen selbst ein schweres Los gut stemmen zu können.

„In der Woche, in der du hierhergekommen bist, bin ich eines Morgens aufgewacht und … es war einfach weg. Alles. Selbst die Schatten." Er verstummte und Elissa konnte nicht anders, als auch ihre andere, ihre verkrüppelte Hand über seine zu legen. Er hatte die Narben ohnehin schon gespürt.

Es gab keine Worte, die ihm ihr Mitgefühl ausdrücken konnten, die irgendwie erfassen konnten, was er durchgemacht hatte – noch durchmachte. Denn sie hörte es, auch hinter seinen unausgesprochenen Worte: Es war nicht nur das Licht in seinem Leben, das verschwunden war. Mit seinem Augenlicht hatte er auch seine Selbstständigkeit verloren, seine Arbeit, die Fähigkeit, seine Ziele zu verfolgen, seinen eigenen Weg zu finden. Vielleicht sogar das Wissen um seinen Wert. Denn wenn nicht seine unausgesprochenen Worte es ihr verrieten, dann waren es die unzähligen Stunden, die er in dem Sessel in seiner Bibliothek gesessen hatte, der ungepflegte Bart und die viel zu langen Haare, die Kleidung, die an seinem abgemagerten Körper herunterhing.

„Weiß deine Familie …?" Oh. Schon wieder eine viel zu persönliche Frage.

„Nein. Ich konnte nicht …"

Er schüttelte den Kopf, entzog ihr seine Hände und fuhr sich durch die Haare. Dann ergriff er wieder das Messer und widmete sich weiter dem Gemüse.

Auch Elissa trat einen Schritt zurück, versteckte ihre Hände rasch in ihren Rockfalten. Sie spürte noch die Wärme, wo seine Finger sie berührt hatten. Ihre narbige Haut. Kein Wunder, dass er seine Hände zurückgezogen hatte, sobald er fertig war mit seiner schweren Erzählung. Kein Wunder, dass er hastig zurückgewichen war. Oh, wie hatte sie nur ihre verformte, vernarbte Hand auf seine legen können!

Sie spürte, wie ihr Gesicht rot wurde, und begann eilig, den Teig, an dem sie gearbeitet hatte, zu verrühren. Das Schweigen wurde im-

237

mer unbehaglicher und mit einem Seitenblick auf Raphael stellte sie fest, dass er seine Zähne so fest zusammengebissen hatte, dass sie um seine Kieferknochen zu fürchten begann. Seine Stirn war gerunzelt, das leichtherzige Grinsen von vorhin verschwunden. Elissa verachtete sich selbst dafür, dass ihre Frage diese Anspannung ausgelöst hatte.

Eine Idee ließ sie innehalten und Raphael von der Seite mustern.

„Was?"

Wie hatte er bemerkt, dass sie ihn ansah?

„Sind die anderen Eindrücke stärker?" Schon wieder eine zu direkte Frage. Aber Raphael schien es nichts auszumachen.

„Jedenfalls kann ich nicht auf einmal hören wie eine Katze oder riechen wie ein Hund, falls du das meinst." Erneut war seinen Worten keinerlei Zorn oder Anspannung anzuhören. „Aber man achtet mehr darauf, nimmt mehr von dem wahr, was man sonst einfach übergeht."

Mit diesen letzten Worten wurde seine Stimme wieder leiser, trauriger. Irgendwo draußen bellte ein Hund und Raphaels Augen wanderten über sie hinweg, sahen durch sie hindurch.

Bemüht fröhlich klatschte sie die Hände ineinander, bereute es sofort, als er erschrocken zusammenzuckte. Sie verzog ihr Gesicht, murmelte ein kleinlautes: „Entschuldige", und versuchte dann ihrer Stimme einen energischen Klang zu geben: „Also … dann bringen wir mal wieder etwas Farbe in dein Leben!"

Sie sah ihn ein zweites Mal zusammenzucken. „Wie willst du schaffen, was selbst die besten Ärzte des Landes nicht konnten?"

Elissa verlieh ihrer Stimme eine Sicherheit, die sie innerlich nicht spürte: „Welche Farbe würdest du sagen, hat Chili?"

Er runzelte etwas verwirrt die Stirn. „Rot." Seine Antwort kam nur widerwillig, aber er antwortete.

„Curry?"

„Gelb?"

Sie lächelte leichtherzig.

***

Hatten ihre Fragen einen Sinn? Bisher jedenfalls erschloss sich ihm dieser nicht.

„Siehst du!"

Ihre Stimme war triumphierender, als er es für angebracht hielt.

„Nein, ich sehe nicht." Aber er konnte nicht verhindern, dass sich angesichts ihrer Begeisterung ein amüsierter Tonfall in seine Worte schlich.

„Hier, riech mal", erklang ihre Stimme auf einmal viel näher, als er erwartet hatte. Ein leichter Geruch nach Lilien und Sonnenschein drang an seine Nase, ehe auf einmal der beißende Geruch von Curry alles andere übertünchte.

„Und?"

Er wollte ihre erwartungsvolle Freude nicht dämpfen, aber er wusste wirklich nicht, worauf sie hinauswollte. „Und was?"

„Fühlt es sich gelb an?"

Raphael brummte ein unverbindliches „Mh", um sie nicht zu enttäuschen. Und dann musste er widerstrebend lachen. Konnte man eine Farbe *fühlen*?

„Du machst dich über mich lustig!" Ihre Stimme klang wunderbar entrüstet und er konnte sich viel zu gut vorstellen, wie die zierliche Frau sich vor ihm aufbaute. Schon früher schien er sie mit seinen Aussagen ständig gereizt zu haben.

„Nein, nein, ich bin nur noch nicht überzeugt von dem Konzept, Farben fühlen zu können. Du wirst also etwas mehr bieten müssen."

Er hörte sie leise auflachen. Selbst ihr Lachen klang so elegant, wie alles an ihr es immer gewesen war. „In Ordnung, ich nehme die Herausforderung an."

Er grinste in seinen Bart hinein und nickte leicht: „Dann mal los, Miss Farbenkünstlerin."

„Mit Sicherheit, Sir Griesgram." Ihr Lachen brach auf einmal ab und er konnte sich ihre entsetzte Miene gut vorstellen.

Und doch war ihre entwaffnende Ehrlichkeit so herrlich erfrischend – und vor allem unerwartet –, dass er nicht anders konnte, als laut herauszulachen. „In Ordnung, Sonnenschein."

Da war es wieder, ihr perlendes Glucksen, das einem Sonnenstrahl nicht einmal so unähnlich war. Dann erfüllte plötzlich ein aromatischer Geruch seine Sinne und Raphael konnte den dunkelbraun gebrühten, warmen Kaffee beinahe auf seiner Zunge schmecken.

„Welche Farbe?"

„Kaffeebraun."

„Richtig."

„Das beweist noch gar nichts."

„Wir bekommen das schon noch hin!"

Wenn Elissa Belham eines war, dann war es entschlossen. Wann immer Mrs Martin in den folgenden zwei Wochen einkaufen war, fanden seine Füße wie von selbst den Weg in die Küche. Und jedes Mal hielt sie eine neue Farbe für ihn bereit.

Freudige Erwartung ließ ihn leicht den Kopf neigen, als er ihren Geräuschen lauschte, gespannt, was sie ihm dieses Mal präsentieren würde. Er hörte ein leises Klirren, ihre leichten Schritte und dann der Geruch von Minze. Vermischt mit ihrem weiblichen Geruch, dem Duft ihrer blumigen Seife, konnte er nicht anders, als sich in Gedanken in seinem Garten wiederzufinden.

„Na?", drang ihre erwartungsvolle Frage an sein Ohr.

„Grün." Sie tat viel mehr, als ihn wieder Farben sehen zu lassen – sie erweckte seine Erinnerungen zum Leben! Und mit ihnen auch die mühsam begrabenen Emotionen. Aber wenn er ehrlich war zu sich selbst, dann war es nicht nur der Schmerz, den sie wiederbelebte.

„Sehr gut." Elissa lachte leichtherzig auf und tätschelte lobend seine Schulter.

Und auf einmal spürte er das vollkommen irrationale, unbändige Verlangen in sich, seine Hand auf ihre zu legen, sie genau dort festzuhalten. Ein weiteres Mal die weiche Haut unter seiner zu spüren. Und in ihr Lachen einzustimmen.

Er ballte seine Hände zu Fäusten, um den Drang zu unterdrücken, und trat einen kleinen Schritt zurück. Doch noch ehe er eine Chance hatte, seine Selbstbeherrschung komplett wiederzuerlangen, stieg ihm ein neuer Duft in die Nase.

Lilie. Und der schwache Geruch nach einer Zitrusfrucht, die sie ihm vermutlich gerade ins Gesicht hielt.

„Und was ist das?"

„Ein Sommermorgen." Seine Stimme klang auf einmal rau. Was tat sie mit ihm, dieses betörende Wesen? Emotionen, die er so lange vollkommen verleugnet hatte, überfielen ihn. Freude und Schmerz, Zärtlichkeit und Wut, Leidenschaft und Schuld. Eine Angst, so dunkel, dass sie ihn komplett zu verschlingen drohte.

Alles drang auf einmal auf ihn ein und presste ihm die Luft aus den Lungen. Er sackte leicht in sich zusammen, als hätte ihm jemand in den Bauch getreten.

„Raphael? Ist alles in Ordnung?" Sie legte eine Hand auf seinen Arm in einer federleichten Berührung. Und doch ging von dieser leichten Berührung eine unglaubliche Hitze aus. Ihre süße, besorgte Stimme erweckte andere, neue Emotionen, die ihn wie eine sich brechende Welle mit sich zogen.

Der Tag am Strand mit seinen Freunden vor so vielen Jahren blitzte in seiner Erinnerung auf. Das Bild, wie sie auf einem Felsblock gestanden hatte, die Haare zerzaust vom Wind, die Arme ausgebreitet, als wäre sie die Herrin der Wellen.

Raphael hätte sich nicht bremsen können, selbst wenn er es gewollt hätte, selbst wenn er nicht überwältigt gewesen wäre vom Tumult seiner Emotionen. Er legte seine Hand auf ihre, folgte mit seinen Fingern langsam dem Verlauf der Naht ihres Kleides ihren Arm entlang, ihre Haut warm unter dem durchgetragenen Stoff.

Er spürte, wie sie erst erstarrte, dann weich wurde unter seiner liebkosenden Berührung. Zögerlich, als würde er auf ihren Widerstand warten, legte er seine rechte Hand an ihre Wange, spürte den groben Stoff ihres Schleiers unter seinen Händen. Ihr Atem stockte, doch als von ihr kein Widerstand kam, sie stattdessen sogar mit ihrer weichen Hand seine an ihrer Wange berührte, legte er auch seine andere Hand um ihr Gesicht.

Sie wich ein kleines Stück zurück und er ließ seine linke Hand wieder an seine Seite sinken. Mit seinem rechten Daumen streichelte er vorsichtig über ihre Wange, der Stoff ihres Schleiers zwischen seinen Fingern.

Rau flüsterte er: „Warum versteckst du dich?"

Sie antwortete nicht, nur ihr schneller Atem ließ den Stoff über ihrem Gesicht leise rascheln.

Ein etwas unsicheres, trauriges Lächeln verzog seine Mundwinkel. Er holte einmal tief Luft, besann sich wieder und zog langsam seine Hand zurück. Dann trat er einen Schritt zurück. Noch immer füllte das Geräusch ihres hastigen Atems den auf einmal zu kalt erscheinenden Raum zwischen ihnen.

In diesem Moment hörte er die Eingangstür zuschlagen.

Raphael zuckte zusammen, als hätte er sich in einer anderen Welt verloren gehabt, einer anderen als seiner Realität, in der er nichts mehr sah, nichts mehr erreichen konnte, in der er den Menschen um sich nichts anderes brachte als Schmerz.

Elissa schien ihre Stimme wiedergefunden zu haben, ihr hektisches Zischen riss ihn aus seinen Gedanken: „Das ist Mrs Martin! Komm, schnell!" Sie packte ihn bei der Hand und zog ihn hinter sich her in Richtung der Dienstbotentreppe.

Er hätte sie darauf hinweisen können, dass sie nichts Unrechtes getan hatten. Dass er sich in seiner eigenen Küche befand. Und trotzdem ließ er sich durch sein eigenes Haus zerren auf der Flucht vor seiner Haushälterin, als wäre er ein einfacher Küchendieb.

22

Elissas Finger krallten sich noch etwas fester um den Henkel ihres Putzeimers, als sie die Tür zur Bibliothek langsam aufstieß. Am liebsten wäre sie wieder umgekehrt. Doch sie konnte schlecht einen Rückzieher machen, nun, da Mrs Martin ihr endlich genug zu vertrauen schien, um sie mit dem Putzen der Bibliothek zu beauftragen. Dem Rückzugsort ihres Arbeitgebers.

Ja, ihr Arbeitgeber. Denn genau das war Dr. Raphael Williams. Auch wenn er ihr vor zwei Tagen dort in der Küche das Gefühl gegeben hatte, noch einmal Elissa Belham zu sein. Schön und begehrenswert zu sein.

Selbst wenn sie wusste, dass sie das schon lange nicht mehr war. Ihre Schönheit war für immer verloren, ebenso alles andere an ihr, das Wert gehabt hatte. Wem würde sie so noch je etwas bedeuten?

Sicherlich nicht Gott, das hatte er ihr in den letzten Jahren oft genug bewiesen. Und wenn schon der Schöpfergott jegliches Interesse an ihr verloren hatte, wie konnte sie da von einem Menschen erwarten, mehr in ihr zu sehen?

Selbst ihre beeindruckende Mitgift war nach der Explosion nicht genug gewesen, um David dazu zu bringen, ihr beizustehen. Und zugleich hatten ihre Bekanntschaften jegliches Interesse an ihr verloren.

„Warum versteckst du dich?"

Hohl hallte Raphaels Frage in ihr wider. Und Elissa ahnte, dass sie die Erkenntnis dessen, was von ihr übrig geblieben war, nicht ertragen würde. Nicht, wenn sie im hellen Tageslicht, im Angesicht der Menschen, die sie früher gekannt hatten, einen Blick darauf werfen würde.

Sie schüttelte leicht den Kopf, öffnete vorsichtig die Tür, um

243

Raphael nicht zu erschrecken. Solange sie hier war, würde sie wenigstens die noch funktionierenden Körperteile nutzen, um sich ihren Lebensunterhalt zu verdienen und Mrs Martin das Leben ein wenig zu erleichtern.

Mit behutsamen Schritten betrat sie den Raum und versuchte, sich zu sammeln, bevor Raphael ihre Anwesenheit bemerken konnte – sollte er da sein.

Er stand zu ihrer Rechten, der Bart so ungezähmt wie eh und je, den Kopf leicht geneigt. Und mit seiner Hand strich er vorsichtig, beinahe andächtig über die Buchrücken vor ihm im Regal, als wären sie ein kostbarer Schatz. Ein für ihn unerreichbarer Schatz.

Einen Augenblick lang war es fast, als könnte sie seine schmerzliche Sehnsucht mit Händen greifen. Und dann erinnerte sie sich wieder an ihr letztes Gespräch und spürte, wie ihr peinlich berührt Hitze in die Wangen stieg. Zum Glück konnte er das nicht sehen!

Sie seufzte leise. Warum konnte sie die gemeinsame Zeit vor zwei Tagen nicht einfach vergessen? Sein warmes Lachen, das ihn auf einmal zum Leben erweckt zu haben schien; der Moment, als die schmerzliche Leere, die er wie eine Mauer um sich gebaut hatte, auf einmal zerbrochen war und sie einen Blick erhascht hatte auf die Gefühle dahinter.

Sie hatte seinen Schmerz fast körperlich spüren können. War sich auf einmal nicht mehr sicher gewesen, ob es vielleicht nicht doch besser war, die Emotionen ordentlich wegzusortieren.

Und dann die vollkommen unerwartete Zärtlichkeit, seine raue Hand auf ihrer, seine warme Berührung an ihrer entstellten Wange. Sie seufzte. Nein, vergessen konnte sie jenen Tag nicht.

„Hallo?"

Seine Stimme ließ sie zusammenzucken. Offenbar hatte sie sich mitten im Raum in ihren Gedanken verloren und mit ihrem Seufzen ihre Anwesenheit verraten.

„Entschuldige, ich wollte nur …"

Sie verstummte, als er sich zu ihr umdrehte. Auf einmal schien die Luft aus dem Raum zu weichen. Seine Augenwinkel waren gekräuselt in einem … – war das etwa ein Lächeln von dem sonst so ernsten Mann?

Das war so unerwartet angesichts ihres unangekündigten Eindringens in sein Heiligtum, dass Elissa überrascht einen Schritt zurückstolperte. Beinahe sah es so aus, als … freute er sich über ihre Anwesenheit.

„Guten Morgen, Elissa."

Sie warf einen schnellen Blick zum Fenster, als müsste sie bestätigen, dass es tatsächlich Morgen war. Was war denn nur los mit ihr? Warum brachte seine tiefe, noch morgendlich raue Stimme sie so sehr aus der Fassung?

„Guten Morgen." Ihre Stimme klang viel zu hoch. Und beinahe quietschend. Frustriert mit sich selbst zog sie die Augenbrauen hoch. War nicht ihre Stimme das eine gewesen, auf das sie – bis zu ihrer Erkältung – immer hatte zählen können?

Sie räusperte sich und straffte die Schultern. Versuchte es noch einmal: „Guten Morgen. Und ich wäre dir dankbar, wenn du meinen richtigen Namen nicht erwähnen würdest. Zumindest wenn nicht vollkommen sicher ist, ob jemand anderes ihn hören könnte."

Da, das war schon deutlich besser gewesen.

Entgegen ihrer Erwartung runzelte er nicht die Stirn und es kam keine sarkastische Erwiderung. Stattdessen nickte er einmal kurz und ein spitzbübisches Grinsen stahl sich auf sein Gesicht. „In Ordnung, Sonnenschein."

Sie spürte sich schon wieder erröten, zischte: „Nenn mich nicht so", und sah sich hastig um. Obwohl sie wusste, dass sie alleine waren.

Er lachte leise in sich hinein und trotz ihrer Entrüstung fühlte sie sich in diesem Augenblick zu ihm hingezogen. Das Geräusch seiner Freude erklang viel zu selten. Und dabei hatte er ein wunderschönes Lachen.

„Es ist gut, dass du da bist. Könntest du dir vorstellen, mir etwas vorzulesen?"

Oh. Offenbar hatte er sich nur über ihre Anwesenheit gefreut, weil er etwas von ihr brauchte. Elissa wollte das Gefühl der Enttäuschung, das sie um den Hals griff, lieber nicht allzu genau analysieren.

Und zugleich sah sie in seiner Haltung, in seinem allmählich verblassenden Lächeln eine gewisse Unsicherheit. Es musste ihn, einen gebildeten Mann, einiges gekostet haben, sie zu bitten, ihm vorzulesen. Und genau diese Verletzlichkeit, die zu sehen er ihr durch seine Frage erlaubt hatte, machte es ihr unmöglich, seine Bitte abzuschlagen. „Natürlich. Welches Buch möchtest du lesen?"

Ein glückliches Grinsen verwandelte sein ganzes Gesicht, ließ es strahlen wie das eines Fünfjährigen am Weihnachtsmorgen. Abrupt drehte er sich um, zog mit einem sicheren Griff ein Buch aus dem Regal und streckte es ihr hin.

Sein Gesicht war wieder das eines erwachsenen Mannes, als sie es aus seiner Hand nahm und er ohne abzuwarten mit langen, selbstsicheren Schritten den Raum durchquerte. Er ließ sich in den Sessel sinken, sie folgte ihm und setzte sich an den Eichenholztisch vor dem Fenster. Wieder wanderte ihr Blick nach draußen und folgte nachdenklich den weichen Schneeflocken, die seit heute Morgen leise zur Erde fielen.

Erst dann sah sie auf das alte, abgegriffene Leder in ihrer Hand. Es war eine Bibel.

Hoffentlich erwartete er nicht, dass sie ihm alle 66 Bücher darin vorlas. Sie zog eine Augenbraue hoch und fragte trocken: „Soll ich vorne anfangen?"

Er gluckste leise. Bedachtsam legte er den Kopf schief, seine hellblauen Augen auf die Wand hinter ihr gerichtet, als würde er auf göttliche Eingebung warten. „Fang bitte bei Matthäus, Kapitel fünf an."

Sie legte die alte Bibel auf dem Schreibtisch ab und öffnete etwas widerwillig das Buch voller Lügen, das sie wirklich nicht lesen wollte.

Die Bibelworte, vor so langer Zeit aus dem Mund ihrer Mutter gesprochen, erhoben sich in ihrer Erinnerung, wie um sie mit Absicht zu quälen.

Behüte dein Herz, denn in ihm entspringt die Quelle des Lebens.

War es nicht Gottes Aufgabe, ihr Herz zu behüten? Hatte er nicht in seinem Wort versprochen, sie zu bewahren? Sie zu lieben?

Gnadenbeweise des HERRN sind's, dass wir nicht gänzlich aufgerieben wurden, denn seine Barmherzigkeit ist nicht zu Ende; sie ist jeden Morgen neu, und deine Treue ist groß!

Wo war seine Treue gewesen, als ihre Welt in Flammen aufgegangen war? Wo, als man ihr auf der Flucht auch noch ihre letzte Lebensgrundlage genommen hatte? Wo, als sie sich durch die Kneipen der Gegend geschlagen, vor betrunkenen Männern gesungen und in den frühen Morgenstunden oft hungrig in ein einsames Bett über irgendeiner Absteige gesunken war?

„Elissa?"

Zitternd atmete sie aus, versuchte sich zu sammeln und die Wut wieder dort zu begraben, wo sie sicher verstaut war. Sie schlug die Bibel an der gewünschten Stelle auf und begann vorzulesen.

Die Worte, die sie früher so oft gehört hatte, ihre Eltern neben ihr in der Kirchenbank, kamen nun emotionslos über ihre eigenen Lippen.

Und wo früher Sonnenlicht durch glorreich verzierte Buntglasfenster gefallen war, die Orgelmusik dem Gottesdienst einen heiligen Glanz verliehen hatten, war es Elissa nun, als würden die trockenen Bibelworte ihr wie eine Person gegenüberstehen. Sie auslachen, sie anklagen, schuldig sprechen. Nur wofür?

„Ihr seid das Salz der Erde. Wenn aber das Salz fade wird, womit soll es wieder salzig gemacht werden? Es taugt zu nichts mehr, als dass es hinausgeworfen und von den Leuten zertreten wird."

War es das, was mit ihr passiert war? Doch was hatte sie getan, um aus Gottes Gunst geworfen zu werden? So schmerzhaft zertreten zu werden?

Elissa las, quälte sich durch ein Kapitel, ein Gesetz, eine Lebensanweisung nach der nächsten. Versuchte, das Buch nicht frustriert von sich zu stoßen. Nicht zynisch die Worte zu hinterfragen.

Lediglich das leichte Lächeln, das Raphaels Mundwinkel umspielte, brachte Elissa dazu, Vers um Vers weiterzulesen. Nicht bitter aufzulachen, als sie las, was Jesus seinen Anhängern gepredigt hatte: „Sorgt euch nicht um euer Leben, was ihr essen und was ihr trinken sollt, noch um euren Leib, was ihr anziehen sollt! Ist nicht das Leben mehr als die Speise und der Leib mehr als die Kleidung? Seht die Vögel des Himmels an: Sie säen nicht und ernten nicht, sie sammeln auch nicht in die Scheunen, und euer himmlischer Vater ernährt sie doch. Seid *ihr* nicht viel mehr wert als sie?" Sie kannte Hunger, wusste, wie es sich anfühlte, nicht zu wissen, ob man bis zur nächsten Mahlzeit überleben würde. Wo war Gott gewesen?

Sie las die Gleichnisse, las von unzähligen Heilungen und konnte nicht anders, als ihre unnütze rechte Hand anzusehen und sich zu fragen, was sie Gott getan hatte, dass sie so vollkommen aus seiner Gnade verstoßen worden war. Dass *sie* ihm nicht mehr wert war als ein Vogel im Himmel.

Und mit jeder Minute, in der ihre Stimme die Bibliothek mit den höhnischen Worten erfüllte, hoffte sie, dass Raphael ihrer Qual endlich ein Ende setzte. Inzwischen war es nicht mehr sein zufriedenes Lächeln, sondern einzig und allein die Tatsache, dass sie diese Arbeitsstelle brauchte, die sie fortfahren ließ.

Als sie schließlich bei Kapitel 18 ankam, konnte sie die brodelnden Emotionen kaum noch zurückhalten. Die Knöchel ihrer Finger wurden weiß, so fest krallten sie sich um die Bibel, während sie versuchte, die Wut zurückzuhalten.

Sie blätterte eine weitere mühsame Seite weiter, las: „Was meint ihr? Wenn ein Mensch hundert Schafe hat, und es verirrt sich eines von ihnen, lässt er nicht die neunundneunzig auf den Bergen, geht hin und sucht das verirrte? Und wenn es geschieht, dass er es findet, wahrlich, ich sage euch: Er freut sich darüber mehr als über die neunundneunzig, die nicht verirrt waren. So ist es auch nicht der Wille eures Vaters im Himmel, dass eines dieser Kleinen verloren geht."

Elissa konnte nicht länger verhindern, dass sie ein leises „Als ob", vor sich hinmurmelte.

„Wie bitte?"

Sie versuchte, sich ihre Bitterkeit nicht anmerken zu lassen, konnte jedoch nicht verhindern, dass etwas davon in ihre Stimme floss: „Glaubst du das wirklich?"

Raphael schwieg, sein Blick streifte sie, richtete sich auf das Fenster hinter ihr. Draußen fiel noch immer Schnee.

„Warum sollte Gott alle anderen Schafe zurücklassen, um ein einziges zu finden? Das ist weder gerecht noch verhältnismäßig."

Raphael legte den Kopf schief, schwieg weiterhin.

„Und warum sollte er sich mehr über das eine freuen als über alle anderen? Was ist der Wert eines Schafes verglichen mit einer ganzen Herde?"

Endlich rieb Raphael sich die Stirn und murmelte: „Es gibt noch eine andere ähnliche Geschichte. In Lukas 15."

Erwartete er etwa, dass sie das auch noch vorlas?

Er beugte sich erwartungsvoll vor. Scheinbar schon.

Mit einem leisen Seufzen blätterte Elissa, las: „Oder welche Frau, die zehn Drachmen hat, zündet nicht, wenn sie eine Drachme verliert, ein Licht an und kehrt das Haus und sucht mit Fleiß, bis sie sie findet? Und wenn sie sie gefunden hat, ruft sie die Freundinnen und die Nachbarinnen zusammen und spricht: Freut euch mit mir; denn ich habe die Drachme gefunden, die ich verloren hatte! Ich sage euch, so ist auch Freude vor den Engeln Gottes über einen Sünder, der Buße tut."

Ihre Stimme verklang, nachdem sie diese Verse gelesen hatte. Raphaels Stirn war in nachdenkliche Falten gelegt, aber er sagte nichts.

Die Stille trug nichts dazu bei, die vielen Fragen zu bremsen, die

Elissa wie eine lang aufgehaltene Flut überfielen: „Warum? Warum sollte ein Schaf mehr wert sein als neunundneunzig? Warum sollte die Frau kostbares Öl in ihrer Lampe verschwenden, um einen einzigen Silbergroschen zu finden? Warum sollte Gott ein Einzelnes wertvoll sein? Kann er nicht jederzeit Unmengen an Gold durch ein Fingerschnipsen erscheinen lassen? Tausend neue Menschen schaffen, sollte einer sich von ihm abwenden?"

Elissa klappte die schwere Bibel mit einem lauten Knall zu, legte sie auf den Tisch vor sich und setzte sich wieder hin. Sie hatte nicht einmal bemerkt, dass sie aufgebracht aufgestanden war, während die Fragen aus ihr herausgebrochen waren.

Sie atmete viel zu schwer. Und doch konnte sie weder dies verhindern noch dass ihre Hände vor unterdrückter Wut zitterten.

War sie einfach eines der neunundneunzig Schafe, die eben nicht allzu wichtig waren für die Geschichte? Einer der neun Silbergroschen, die irgendwo herumlagen? Oder so weit entfernt, unter so vielen Fußsohlen zertreten, dass sie nichts, absolut nichts mehr wert war?

„Weil für ihn nicht alle Schafe gleich aussehen. Ein Menschenleben nicht mit tausend anderen aufzuwiegen ist. Weil er jeden Menschen unvergleichlich geschaffen hat. So kostbar, dass er mit nichts zu vergleichen ist. Mit nichts aufzuwiegen."

„Selbst wenn das schön klingt – warum, Raphael? Der eine Mensch, das eine Schaf hat doch keinen Wert!"

Raphael atmete aus, stand auf und kam einen Schritt auf sie zu. Sie spürte seine intensive Aufmerksamkeit, auch wenn sein Blick sie etwas verfehlte.

„Oh, Elissa. Der Hirte will das Schaf doch nicht wiederfinden, weil er es nutzen und scheren und teuer verkaufen kann!" Er streckte die Hand aus, berührte sie sanft an der Schulter. „Sondern weil er es liebt."

Raphaels Lippen verzogen sich zu einem etwas traurigen Lächeln, während sein Daumen sachte über den verschlissenen Stoff ihres Kleides streichelte. Auf einmal konnte sie den Blick nicht mehr lösen von seinen vollen Lippen. Ihr Atem stockte. Und dann war plötzlich alles zu viel.

Die Fragen. Die Zweifel. All die unterdrückten, unter der Oberfläche brodelnden Emotionen. Sogar Raphaels liebevolle Nähe.

Sie wählte den einen Ausweg, der sie bisher am Leben gehalten hatte. Elissa drehte sich um und floh.

Die Tür der Bibliothek fiel schon beinahe hinter ihr ins Schloss, als Raphaels Stimme sie ein weiteres Mal stoppte: „Wie sieht es heute draußen aus?"

Und ihre Erziehung zwang sie, stehenzubleiben und ihm eine Antwort zu geben.

23

Was ist Schönheit?

Ist es ein strahlendes Lachen oder ein aufmunterndes Lächeln im schlimmsten Schmerz? Sind es freundliche, schmeichelnde Worte oder die harte Wahrheit, ausgesprochen in Liebe?

Können unsere Augen sie erfassen? Können wir sie jemals begreifen?

Raphael fuhr sich durch seine widerspenstigen Haare. Er spürte Elissas Zögern. Spürte ihren Widerwillen, zu bleiben.

Selten hatte er sich sein Augenlicht so sehr zurückgewünscht. Hatte seine Berührung sie abgestoßen? Waren seine Worte zu direkt gewesen? Oder war es das Wort Gottes selbst, an dem sie Anstoß genommen hatte?

Er konnte noch immer hören, wie ihre tonlose Stimme beim Vorlesen den Raum erfüllt hatte. Und dennoch hatte er ihre Ablehnung nicht bemerkt, bis die bitteren Fragen aus ihr herausgebrochen waren. Viel zu sehr hatten die lange nicht gehörten und doch altbekannten Worte ihn in ihren Bann gezogen. Selbst obwohl er wusste, dass er Gottes Gnade vor langer Zeit verspielt hatte, hatten ihn die Verse, die sein Vater so oft vorgelesen hatte, umarmt wie alte Freunde.

„Wie es draußen aussieht? Warum findest du es nicht selbst heraus?" In ihrer Stimme klang eine Herausforderung mit. Vielleicht sogar eine leichte Provokation.

Raphael versuchte, sich seine Überraschung nicht anmerken zu lassen, als sie zu ihm zurückkam, nach seiner Hand griff und begann, ihn in Richtung der Tür zu ziehen.

Doch nun war er derjenige, der zögerte. Er war seit Wochen nicht mehr draußen gewesen, war nie weitergegangen als bis zur Treppe in der Eingangshalle.

Elissa schien sein Zögern zu bemerken, interpretierte es jedoch vollkommen falsch: „Oh, du solltest dir noch Schuhe und eine Jacke anziehen!"

Reflexartig sah Raphael an sich herunter, sah nichts. Ihm war nicht einmal aufgefallen, dass er keine Schuhe trug. Seine Mutter wäre entsetzt über seine fehlenden Manieren in Anwesenheit einer Dame. Doch Elissa schien es nichts auszumachen, sie sprach einfach weiter und gab ihm einen kleinen Schubs in Richtung der Tür: „Zieh dich schnell warm an, ich warte hier."

Raphael öffnete den Mund, schloss ihn wieder. Kam dann ihrer Aufforderung nach, bevor sie ihn für einen Feigling halten könnte.

Als er einige Minuten später warm eingepackt vor der Tür zur Bibliothek stehen blieb, drang ein regelmäßig wischendes Geräusch an sein Ohr. Elissa schien die Zeit genutzt zu haben, um die Bibliothek zu putzen. Sie hatte sich wirklich vollkommen verändert. Die junge Frau, die er von früher kannte, hätte eine Bibliothek vermutlich nicht einmal betreten, geschweige denn geputzt.

Er hörte das Geräusch verstummen, ein leises Rascheln und dann ihre klare Stimme mit einem kleinen Hauch Ungeduld: „Bist du bereit?"

Raphael nickte.

„Gut, dann komm mit."

Sie ging an ihm vorüber und kurz wehte der sanfte Geruch nach Lilie an ihm vorbei. Rasch folgte er ihr, als er bemerkte, dass sie wohl nicht darauf warten würde, bis er genug Mut zusammengekratzt hatte, um das Haus zu verlassen.

Elissa öffnete die schwere Tür zur Eingangshalle und hielt sie ihm anscheinend auf. „Nach dir."

Raphael ging zwei Schritte vor. Blieb am Treppenabsatz stehen. Hier hörten die Zahlen auf. Die Welt, die für ihn, selbst ohne etwas sehen zu können, berechenbar geworden war. Die Welt, die er kannte und noch einschätzen konnte. Der er nicht vollkommen hilflos ausgeliefert war.

„*Warum versteckst du dich?*" Seine eigenen Worte an Elissa hallten in seinem Kopf wider.

Er hatte Zahlen nie gemocht. Hatte nie ins Unternehmen seines Vaters einsteigen wollen. Es waren immer Menschen gewesen, die ihn interessiert hatten, nicht Zahlen und Variablen. Raphael hatte schon immer für alles kämpfen müssen, nichts war ihm einfach zugefallen. Und nichts hatte ihn aufhalten können auf dem Weg zu dem Beruf, den er sich ausgesucht hatte.

Nun klammerte er sich an den Zahlen fest, während die Menschen zu einer ihm unverständlichen Variablen geworden waren.

Hatte er sich selbst so sehr verloren?

Es stimmte, was er Elissa vorhin geantwortet hatte. Er glaubte, dass jeder Mensch Gott so wertvoll war, dass er alles in Bewegung setzte, um ihn wiederzufinden. Jedes Leben so kostbar, dass es mit nichts zu vergleichen war.

Und er hatte eines davon genommen.

„*Ein Menschenleben ist nicht mit tausend anderen aufzuwiegen.*" Die Wahrheit seiner eigenen Worte traf ihn auf einmal mitten ins Herz. Jahrelang hatte er versucht, seine Schuld wiedergutzumachen. Sich Respekt und Vergebung zu verdienen.

Er keuchte und taumelte einen Schritt zurück, als ihn plötzlich die Erkenntnis dessen durchdrang, was er jahrelang nicht hatte wahrhaben wollen: All seine Versuche, diese Schuld abzuarbeiten, waren von Anfang an zum Scheitern verurteilt gewesen.

„Ist alles in Ordnung?" Elissa berührte behutsam seinen Arm.

Mühsam schluckte er. Und nickte.

Sie schwieg gerade lang genug, um ihn wissen zu lassen, dass sie ihm das nicht glaubte, bevor sie ihn sanft aufforderte: „Dann komm."

Warm legten sich ihre Finger um seine und Raphael folgte ihr bis durch die Haustür, über deren Schwelle er seit mehreren Wochen nicht mehr getreten war. Kalte Winterluft schlug ihm entgegen.

Elissa ließ seine Hand los und schloss die Tür. Dann kam sie wieder zu ihm. Vorfreudige Aufregung lag in ihrer Stimme: „Und? Siehst du es?"

Raphael zog lediglich die Augenbrauen hoch.

„Nicht so!"

Sie stieß ihn mit dem Ellbogen leicht in die Seite. „Schließ die Augen und heb das Gesicht!"

Raphael seufzte, folgte aber dennoch ihrer Anweisung. Er spürte eine sanfte Berührung auf seinem Augenlid. Dann eine weitere auf seiner Wange. Die Kälte, als ein Wassertropfen über sein Gesicht lief. „Es schneit?"

Elissas Antwort war lediglich ein fröhliches Lachen.

„Komm!" Sie begann aufgeregt loszulaufen, passte dann jedoch schnell ihre Schritte seinem vorsichtigeren Gang an. Willig folgte er ihr um das Haus und in seinen kleinen Garten. Der Schnee knirschte leise unter seinen Sohlen.

Schließlich kamen ihre leichtfüßigen Schritte neben ihm zum Stehen. Und Raphael fiel auf, dass er zum ersten Mal seit einiger Zeit nicht mitgezählt hatte, wie weit sie gegangen waren.

„Es ist wunderschön", hörte er Elissa ehrfürchtig ausatmen.

Und statt darüber frustriert zu sein, dass er diesen Moment nicht genauso erleben konnte wie sie, empfand er lediglich ein warmes Gefühl der Freude darüber, in diesem Moment neben ihr zu stehen, an ihrer Freude Anteil haben zu dürfen.

„Schließ die Augen und schau. Spürst du, wie klar die Luft ist? Wie klein sich die Welt auf einmal anfühlt?" Elissa flüsterte es beinahe andächtig. Und so impulsiv, wie sie das ganze Leben anzupacken schien, ergriff sie wieder seine Hand.

Ein Lächeln legte sich angesichts ihrer Begeisterung auf sein Gesicht und er drückte behutsam ihre zierlichen Finger in seiner großen Hand.

Gehorsam schloss er die Augen, hob das Gesicht zum Himmel. Der Morgen war still. Erfüllt von dieser besonderen Stille, die nur dichter, weißer Schnee mit sich brachte, wenn er sich wie eine weiche Decke über das Land legte. Schneeflocken verfingen sich in seinen Wimpern. Ein Vogel landete in einem der Büsche, die den Garten begrenzten, und etwas Schnee fiel zu Boden. Dann war es wieder still, lediglich das Geräusch ihres Atems neben seinem war in der klirrenden Kälte zu hören.

Sie hatte recht. Die Welt fühlte sich auf einmal nicht mehr groß und unkontrollierbar an. Er fühlte sich nicht ausgeliefert. Und zugleich war seine Welt in einem einzigen Moment so viel größer geworden.

Seine Kehle war wie zugeschnürt.

„Danke." Das Wort kam viel zu leise heraus. Und zerbrechlich. Aber egal, wie laut er es herausgeschrien hätte, es hätte niemals ausdrücken können, was er fühlte.

Ein wertvolleres Geschenk hätte sie ihm nicht machen können. Sie hatte ihm Schönheit gezeigt, wo er keine mehr sehen konnte. Hatte ihn über die Grenzen seiner Welt hinausgestoßen und zugleich sichergestellt, dass er sich dort zurechtfand.

Ein erneutes Rascheln, dann das Schlagen von Flügeln, als der Vogel weiterflog.

„Gerne." Raphael meinte, das Lächeln in ihrer Stimme hören zu können. „Ich ... ich denke, ich sollte allmählich wieder reingehen und meinen Aufgaben nachkommen."

Enttäuschung erfüllte ihn, doch er versuchte, es sich nicht anmerken zu lassen. „Natürlich."

Sie blieb neben ihm stehen. Ihr Daumen streichelte über seinen Handrücken. Die Bewegung war vermutlich unbewusst und doch ließ sie seine Haut dort, wo sie sich berührten, kribbeln, ließ seinen Atem angestrengt werden.

„Möchtest du noch ein wenig bleiben?"

„Ja …" Seine Stimme war rau, brach. Schnell räusperte er sich, versuchte es noch einmal: „Ja, ich denke schon." Es würde ihm sicherlich guttun, wieder einen etwas kühleren Kopf zu bekommen. Doch wie würde er seinen Weg nach drinnen wiederfinden?

Ein leichter Zug an seiner Hand ließ ihn erneut hinter ihr her stolpern. Dann berührte etwas Kaltes seine Finger.

„Diese Hecke führt einmal um deinen Garten und auch wieder zurück zur Haustür. Wenn du ihr mit der linken Hand folgst, kommst du direkt zurück zum Haus. Und wenn du sie mit der rechten berührst und ihr folgst, wird sie dich einmal um den Garten und dann zurück zum Haus führen." Mit diesen Worten drückte sie kurz seinen Oberarm und eilte davon. Über ihre Schulter warf sie ihm noch zu: „Aber keine Angst, falls du nicht innerhalb einer Stunde wieder nach drinnen gefunden hast, werden wir dich suchen kommen!"

Ihre Schritte entfernten sich, die Haustür schlug zu. Und er war zum ersten Mal seit langer Zeit vollkommen allein. Da war nichts außer ihm. Nichts außer der Stille und seinen Gedanken. Und doch machte ihm das zum ersten Mal seit langer Zeit keine Angst. Stattdessen sah er die Welt, wie Elissa begonnen hatte, sie ihm zu zeigen.

Er fühlte sich nicht alleingelassen. Er fühlte die Schönheit um sich, spürte die Weite, die ihn umgab. Hörte erneut seine eigenen Worte. *„Warum versteckst du dich?"*

Vielleicht war es Elissas Herausforderung, sich der Welt hier draußen zu stellen. Vielleicht war es Gottes Wort, das noch in ihm widerhallte. Oder vielleicht war es einfach nur das Gefühl der Freiheit, als ein sanfter Windhauch über sein Gesicht strich, das auch ihm die Freiheit gab, sich selbst gegenüber ehrlich zu sein.

Es war seine Schuld, die ihn niederdrückte. Ihn dazu brachte, sich vor der Welt, vor Gott selbst zu verstecken. Doch vor Gott verstecken konnte man sich nicht. Und hatte er nicht vorhin erst Elissa gepredigt, dass Gott jeder Mensch so wertvoll war, dass er ihn suchen kommen würde?

Jeder – meinte das auch ihn?

Noch nicht bereit, diesen Gedanken weiterzuverfolgen, schüttelte Raphael den Kopf und tastete sich weiter an der Hecke entlang. Seine Schritte wurden immer sicherer im frisch gefallenen Schnee, als seine Beine sich an den Weg erinnerten, den er früher so oft gegangen war.

Raphael fuhr sich mit beiden Händen durch die Haare, die inzwischen feucht waren von den Schneeflocken, die sich darin verfangen hatten. Und dann – ohne seine Hand zurück auf den Busch zu legen – ging er weiter, erkundete den Garten. Erinnerte sich daran, wie es hier aussah. Erinnerte sich mit jedem weiteren Schritt ein kleines bisschen besser daran, wer er gewesen war. Vor dem Unfall. Als ihm die Welt offengestanden hatte.

Ein Abenteuer, das nur darauf wartete, erkundet zu werden.

24

März 1862

Es waren zwei Monate vergangen. Der Schnee war geschmolzen. Das winterliche Regenwetter wich allmählich dem Frühlingsregen, während Dr. Williams' zusammengewürfelter Haushalt sich immer mehr aneinander gewöhnte.

Eine gewisse Routine hatte sich eingestellt. Elissa hatte sich in ihre Rolle als Dienstmädchen eingefunden, ihre täglichen Aufgaben waren zum Alltag geworden. Wo sie noch vor Kurzem ab und zu Mrs Martins Anleitung benötigt hatte, war dies nun zur Seltenheit geworden. Nach einem kurzen morgendlichen Austausch während des Frühstücks ging jede der Frauen ihren eigenen Aufgaben nach.

Wann immer Elissas Arbeit sie in die Bibliothek oder in das Arbeitszimmer führte, fand sie dort Raphael vor. Ab und zu bat er sie, ihm etwas vorzulesen, diskutierte mit ihr über Gedichte, über Bibelstellen und die aktuelle Politik – ein Thema, das für eine Frau in ihren Kreisen immer tabu gewesen war. Er erzählte ihr von seiner Kindheit, fragte nach ihrem Leben, als ob es ihn tatsächlich interessierte. Hörte aufmerksam zu, als sie von ihrer Flucht aus London erzählte, von dem Kampf ums Überleben, der gefolgt war, legte mitfühlend seine Hand auf ihre, als Tränen ihr die Luft abschnürten. Dann wiederum brachte der viel zu ernste Mann sie zum Lachen, erhellte ihre sonst sehr eintönigen, anstrengenden Tage.

Und immer häufiger ging er seine eigenen Wege. Seit jenem Tag, an dem er das erste Mal wieder alleine draußen gewesen war, hatte er angefangen, die Umgebung um das Haus zu erkunden und neu zu entdecken. Die frische Luft schien dem Hausherrn gutzutun. Er hatte begonnen, mehr zu essen, und seine Haut nahm wieder eine gesunde Farbe an.

Und wie Raphael Williams allmählich zurückzukehren schien von dem Ort zwischen Tod und Leben, an den er sich selbst verbannt hatte, so erweckte er Elissa Belham mit jedem ihrer Gespräche ein kleines bisschen mehr zum Leben.

Zugleich hallten seine Worte wie ein Echo in Elissa wider: *„ Weil für ihn ein Menschenleben nicht mit tausend anderen aufzuwiegen ist. Weil er jeden Menschen unvergleichlich geschaffen hat. So kostbar, dass er mit nichts zu vergleichen ist.“*

Kostbar. Ein Wort, das sie zu verspotten schien. Selbst mit ihrer Mitgift war sie für David nicht mehr wertvoll genug gewesen. Nichts an ihr war kostbar. Manchmal war sie sicher, dass sie Raphael und Mrs Martin viel eher eine Last war, als dass ihre Anwesenheit irgendeinen Wert hatte. Doch zugleich schien Raphael entschlossen, ihr mit seinen Worten, seinem ganzen Verhalten das Gegenteil zu beweisen. Mit den Bibelstellen, den Gedichten, die er für sie zum Vorlesen aussuchte. Der Art, wie er leicht den Kopf neigte, wann immer sie etwas zu ihm sagte. Wie er sich ihr zuwandte, um keinen Zweifel daran zu lassen, dass er ihr all seine Aufmerksamkeit zollte. Der Tatsache, dass er sich erhob, wenn sie den Raum betrat, wie ein Gentleman es für eine Dame der feinen Gesellschaft tat. Elissa begann zu träumen. Von einem Leben als Elissa Belham. Einem Leben in Freiheit statt auf der Flucht. In Frieden.

Und wenn sie wach lag in den tiefsten Stunden der Nacht und grübelte, wenn sie versuchte, diese Träume im Keim zu ersticken, bevor sie zu Hoffnung werden konnten, dann fand sie sich stattdessen häufig mit Raphaels lachendem Gesicht vor ihrem inneren Auge.

Vielleicht war sie abgelenkt. Vielleicht hatte sie begonnen, sich in falscher Sicherheit zu wiegen. Was es auch war – als der Moment kam und ihre Vergangenheit sie einholte, war sie so unvorbereitet, wie sie es in all den Jahren ihrer Flucht nie gewesen war.

Elissa und Mrs Martin bereiteten gerade in der Küche das Mittagessen vor. Draußen regnete es seit gestern in Strömen. Das beruhigende Geräusch des Wasserrauschens hätte so schön sein können, wenn der plötzliche Wetterumschwung Mrs Martin nicht Kopfschmerzen beschert hätte. Die sonst so fleißig umhereilende Frau bewegte sich nur mit halber Geschwindigkeit und rieb sich immer wieder die Stirn. Elissa wollte soeben anbieten, alleine fertig zu kochen, als es an der Haustür klopfte.

Ein leichtes Kribbeln in ihren Fingerspitzen ließ Elissa in der Bewegung innehalten und den Kopf schieflegen. Wer wagte sich bei einem solchen Wetter vor die Tür? Und noch viel ungewöhnlicher – wer besuchte den Williams-Haushalt? Raphael hatte in all der Zeit, seit sie hier war, kein einziges Mal Besuch empfangen. Sie lebten so zurückgezogen, wie man sich nur zurückziehen konnte.

Weshalb sie auch sicher war, dass sie für den Augenblick in Sicherheit war. Hätte irgendjemand von ihrer Anwesenheit hier gewusst, hätten ihre Verfolger sicherlich nicht so lange gewartet.

Doch die Schrecken der Vergangenheit lauerten wie Schatten in ihren Erinnerungen und ließen sie nun regungslos in der Küche verharren, als sich Mrs Martin mit trägen Schritten auf den Weg zur Haustür machte. Nur zögerlich folgte sie der älteren Frau. Eine ängstliche Ahnung ließ sie ein Stück zurückbleiben, während die Haushälterin in einer schnellen Bewegung die Tür öffnete und unwirsch fragte: „Ja?"

Elissa konnte nicht sehen, wer da vor der Tür stand. Doch sie ahnte nichts Gutes, als Mrs Martin die Besucher trotz des Regenwetters nicht ins Trockene bat. Angespannt zog sie sich noch ein Stück weiter in den Flur zurück, als eine tiefe Männerstimme höflich antwortete: „Guten Tag."

Eine zweite Männerstimme grüßte: „Madam", und Elissa wich noch einen ängstlichen Schritt nach hinten zurück. Eine Vorahnung ließ sie den Atem anhalten und jedem Wort lauschen, als der erste Mann wieder zu reden begann: „Wir suchen die Verschleierte Sängerin."

Die Männer waren auf der Suche nach ihr!

Und egal, wie wenig man ihre Gesichtszüge unter dem Schleier, den sie noch immer trug, erkennen konnte – sollten die Männer einen Blick auf ihre verschleierte Gestalt erhaschen, würden sie sie augenblicklich mit der verschwundenen Sängerin in Verbindung bringen!

Der zweite Mann fügte erklärend hinzu: „Wir kommen vom Wirtshaus *Zum goldenen Bären*. Der Inhaber hat uns beauftragt, die Frau ausfindig zu machen. Ihre Auftritte haben ihm so viel Geld eingebracht, dass man beinahe die Sängerin *golden* nennen könnte." Er stieß ein kurzes Lachen über sein eigenes Wortspiel aus, das viel eher nach einem Räuspern klang. Elissas Finger wurden kalt.

„Jedenfalls scheint die Frau wie vom Erdboden verschluckt. Nun fragen wir einfach von Haus zu Haus: Haben Sie in den letzten Wochen gesehen oder gehört, dass die Verschleierte irgendwo hier in der Nähe aufgetreten ist?"

Zitternd holte Elissa Luft. Der Mann klang zu gebildet, als dass er vom Wirt des *Goldenen Bären* ausgesandt sein konnte. Nichts an der Spelunke war „golden" gewesen. Sie erinnerte sich nur zu gut an den dunklen Wirtsraum, die zerschrammten Tische, die lüsternen Blicke fremder Männer. Kaum einer der betrunkenen Raufbolde hatte ihrem Gesang allzu viel Aufmerksamkeit geschenkt. Diese Männer logen!

Doch warum? War es Brixton, der sie geschickt hatte? Hatte er ihre Tarnung durchschaut? Wusste er, dass hinter der „Verschleierten Sängerin" Elissa Belham steckte? Und falls ja – hieß das, dass er auch den Namen Emily Bennett kannte?

Auf einmal kraftlos, stützte sie sich an der Wand ab. Das dabei entstehende Geräusch ließ sie augenblicklich den Atem anhalten.

„Was war das?", drang eine tiefe Stimme an ihr Ohr. Das Geräusch eines schweren Schrittes ließ darauf schließen, dass der Mann einen Schritt näher gekommen war.

„Entschuldigen Sie, ich muss doch sehr bitten!" Elissa konnte

Mrs Martin nicht sehen, doch sie konnte sich nur zu gut vorstellen, wie die resolute Frau sich zu ihrer vollen Größe aufrichtete.

Elissa wäre der Haushälterin am liebsten dankbar um den Hals gefallen dafür, dass sie ihre Anwesenheit nicht verraten hatte. Ahnte die Frau, dass das verschleierte Hausmädchen und die Sängerin ein und dieselbe waren? Und dass weder die eine noch die andere gefunden werden wollte? „Natürlich. Verzeihung. Wir sind nur schon eine Weile auf der Suche und möchten ungern mit leeren Händen zu unserem Auftraggeber zurückkehren."

Die Stimme des Mannes klang reumütig und doch meinte Elissa, einen Unterton ausmachen zu können, so hart wie Stahl: „Könnte ihr Hausherr oder sonst jemand, den Sie kennen, die Gesuchte gesehen haben?"

Mrs Martin stieß ein kurzes, trauriges Lachen aus: „Der Hausherr ist blind und lebt vollkommen zurückgezogen. Einen guten Tag, die Herren."

Die Männer mussten die eindeutige Botschaft in Mrs Martins Stimme gehört haben. Sie verabschiedeten sich und die Tür schloss sich hinter ihnen.

Dennoch wagte Elissa es nicht, einen einzigen Muskel zu bewegen, bis sie hörte, wie das Klappern zweier Paar Hufe sich vom Haus entfernte. Dann endlich trat sie einen Schritt weg von der Wand und begegnete Mrs Martins fragendem Blick. Doch Elissa hatte keine Antworten.

Sie spürte nur diese schreckliche Kälte, die sich in ihr ausbreitete. Den Widerhall der Worte ihrer Mutter. Vor so langer Zeit gesprochen. Und doch noch immer ihre scheinbar einzige Option, am Leben zu bleiben: *Lauf, Elissa. Geh!"*

Die Finger ihrer verkrüppelten Rechten verkrampften sich und sie bemerkte, dass sie ihre Hände in den Stoff ihres Rockes gekrallt hatte.

Wohin? Wohin konnte sie nun noch gehen? Sie hatte kaum Ersparnisse. Wenn Brixtons Männer sie sogar hier fanden, wo wäre sie dann noch sicher?

„Mrs Martin?"

Raphaels Stimme unterbrach Elissas Gedanken, durchtrennte den Blickkontakt der beiden Frauen für einen Augenblick.

Elissa spürte Mrs Martins Zögern, bevor die Haushälterin murmelte: „Ich sehe schnell nach, was er braucht, dann reden wir."

Und Elissa blieb zurück mit dem schrecklichen und doch viel zu bekannten Gefühl, das sie nach unten zog. Niederdrückte. Und zugleich hochriss von dort, wo sie es sich gemütlich gemacht hatte. Sie vor sich her trieb. Immer und immer weiter.

Mrs Martin hatte sie nicht an die Männer verraten. Doch wie lange würde es dauern, bis einer der Nachbarn eine dunkle Erinnerung an sie hätte? Vielleicht nur in einem kleinen Nebensatz das neue Hausmädchen erwähnen würde? Sie hatte sich zwar fast nie draußen blicken lassen, doch sie war nicht so naiv, zu glauben, dass es möglich war, vollkommen spurlos zu verschwinden. Irgendeine Spur gab es immer. Die Frage war nur, wer sie finden würde. Und wann.

Der inzwischen bekannte Geruch des Hauses, des frisch gebohnerten Bodens und der in der Küche köchelnden Suppe umhüllten sie wie eine warme Umarmung. Doch jeglicher Friede war mit den unbekannten Männern durch die Tür verschwunden. Zurückgeblieben war nur die fürchterliche Gewissheit, dass die Zeit der Ruhe vorüber war. Denn egal, wie gerne sie hierbleiben würde, egal, wie eindringlich Raphael ihr versichern würde, dass er sie beschützen könnte – das konnte er nicht. Wenn Gott es nicht tat, dann gab es niemanden, der sie sicher bergen könnte.

Ein leises Klirren aus dem Obergeschoss riss sie aus ihrer Starre. Beendete den Luxus, zu zögern, zu überlegen, den sie sich selbst gegönnt hatte. Wenn sie jetzt nicht ging, dann würde Mrs Martins viel zu wissender Blick sie durchdringen, würden Raphaels Versicherungen sie einhüllen. Und sie würde bleiben, wohl wissend, dass sie damit das Leben der Menschen, die sie beschützen wollten, gefährden würde. Sie musste gehen. Jetzt. Bevor –

Das Knarren der Tür verkündete Mrs Martins Rückkehr in die Eingangshalle nur Sekunden, bevor ein schrecklicher Schrei die Luft durchschnitt. Stumm beobachtete Elissa, wie die Haushälterin auf der Treppe stolperte, stürzte. Fiel. Wie ihr drahtiger Körper sich bog, brach. Es waren nur Bruchteile eines Atemzuges und doch zog sich die Zeit, dehnte sich. Malte Elissa ihre Hilflosigkeit wieder einmal so deutlich vor Augen wie der Schatten der fallenden Frau sich in den glänzenden Fliesen der Eingangshalle spiegelte. Bis ihr Körper auf dem Boden aufschlug, als wäre sie lediglich eine Porzellanpuppe. Zerbrechlich. Ein fürchterlich knirschendes Geräusch kreischte in Elissas Ohren. All die Gedanken, die ihr soeben durch den Kopf gegangen waren, zerbrachen, wurden mit einem letzten Aufschrei und der folgenden Stille auf einmal zu Nichts.

Entsetzt eilte sie an die Seite der auf dem Boden liegenden Gestalt. „Mrs Martin! Mrs Martin?"

Die Frau reagierte nicht. Neben ihrer stillen Gestalt sank Elissa auf die Knie. Legte eine Hand auf die warme Schulter. „Mrs Martin?"

Noch immer keine Antwort. Nur das Geräusch eiliger Schritte, das entfernt an ihr Ohr drang. Panisch tastete Elissa Mrs Martins Oberkörper ab, ihre Arme, die B …

Ihr Blick fiel auf den Oberschenkel der Frau. Dort, wo ihr Kleid beim Sturz nach oben gerutscht war, stach weißer Knochen durch die Haut. Hastig presste Elissa ihre Hand gegen ein Würgen an ihren Mund. Wie erstarrt beobachtete sie, wie das Blut von Mrs Martins Knie auf die hellen Fliesen tropfte. Eine Blutlache begann sich zu bilden. Trotz ihres Schleiers drang der metallische Geruch an ihre Nase.

„Was ist passiert?"

Noch nie war Elissa dankbarer gewesen, die Stimme eines Menschen zu hören. Raphael wüsste, was zu tun war. „Mrs Martin ist gestürzt. Ihr Bein … es ist … gebrochen."

Am liebsten würde sie Raphael anschreien, von der Treppe zurückzutreten. Dort oben zu bleiben, wo er sicher war. Doch der junge Arzt machte sich langsam an den Treppenabstieg, verlor zugleich keine Zeit: „Ein offener Bruch?"

„Der … der Knochen …" Die Eingangshalle schien sich immer weiter zu entfernen. Oder vielleicht war es auch sie, die –

„Elissa!"

Raphaels Stimme holte sie zurück in die Wirklichkeit. Der Hausherr hatte inzwischen etwa die Hälfte der Treppe geschafft. Und doch half allein seine Nähe, nicht vollkommen in Panik zu versinken. „Was kann ich tun?"

„Hast du einen Schal bei dir?"

Elissa schüttelte den Kopf. Dabei fiel ihr Blick auf einen länglichen Tischläufer auf einem der dekorativen Beistelltische, die sie hier unten stehen gelassen hatten. Hastig stand sie auf, schob achtlos die Bilderrahmen davon herunter und griff nach dem Läufer. Statt direkt zu Mrs Martins lebloser Gestalt zurückzukehren, eilte sie zur Treppe, an deren Fuß Raphael inzwischen angekommen war. Sie nahm seine Hand und zog ihn hinter sich her. Neben der Haushälterin sank sie zu Boden.

Raphael kniete neben ihr. Während er nach Mrs Martins Körper tastete, schließlich ihren Kopf fand und am Hals den Puls fühlte, gab er ihr Anweisungen, wie sie das Bein oberhalb des Bruchs abbinden sollte. „Wir brauchen Hilfe. Geh ins Dorf und verlange nach Elsbeth!"

Elissa fragte nicht weiter nach, wer diese Elsbeth war. Sobald sie den Läufer zu Raphaels Zufriedenheit angebracht hatte, sprang sie auf, eilte zur Tür und riss diese auf. Draußen prasselte noch immer der Regen auf die Erde nieder, als hätte Gott es sich in den Kopf gesetzt, eine zweite Sintflut zu schicken. Ohne sich die Zeit zu nehmen, ihren Mantel zu holen, lief Elissa nach draußen, schlug die Tür hinter sich zu und folgte dem Weg ins Dorf.

Das Echo des schrillen Schreis der Haushälterin trieb sie ebenso gewaltsam vorwärts wie die Erinnerung an die beiden Männer, die an die Tür gekommen waren. Schlamm griff nach ihren Lederschuhen und mit jedem Schritt wurde es mühsamer voranzukommen.

Vollkommen erschöpft stolperte sie endlich ins Dorf. Spürte Augen auf sich, die sie beobachteten, sie verfolgten. Und wo sie noch vor einer halben Stunde versucht hätte, um keinen Preis Aufmerksamkeit auf sich selbst zu lenken, stellte sie sich nun mitten auf die Straße und schrie: „Hallo? Elsbeth?"

Keuchend holte sie Luft, schrie noch etwas lauter: „Wir brauchen Hilfe!"

25

Das Haus war zu still. Die alte Heilerin Elsbeth hatte ihr Bestes getan, um Mrs Martins Bein zu retten. Schließlich hatte sie das Haus mit Raphaels Anweisung verlassen, ein Telegramm an einen der besten Ärzte des Landes zu schicken.

Seit die Tür sich hinter der knochigen Gestalt der alten Frau geschlossen hatte, hatten sie kaum mehr ein Wort gesprochen. Nicht einmal die sonst so gesprächige Elissa, die irgendwann am Abend ein Tablett vor ihn gestellt hatte. Anschließend war sie wieder verschwunden und alle möglichen klappernden, klirrenden und knirschenden Geräusche hatten darauf hingedeutet, dass sie ihre Anspannung in Hausarbeit umleitete.

Immer wieder hatte die Tür zu Mrs Martins Zimmer geknarrt, Elissa hatte kurz nach dem Rechten geschaut und war dann wieder verschwunden. Selbst als die Nacht schon lange hereingebrochen sein musste, hatte sich Elissa keinen Augenblick der Ruhe gegönnt und stattdessen ihre geschäftige Hektik beibehalten.

Es musste irgendwann in den frühen Morgenstunden gewesen sein, als sie schließlich mit einem Seufzen so tief wie ein Ozean neben ihm in einen Stuhl gesunken war.

Raphael hatte die ganze Nacht neben Mrs Martin gewacht, hatte nur immer wieder kurz gedöst. Doch als er das nächste Mal erwachte, hatte Elissa das Zimmer schon wieder verlassen. Ein Streifen Wärme auf seinem Gesicht ließ ihn vermuten, dass der Tag angebrochen war, dass die Sonne sich zumindest mit einigen Strahlen durch die Wolkendecke gekämpft hatte.

Er tastete nach Mrs Martins Puls, legte seine Hand auf ihre Stirn.

Die energische Haushälterin hatte das Bewusstsein noch immer nicht wiedererlangt. Doch vermutlich war es besser so. Die Schmerzen, die sie trotz des verabreichten Laudanums beim Erwachen haben würde, konnten noch ein wenig auf sich warten lassen.

Mit einem leisen Ächzen erhob sich Raphael und blieb einen Augenblick lang regungslos stehen. Sein Bein war eingeschlafen nach der langen Nacht auf dem Holzstuhl. Draußen zwitscherte ein einsamer Vogel, irgendwo aus dem leisen Haus hörte Raphael ein Klirren. Er verließ das Zimmer und machte sich auf die Suche nach Elissa. Vielleicht konnte er sie davon überzeugen, sich wenigstens einen Augenblick lang auszuruhen.

Mit müden Schritten ging er den Flur hinunter, hielt immer wieder kurz inne und folgte dann weiter seinem Gehör. Die Geräusche brachten ihn ins Esszimmer. Elissa bemerkte ihn anscheinend nicht, denn das stetige Klirren und Klappern von Geschirr hielt keinen Augenblick inne, nicht einmal als er in den Türrahmen trat.

„Bereitest du eine Dinnerparty vor? Die Gäste scheinen abgesagt –"

„Oh!" Elissas überraschtes Luftholen war begleitet von einem erneuten Klirren und einem Zischen. Irgendetwas prallte dumpf auf dem Teppich auf. Doch Elissas Atem blieb angestrengt.

„Ist alles in Ordnung?" Etwas zögerlich blieb er im Türrahmen stehen.

„Ja, alles gut." Ihr Tonfall gab die gegenteilige Antwort, dennoch hörte er, wie sie scheinbar unbehelligt etwas aufhob und dann ihre Routine aus Klappern und Klirren wieder aufnahm.

„Was tust du?"

„Den Frühstückstisch vorbereiten."

Immer sicherer, dass die scheinbar vollkommen erschöpfte Frau seiner Hilfe bedurfte – gewünscht oder ungewünscht –, trat Raphael einen Schritt ins Esszimmer. „Möchtest du nicht gemeinsam an Mrs Martins Seite essen?"

Sie antwortete nicht, eilte nur weiter hin und her. Raphael spürte, wie aufgebracht sie war. Erkannte es an ihren hektischen Bewegungen, dem scheinbar kaum zielführenden Umhereilen, ihrer Schreckhaftigkeit und vor allem … – sie sang nicht.

Seit dem gestrigen Vormittag hatte er sie nicht mehr singen gehört. Und Elissa sang immer.

Sicher, damals in London hatte sie nicht gesungen, hatte sich nur nach Aufforderung ans Piano gesetzt. Überraschend deutlich sah er sie vor sich, wie die verwöhnte junge Schönheit dort gesessen war, ihre Finger scheinbar mühelos über die Tastatur geflogen waren, ihre Stimme lieblich der Melodie gefolgt war.

Ja, auch damals hatte sie gesungen. Doch nie hatten ihre Lieder dieselbe Tiefe besessen, wie die Lieder seines Hausmädchens sie in sich trugen – immer dann, wenn sie sich alleine wähnte. Diese Lieder, die ihn berührt hatten, schon bevor er gewusst hatte, dass *sie* es war. Diese Lieder, die ihn mit sich trugen, ihn träumen ließen. Das Leben schmecken ließen.

Die Lieder, die nun verstummt waren.

Elissa rauschte ein weiteres Mal an ihm vorbei, griff nach irgendetwas neben ihm. Rasch stellte er sich ihr in den Weg, hob leicht seine Hand. Und es funktionierte. Sie blieb stehen.

„Es ist nicht nur Mrs Martins Sturz, der dich so beunruhigt, oder? Was ist los, Elissa?" Eine weiche Haarsträhne streifte seine Wange, als sie ruckartig den Kopf schüttelte. „Rede mit mir." Er spürte seine eigene Eindringlichkeit, ließ seine Stimme wieder etwas weicher werden: „Bitte."

Nur Stille antwortete ihm. Doch er hörte zu. Und verpasste nur so Elissas Antwort nicht, obwohl sie eher einem Lufthauch glich: „Sie haben mich gefunden."

Raphael legte den Kopf schief.

„Nach all der Zeit." Ihr Seufzen war so tief, dass es beinahe wie das Wehklagen des Windes klang.

„Wer? Wer hat dich gefunden?"

„Die Mörder meiner Mutter. Gestern …" Sie unterbrach sich selbst, verstummte.

Raphael schwieg beharrlich, wartete.

„Gestern kamen zwei Männer an die Tür. Sie waren … Sie waren auf der Suche nach mir."

Alarmiert schnellte Raphaels Kopf nach oben und er ergriff sie an den Schultern. „Warum erfahre ich erst jetzt davon?"

Sie antwortete nicht, schüttelte erneut den Kopf. Wieder streifte ihn eine ihrer Haarsträhnen.

Raphael stutzte einen Augenblick. Irgendetwas war anders. Dann fiel es ihm auf: Das leise Stoffrascheln, das sonst jede ihrer Bewegungen begleitete, fehlte.

Ein warmes Gefühl stieg in ihm auf. Hieß das, dass sie begann, ihm zu vertrauen? Sich in seiner Nähe wohlzufühlen? „Du trägst deinen Schleier nicht."

Elissa zuckte zusammen. „Oh!"

Also war es ihr selbst nicht aufgefallen. Das warme Gefühl verschwand wieder und lediglich all die offenen Fragen blieben zurück. Waren die Mörder ihrer Eltern tatsächlich noch hinter Elissa her? Und bedeutete die Tatsache, dass sie an seine Tür gekommen waren, dass sie sie gefunden hatten? Warum hatte sie ihm nicht davon erzählt, nicht einmal in den langen Stunden der Nacht nach Mrs Martins Verletzung? Warum vertraute sie ihm nicht?

Der leichte Lufthauch ihres Atems strich über sein Gesicht, als sie leise vor sich hin murmelte: „Ich muss ihn irgendwo hingelegt haben, als …" Sie verstummte und begann, sich zurückzuziehen.

Raphael griff nach ihrer Hand. Warum, hätte er selbst nicht sagen können. Vielleicht um nicht das Gefühl der Nähe zu verlieren, vielleicht, um sie davon abzuhalten, zu fliehen. Denn er spürte es so sicher, wie er die Wärme eines Streifens Sonnenlicht auf seinem Hosenbein spürte: Sie war bereit zur Flucht wie ein Reh, das im Angesicht sich nähernder Reiter floh.

Elissa erstarrte und sanft nahm er auch ihre andere Hand in seine. Und da war es wieder – ein verräterisches Zischen. „Was ist?"

Ein leichter Lufthauch ließ ihn vermuten, dass sie erneut den Kopf geschüttelt hatte. „Hast du dich verbrüht? Tee?"

Sie verharrte regungslos. „Mhm." Ihre Stimme war tiefer als sonst, ruhiger irgendwie. Als würde auch sie es spüren. Diese intime, beinahe andächtige Nähe.

„Lass mich ...", Raphael räusperte sich, doch seine Stimme blieb rau: „Lass mich sehen."

Ein leises, skeptisches Glucksen von ihr ließ ihn lediglich den Kopf schieflegen. Er hörte, wie ihr Atem stockte. Dann ein leises Flüstern: „In Ordnung."

Sie hob ihre verletzte Hand und Raphael fuhr mit seinen Fingerspitzen darüber. Vorsichtig tastete er die Handfläche ab, spürte die knotigen Narben, die glatte Haut, wo ihr Körper die tiefen Verletzungen versucht hatte zu überdecken. Behutsam fuhren seine Finger über ihre rauen, über die von den Narben beinahe klauenhaft zusammengezogenen Gelenke. Ihr Atem war angestrengt. Sein Herz wurde schwer, als ihm erneut so deutlich bewusst wurde, was sie hatte erleiden müssen. Und zugleich warm angesichts der Tatsache, dass sie ihre Hand nicht zurückgezogen hatte. Dass sie ihn ihre Narben sehen ließ.

Seine Fingerspitzen berührten empfindliche Haut, wo sich schon eine Brandblase zu bilden begann, und er hörte, wie sie rasch ausatmete. Er zog sein Taschentuch aus der Hosentasche und hielt es ihr hin: „Kannst du das bitte in etwas frisches Wasser tunken?"

***

Elissa wusste nicht, warum sie tat, worum er sie gebeten hatte, und das Tuch dann nicht einfach selbst auf ihre Verbrühung legte. Stattdessen war sie mit wenigen Schritten wieder an seiner Seite und legte das feuchte Tuch in seine große Hand.

Er nahm es entgegen, streckte ihr dann erwartungsvoll seine andere Hand entgegen. Und vertrauensvoll legte sie ihre Rechte wieder in seine. Alles in ihr schrie sie an, sich zurückzuziehen. Zu fliehen. Seit Jahren hatte sie niemandem mehr ohne Schleier gegenübergestanden. Hatte niemanden ihre Hand berühren lassen, geschweige denn ihre vernarbte. Hatte seit Jahren niemanden so nah herangelassen.

Doch zugleich war da diese seltsame Anziehungskraft, die sie in seiner Nähe hielt, die in ihr den Wunsch weckte, sich näher zu lehnen.

Behutsam legte er das kühle Tuch auf ihre Brandblasen.

„Bleib." Das leise Wort erfüllte den plötzlich aufgeladenen Raum zwischen ihnen, die Spannung, die sich aufgebaut hatte, wo ihr Atem sich vermischte.

„Ich … Ich weiß nicht. Ich … kann nicht –"

„Bleib." Seine Stimme war tief. Rau. „Flieh nicht. Ich weiß, du denkst, das ist die sicherste Option. Aber dass sie hier waren, heißt nicht, dass sie auch wissen, dass du hier bist."

Nein, vermutlich wussten sie das nicht.

„Ich kann dir nicht versprechen, dass du hier sicher bist. Aber wenn du unterwegs und ganz alleine bist, wirst du das auch nicht sein. Lass es uns gemeinsam besprechen und überlegen, wie wir dich schützen können."

Sie konnte kaum klar denken.

„Versprich mir, dass du nicht einfach gehst, ohne dich vorher zu verabschieden."

Elissa atmete tief ein.

„Bitte. Versprich es." Seine Stimme war eindringlich und zugleich wusste sie, dass sie die Wahl hatte.

Sie konnte Nein sagen. Gehen. Nie wieder zurückblicken. Und er würde es verstehen.

„Ich verspreche es." Beinahe überrascht hörte sie die Worte über ihre eigenen Lippen kommen. Und wusste, dass es richtig war. Dass es das war, was sie hatte sagen wollen. Von Anfang an.

Seine Lippen verzogen sich zu einem sanften Lächeln.

Und auf einmal konnte sie den Blick nicht mehr lösen von diesen Lippen. Von seinem liebevollen Gesicht.

Seine Stirn war in besorgte Falten gelegt. Doch statt wie früher Anstoß zu nehmen an seinem zu ernsten Charakter, sah sie nun, dass es in diesem Augenblick sein Mitgefühl war, das die Falten dorthin geworfen hatte. Dass es ihre Sorgen waren, die er freiwillig auf sich genommen, willentlich auf seine Schultern übertragen hatte. Und sie spürte, wie ihr Herz leichter wurde.

Dann waren die Falten plötzlich verschwunden und ihr Atem wurde schneller. Stockte.

Seine Hände legten sich zärtlich an ihren Hals. Das kühlende Taschentuch flatterte von ihrer Hand zu Boden. Seine Lippen suchten ihre, berührten sie so sanft wie ein federleichter Lufthauch.

Zitternd atmete sie ein, hob ihren Kopf, ihm entgegen.

Die Verbrühung, die Narben, die Männer gestern, selbst Mrs Martins Unfall verschwanden für einen Augenblick. Da war nur noch er. In ihrem Inneren eine Explosion aus Freude.

Er vertiefte den Kuss, versprach in einer liebkosenden Berührung: *Ich bin da für dich. Ich bleibe.*

Seine rechte Hand legte sich um ihre schmale Taille, zog sie näher. Und wo sie seit Jahren geflohen war, ihre Seele sich keinen Moment des Friedens erlaubt hatte, kam ihr Herz in diesem Moment zur Ruhe.

Er löste sich ein Stück von ihr, ließ sie dennoch nicht los. Mit einem zufriedenen Seufzen sank sie gegen ihn, schloss die Augen.

Sein linker Daumen streichelte ihren Hals, langsam strich er daran entlang. Freude, aufgeregte Spannung, seine Gegenwart erfüllten sie so vollkommen, dass es sich anfühlte, als wäre kaum noch Raum für einen weiteren Atemzug.

Seine Hände legten sich um ihr Gesicht, leise und zugleich intensiv flüsterte er ihren Namen: „Elissa."

Sie öffnete die Augen und sah in seine hellen, durch sie hindurchblickenden.

Unendlich sanft ertasteten seine Finger ihr Gesicht, strichen entlang der Täler und Krater in ihrer Haut, streichelten die Narben. Er drückte einen weichen Kuss auf ihre Stirn, auf ihre Wangen, ihre Nase. Und mit jedem Kuss, mit jeder liebevollen Berührung ihres entstellten Gesichts heilte ihr Herz ein wenig mehr.

Raphael legte seine Stirn an ihre, vergrub seine Finger in ihren Haaren. „Du bist so schön."

Seine leise gemurmelten Worte holten sie zurück in die Wirklichkeit.

Mit einem Keuchen wich sie zurück. Sie war nicht schön!

„Elissa?"

Sie wich einen weiteren Schritt zurück. Rannte.

„Elissa!" Sie hörte die Sorge in seiner Stimme, die Verlorenheit. Doch sie konnte nicht anhalten.

Gehetzt stürmte sie den Flur entlang, die Treppe hinauf und in ihre kleine Kammer. Außer sich riss sie die Kommode auf, suchte hektisch nach einem ihrer Schleier. In ihr kämpften das Verlangen, bitter zu lachen, und das zu weinen. Und schließlich tat sie keines von beidem. Schloss nur besiegt die Augen, als sie endlich einen Schleier zu fassen bekam.

Sie war nicht schön.

Sie war hässlich. *Abstoßend.*

Doch Raphaels Berührung war nicht abgestoßend gewesen, keineswegs. Als ruhten sie noch immer dort, spürte sie die Wärme seiner Lippen auf ihren vernarbten Wangen.

Entstellt. Ungenügend.

Raphael tauchte in ihren Gedanken auf, als würde er noch immer direkt vor ihr stehen. Die Andacht in seinem Gesicht, als er über ihr vernarbtes Gesicht strich.

Ekelerregend.

Sie sah vor sich, wie Raphael sich ihr entgegenlehnte. Ihr näher kam. Hörte wieder seine Stimme. *Du bist schön.*

Warum hatte er sie angelogen? Wollte er sie verspotten?

Sie presste ihre Faust gegen ein Schluchzen auf ihre Lippen. Sollte sie gehen, fliehen?

Tränen strömten nun über ihre Wangen, während ihre Gedanken sich wild jagten, sie kaum einen zu fassen bekam. Hatte sie nicht gerade eben erst versprochen zu bleiben? Aber nein, das war davor gewesen, bevor …

Verwirrt schüttelte sie den Kopf. Spürte ihre blonden Strähnen auf den tränennassen Wangen. Hastig zog sie den Schleier über ihr Gesicht, über das, was sie niemals hätte entblößen dürfen, nicht einmal in der Nähe eines blinden Mannes.

Vorerst könnte sie Mrs Martin und Raphael nicht alleine lassen. Wer würde den Haushalt machen, die beiden versorgen? Sie musste wieder hinuntergehen. Mrs Martin brauchte ihre Medizin.

Mit noch zu schnell klopfendem Herzen und zugleich schweren Schritten machte sie sich auf den Weg die knarrenden Holztreppen hinunter und verharrte regungslos, als auf einmal das Geräusch des Türklopfers die Stille durchbrach.

26

Monatelang hatte kein einziger Besucher den Weg an ihre Tür gefunden und nun das ganze County auf einmal?

Elissa presste ihre zitternden Hände gegen den Bauch, als ihr bewusst wurde, dass sie die Tür öffnen musste. Sollte sie sich verstecken, vortäuschen, es sei niemand zu Hause? Oder sollte sie es wagen?

Immer noch vollkommen durcheinander, fühlte sie sich nicht dazu in der Lage, die kleine, vielleicht jedoch sehr weitreichende Entscheidung zu treffen. Langsam, beinahe wie ein verurteilter Verbrecher auf dem Weg zu seiner Hinrichtung, stieg sie mit schweren Schritten die Treppe hinab.

Die ihr selbst nach all der Zeit so wohlbekannte Furcht griff nach Elissa. War sie ein Warnschrei, ihr Schutz? Oder ein Feind, den es zu überwältigen galt?

„Du bist hier nicht mehr sicher." Die Stimme ihrer Mutter. So viele Erinnerungen waren verblasst, doch die Angst, die Eindrücklichkeit dieser Worte war so lebendig wie eh und je. *„Lauf, Elissa. Geh!"*

Und doch … Wusste überhaupt irgendjemand, dass sie hier war? Die Männer gestern hatten es nicht gewusst.

Gestern! So vieles war passiert seitdem, so vieles hatte sich geändert.

„Bleib. Versprich mir, dass du nicht einfach gehst, ohne dich vorher zu verabschieden." Raphaels Worte, gerade eben erst. Und doch war seit diesen Worten ihre ganze Welt in ihren Grundfesten erschüttert worden.

Ihre Schritte wurden vorsichtiger, je mehr sie sich der Eingangshalle näherte. Bis sie schließlich vor der schweren Haustür stand, hatten die Zweifel sie beinahe vollkommen im Griff. Sie war so klein, dass sie sich auf die Zehenspitzen stellen musste, um durch das Guckloch zu schauen.

Die Männer waren nicht zurückgekehrt. Und dennoch war der Anblick der Menschen vor der Tür ähnlich furchterregend. Ließ sie überrascht Luft holen und einen Schritt zurückstolpern. Sie kannte die Besucher!

Ein energisches, ungeduldiger klingendes Klopfen ließ sie erneut zusammenzucken. Dann straffte sie die Schultern und richtete sich zu ihrer vollen unbeeindruckenden Größe auf. Mit einem schnellen Handgriff zog sie die Tür auf und trat einige Schritte zurück.

Vier überraschte Blicke richteten sich auf sie.

Raphaels Geschwister und sein Freund Henry Miller musterten sie mit den Blicken der höheren Gesellschaft, die einen Butler erwartet hatten. Oder zumindest eine Haushälterin oder einen gepflegt gekleideten Diener. Auf jeden Fall nicht das vollkommen verschleierte Dienstmädchen, dessen einfache Kleidung nach der durchwachten Nacht hoffnungslos zerknittert war.

Daniel Williams reichte ihr unbeirrt seine Karte. Die elegante Dame an Dr. Millers Arm dagegen schlug eine Hand vor ihren Mund, dem ein erstickter Aufschrei entwichen war. Ihre Gesichtszüge waren ein perfekter Spiegel absoluter Erschütterung.

Amelia hatte sie sofort erkannt.

Die Augen ihrer langjährigen Freundin bohrten sich in Elissas. Amelia, die selbst zu ihr gehalten hatte, als sie nichts mehr gewesen war als der Schatten eines Menschen, verborgen hinter ihren Schleiern. Doch was tat sie hier?

Viel zu aufmerksam wandte Dr. Miller sich besorgt zu Amelia um und fragte: „Was ist, mein Liebling?"

Eindringlich und möglichst unauffällig schüttelte Elissa den Kopf. Versuchte, Amelia über die wenigen Schritte, die sie trennten, mit ihren Blicken zu beschwören, nichts zu verraten. Am besten sofort wieder zu vergessen, wen sie hier sah. Dass es sie überhaupt je gegeben hatte.

Amelia schien ihre Blicke zu verstehen und legte eine beruhigende Hand auf Dr. Millers Arm. „Nichts, mein Schatz. Mir ist nur noch etwas übel von der Fahrt."

Henry Miller schien nicht überzeugt zu sein. Doch Elissa wartete nicht, bis er weitere Fragen stellen konnte. Abrupt drehte sie sich um und bedeutete den Gästen mit einer raschen Handbewegung, ihr zu folgen. Sie ignorierte die Fragen hinter ihr, die spürbare Empörung über die unhöfliche Begrüßung, selbst Amelias Blick, der sich heiß in ihren Rücken bohrte, und führte die Gäste in den Salon.

Vorerst erleichtert und zugleich gespannt wie eine Feder, begab sie sich auf die Suche nach Raphael, um ihm seinen Besuch anzukündigen.

Ihre Hand brannte, wo sie den Tee verschüttet hatte, ihre Augen brannten vor Müdigkeit nach der langen Nacht; doch nichts kam heran an das schmerzhafte Brennen ihres Herzens in ihrer Brust.

Amelia war hier! An der Seite ihres Ehemannes, wie Elissa vor mehr als einem Jahr aus der Zeitung erfahren hatte. Aus der Zeitung! Und statt ihr um den Hals zu fallen, ihr nachträglich zur Hochzeit zu gratulieren, hatte sie so getan, als hätte sie keinen der Besucher je zuvor gesehen.

Vor der offenen Tür zur Bibliothek blieb sie stehen, holte tief Luft und trat dann ein. Raphael hatte sie scheinbar kommen gehört. Beim Anblick seiner ihr aufmerksam zugewandten Gestalt durchströmten sie so viele Gefühle, dass sie sie kaum greifen konnte. Liebevolle Sorge stand in seinem Gesicht. Um *sie!*

Elissa konnte sich kaum erinnern, wann das letzte Mal jemand den Schleier ignoriert und sie wirklich wahrgenommen hatte.

Raphael holte Luft, wie um etwas zu sagen, doch Elissa kam ihm zuvor: „Du hast Besuch."

„Wer?" Verschwunden war der freundliche, besorgte Raphael. Donnerwolken zogen in seinem Gesicht auf. Machten dem Frühling Konkurrenz, der noch immer seine sanften Sonnenstrahlen durch die Fenster sandte.

„Henry Miller und seine Frau, deine Schwester –"

„Henry kann Mrs Martin untersuchen", unterbrach Raphael sie unwirsch, „alle anderen sollen warten und dann wieder gehen." Seine Stimme klang grob, beinahe wie der raue, düstere Mann, den sie vor einigen Monaten in diesem Haus angetroffen hatte.

„Denkst du nicht, es wäre gut, wenn du –"

„Henry kann dir seine Anweisungen für Mrs Martins Pflege geben. Du weißt ja, wo Mrs Martin das Haushaltsgeld aufbewahrt, um ihn für seine Dienste zu bezahlen, oder?"

Elissa schrak angesichts seiner groben Worte ein Stück zurück, nickte. Räusperte sich. Flüsterte ein leises: „In Ordnung."

An der Tür blieb sie noch einmal stehen, fragte: „Und was soll ich Ihnen sagen, warum du sie nicht begrüßt?"

„Dass ich nicht zu sprechen bin."

Schweren Herzens machte Elissa sich auf den Weg, um Raphaels Anweisungen zu folgen. Und kam nicht umhin festzustellen, wie verloren der große Mann aussah, wie er dort regungslos mitten im Raum stand.

Elissa servierte den Gästen Tee, versuchte ihre Stimme bestmöglich zu verstellen, als sie Raphaels Anordnungen weitergab, und versuchte Amelias prüfende Blicke zu ignorieren. Dann verließ sie den Salon schnellstmöglich wieder in der Hoffnung, dass Dr. Miller ihr folgen und sie weiteren Fragen entgehen würde.

Raphaels Freund untersuchte Mrs Martin ohne ein weiteres Wort, erklärte, dass er mit dem Werk der alten Heilerin vom Tag zuvor zufrieden sei, und gab Elissa Anweisungen für die weitere Pflege. Erleichtert, dass ihr freundliches Geplauder erspart blieb, folgte sie dem Arzt zurück zu den anderen Gästen. Und zugleich erfüllte sie die unangenehme Vorahnung, dass das noch nicht alles, dass der Besuch noch nicht überstanden war.

Selbst wenn die Gäste unverzüglich zurückkehrten in ihre jeweilige Heimat, ließ jede weitere Person, die von der Anwesenheit eines verschleierten Dienstmädchens in diesem Haus wusste, das Risiko für Elissa rapide ansteigen. Vor allem nun, da Brixtons Männer offenbar die Gegend nach ihr absuchten. Nur ein Wort in ein falsches Ohr, und weder Elissa, noch ein Einziger der Bewohner dieses abgelegenen Hauses wäre noch sicher.

Wieder im Salon, wanderte Elissas Blick zu ihrer Freundin, deren Rat und Umarmung sie so lange immer wieder herbeigesehnt hatte. Und nun war sie hier. Nur einige Armlängen entfernt und noch immer unerreichbar.

Die Gäste erhoben sich und Elissa wollte schon in Richtung der Tür aufbrechen, als Dr. Millers tiefe Stimme sie bremste: „Wann kommt Dr. Williams denn wieder? Wir können auch noch etwas warten."

Anscheinend hatte er ihre vage Aussage, dass der Hausherr nicht zu sprechen war, falsch verstanden.

Elissa verharrte in der Tür, murmelte: „Ich weiß es nicht."

Und es war wahr. Sie wusste wirklich nicht, wann Raphael Williams je wieder auftauchen würde. Oder ob. In den letzten Wochen hatte sie gemeint, beobachten zu können, wie er wieder mehr zu sich selbst gefunden hatte. Und nun versteckte er sich vor seinen Geschwistern und Freunden?

Unentschlossen warf sie doch noch einen Blick zurück.

Raphaels Bruder Daniel, der ihm inzwischen bis auf die braunen Augen noch viel ähnlicher sah als damals, stand ein Stück entfernt von der Gruppe. Ungeduldig sah er auf seine goldene Taschenuhr. Alles an ihm schrie Reichtum, Selbstbewusstsein und Unmut, hier zu sein. Hier, im abgelegenen Landhaus seines blinden Bruders.

Und dennoch sah Elissa, mit welch liebevoller Zuneigung er den Arm seiner Zwillingsschwester nahm, ihr zuhörte, als sie ihm etwas zuraunte. Sie musste sich dafür nicht einmal besonders strecken. Die schlanke Schönheit war zwar kleiner als ihr Bruder, und trotzdem war sie für eine Frau außergewöhnlich groß. Das Braun ihrer Haare war zu einer eleganten Frisur hochgesteckt, lediglich einige sorgsam zurechtgelegte Locken umspielten ihr Gesicht, während sie weiter leise auf ihren Bruder einredete.

Henry Miller dagegen legte kurz den Kopf schief und zuckte dann mit einem Blick auf Amelia mit den massiven Schultern. Elissa stellte erneut fest, wie gut der sanfte Riese und ihre Freundin mit dem weichen Herzen zusammenzupassen schienen.

Augenscheinlich unzufrieden mit seinem eigenen Beschluss, brummte Dr. Miller schließlich: „Nun gut, dann lass uns gehen", und begann, Amelia in Richtung der Haustür zu führen.

„Aber …", begann dies zu protestieren, blieb beharrlich stehen und zwang so auch Henry, stehen zu bleiben. Ihr Blick hielt Elissas fest.

„Was?"

Auf einmal erfüllt von der Angst, dass Amelia versuchen würde, ihr zu helfen, schüttelte sie noch einmal kaum merklich den Kopf.

Amelias Blick blieb noch einen Augenblick an Elissa hängen. Sie konnte nicht darauf bestehen zu bleiben, ohne Elissa zu verraten oder zumindest in Erklärungsnot zu geraten. Elissa senkte bekräftigend das Kinn, lächelte ihre Freundin traurig an. Und wünschte sich, die Umstände, ihr *Leben* wäre anders.

Amelia nickte unmerklich und wandte sich dann ihrem Mann zu. „Lass uns nach Hause zurückkehren."

In der Tür blieb das Ehepaar stehen. Raphaels Geschwister waren ihnen nicht gefolgt. „Kommt ihr?" Amelias Stimme verriet nichts von den vielen Emotionen, die soeben durch ihre Augen geflackert waren.

Daniel Williams antwortete: „Bald, fahrt schon mal vor", und die Millers kamen der Aufforderung nach.

Sobald sie durch die Tür verschwunden waren, baute Raphaels Schwester sich vor Elissa ihr auf und forderte: „Wo ist er?"

„E-er …"

Sarai erhob nicht ihre Stimme, stattdessen strahlte sie eine vornehme Ruhe aus, als sie erneut nachhakte: „Komm schon, wir wissen beide, dass er zu Hause ist – wo ist er?"

Und Elissa, die sich neben der hochgewachsenen Frau vorkam wie ein Kind neben einer Kriegerkönigin, gab nach. Sie wusste nicht, wie Raphael ein Gespräch mit seiner Familie schaden könnte, vielleicht würde es ihm ja sogar guttun. „In der Bibliothek."

„Wo finde ich die?"

Elissa erklärte es ihr. Und schaute Raphaels Schwester und seinem Bruder nach, die ohne einen weiteren Blick auf das verschleierte Dienstmädchen die Treppe hochstiegen. Zögerlich blieb sie stehen. Hatte sie die richtige Entscheidung getroffen?

Hatte sie überhaupt eine Wahl gehabt?

Sollte sie folgen?

27

Raphael hörte, wie die Haustür zuschlug. Das entfernte Klappern von Pferdehufen.

Erleichtert ging er in die Richtung seines Sessels. Er wollte nicht, dass irgendjemand ihn so sah. So schwach. Hilflos. Am allerwenigsten seine Familie.

Er legte seine Hand auf das glatt geschliffene Holz des Schreibtisches. Vielleicht hätte er ihnen erzählen sollen von seiner Erblindung. Hätte sich seinem Vater anvertrauen sollen, statt Ausreden zu finden, warum er sie nicht besuchen konnte.

Doch hätte dann auch Daniel davon erfahren. Dessen Hass auf ihn war auch so schon schwer genug zu ertragen. Was hätte ihn noch davor geschützt, unter der Ablehnung zusammenzubrechen, wenn er ihm ohne seinen Stolz, ohne Beruf, ohne Zukunft entgegenstand?

Der so wohlbekannte Geruch nach alten Büchern, nach den weichen Teppichen der Bibliothek umgab ihn, beruhigte seine Nerven ein wenig. Und doch – wie lange er sich wohl noch vor der Welt verstecken könnte? Vor seiner Familie? Seiner Schuld.

Hatte Elissas Singen, ihre Leichtigkeit trotz allem, was sie erlebt hatte, ihn in letzter Zeit ein Stück weit aus seiner Verzweiflung gehoben, so spürte er, wie sich die Schuld nun, da seine Schwester so nahe gewesen war, wie ein zentnerschweres, altbekanntes Gewicht wieder auf seine Schultern senkte.

Schritte näherten sich im Flur, doch er beachtete sie nicht weiter. Vermutlich war es Elissa, die nach Mrs Martin schauen wollte.

Erst als die Schritte ihn beinahe erreicht hatten, erkannte er, dass sie von zwei Menschen stammten.

Er hob den Kopf, straffte die Schultern.

Offenbar war noch mindestens einer der Besucher da. Doch wer? Henry und seine Frau wären nicht so unhöflich, zu bleiben, wo sie nicht erwünscht waren. Sarai? Oder war noch jemand dabei gewesen? Raphael erinnerte sich nicht, zu aufgewühlt war er gewesen über den unangekündigten Besuch seiner Schwester.

Die Holzdielen knarrten, als die Person mit den schwereren Schritten eintrat, kurz darauf gefolgt von schnellen, leichtfüßigen. „Raphael!"

Seine Finger schlossen sich zu Fäusten. Sarai.

Enthusiastisch fuhr sie fort: „Das Dienstmädchen meinte, du …" Sie verstummte, als er nicht auf ihre Anwesenheit reagierte. Blieb zögerlich stehen.

Das Geräusch seines Atems war laut in seinen eigenen Ohren, angestrengt. Raphael blieb dem Fenster zugewandt stehen. Er spürte den leichten Windhauch auf seinen offenen Augen, die nichts sahen.

Ihre sanfte Stimme durchbrach die Stille: „Du bist nicht zu meiner Verlobungsfeier gekommen." Die Worte enthielten eine ganze Welt an Traurigkeit.

Er nickte lediglich.

Draußen stimmte eine einsame Krähe ihr unmusikalisches Lied an. Einige Singvögel stimmten mit ein.

„Warum?"

Sein Herz zog sich schmerzhaft zusammen. Ihre Stimme war so dünn. So fürchterlich enttäuscht. Vielleicht sollte er es inzwischen gewohnt sein, dass sie enttäuscht war von ihm. Und trotzdem schnitt ihr Schmerz ihm frisch ins Herz.

„E …", Raphaels Stimme brach. Er räusperte sich und erklärte mit rauer Stimme: „Es ging nicht."

Federleicht und doch zielsicher kam sie weiter auf ihn zu.

Nur einen kleinen Schritt entfernt blieb sie stehen. Und doch trennte ihn ein ganzer Graben aus Reue und Schuld von seiner Familie. Ein Graben, den er selbst geschaufelt hatte.

Überrascht zuckte er zusammen, als Sarai seine Schulter berührte. Es war nicht die Kraft ihrer Berührung, die ihn zwang, sich zu ihr umzudrehen. Es war dieses tiefe Band zwischen Geschwistern, das schon immer zwischen ihnen existiert hatte. Trotz allem. Der Schmerz, den er selbst aus ihren wenigen Worten herausgehört hatte. Der es ihm unmöglich machte, seiner kleinen Schwester weiter den Rücken zuzudrehen.

Seine Ferse berührte den Schreibtisch und er wusste, dass er nun gegenüberstand. Und zugleich blieb seine Welt schwarz. In einer solch tiefen Dunkelheit, dass er Sarai am liebsten von sich gestoßen hätte, einfach um sie vor ihm und seinem Dunkel in Sicherheit zu wissen.

Aber Sarai zuckte nicht zurück beim Anblick seiner blinden Augen. Stattdessen legte sie eine weiche Hand an seine Wange. „Warum?", drang ihre zerbrechliche Frage erneut an sein Ohr.

Grob wies Raphael sie zurück: „Das siehst du doch, oder nicht?"

Er konnte nicht verhindern, dass seine Worte trieften von Bitterkeit und Abscheu. Er wusste, dass sich die Abscheu gegen ihn selbst richtete, doch Sarai konnte das nicht ahnen. Vielleicht würde sie nun endlich Abstand zu ihm halten.

Er presste seine Zähne aufeinander, schmeckte Blut. Alles, um nicht dem Bedürfnis nachzugeben, ihre Freundlichkeit zu sehr zu genießen. Es war besser so. Besser, wenn sie ihn als das sah, was er war. Ein Mann, der seine eigene Mutter umgebracht hatte. Der jede Bestrafung verdient hatte, die der Himmel ihm schicken würde.

Doch erneut überraschte ihn seine kleine Schwester vollkommen. Nach einem kurzen Augenblick des Schweigens murmelte sie nur: „Oh, Raphael", und drückte ihn dann in einer festen Umarmung an ihren weichen Körper. „Es ist mir egal, ob du mich sehen kannst. Wir brauchen einfach nur *dich*."

Seine Kehle war wie zugeschnürt. Trotzdem versuchte er die Worte herauszupressen, bevor seine Schwester alle seine Mauern niederriss.

Er hatte sie aus guten Gründen errichtet. „Ihr seid viel besser dran ohne mich. Das wart ihr schon immer."

Er hörte ihre Entrüstung daran, wie sie ihren Atem ausstieß, spürte, wie sie die Umarmung auflöste. Und zugleich hielt sie noch immer seinen Arm fest, als würde er sich jeden Augenblick davonmachen. „Das stimmt nicht. Und das weißt du auch. Wir brauchen dich, Raphael. Du bist ein Teil unserer *Familie*! Das war schon immer so. Nur hast du dir aus irgendwelchen Gründen in den Kopf gesetzt, dass du nicht gut genug bist. Du warst kaum da, als wir dich gebraucht haben."

Raphael richtete sich zu seiner vollen Größe auf, trat einen Schritt zur Seite, sodass ihre Hand von seinem Arm fiel. Das war das Einzige, was er seit seinem sechzehnten Lebensjahr richtig gemacht hatte. Abstand zu seiner Familie zu halten. Das und all die Menschenleben, die er seit seinem Studium zumindest ein klein wenig verbessert, wenn nicht sogar gerettet hatte. Und nun warf Sarai ihm sogar das vor? Dass er versucht hatte, sie zu beschützen?

„Ich wollte euch in Ruhe lassen, euch die Chance geben, zu vergessen! Euch die Möglichkeit geben, Frieden zu finden, ohne dass ich euch immer an das erinnere, was geschehen ist."

„Aber, Raphael, wir haben *dich* gebraucht."

Raphael schüttelte den Kopf. Sie hatten ihn nicht gebraucht. Waren ohne ihn besser dran.

Er atmete überrascht ein, als Sarai seine Hand ergriff. „Wir hatten schon Mutter verloren. Es hat mich beinahe zerbrochen, dich auch noch zu verlieren."

Verwirrt runzelte Raphael seine Stirn. „Aber ich war doch noch da. Bin alle paar Wochen zu Besuch gekommen."

Er spürte, wie Sarais Haar seine Wange streifte, konnte sie beinahe vor sich sehen, wie sie vehement den Kopf schüttelte. „Nein, Raphael. In der Nacht, in der … In der Nacht des Unfalls haben wir nicht nur Mutter verloren. Wir haben auch den großen Bruder verloren, den ich so dringend brauchte. Den fröhlichen, optimistischen großen Bruder, der mir versicherte, dass alles gut werden wird."

Beinahe konnte Raphael sie vor sich sehen, wie Daniel und sie ihm damals gemeinsam beinahe überallhin gefolgt waren. Wie ihre haselnussbraunen Haare zwischen zwei Büschen aufgetaucht waren, als er sich mit David verabredet hatte, um durch den nahe gelegenen Wald zu streifen. Wie ihre Augen geglänzt hatten vor Tränen, als sie sich das Knie aufgeschürft hatte und auf ihn zugerannt kam. Wie wenig er als Zehnjähriger mit der Anwesenheit seiner beiden fünfjährigen Geschwister hatte anfangen können. Und wie zugleich alles in ihm entschlossen gewesen war, sie zu beschützen.

Die Erinnerungen verblassten, als Sarai unbeirrt fortfuhr: „Der große Bruder, der so große Pläne für sein Leben hatte. Der mich glauben gemacht hat, dass kein Traum, keine Hoffnung zu groß ist, wenn wir sie nur zu unserem Gott bringen."

Eine Träne stahl sich aus Raphaels Augenwinkel und er wischte sie unwirsch mit dem Handrücken fort. Er hasste, dass Sarai jedes seiner Gefühle von seinem Gesicht ablesen konnte wie von einem offenen Buch, während er nicht einmal mehr ihre Umrisse ausmachen konnte. Und vielleicht war es das, was er sogar noch viel mehr hasste. Dass seine kleine Schwester für ihn zu wenig mehr als Umrissen geworden war über die Jahre, in denen die Schuld ihn davon abgehalten hatte, seiner Familie nahe zu sein. Dass sie zu Fremden geworden waren, weil er gewusst hatte, dass die Wunden, verursacht von Menschen, die einem nahestehen, so viel tiefer gehen als die durch einen Fremden verursachten es jemals könnten.

Bitterkeit klang in seiner Stimme mit, als er zwischen zusammengepressten Zähnen hervorstieß: „Sieh mich doch an! Für mich gibt es keine Pläne, keine Träume mehr. Keine Hoffnung."

„Das stimmt nicht. Es geht hier nicht um Pläne oder Träume. Noch nicht einmal Hoffnung. Es geht dir nur um deine Schuld." Er hörte die Tränen in ihrer Stimme. „Du bist mein Bruder. Und was auch immer passiert ist, ändert daran nichts. Ich will keine Wiedergutmachung. Und ich will auch nicht, dass du alle Schuld so willig auf dich nimmst. Ich will doch nur, dass du endlich siehst, dass Gott die Schuld, von der du denkst, dass du sie trägst, schon lange auf sich genommen hat."

Sanft legte sie ihre Hand zurück an seine vom Vollbart überwucherte Wange und flüsterte mit erstickter Stimme: „Ich will meinen Bruder zurück."

Raphael schloss seine Fäuste noch ein wenig fester. Schwieg beharrlich.

Doch seine Schwester stand ihm in Hartnäckigkeit in nichts nach. „Komm wenigstens für einen kurzen Besuch nach London. Vater würde sich mehr freuen, als er dir gegenüber je eingestehen wird. Wir vermissen dich."

Raphael lachte freudlos auf. „Ja, Daniel sicherlich am allermeisten."

An der Tür zur Bibliothek holte jemand scharf Luft. Über dem Gespräch mit Sarai hatte er vollkommen vergessen, dass mit ihr gemeinsam auch eine zweite Person die Bibliothek betreten hatte!

***

Unschlüssig rang Elissa die Hände und starrte auf die hölzerne Tür vor ihr. Sobald sie hindurchtrat, würde sie vermutlich hören können, was die Williams-Geschwister miteinander sprachen. Es ging sie nichts an. Und zugleich war sie in diesem Haus nur eine Angestellte und nun, da Mrs Martin es nicht konnte, fiel es in ihre Verantwortung, dass die Gäste versorgt waren.

Die Entscheidung einmal getroffen, trat sie durch die Tür und eilte zielstrebig durch den von allen Beistelltischen und Skulpturen befreiten Flur. Raphael würde ihr sicherlich nicht den Kopf abreißen, auch wenn sie gegen seine direkten Anweisungen gehandelt hatte. Elissa schluckte trocken. Hoffentlich.

In der Erwartung, dass der Hausherr seinen Gästen einen Sitzplatz angeboten hatte, eilte sie dienstbeflissen in die Bibliothek – und kam abrupt zum Stehen.

Die angespannte Atmosphäre war beinahe mit Händen zu greifen. Daniel Williams stand zu ihrer Rechten, sein Gesicht zu einem unbehaglichen Ausdruck verformt. Sarais Haltung war hoheitsvoll, ihr Kleid schimmerte golden. Doch ihre Augen waren gerötet, ihre Wangen nass von Tränen. Und Raphael ... Sein Gesichtsausdruck war unergründlich. So undurchschaubar, als hätte er einen dichten Bühnenvorhang darüber geschlossen.

Er hatte anscheinend gehört, dass sie hereingekommen war, und wandte sich ihr zu. Und dennoch war da auf einmal eine Distanz zwischen ihnen, die es vorhin noch nicht gegeben hatte.

Unsicher, wie förmlich sie reden sollte mit dem Mann, der in den letzten Wochen zu einem ihrer einzigen Freunde – und so viel mehr – geworden war, wandte sie sich an Raphael: „Dr. Williams?"

Ihre Stimme schien Raphael wie aus einem Traum zurückzuholen und er deutete auf einmal in ihre grobe Richtung: „Sarai, das ist –"

„Emily Bennett", fiel sie ihm ins Wort. Ihr Herz schlug wild, die Angst, dass er ihren wahren Namen verraten würde, pochte kalt in ihren Adern. Hastig, um ihren unhöflichen Fauxpas zu überspielen, knickste sie vor Sarai. „Zu ihren Diensten, Ma'am."

Dann wandte sie sich an Raphaels Bruder und knickste noch einmal: „Mr Williams."

Es entging ihr nicht, wie Daniel Williams' Augen sich verengten und er sie intensiv musterte. Ihr wurde auf einmal warm unter ihrem Schleier und ihr Herz klopfte noch ein wenig schneller. Ahnte er etwas? Oder wunderte er sich einfach nur über das seltsame und viel zu vorlaute Dienstmädchen?

Raphaels Anweisungen unterbrachen ihre Gedanken: „Bitte gib unseren Gästen für heute Nacht zwei der Gästezimmer. Sie reisen morgen früh wieder ab."

Sarai begann zu protestieren. Doch Elissa hörte sie nicht wirklich. Stattdessen blieb ihr Blick an Raphael hängen. Sie hatte sich die Distanz nicht eingebildet. Sie spürte es noch immer: Raphael hatte seine Schutzmauern wieder aufgebaut. Es würde einiges brauchen, um sie erneut zu erklimmen, geschweige denn zu überwinden.

Und zugleich war seine Stimme unglaublich sanft, als er Sarais Protest unterbrach und sich erneut an Elissa richtete: „Unsere Gäste haben bestimmt Verständnis dafür, solltest du Hilfe brauchen oder nicht alles sofort verfügbar sein."

Erklärend fügte er an seine Geschwister gewandt hinzu: „Mrs Martin ist gestern gestürzt. Das war auch der Grund, warum ich Henry herbestellt habe." Der Vorwurf in seinen Worten, niemanden außer Henry eingeladen zu haben, war unüberhörbar.

Völlig unerwartet erklang Daniels Stimme und sie drehte sich überrascht zu ihm um: „Ich brauche kein Zimmer, Raphael. Morgen früh muss ich für einige Besprechungen in Vaters Büro in York sein. Ich werde mir einfach dort ein Zimmer nehmen und dann in zwei Tagen Sarai wieder abholen."

Aus dem Augenwinkel sah Elissa, wie Raphael ein wenig in sich zusammensank. Einen Moment lang erfüllte nur Schweigen den lichtdurchfluteten Raum, dann stellte Raphael mit harter Stimme fest: „Dann nur ein Zimmer", und eilte mit einigen wenigen langen Schritten an Elissa vorbei und durch die Tür, seine breiten Schultern gebeugt.

Unangenehme Stille blieb hinter ihm zurück.

Und ein wohlig warmes Kribbeln in Elissas Arm, ausgehend von dort, wo Raphaels Hand beim Hinausgehen unauffällig in einer liebevollen Berührung ihren Arm gestreift hatte.

28

Die Wärme der Frühlingssonne und das laute Zwitschern der Vögel in seinem Garten weckten Raphael am nächsten Morgen. Einen Augenblick lang blieb er still liegen. Gefangen an dem Ort zwischen friedlichem Schlaf und den vielen Gedanken, die ihn ins Chaos stürzen wollten.

Erinnerungen an den letzten Tag flogen an seinen bewussten Gedanken vorbei wie am Himmel vorüberziehende Vögel: Elissas Sorge, dass der Mörder ihrer Mutter sie hier gefunden hatte. Ihre weichen Lippen auf seinen, ihre Flucht vor ihm. Die Erinnerung an die Kälte in Daniels Stimme, die Tatsache, dass sein Bruder überhaupt anwesend gewesen war, den Weg in den Norden auf sich genommen hatte. Sarais tränenerfüllte Stimme. Ihre Worte, die noch immer in ihm nachklangen: *Es ist mir egal, ob du mich sehen kannst. Ich will meinen Bruder zurück.* Und seine eigenen Gedanken, die zu seiner Überraschung die Überlegung nicht sofort verwarfen, seine Familie in London zu besuchen. Seinem Vater gegenüberzutreten. Ihnen seine Schwäche anzuvertrauen, statt weiter mühsam zu versuchen, die aufwendige Illusion von Stärke aufrechtzuerhalten, die doch niemanden in die Irre zu führen vermochte.

Schließlich war es die Sorge um Mrs Martin, die ihn dazu brachte, seine Füße über die Bettkante zu schwingen. Eilig richtete er sich für den Tag und stand schon bald in der Tür zu Mrs Martins Krankenzimmer. Stimmen drangen an sein Ohr.

Elissa war hier. Und Mrs Martin war aufgewacht!

„Guten Morgen! Komm rein." Er hörte das Lächeln in Elissas Stimme. Ihre Begrüßung an diesem Morgen war so anders als am

Morgen zuvor. Froh darüber, dass sie ausgeruhter erschien, erwiderte er ihren Gruß. Und lächelte mit etwas leichterem Herzen, als auch Mrs Martin ein leises „Guten Morgen" murmelte.

Er trat einen weiteren Schritt in den Raum und fragte: „Wie geht es Ihnen, Mrs Martin?"

„Besser." Ihre Stimme klang noch müde, gedämpft. Und dennoch war Raphael unglaublich erleichtert, überhaupt ein Wort zu hören von seiner treuen Haushälterin.

Einige Minuten später trat er vor das Krankenzimmer, wartete, bis Elissa ihm kurz darauf folgte. Mit einer Schulter lehnte er sich an das warme Holz des Türrahmens, verschränkte seine Hände hinter dem Rücken.

„Möchtest du draußen spazieren gehen?" Die Frage war über seine Lippen, bevor er sich bewusst dazu entschieden hatte.

Am Geräusch von Elissas Einatmen konnte er hören, dass seine Frage sie überrascht hatte. Aus ihrem Zögern meinte er erahnen zu können, dass sie nach einer höflichen Art suchte, Nein zu sagen.

„Ich … Deine Schwester schläft noch. Aber wenn sie aufwacht, sollte ich wahrscheinlich …"

Er wartete einen Augenblick. Doch sie sprach nicht weiter.

„Das ist kein Problem. Du bist ja nicht ihre Zofe." Raphael atmete frustriert über sich selbst aus. Machte er gerade ihren Versuch zunichte, eine Ausrede zu finden?

„Ja, nur …", sie verstummte und das leise Rascheln von Stoff drang an sein Ohr, als hätte sie ihren Schleier berührt. Wie gerne würde er den Ausdruck auf ihrem Gesicht sehen! Sehen, was sie nicht sagte, wissen, was sie dachte.

„Ich weiß nicht, ob Mrs Martin –"

Durch die noch angelehnte Tür erklang nun Mrs Martins schwache Stimme: „Ich habe alles, was ich brauche. Geh ruhig, Emily!"

Raphael hielt die Luft an. Hörte, wie Elissa von einem Fuß auf den anderen trat. Und schließlich ein leises: „In Ordnung."

Druck, den er gar nicht wirklich wahrgenommen hatte, hob sich von seiner Brust. Bis sie schließlich nebeneinander durch die Haustür traten und der Duft der frischen Frühlingsluft seine Sinne erfüllte, hatte eine seltsame Mischung aus Frieden und einem vorfreudigen Kribbeln ihn ergriffen.

Es war noch kühl, die Sonne musste noch nicht lange über den Horizont geklettert sein. Wie auf ein unausgesprochenes Zeichen blieben sie Seite an Seite stehen. Elissas Schleier raschelte leise, als sie tief ein- und ausatmete. Und Raphael stellte fest, wie er gleichzeitig mit ihr atmete. Wie seine wilden Gedanken an ihrer Seite zur Ruhe kamen.

„Wohin?" Ihre Stimme klang beinahe andächtig.

Raphael deutete in die dem Dorf entgegengesetzte Richtung. Ein Stück die Straße hinunter, am Ende eines schmalen Waldwegs war eine wunderschöne Lichtung an einem kleinen Bachlauf.

Seine etwas zögerlichen Schritte knirschten auf dem Boden. Elissas schnellere Schritte überholten ihn. Sie öffnete das leise quietschende Gartentor und gemeinsam traten sie hindurch. Fast augenblicklich bereute Raphael seinen Vorschlag, einen Spaziergang zu machen. Wo war er hilfloser als hier, wo er den genauen Weg, die Beschaffenheit des Bodens nicht kannte, es kaum Orientierungshilfen gab, fremde Menschen ihm begegnen konnten? Unsicher blieb er stehen.

Doch dann spürte er auf einmal, wie Elissa sich bei ihm einhakte. Er lächelte dankbar in ihre Richtung und folgte ihr ins Unbekannte.

Eine Weile gingen sie gemütlich nebeneinander her und zugleich schien sein Herz jedes Mal kurz auszusetzen, wenn ihre Finger über seinen Arm strichen. Nach einer Weile begann Elissa leise vor sich hin zu summen. Und Raphaels Herz wurde weiter. Der friedliche Morgen schien also auch ihr gutzutun.

Plötzlich stolperte Raphael über einen kleinen Stock, Elissas Griff um seine Finger verstärkte sich und er fing sich wieder. Er blieb stehen und grinste Elissa leichtherzig an. Was für ein Privileg es war, wenn jemand auch dann nicht losließ, wenn man strauchelte. Auf einmal wünschte er sich, ihre Hand für immer zu halten, auch für sie da zu sein, wenn sie es brauchte. Selbst wenn er wusste, dass das reines Wunschdenken war. Nichts hatte sich geändert an seiner Situation. Er war noch immer blind, noch immer arbeitslos. Noch immer schuldig.

Plötzlich drang das Donnern von galoppierenden Pferdehufen an sein Ohr. Und die Vergangenheit holte ihn ein.

Er spürte, wie sein Atem schneller wurde. Versuchte sich dagegen zu wehren. Vielleicht würden sie nicht näher kommen. Vielleicht würden die Reiter in eine andere Richtung verschwinden.

Raphael blieb stehen, legte den Kopf schief. Lauschte. Das Glück war nicht auf seiner Seite. Sie kamen näher.

Zitternd atmete er aus. Seine Hände begannen zu kribbeln, sein Kopf wurde leicht.

Er spürte, wie Elissa ihn hinter sich her, von der Straße herunter, zog. Stolperte ihr nach ins Unterholz des nahe gelegenen Waldes. Fragte nicht nach, während die Realität sich immer weiter von ihm entfernte.

Sein Herz schlug immer schneller, Erinnerungen begannen ihn zu überfallen. Das Trommeln der Hufe in der Ferne wurde zu dem eines einzigen Hengstes. Er konnte sie spüren, die kraftvolle Bewegung der Muskeln des nachtschwarzen Biestes.

Der Geruch des Meeres in seiner Nase. Schwarze Umrisse, Silhouetten, Schatten.

Wind, der ihm um die Ohren pfiff, Geräusche auslöschte, dämpfte.

Dann nichts als Luft unter ihm.

Ein Strahl Mondlicht, der Aufprall.

Die ohrenbetäubende Stille.

***

Elissa versuchte, ihren angestrengten Atem zu beruhigen. Leise zu sein, während sie durch die Zweige des Dickichts hindurch die Straße beobachtete.

Gerade eben noch hatte Sonnenschein ihr Herz erfüllt. Zufriedenheit sie eingehüllt wie eine weiche Decke, während Raphaels Wärme ihre Hand umgeben hatte, allein seine Nähe sie erfüllt hatte mit einem aufgeregten Kribbeln. Er war wie das Feuer, das sie zerstören konnte, das Feuer, dessen behagliche Wärme sie zum Leben brauchte, dem sie nicht fernbleiben konnte, selbst wenn sie es wollte.

Und nun kauerte sie im Gebüsch, ein wildes Pochen in ihrer Brust, wo die altbekannte Angst wieder zum Leben erwacht war. Sie beobachtete, wie die Reiter an ihnen vorbeigaloppierten. Wahrscheinlich waren es nicht Brixtons Männer. Und dennoch bereute sie nicht, dass ihr Kleid nun von Dreckspritzern und Blättern bedeckt war. Dass sie Raphael etwas rücksichtslos hinter sich her in den Wald geschleift hatte. Nicht, wenn sie das blickdichte Unterholz allein deshalb erreicht hatten, bevor einer der Reiter sie erblicken konnte.

Elissa wartete einen Augenblick, bis sich das Geräusch der Hufschläge noch ein Stück weiter entfernt hatte. Erleichtert stellt sie fest: „Sie sind weg", und führte ihn ohne einen weiteren Blick zurück aus dem Wald heraus, bis sie wieder auf der von goldgelben Blumen bedeckten Wiese standen.

Sie würde sich den schönen Morgen nicht verderben lassen. Die wenigen sorglosen Momente nicht von der Angst überschatten lassen, doch noch gefunden zu werden. Sie war noch keine zwei Schritte gegangen, als Raphaels Hand aus ihrer glitt und sie merkte, dass er stehen geblieben war.

„Was ist? Bist du schon müde –", zog sie Raphael auf, drehte sich zu ihm um – und verstummte mitten im Satz.

Sie hatte gedacht, sein zögerlicher Gang, seine langsamen Schritte hätten am unebenen Waldboden gelegen. Ihr Körper war von einer so machtvollen Mischung aus Angst und Überlebensinstinkt durchströmt worden, dass sie bis jetzt nicht einmal wahrgenommen hatte, wie klamm seine Hand in ihrer geworden war.

Doch nun sah sie es. Sah, wie schnell sich sein Brustkorb hob und senkte. Den Schweiß auf seiner Stirn. Sah, wie blass Raphael geworden war unter seiner gebräunten Haut. Und dass er am ganzen Körper zitterte.

„Raphael?"

Er antwortete nicht. Schnappte lediglich nach Luft.

Mit auf einmal selbst heftig klopfendem Herzen trat sie vor ihn, griff nach seinen Schultern. Die sanften Hügel um sie herum verblassten. Eindringlich und deutlich lauter als gerade eben fragte sie noch einmal: „Raphael?"

Er hob leicht den Kopf, doch sein Atem ging noch immer viel zu schnell und er schwankte leicht.

Hilflos, was sie tun sollte, schüttelte sie seine Schultern. „Raphael!"

Ihr Ruf schien ihn endlich wieder ein wenig zu sich zu bringen. Er richtete sich auf und seine eisblauen Augen wanderten suchend über sie, über die sie umgebende Landschaft.

Beruhigend strich sie über seine Arme, befahl ihm, mit ihr gemeinsam zu atmen. Er nickte kaum merklich, stützte sich mit den Händen auf seinen Knien ab.

Was war passiert?

Scheinbar endlose Sekunden verstrichen, während sie mit mühsam ruhiger Stimme auf ihn einredete. Hatte er sich verletzt?

Sie streichelte seine Schultern, seine Arme, seine dunklen Haare, versuchte, ihn durch ihre Nähe zu beruhigen.

Sein Atem wurde allmählich regelmäßiger. Er richtete sich auf und ihre Hand fiel von seiner muskulösen Schulter. Auf einmal nervös, trat sie einen Schritt zurück. Noch nie hatte sie so von sich aus einen Mann berührt.

Doch Raphael schien selbst das nicht wirklich wahrgenommen zu haben. Fahrig fuhr er sich mit zitternden Händen durch die schwarzen Haare. Noch immer schien er nicht wirklich sicher auf den Beinen zu sein, beinahe als könnte er selbst von der sanften Brise umgeworfen werden, die das Gras um sie her zum Rascheln brachte. Kurzentschlossen ergriff sie wieder seine Hand und führte ihn zu einem umgestürzten Baumstamm. Sachte drückte sie ihn darauf herunter und ließ sich neben ihm nieder.

Die kühle Feuchtigkeit des Holzes drang allmählich durch ihren Rock und der erdige Geruch nach Moos erfüllte ihre Nase. Trotzdem blieb sie still sitzen, wartete. Vielleicht darauf, dass Raphael sprach, vielleicht darauf, dass er zu der Ruhe zurückfand, die er normalerweise ausstrahlte.

Er runzelte die Stirn, stieß einen zitternden Atemzug aus. „Es tut mir leid."

Unsicher, wofür genau er sich entschuldigte, schwieg Elissa, drückte lediglich seine Hand.

„Das ... Die Pferde ...", Raphael verstummte erneut, als könnte er nicht in Worte fassen, was ihn so vollkommen erschüttert hatte.

„Es ist in Ordnung. Du musst es nicht erzählen."

Er lachte leise auf, doch es lag keinerlei Humor in seinem Lachen. „Nein, es ist nicht in Ordnung, wird es nie wieder sein." So viel Bitterkeit lag in seiner Stimme, so viel Selbsthass.

Und dennoch konnte Elissa die darunterliegende Verzweiflung hören. „Was, Raphael? Was ist los?"

Er schwieg so lange, dass sie kaum noch mit einer Antwort rechnete. Doch als er schließlich zu erzählen begann, ließ er sie tiefer sehen, als sie es je erwartet hatte. „Als ich sechzehn war, war alles, was ich wollte, dazuzugehören. Die Londoner Gesellschaft hat uns immer etwas anders angesehen, aber meine Mutter war elegant und wunderschön. Und hatte ein Herz aus Gold. Und das Geld meines Vaters ...", er lachte noch einmal freudlos auf. „Er hat jedenfalls genug davon, dass man ihn nicht vor den Kopf stoßen will."

Seine Worte klangen beinahe entspannt, während seine Hand die ihre noch immer fest umklammert hielt. Beinahe als wäre sie sein letzter Anker, der ihn daran hinderte, an den Ort abzudriften, an dem die Geister der Vergangenheit ihn noch immer im Griff zu halten vermochten. „Aber ich, ich war weder besonders einflussreich noch besonders charmant. Oder lustig."

Sie spürte seine Aufmerksamkeit, meinte sie auf sich gerichtet wahrzunehmen. Beschämt senkte sie den Blick. Sie war keiner der Menschen gewesen, die es ihm leicht gemacht hatten.

Beinahe als würde er ihre Betroffenheit spüren, drückte er beruhigend ihre Hand.

„Ich habe gedacht, alles wäre besser, wenn mich nur meine Schulkameraden respektieren würden. Und ich meinte zu wissen, wie ich ihren Respekt verdienen könnte."

Er hielt inne, holte tief Luft. „Ich habe nur nie darüber nachgedacht, was es kosten würde."

***

Einen Preis, den zu zahlen Raphael nie bereit gewesen war: das Leben seiner Mutter. Die Zuneigung seiner Geschwister. Die Freude seiner ganzen Familie. Ja, selbst den Respekt sich selbst gegenüber. Egal, wie sehr Raphael sich angestrengt hatte, zurückgewonnen hatte er nichts von alledem seit jenem Tag. Die Schuld war noch immer da, noch immer drückend.

Irgendwo krächzte ein Rabe, unterbrach den Nachklang seiner Worte, nahm ihn zugleich auf und schrie ihn heraus.

Raphael spürte, wie Elissas Daumen sanft über seinen Handrücken streichelte. Und auch wenn ihre Nähe, ihre Anwesenheit in diesem Moment das eine war, das er auf keinen Fall verlieren wollte, verspürte er auf einmal das Bedürfnis, ihr alles zu erzählen. Den kleinen Funken Hoffnung, dass sie ihn nicht verurteilen würde.

Und so erzählte er ihr von der Mutprobe. Erzählte ihr, wie seine

Mutter ihm ausgewichen war, gestürzt war, nie wieder dieselbe gewesen war. Wie er dagesessen hatte, erstarrt war. Nichts unternommen hatte, nicht einmal, nachdem er alles zerstört hatte, was ihm etwas bedeutet hatte.

Er erzählte ihr von seinem Entschluss, nie wieder hilflos danebenzustehen. Elissa würde verstehen, dass genau das ihn dazu gebracht hatte, Medizin zu studieren, würde verstehen, wie vollkommen er nun in seiner Hilflosigkeit gefangen war.

Seine Worte verklangen in der allmählich wärmer werdenden Frühlingsluft. Noch nie zuvor hatte er jemandem all das erzählt.

Und Elissa schwieg. Ihr Daumen strich noch immer über seine Hand, vermutlich unbewusst.

Rasch entzog er sie ihr. Verhärtete sein Herz, wappnete sich für ihr vernichtendes Urteil. Er hatte nichts anderes verdient.

Überrascht zuckte er zusammen, als ihre Arme sich auf einmal von der Seite um ihn legten, ihn an ihren zierlichen Körper drückten. „Ach, Raphael!"

Er hielt die Luft an, blieb steif sitzen. Doch als sie ihn einfach weiter in ihrer warmen Umarmung hielt, entspannte er sich, wagte es, behutsam einen Arm um sie zu legen.

„Du hast deiner Mutter nicht das Leben genommen."

Raphael erstarrte. Hatte sie ihm nicht zugehört?

„Ich verstehe, warum du das denkst. Aber, Raphael, du musst aufhören, dich selbst schuldig zu sprechen. Es war ein Unfall."

Er schob sie ein Stück von sich. Reue schnürte ihm die Kehle zu, ließ seine Stimme erstickt klingen: „Und dennoch ist es meine Schuld. Wenn ich nicht gewesen wäre …"

„Deiner Mutter hätte alles Mögliche passieren können."

Raphael schüttelte den Kopf. Ohne ihn wäre das alles nicht passiert.

„Vielleicht wäre sie einen Tag später von ihrem eigenen Pferd gestürzt und hätte sich den Kopf gestoßen. Oder wäre die Treppe heruntergefallen. Alles hätte passieren können."

„Aber das ist es nicht."

Elissa wich nicht zurück, wie er es angesichts seiner Bitterkeit erwartet hatte. Stattdessen legte sie eine warme Hand an seine Wange. „Ihr Leben lag nicht in deiner Hand. Das tat es nie."

29

Was ist Schönheit?

Schönheit in dem Erstaunen, mit dem das Neugeborene zum ersten Mal in die Welt blickt, Schönheit in dem Frieden, mit dem sich die Augen der Alten zum letzten Mal schließen.

Elissa musterte Raphaels Gesicht, über das die Emotionen so schnell flackerten, dass sie ihnen kaum folgen konnte. Doch während ihr Herz schwer war von allem, was er ihr erzählt hatte, und all dem, was er nicht ausgesprochen hatte, sah sie, dass ihre Worte ihn zum Nachdenken gebracht hatten. Und das war alles, was sie im Augenblick erwarten konnte.

Sie ignorierte die Kälte des feuchten Baumstammes, während die Sonnenstrahlen auf ihrem einfachen Kleid tanzten. Und obwohl Sorge und Raphaels Schmerz schwer auf ihrem Herz lagen, fühlte sich dieses zugleich warm an von dem Vertrauen, das er ihr entgegenbrachte.

Sie hatte seiner stockenden Erzählung anhören können, dass er dies noch nicht oft in Worte gefasst hatte. Wenn überhaupt je zuvor.

Gedankenverloren schwiegen sie beide. Dann drang schließlich Raphaels leise Stimme an ihr Ohr: „Danke."

„Ich höre dir gerne zu." Und es stimmte. Er sprach so selten über das, was ihn beschäftigte, dass diese tiefen Einblicke sich anfühlten, als hätte er ihr einen Schatz aus Gold anvertraut.

Raphael wandte ihr den Kopf zu, ein Lächeln auf seinen vollen Lippen. „Ich meinte, für so viel mehr."

Elissa schwieg. Sie wusste nicht, wie sie reagieren sollte, wusste nicht genau, was er meinte.

Als hätte Raphael ihr Zögern gespürt, fügte er hinzu: „Das alles habe ich noch nie irgendjemandem erzählt."

Und während Elissas Herz noch wärmer wurde, schlich sich ein kleiner, kalter Hauch von Zweifel ein. Sie war nichts Besonderes, war kein besonderes Vertrauen wert. Heute verstand sie die Traurigkeit in ihm, die schwere Last, die ihn niederdrückte. Doch früher hatte sie zu den Menschen gehört, die Raphael das Leben schwer gemacht hatten. Abrupt zog sie ihre Hand aus seiner, stand auf und entfernte sich einige Schritte von ihm.

Sie war sein Vertrauen nicht wert.

„Was?" Raphaels Frage kam so unerwartet, dass sie sich überrascht zu ihm umdrehte. Er hatte fragend den Kopf geneigt, seine ganze Haltung war ihr zugewandt.

Hatte sie etwas gesagt? Nein, sie hatte nur –

„Warum denkst du das, Elissa?"

Oh. Hatte sie wieder einmal ihre Gedanken laut ausgesprochen?

Raphael erhob sich, kam in dem feuchten Gras zögerlich auf sie zu. „Was habe ich gesagt?"

Kurz vor ihr blieb Raphael stehen, runzelte verwirrt die Stirn. Und ließ sich doch nicht beirren. „Warum denkst du, du wärst kein Vertrauen wert?"

Elissa schluckte schwer. Das beantwortete ihre eigene Frage. Doch wie sollte sie nun Raphaels beantworten? „Ich bin nicht besser als all die anderen, die dich damals nicht akzeptiert haben. Ich bin zu überhaupt nichts mehr gut, Raphael."

Er blieb unbewegt vor ihr stehen. „Wie meinst du das?"

Verstand er es nicht? Musste sie ihm erklären, was doch offensichtlich war? Ein erneuter Windhauch ließ den Schleier über ihre vernarbte Wange streichen.

Elissa seufzte. „Ich bin verkrüppelt, Raphael, und entstellt. Weißt

303

du das nicht mehr?" Sie hob ihre rechte Hand, ließ den unnützen Körperteil auf einmal kraftlos in ihre Rockfalten fallen. Leise fügte sie hinzu: „So abstoßend, dass ich einen Schleier tragen muss, um nicht einfach jeden in die Flucht zu schlagen."

Die Wahrheit hatte selbst jetzt noch die Macht, ihr den Atem zu rauben. Tränen schnürten ihr die Luft ab, würgten sie. Ihr Herz schlug einen schmerzhaften Rhythmus in ihrer Brust.

Doch Raphael blieb noch immer still vor ihr stehen, als hätte der Aufruhr ihrer Emotionen keinerlei Einfluss auf ihn. Sanft trug der Wind seine ruhigen Worte an ihr Ohr: „Ich wünschte, du würdest sehen, was ich sehe."

„Du siehst überhaupt nichts." Elissa schlug sich entsetzt die Hand vor den Mund. Das hatte nicht über ihre Lippen kommen sollen.

Doch Raphael lachte lediglich. Ein tiefes Brummen, das in seinem breiten Brustkorb widerhallte. Sein ganzes Gesicht verwandelte sich, seine ernsten, vielleicht sogar etwas düsteren Gesichtszüge begannen sanft zu strahlen. Und ihr Herz schlug auf einmal etwas schneller.

Dann wurde er wieder ernst, lediglich seine Mundwinkel waren noch leicht nach oben verbogen. Er streckte seine Hände nach ihr aus.

Und sosehr alles in ihr sie warnte, Abstand zu halten, Schutz zu suchen vor seiner Gegenwart, die sie so sehr durcheinanderzubringen vermochte. Sosehr sie noch immer durcheinander war von seinem Kuss am Tag zuvor, von allem, was gefolgt war, streckten ihre Finger sich ihm wie von selbst entgegen. Behutsam berührte sie seine rauen Hände.

Doch statt sie, wie erwartet, in die seinen zu nehmen, kam er einen Schritt näher, strich an ihren Armen entlang. Hinterließ eine kribbelnde Spur, wo seine Finger den Stoff ihres Kleides berührt hatten. An ihrem Hals kamen sie zum Liegen, seine großen Hände hoben ihren Schleier, umfassten behutsam ihr Gesicht, als wäre sie eine kostbare Porzellanpuppe, die er um keinen Preis zerbrechen wollte. Obwohl er es fühlen musste unter seinen Fingern, die harten Knoten und

Linien in ihrer Haut – die Narben. Sie war schon zerbrochen. Sie war nicht mehr kostbar. Und sicher keine filigrane Porzellanpuppe.

Mit zwei Fingern hob er behutsam ihr gesenktes Kinn an, starrte durch sie hindurch mit seinen hellen Augen, die früher so durchdringend gewesen waren.

Er war so nah, dass sie seinen Atem auf ihrem Gesicht spüren konnte. Den erdigen, sonnigen Geruch riechen konnte, der Raphael war.

„Ich sehe alles, was ich sehen muss."

„Was? Was siehst du?" Ihre Stimme war nur ein ersticktes Flüstern.

„Ich sehe eine Frau, der alles genommen wurde, die vom Leben umgeworfen wurde. Und die wieder aufgestanden ist. Wieder und wieder. Du bist stark. Wo ich aufgegeben hätte, hast du weitergemacht. Hast dich nicht deinen Umständen unterworfen, sondern einen neuen Weg gefunden. Du bist mutig, mutiger als ich es oft war. Ich sehe dein Mitgefühl. Wo du dich um dich selbst hättest kümmern können, hast du sogar noch mehr aufgegeben, um andere zu schützen.

Ich sehe deine Vergebungsbereitschaft. Wo du allen Grund hattest, beleidigt und am Boden zerstört zu sein, hast du vergeben, hast Patricia ihre Beziehung zu David gegönnt."

„Wie –"

„Er hat es mir erzählt. Hat sich Sorgen um dich gemacht, als man nichts mehr von dir gehört hat. Und war vollkommen am Ende, als Patricia ihm von ihrem Gespräch mit dir erzählt hat."

„Das war nicht ganz –"

Er legte einen Finger auf ihren Mund und ein Grinsen zupfte an seinen Lippen. „Sch – ich bin noch nicht fertig."

Sie nickte fast unmerklich, biss sich von innen auf die Wange, um die Emotionen zurückzuhalten.

„Ich sehe deine Sanftmut. Deine Demut. Deine Bereitschaft, Neues zu lernen."

Ein Schluchzen wollte sich Bahn brechen, doch sie unterdrückte es. Blieb still stehen, obwohl eine Stimme in ihrem Kopf sie anschrie zu rennen, solange ihr Herz noch intakt war. Zumindest halbwegs.

„Ich sehe deine Willensstärke. Deine Liebe für die Menschen um dich herum. Wie du für sie sorgst. Dich um sie sorgst.

Ich sehe dein Lachen. Die Lebensfreude, die du versprühst – selbst dort, wo viele andere weinen würden. Deine Gabe, auch in den kleinsten Dingen Schönheit zu finden."

Er brach ab, holte tief Luft. Seine Stimme war rau, beinahe tonlos, als er weitersprach: „Du hast mir wieder Mut gemacht in den letzten Monaten. Zeigst mir wieder, was Freude, was Schönheit ist. Wie wertvoll das Leben ist. Wie kostbar jede Minute, die wir auf dieser Erde verbringen dürfen."

Liebevoll strich sein Daumen über ihr entstelltes Gesicht. „Du bist wunderschön." Seine Stimme brach und er räusperte sich.

Das hatte er schon gestern zu ihr gesagt. Da hatte es sie in die Flucht getrieben. Elissa schluckte trocken. Schluckte noch einmal. Versuchte, ihre Stimme wiederzufinden. Fand nur eine Flut an Tränen, die jeden Augenblick ihre Dämme sprengen würde. Ein Schluchzen brach sich Bahn und sie trat einen Schritt zurück. Heraus aus seiner Berührung. Aus seiner Nähe.

Sie war hässlich. Entstellt.

Sie konnte nicht weiter seinen Worten zuhören, konnte es sich nicht leisten, ihnen Glauben zu schenken. Der Mann war blind, um Himmels willen! Er sah sie nicht. Nicht wirklich.

Ein weiteres Schluchzen kam über ihre Lippen und sie drehte sich um in Richtung des Waldes. Und rannte. Schon wieder.

Sie hörte seine Stimme nach ihr rufen. Die Tränen strömten über ihr Gesicht. Füllten die tiefen Täler, die die Verletzungen auf ihrer einst makellosen Haut hinterlassen hatten.

Sie warf einen Blick zurück, sah Raphael hilflos mitten auf der Wiese stehen – dort, wo sie ihn stehen gelassen hatte. Die Tränen flossen noch schneller.

Sie war ein fürchterlicher Mensch. Von innen und von außen.

Die Emotionen tobten weiter in ihr. Sie senkte den Kopf. Betrachtete die gelben Blüten, die sie unter ihren Schritten zertreten hatte.

„Du bist schön."

Nun hatte er es schon zweimal zu ihr gesagt. Und immer noch konnte sie es ihm nicht glauben.

Sie holte tief Luft, ging zögerlich zu ihm zurück. Blieb ein Stück entfernt stehen. „Komm."

„Elissa –"

Sie atmete aus. Wischte sich ärgerlich eine neue Träne von der Wange. Zog in einer hastigen Bewegung den Schleier zurück über ihr Gesicht. Hob abwehrend ihre Hand, auch wenn er es nicht sehen konnte. „Nicht, Raphael. Nicht … jetzt."

Langsam machte sie sich auf den Heimweg, ging Raphael voran, hielt gerade genug Abstand, um zu wissen, dass er dem Klang ihrer Schritte folgen konnte.

Der Morgen war noch immer wunderschön. Noch immer friedlich. Doch Elissas Herz war schwer. Raphael hatte unrecht. Sie konnte verdrängen, konnte versuchen zu vergessen, wer sie einst gewesen war. Doch sie konnte keinerlei Schönheit entdecken in dem, was aus ihr geworden war.

Plötzlich hörte sie ihn hinter sich stolpern, drehte sich noch rechtzeitig um, um zu sehen, wie er sich nur knapp fangen konnte.

Sie blieb stehen, wartete, bis er sie wieder eingeholt hatte. Wie auf dem Hinweg hakte sie sich bei ihm ein. Und zugleich fühlte es sich an, als hätte sich alles verändert.

Seine Hand legte sich warm auf ihre. Und die Wärme, die seine Berührung durch sie hindurchjagte, ließ ihr Herz nur umso mehr schmerzen. Während sie still nebeneinanderher gingen, holte Raphael immer wieder Luft, wie um etwas zu sagen. Doch kein weiteres Wort kam über seine Lippen.

Der Rückweg schien sich ewig zu dehnen. Und doch war er nicht lang genug, dass es Elissa gelang, ihre aufgewühlten Emotionen wenigstens notdürftig wieder in die Kisten zu verbannen, die sie niemals wieder hatte öffnen wollen. Immer wieder schaffte Raphaels Stimme es, sich in ihre Gedanken zu schleichen: *„Du bist wunderschön."*

Als sie schließlich vor seinem Gartentor standen, zog sie rasch ihren Arm zurück. Mit dumpfer Stimme stellte sie fest: „Wir sind da", und zog das leise quietschende Tor auf.

Als könnte Raphael den Instinkt in ihrem Innern spüren, der sie anschrie, endlich zu fliehen, wandte er sich ihr zu. Eindringlich bat er: „Elissa, warte, ich –"

Doch Elissa schüttelte den Kopf, flüsterte nur leise: „Nicht."

Er holte erneut Luft, doch in diesem Augenblick drang das Trommeln von Pferdehufen an ihr Ohr. Während Raphael plötzlich ganz still wurde, nahm der Fluchtinstinkt in Elissa überhand.

Sie packte seine Hand und zog ihn hinter sich her zum Haus. Hörte das Huftrommeln immer näher kommen. Eilig öffnete sie die Tür und wagte einen weiteren Blick zurück. Die Reiter hatten sie nun fast erreicht.

Elissa wusste, dass die Tür kaum Schutz bieten würde vor den bewaffneten Männern, sollten es die gleichen sein, die sie vorhin aus ihrem Versteck im Wald beobachtet hatte. Sollten dies tatsächlich Brixtons Männer sein, hing alles davon ab, dass sie ihre verschleierte Gestalt nicht bemerkten.

Sie schob Raphael vor sich durch die Tür und schlüpfte schnell ins Innere des Hauses. Rasch drehte sie sich um, um die Haustür zu schließen.

Einer der Reiter wandte sich im Sattel um. Die Tür fiel in dem Augenblick ins Schloss, als die Hufe an dem roten Backsteinhaus vorbeidonnerten.

Mit heftig klopfendem Herzen ließ Elissa sich gegen die Wand sinken.

Er hatte sie gesehen!

30

Schönheit.

Einsam trotz ihrer ständigen Begleitung.
Geliebt, zerronnen.

Liebend gefunden.

Sosehr Raphael sich gegen Sarais Anwesenheit in seinem Selbstexil gewehrt hatte, sosehr genoss er ihren Besuch nun, da sie hier war.

Nachdem Elissa ihn in der Eingangshalle stehen gelassen hatte, zog er sich in die Bibliothek zurück. Nachdenklich tigerte er neben den Regalen hin und her, strich mit den Fingerspitzen über die inzwischen wohlbekannten Buchrücken. War er zu weit gegangen?

Selbst der Geruch der alten Bücher hatte keinerlei beruhigenden Effekt auf die seltsame Unruhe, die ihn ergriffen hatte.

Er hatte gemeint, was er zu Elissa gesagt hatte. Alles.

Und währenddessen hatte er ein seltsam dringliches Gefühl gehabt, als hätte sie hören müssen, was er ihr zu sagen hatte. Genau dort.

Doch warum hatten seine Worte sie dann in die Flucht geschlagen? Die friedliche Ruhe, den Sonnenschein, den sie in sein Leben brachte, so vollkommen aufgewühlt?

Mitten in sein inneres Ringen platzte Sarai: „Guten Morgen, großer Bruder!"

Ihre kultivierte Stimme war fröhlich, voll von dem Enthusiasmus einer kleinen Schwester, den sie für ihren großen Bruder reservierte.

Sarai war so anders als Elissa. Wo Elissa trotz ihrer zierlichen Gestalt und ihrer geringen Körpergröße scheinbar unauffällig jede Gruppe gelenkt hatte, während sie zugleich so oft das strahlende Zentrum gewesen war, war Sarai schon immer eher Friedensstifterin und Bindeglied gewesen. Raphael erinnerte sich, wie Elissas perlendes Lachen früher jeden Blick auf sich gezogen hatte, wie die Männer sie umschwärmt hatten. Sarai dagegen war ruhiger gewesen, trotz ihrer für eine Frau großen Gestalt unaufdringlich, vielleicht sogar unauffällig. Aber nie unbemerkt.

Der Altersunterschied, der die beiden Frauen trennte, hatte dafür gesorgt, dass sie sich kaum in denselben Kreisen aufgehalten hatten.

Und doch kam Raphael nicht umhin festzustellen, wie sehr sie sich glichen in ihrer inneren Stärke, darin, wie unermüdlich sie beide auf ihre jeweils eigene Art darum kämpften, dass er sein Herz wieder dem Leben öffnete.

Wenn Elissa Sonnenschein in sein Leben strahlte, dann war Sarai immer der Vollmond gewesen, der ihm auch im Dunkel der Nacht Licht gebracht hatte. Und sie tat es noch.

In den folgenden Stunden lenkte sie ihn erfolgreich ab von dem vergangenen Morgen, von der Zeit mit Elissa, von ihrer Reaktion, die er nicht einordnen konnte.

Sie erzählte ihm von ihrer Verlobung, davon, dass ihr Vater das Familienunternehmen allmählich immer mehr auf Daniels Schultern übertrug, und von einigen der Veränderungen in der Londoner Gesellschaft. Dabei berührte sie immer wieder sachte seine Hand, als verstünde sie sein Bedürfnis nach einem Anker in dem Sturm, der noch immer sein Inneres aufwühlte.

Mehrere Stunden später setzten sie sich gemeinsam an den Tisch in seinem Esszimmer, an dem schon seit Monaten kein Gast mehr Platz genommen hatte. Auf einem Beistelltisch war ein kleines Büfett angerichtet, dessen köstliche Gerüche seinen Bauch knurren ließen. Und wenn die Speisen alle kalt waren, dann lag dies vermutlich daran, dass Elissa viel mehr zu tun hatte als sonst, während

Mrs Martin bettlägerig war. Raphael machte sich keine weiteren Gedanken darüber.

Das Gespräch floss während des Essens leicht vor sich hin und wenn für eine kurze Weile beide verstummten, genossen sie gemeinsam die Stille. Leise hallten Sarais Worte in seinen Gedanken wider: *„Es ist mir egal, ob du mich sehen kannst. Ich will meinen Bruder zurück.“*

Diese Worte hoben ihn empor aus dem Abgrund, in den er sich selbst gestoßen hatte. Ließen ihn zum ersten Mal seit langer Zeit das Gespräch mit seiner Schwester genießen. Und wenn die Schuld immer wieder ihren hässlichen Kopf hob, ihn daran zu erinnern versuchte, dass er es nicht verdient hatte, seiner Schwester nahe zu sein, dann schien Elissas eindringliche Stimme wie ein Echo zurückzuwerfen: *„Du hast deiner Mutter nicht das Leben genommen. Alles hätte passieren können, Raphael. Ihr Leben lag nicht in deiner Hand. Das tat es nie.“*

Hoffnung begann in seiner Brust zu keimen wie eine vorsichtige Blüte im Frühling. Nur die Zeit würde verraten, ob sie zu früh dran war, ob sie den nächsten Frost überstehen würde.

Schließlich erhob sich Sarai und in ihrer Stimme lag Wärme, als sie erklärte: „Vielen Dank für deine Gesellschaft, Raphael. Wir sollten das öfter machen.“

Raphael brummte nur, doch er merkte, dass seine Lippen sich zu einem Lächeln geformt hatten. Gemeinsam machten sie sich auf den Weg zum Gästezimmer. Sarais Schritte waren leicht neben den seinen, ihre Schulter streifte seinen Arm. Vor dem Gästezimmer blieben sie stehen.

Raphael runzelte die Stirn. Das Haus war ruhig. Vielleicht sogar ein wenig zu ruhig. Wo war Elissa? Das geschäftige Klappern und Klirren, das sie fast immer umgab, ihre Lieder?

Er spürte einen liebevollen Kuss auf seiner Wange, Sarai drückte seinen Arm und ihre samtige Stimme murmelte: „Gute Nacht.“

Der Geruch ihres dezenten Parfüms drang an seine Nase und er stellte fest, dass seine kleine Schwester zu einer erwachsenen Frau geworden war. Das Holz ihrer Zimmertür fiel leise hinter ihr ins Schloss und Raphael merkte, dass er ihr gar nicht geantwortet hatte.

Ein belustigtes Grinsen schlich sich auf sein Gesicht. Das war das zweite Mal an einem einzigen Tag, dass eine Frau ihn sprachlos stehen gelassen hatte. Bei dem Gedanken an Elissa wandte er lauschend den Kopf und seine Stirn legte sich erneut in Falten.

Wo war sein eigenwilliges Dienstmädchen? Sonst konnte er sie beinahe immer hören. So groß war das Haus nicht. Sein Herz begann, etwas schneller zu schlagen, doch er zwang sich, tief durchzuatmen. Wahrscheinlich war sie bei Mrs Martin.

Während er mit langen Schritten dem Flur folgte, hob sich sein einer Mundwinkel. Eigenwillig war sie, aber seit er gewusst hatte, dass seine Haushälterin Elissa Belham angestellt hatte, hatte er sie selbst in Gedanken nicht ein einziges Mal mehr als Dienstmädchen bedacht.

Er klopfte einmal kurz an die Tür zu Mrs Martins Krankenzimmer, dann legte er die Hand auf den kühlen Türgriff. Plötzlich durchbohrte ihn eine nagende Unruhe. Er hielt inne.

Direkt neben ihm knarrte eine Holzdiele. Das Geräusch eines Atemzugs.

„Elissa, w–", Raphael drehte sich um.

Ein Schlag.

Stechender Schmerz.

Dann prallte sein bewusstloser Körper hart auf dem Boden auf.

***

Sie hatten sie gefunden. Sie würden wiederkommen.

Das war es, was Elissa sich zum Rhythmus ihrer Schritte immer und immer wieder vorsagte. Und sie wusste, dass es wahr war. Falls die Reiter tatsächlich Brixtons Männer gewesen waren. Falls der Reiter tatsächlich mehr von ihr gesehen hatte als ihren Rock.

„Lauf, Elissa. Geh!" Das eindringliche Flüstern ihrer Mutter wurde

zu einem Schrei in ihrem Inneren. Einem Schrei, der sich nicht überhören ließ. Der beinahe alles andere übertönte.

Beinahe. Jedoch nicht Raphaels tiefe, etwas raue Stimme. *„Versprich mir, dass du nicht einfach gehst, ohne dich vorher zu verabschieden."*

Und ihre eigenen Worte. *„Ich verspreche es."*

Hatte sie ihr Versprechen gebrochen? Oder würde Raphael den Brief akzeptieren, den sie auf Mrs Martins Nachtschrank hinterlassen hatte? Die innere Dringlichkeit verstehen, die sie zur Eile angetrieben hatte? Verstehen, dass es zu schwer gewesen wäre, ihm von Angesicht zu Angesicht gegenüberzustehen, ihm Lebwohl zu sagen, ohne zu wissen, ob sie ihn je wiedersehen würde?

Selbst nachdem die Tür hinter ihr ins Schloss gefallen war, hatte sie trotz des Risikos noch einen Moment auf der Straße verharrt. Hatte mit einem letzten Blick auf das rote Backsteinhaus geflüstert: „Auf Wiedersehen."

Ihre Schritte waren lang gewesen, ihr Herz schwer. Seitdem war sie nicht mehr stehen geblieben. Weiter, immer weiter entfernte sie sich von dem einzigen Ort, der in den letzten vier Jahren ein Zuhause gewesen war.

Das Abendessen hatte sie noch hergerichtet. Sie hatte es nicht übers Herz gebracht, den ihr so lieb gewordenen Haushalt zu verlassen, ohne dafür zu sorgen, dass die anderen zumindest bis zum nächsten Tag versorgt wären.

Außerdem hoffte sie, auf diese Weise hinausgezögert zu haben, dass Raphael ihr Verschwinden bemerkte. Sie hatte gefürchtet und zugleich gehofft, dass er sie suchen kommen würde. Und hatte doch versucht, dies zu verhindern.

Ein kleiner Stein knirschte unter ihrem Schuh. Außer der Kleidung, die sie am Leib trug, etwas Wasser und ihrem Gehalt der letzten Monate hatte sie nichts mitgenommen. Selbst das hatte sich falsch angefühlt.

Und während die Warnung ihrer Mutter sie in den letzten Jahren unerlässlich vorwärtsgetrieben hatte, wurde nun Raphaels Stimme mit jedem Schritt ein wenig lauter in ihren Gedanken. *„Bleib. Flieh nicht."*

Ein Windstoß hob ihren Schleier. Rasch zog sie ihn wieder über ihr Kinn, hielt ihn fest. Die Flucht war das Einzige, was sie in den letzten Jahren am Leben gehalten hatte. Das Einzige, was die Menschen um sie herum beschützt hatte.

Bleib.

Abrupt blieb sie stehen. Diesmal war es nicht Raphaels Stimme gewesen. Wie ein warmes Flüstern hatte das Wort ihr Herz berührt.

Elissa starrte vor sich hin, schüttelte unwillkürlich den Kopf. Am Himmel überwältigten dunkle Wolken die sanften weißen Wölkchen, die gemächlich über das tiefe Blau getrieben waren. Die Dämmerung zupfte ungeduldig am Horizont. Doch Elissa nahm es kaum wahr.

Sie durfte nicht bleiben. Konnte Raphael nicht in Gefahr bringen.

Bleib.

Ein weiterer Windstoß schleuderte ihr feuchten Nieselregen entgegen. Elissa nahm ihren Gang wieder auf. Hier konnte sie nicht bleiben. Doch sie war müde. Müde von der Strecke, die bereits hinter ihr lag. Müde davon zu fliehen. Erschöpft davon, immer wieder alles hinter sich zu lassen. Und doch nie neu anfangen zu können.

Noch acht Jahre. Acht lange Jahre, bis sie dreißig war und ihr Erbe erhalten würde. Bis sie genug Mittel zur Verfügung hätte, um sich vor Brixton schützen zu können. Doch was, wenn er sie vorher finden würde? Was, wenn er sie für tot erklären ließ?

Eine warme Träne rann über ihre Wange. Es hatte ohnehin keine Bedeutung. Wie sollte sie weitere acht lange Jahre auf der Flucht überstehen?

Der Moment in York, als sie kurz davor gewesen war, einfach aufzugeben, tauchte vor ihrem inneren Auge auf – so lebendig, als würde das Wasser der *Ouse* in diesem Augenblick unter ihr vorüberströmen. Vielleicht hätte sie ihrem Leben dort ein Ende machen sollen. Es hatte ohnehin keinen Wert mehr. War nichts weiter als eine Gefahr für die Menschen, die sie zu nahe kommen ließ.

Hoffnungslosigkeit senkte sich auf sie wie eine dunkle Decke. Und sie wusste wieder, warum sie niemanden an sich herangelassen hatte. Dieses Mal kostete die Flucht einen zu hohen Preis.

Sie sah Raphaels Gesicht vor sich, spürte seine Hand in ihrer. Fühlte die liebevolle Berührung, mit der er über ihr vernarbtes Gesicht gestrichen hatte. *„Wovor versteckst du dich?"*

Ein Schmerz, so heftig, dass er sie aufkeuchen ließ, umgriff ihr Herz.

Der Wind wurde stärker, riss an ihrem Schleier. Auf einmal hörte sie die Stimme ihrer Mutter, lange verdrängte Worte. Spürte deren warme Hand über ihrem Herzen: *„Das ist es, worauf es ankommt."*

Sie schlang die Arme um ihren Körper. Ihre eigene, bittere Antwort hallte hohl in ihr wider: *„Niemand wird sich die Zeit nehmen, an den Narben vorbeizusehen. Tiefer zu schauen. Und wenn doch, woher weißt du, dass mein Herz nicht genauso hässlich ist, wie mein Gesicht es ist?"*

Elissa schluchzte auf. Ließ endlich den Schrei in ihrer Seele über ihre Lippen kommen: „Oh Gott, hilf mir!"

Und dann verstummten plötzlich alle Stimmen.

Auf einmal war alles still.

Der Nieselregen ging weiter auf sie herunter, Nebel umgab sie wie ein Schleier. Doch statt sie zu verstecken, barg er sie. Und zugleich war alles offengelegt. Ihr Herz, ihre Gedanken, ihre Ängste. Aufgedeckt, ohne zu entblößen.

Hier, mitten auf der abgelegenen Landstraße, sank sie auf die Knie, während sie die Anwesenheit ihres Gottes spürte, als würde er ihr gegenüberstehen.

Warum versteckst du dich?

Ihre Flucht hatte sie am Leben erhalten. Und zugleich waren nicht nur ihre Füße geflohen. Sie war gerannt, hatte sich versteckt vor allen

Menschen, denen sie je etwas bedeutet hatte. David. Patricia. Hattie. Sogar Amelia.

Hatte sich zurückgezogen, wann immer ihr jemand zu nahe gekommen war.

Und nun Raphael. Wieder war sie gerannt. Ihre Angst hatte sie vor sich hergetrieben. Ihre Angst, nicht genug zu sein.

Die Angst, dass der Mann, den sie liebte, irgendwann herausfinden würde, dass sie wertlos war.

Der Mann, den sie liebte. Die Erkenntnis durchdrang sie im selben Moment, in dem die Stimmen zurückkehrten. Doch diesmal waren es nicht die Stimmen des Zweifels, der Angst.

„Du bist noch immer derselbe wunderbare Mensch, der du vor dem Angriff warst." Die Ermutigung ihrer Mutter, als sie so mühsam versuchte, wieder auf die Beine zu kommen.

„Ich werde den ganzen Weg an deiner Seite sein, ebenso wie unser Herr im Himmel, für den kein Problem zu groß ist." Hatties Versicherung auf dem Weg nach York.

„Sehet die Vögel des Himmels an … Seid ihr nicht viel mehr wert als sie?" Da war ihre eigene tonlose Stimme, wie sie Raphael aus der Bibel vorlas.

Raphaels Worte, die sich immer und immer wiederholten. *„Du bist schön."*

Seine Erklärung, warum Gott jedes Einzelne wichtig war: *„Weil er jeden Menschen unvergleichlich geschaffen hat. So kostbar, dass er mit nichts zu vergleichen ist. Mit nichts aufzuwiegen."*

Warum der Hirte das verlorene Schaf suchen ging.

„Weil er es liebt."

Beinahe gleichzeitig mit dem Regen fielen die Worte in ihr Herz. In diesem Moment wusste sie es: Es waren die Worte, waren die Stimmen der Menschen, die sie kannte. Und zugleich war mitten hindurchgewoben das warme Flüstern, das direkt zu ihrem Herzen sprach.

All die Zeit war es Gott gewesen, der unnachgiebig nach ihr gerufen hatte! Ein roter Faden durch alles hindurch. Dessen unerschütterliche Liebe sie verfolgt hatte. Dessen Hingebung keine Grenzen kannte. Auch nicht diejenigen, die sie selbst gezogen hatte.

Dessen Stimme da gewesen war. Der geduldig darauf gewartet hatte, dass sie bereit war, ihm zuzuhören.

Sie war geliebt. Sie war wertvoll.

Kostbar.

Wärme durchströmte ihr Inneres, auch wenn ihre Hände kalt blieben in dem feuchten Nieselregen. Der Wind zupfte ein weiteres Mal an ihrem Schleier.

Und mit einem leichten Lächeln zog sie ihn von ihrem Kopf, ließ zu, dass er aus ihrer Hand zu Boden fiel und der Regen ihr strohblondes Haar durchnässte. Dass die feuchten Strähnen sich um ihr Gesicht legten, daran kleben blieben.

Sie wusste, die Gefahr war noch nicht vorüber. Die Bedrohung für ihr Leben noch genauso real wie am Morgen, als die Reiter an ihr vorbeigaloppiert waren. Doch sie würde nicht mehr wegrennen vor den Menschen, die sie liebte.

Wieder sah sie Raphaels Gesicht vor sich. Seine kantigen Gesichtszüge, seine hellen Augen in dem eher dunklen Gesicht, den braunen Schimmer in seinem schwarzen Haar, wenn die Sonne darauf fiel. Das seltene Lächeln, das sein ganzes Gesicht zum Strahlen brachte. Er hatte versprochen, ihr beizustehen, sich mit ihr gemeinsam der Gefahr zu stellen.

Und auch wenn ihr Magen sich umzudrehen drohte allein bei dem Gedanken, dass die Männer zurückkehren und Raphael vorfinden könnten, wusste sie, dass es falsch wäre, noch einen einzigen Schritt weiter von ihm wegzulaufen.

Bleib.

Kalter Schweiß sammelte sich auf ihrer Stirn und ihre Hände begannen zu zittern. Doch sie drehte sich um.

Der stärker werdende Regen prasselte auf sie nieder, füllte die tiefen Täler in ihrem Gesicht, tropfte an ihrem Kinn herunter. Ein Kieselstein bohrte sich durch ihren abgetragenen Schuh in ihre schmerzende Fußsohle. Und zugleich wusste sie: Sie würde nicht anhalten, bis das rote Backsteinhaus wieder vor ihr aus dem Nebel auftauchte.

Ihr Herz schlug wild bei dem Gedanken an die Gefahr, die dort auf sie warten könnte. Die Angst war noch immer da, war nicht plötzlich auf wundersame Weise verschwunden. Doch Elissa hielt sich fest an der Gewissheit, dass sie nicht alleine war; trieb ihre Beine zur Eile an, als sie sich auf den Weg zurück machte.

Zurück zu dem Mann, der tiefer geschaut hatte. Der nicht aufgegeben hatte, egal, wie oft sie vor ihm geflohen war.

Es war Zeit, dass sie ihm zeigte, dass auch sie ihn nicht aufgegeben hatte.

31

Ein summendes Geräusch füllte Raphaels Ohren. Ein Schwarm Bienen?

Das Geräusch wurde lauter, schien ihn zu erfüllen, seinen Schädel zum Platzen bringen zu wollen. Leises Schluchzen drang zu ihm durch. Wer weinte?

Er wollte den Kopf drehen, doch es ging nicht. Das Summen wurde durchdringender, bis er meinte, es kaum noch ertragen zu können.

Hör auf! Er wollte es schreien, doch lediglich verwaschen klingende Geräusche kamen heraus.

„Raphael?" Eindringlich. Und doch nur ein Flüstern.

Das Summen wurde zu einem Pochen. Als würde jemand zum Rhythmus seines Herzschlags auf ihn einschlagen. Langsam tastete er nach seinem Kopf, dorthin, wo das Hämmern herkam. Seine Finger fanden etwas Klebriges, bevor jemand nach seiner Hand griff. Warum klebte sein Kopf? War er der Honig, der all die Bienen anlockte?

Ein metallischer Geruch stieg in seine Nase. Nein, kein Honig. Blut. Brennender Schmerz ging von dort aus, wo er seinen Kopf berührt hatte. Warum schmerzte sein Kopf?

Etwas berührte seine Schulter und er wollte sich wegdrehen, doch da war noch immer die Hand, die ihn festhielt. Er wehrte sich gegen den Griff. Er war zu schwach. Er wollte seine linke Hand zu Hilfe nehmen, doch sie wurde festgehalten.

So fest er konnte, zog er daran, biss seine Zähne zusammen gegen den Schmerz, der ihn beinahe erneut bewusstlos werden ließ. Ruckartig bäumte er sich auf, hob den Oberkörper. Der schneidende Griff um sein linkes Handgelenk zog an ihm.

Schmerz stach durch seinen Kopf, als hätte jemand ein Schwert hindurchgerammt. So intensiv, dass er alles andere vergaß. Krampfhaft versuchte er, einen Schrei zu unterdrücken. Er kam als ein Wimmern über seine Lippen. Erbärmlich. Und zugleich war es ihm egal. Er wollte einfach nur, dass der Schmerz endlich aufhörte.

Kraftlos fiel er zurück auf den Boden. Der Aufprall raubte ihm den Atem.

„Sch, Raphael. Beruhige dich." Er hörte die Worte kaum, versuchte sich auf die behutsame Berührung zu konzentrieren, die liebevolle Hand, die ihm über die Stirn strich. Sein Kopfschmerz wurde stärker, bohrender. Er schnappte nach Luft, stöhnte.

„Raphael, bitte. Sonst kommen sie zurück."

Er kam genug zu sich, dass er die Stimme seiner Schwester erkannte. Sarai? Was tat sie hier? Er zwang sich, ruhig zu atmen. Kam ihrer Aufforderung nach und blieb still liegen.

Immer noch strich sie über seine Stirn, murmelte beruhigend in sein Ohr. Er hörte die Angst aus ihrer Stimme heraus, auch wenn sie versuchte, sie zu unterdrücken.

Wer würde zurückkommen? Vor wem hatte sie Angst?

Hitze strahlte von seiner linken Seite aus. Das leise Knistern von Flammen drang an sein Ohr. Ein Ofen? Zwanghaft versuchte er seine letzte bewusste Erinnerung hervorzuholen. Das Pochen wurde stärker. Er kniff die Augen zusammen. Dann fiel es ihm wieder ein.

Er war durch sein Haus gelaufen. War auf der Suche gewesen nach ... „Elissa!" Sein Brüllen war heiser.

Er musste sie finden! Ruckartig setzte er sich auf. Ein Seil schnitt in sein linkes Handgelenk, zerrte an ihm.

Einen kleinen Augenblick lang kämpfte er dagegen an. Eine tiefe Männerstimme drang an sein Ohr, eine zweite, aufgebracht klingende folgte. Dann verlor er den Kampf gegen die Schmerzen, sackte erschöpft in sich zusammen.

Doch bevor er erneut auf dem Boden aufschlug, griffen grobe

Hände nach seinem Kragen. Hielten ihn aufrecht und schnürten ihm zugleich die Luft ab. „Wo ist sie?"

Raphael versuchte verzweifelt, Luft zu holen. Lediglich ein pfeifendes Geräusch kam über seine Lippen.

Die rauen Hände schüttelten ihn, bis er beinahe wieder das Bewusstsein verlor. Der Schmerz in seinem Kopf wurde unerträglich. Nach Zwiebeln stinkender Atem strich über sein Gesicht, als die Männerstimme gefährlich leise flüsterte: „Wo ist sie?"

Raphaels freie Hand schlug um sich, sein Mund öffnete sich in dem verzweifelten Versuch, endlich einen Atemzug nehmen zu können. Das Summen in seinem Kopf wurde immer höher, bis es beinahe einem Pfeifton glich.

Brutale Hände schüttelten ihn erneut.

Er probierte noch einmal, seine Lungen mit Luft zu füllen. Vergeblich.

Die Gewissheit, dass es bald vorbei war, durchströmte ihn. Dann wären die Schmerzen vorbei. Und seine Schuld beglichen.

Jemand schrie ihn an, doch er nahm es kaum noch wahr. Eine flehende Frauenstimme. Sarai!

Wie an dem entfernten Blinken eines Leuchtturms inmitten eines Sturms klammerte er sich am Namen seiner Schwester fest. Er konnte sie nicht verlassen. Sie war noch nicht in Sicherheit!

Verzweifelt schlug er um sich, versuchte noch ein letztes Mal zu kämpfen. Er hatte keine Kraft mehr. Plötzlich schrie eine zweite Männerstimme, die Hände ließen ihn los. Wie eine Marionette, deren Fäden man durchgeschnitten hatte, sackte er in sich zusammen.

Sarais Hand fing seinen Kopf auf, bevor er auf den harten Boden prallte.

Liebevoll murmelte sie beruhigende Worte in sein Ohr. Scheinbar weit entfernt brüllten sich die beiden Männer an.

Schon wieder war er vollkommen hilflos. Benötigte alle Energie, allein um bei Bewusstsein zu bleiben. Keuchend holte er Luft. Und seine Gedanken klärten sich allmählich. Das Pfeifen, das seinen Kopf zu zersprengen drohte, wurde langsam wieder zu einem regelmäßigen Pochen. Der Boden fühlte sich nicht mehr an, als würden Wellen ihn heben und senken, seinen schmerzenden Körper wie ein Stück Treibholz machtlos umherwerfen.

Die Männer wurden leiser, schienen sich ein wenig zu beruhigen. „Sie wird sowieso wütend sein, dass das Mädchen nicht hier ist. Und eine Leiche wird sie nicht zufriedener sein lassen. Ich sage, wir warten, bis sie hier ist, um ihre Fragen selbst zu stellen. Dann sieht sie ja, dass er sicher keine Hilfe ist."

Ein Tritt in seine Rippen ließ Raphael erneut aufstöhnen. Dann entfernten sich schwere Schritte.

Raphael schloss die Augen, die ohnehin nichts sahen.

Erleichterung, dass Elissa nicht hier war, durchdrang ihn im selben Moment, in dem sich das Gewicht der Schuld noch ein wenig schwerer auf seine Schultern senkte. Warum hatte er ihre Angst nicht viel ernster genommen? Sie nicht in dem Moment, in dem sie ihm von den Männern erzählt hatte, irgendwohin in Sicherheit gebracht? Irgendwohin, weit weg von ihm. Er war kein Beschützer – er kostete Menschen das Leben.

Und nun saß seine Schwester neben ihm. Nach all den Jahren, in denen er sich von ihr ferngehalten hatte. Er hätte sie sofort wegschicken sollen, als sie sein Haus betreten hatte. Hätte sie nicht bleiben lassen dürfen. Hätte niemals ihre Anwesenheit genießen dürfen, während er von Elissas Befürchtungen wusste. Er hätte … „Es tut mir leid." Die Worte waren nur ein tonloses Flüstern und zugleich waren sie ein Schrei in seinem Herzen.

Seine Schuld war zu drückend, die Strafe zu schwer. Warum hatte er aufgehört, sich von allen Menschen zurückzuziehen?

Elissa. Sie hatte sich in sein Haus geschlichen, hatte ihren Sonnenschein mitgebracht.

Und bis er gemerkt hatte, wie tief sie sich in seinem Herzen eingenistet, wie sehr sie seine düstere Zurückgezogenheit in einen sonnen-durchfluteten Garten umgewandelt hatte, war es zu spät gewesen. Zu spät, um sie wegzuschicken, ohne sein eigenes Herz zu verlieren. Zu schwer, den letzten Strahl Hoffnung aus seinem Leben zu schicken.

Und er war zu schwach gewesen. Zu egoistisch, um zu tun, was nötig gewesen wäre.

„Es tut mir leid." Selbst er hörte die Qual in seiner eigenen Stimme.

„Das ist nicht deine Schuld." Sarais Antwort riss ihn aus seinen anklagenden Gedanken. Und sein ganzes Inneres bäumte sich gegen ihre Worte auf. Wie im Angesicht eines richterlichen Urteils, das so vollkommen falsch war, dass die Menschenmenge in Empörung auf-schrie.

Schuldig.

Das Urteil hallte in seinem Inneren wider wie die Stimme eines alten Bekannten. Wenn seine Taten nicht ausreichten, dann bewies es die Strafe, die Gott auf sein Leben gelegt hatte: Er war schuldig. Und er würde sein Leben lang mit den Konsequenzen dieses Urteils leben müssen.

Raphael hatte sich so sehr in der Dunkelheit seiner Gedanken ver-loren, dass er erschrocken zusammenzuckte, als Sarai ihre Hand an seine Wange legte. Die ruckartige Bewegung sandte eine weitere Wel-le an Schmerzen durch ihn hindurch. Eindringlichkeit lag in ihrer Stimme, als sie fragte: „Raphael?"

Übelkeit stieg in ihm auf und er versuchte, sie zu unterdrücken, hielt die Luft an.

Sarais Hand wanderte in einer für sie vollkommen untypisch hek-tischen Bewegung an seine Stirn, über seinen Brustkorb. „Raphael!"

Die panische Angst in ihrer Stimme ließ ihn Luft holen, ließ ihn die Kontrolle verlieren. Hastig wandte er den Kopf und übergab sich. Als seine Gedanken ein wenig klarer wurden, hörte er Sarai leise im-mer wieder murmeln: „Gott sei Dank!"

Hatte sie geglaubt, er hätte aufgehört zu atmen? Ihre Hand wanderte in beruhigenden Kreisen über seine Schulter. Doch ihre Bewegungen waren so hektisch, dass es vermutlich eher sie selbst beruhigen sollte.

Raphael schluckte schwer. Er sollte für sie da sein. Sollte sie in seinen Arm nehmen können und ihr versprechen, dass ihr nichts passieren würde, solange er an ihrer Seite war, um sie zu beschützen. Doch er lag einfach nur da, der harte Holzboden unter ihm, Schweiß auf seiner Stirn von der Hitze des Kamins neben ihm, und versuchte, wieder zu Atem zu kommen. Hatte nicht einmal genug Kraft, sich aufzusetzen oder sich von seinem eigenen Erbrochenen zu entfernen.

Er ließ zu, dass Sarai eine Hand unter seinen Rücken schob. Sanft drängte sie ihn: „Komm", und half ihm, ein Stück zur Seite zu rutschen. Sie bettete seinen Kopf in ihrem Schoß und strich ihm liebevoll die Haare aus der Stirn. Er hörte sie leise vor sich hin murmeln, merkte erst nach mehreren Minuten, dass sie betete. Für ihn.

Die regelmäßige Berührung ihrer kühlen Hand auf seiner Stirn linderte den Schmerz etwas und unwillentlich entspannte sich sein erschöpfter Körper. Langsam driftete er in den Schlaf hinüber.

Bis sich schwerfällige Schritte näherten und eine raue Männerstimme rief: „Harry! Schau, was ich gefunden hab!"

32

Elissa sah hoch an der Fassade aus Backsteinen, die ihr inzwischen so wohlvertraut war, von der sie am Abend noch gedacht hatte, sie nie wiederzusehen. Jetzt im Dunkel erschienen die roten Steine grau. Elissa erschauderte. Ob von dem kalten Wind, der ihre feuchte Kleidung durchdrang, oder von dem unbestimmten Gefühl einer kommenden Bedrohung, wusste sie nicht.

Das Zwielicht des Morgens half nichts, um ihre vor Kälte steifen Finger zu wärmen. Genauso wenig wie es die Schatten der Nacht vertrieb. Ihre Augen brannten vor Müdigkeit und ihre Füße fühlten sich an, als wäre sie nicht nur einen ganzen Tag, sondern eine ganze Woche ohne Unterbrechung gelaufen.

Doch all das verlor an Bedeutung, nun da sie Raphael so nahe war. Das Haus lag still vor ihr, erweckte den Eindruck, es würde friedlich schlafen. Unter ihre Vorfreude, ihn wiederzusehen, mischte sich das bohrende Gefühl der Unruhe. Sie hatte die Gefahr nicht vergessen.

Elissa streckte langsam die Hand nach dem Türgriff aus. Versuchte sich selbst davon zu überzeugen, dass sie nur müde war, dass nichts Bedrohlicheres als Dunkelheit in den Schatten verborgen lag. Sie öffnete die Tür. Ein leises Knarren ließ ihren zu schnellen Herzschlag noch weiter in die Höhe schnellen.

Warum war sie nicht verschlossen? Spätestens zur Nacht hatten Mrs Martin oder Elissa die Tür immer abgeschlossen. Sie atmete tief ein und aus. Mrs Martin konnte nicht aufstehen mit ihrem gebrochenen Bein und Elissa war am letzten Tag ohne Vorwarnung verschwunden. Es gab einen guten Grund, warum die Tür nicht verschlossen war.

„Genau." Ihre Stimme durchbrach die nächtliche Stille, als sie wieder einmal versehentlich einen Gedanken laut aussprach. Die Nacht schluckte das leise Wort. Elissa kniff die Augen zusammen und versuchte, in der vor ihr liegenden Dunkelheit etwas zu erkennen. Sie wurde das Gefühl nicht los, dass irgendetwas anders war. Irgendetwas, das sie nicht benennen konnte, schrie sie an, sofort die Flucht zu ergreifen.

Sie schob es darauf, dass sie seit Jahren nicht mehr zurückgekehrt war an einen Ort, den sie einmal verlassen hatte. Atmete tief ein letztes Mal die feuchte Nachtluft ein und schob die Tür ohne zu klopfen ein Stück weiter auf.

Erneut hielt sie inne. Etwas stimmte nicht. Doch hier, halb in der kalten Nacht hinter ihr, halb in der ruhigen Eingangshalle vor ihr, konnte sie nicht bleiben.

Die Wärme des Hauses streckte ihr einladende Arme entgegen, der wohlbekannte Geruch nach Holz und Seife und den Kräutern, die in den Praxisräumen zum Trocknen aufgehängt waren, begrüßte sie wie ein alter Freund. Als eine weitere Windböe von hinten den nassen Rock gegen ihre Beine schlug und ihren ganzen Körper erzittern ließ, trat sie einen kurz entschlossenen Schritt nach vorn.

Die Tür fiel hinter ihr ins Schloss. Und im selben Augenblick wieherte hinter dem Haus ein Pferd. Elissa erstarrte – Raphael besaß kein Pferd!

Ein Arm so hart wie ein Schraubstock legte sich um ihre Mitte. Drückte ihre Arme fest an ihren Körper, sodass sie vollkommen wehrlos war. Noch bevor ein Schrei den Weg über ihre Lippen finden konnte, presste sich eine schwielige Hand über ihren Mund.

Sie hob ein Bein, trat mit aller Kraft nach hinten, erwischte etwas. Doch ihrem Angreifer entwich lediglich ein leises Grunzen, bevor der Griff um ihren Körper noch enger wurde, bis sie kaum noch Luft holen konnte. Elissa wand sich, versuchte in die Hand über ihrem Mund zu beißen, doch ihre Bemühungen hatten keinerlei Auswirkung.

Der scheinbar gigantische Mann schien nicht einmal wirklich

wahrzunehmen, dass sie sich gegen ihn zur Wehr setzte. Als wäre sie nicht schwerer als eine Feder, hob er sie kurzerhand hoch und zerrte sie durch die Halle und die Treppe hinauf.

Als er oben ankam, war sie bereit. Er brauchte eine Hand, um die Tür zu öffnen, und Elissa würde mit allem kämpfen, was in ihr war! Denn sie wusste, was sie auf der anderen Seite der Tür erwarten würde.

Die Erinnerung an ihre Mutter, an ihre letzten Momente, wie das Leben quälend langsam aus ihr herausgeblutet war, wollte sich in ihre Gedanken schleichen, doch Elissa drängte sie zurück.

Stattdessen versuchte sie, ihren Körper zu entspannen, den Eindruck zu erwecken, als hätte sie aufgegeben. Vielleicht würde sich das Gefängnis aus Muskeln für einen kurzen Augenblick lockern, ihr wenigstens die Möglichkeit einer Chance eröffnen.

Der Atem des Mannes strich über ihr Haar, als er tief Luft holte. Ihr Ohr rasselte, als er brüllte: „Harry! Schau, was ich gefunden hab!"

Sie waren zu zweit! Mit neuer Dringlichkeit versuchte sie, sich zu wehren. Sie musste entkommen, bevor ihr Geiselnehmer nicht mehr alleine war, bevor jegliche Hoffnung auf eine Flucht zunichte gemacht war!

Doch alle ihre Versuche waren so wirkungslos, als wollte sie das Meer mit Eimern davon abhalten, mit der Flut zurückzukehren. Viel zu schnell wurde die Tür von innen geöffnet, ohne dass sich der Griff, der sie gefangen hielt, auch nur ein kleines bisschen lockerte.

Kalte Augen bohrten sich in ihre. „Ist sie das?"

Der breite Brustkorb an ihrem Rücken vibrierte mit einem unbestimmten Brummen und ein Funken Hoffnung blitzte in ihrem Inneren auf. Brixtons Männer waren vermutlich auf der Suche nach einer vollkommen verschleierten Gestalt, doch ihr Schleier ruhte nun dort, wo sie auf ihrem Weg umgekehrt war. Vielleicht würden sie sie nicht erkennen.

Der drahtige Mann vor ihr ließ seinen Blick über sie wandern, musterte ihre etwas zu dürre Gestalt. Ihr von Narben verzerrtes Gesicht. Als die übliche Abscheu aufblitzte, ballte Elissa machtlos die Hände zu Fäusten. Doch es traf sie nicht mehr so tief wie bisher. Sie konnte nichts daran ändern, welche Reaktion ihr Aussehen hervorrief. Nur daran, welchen Stimmen sie Gehör schenkte. Ob sie dem leisen Flüstern lauschte, das ihr zusprach, dass sie kostbar war.

Kalkulierend kniff der Mann die Augen zusammen. Dann breitete sich ein langsames Lächeln auf dem etwas hageren Gesicht mit der langen Nase aus. Und Elissas Hoffnung stürzte in einer schmerzhaften Bruchlandung wieder zu Boden. Mit einem beinahe jungenhaften Grinsen wies er ihr menschliches Gefängnis an: „Pass gut auf sie auf! Unsere Schatzsuche war endlich erfolgreich!"

Die groben Finger des Mannes hinter ihr bohrten sich noch ein wenig fester in ihre Haut und hätte seine Hand auf ihrem Mund nicht selbst das Atmen mühsam werden lassen, hätte sie vor Schmerz aufgeschrien. Er knurrte: „Wohl eher eine Schatz*jagd*", ehe er sie hinter dem kleineren Mann her den Flur entlangzerrte.

Mit jedem Schritt schlug ihr Herz ein wenig schneller. Was war hier passiert? Wenn diese Männer das Haus übernommen hatten – wo war Raphael? Wo Sarai und Mrs Martin?

Der Mann, den der andere als Harry gerufen hatte, drehte sich um und fragte mit hochgezogenen Augenbrauen: „Wie konnte sie hier hereinkommen? Warum hat Jake sie nicht abgefangen?"

Hinter ihr ertönte erneut nur ein grimmiges Brummen: „Bestimmt eingeschlafen." Er war wohl kein Mann großer Worte.

Elissa machte kleine Schritte, versuchte, sich schwer zu machen, alles, um etwas mehr Zeit zu gewinnen. Einige wenige Sekunden länger, um eine Idee zu finden, auch nur den Funken eines Plans, um zu entkommen. Um hoffen zu können.

Doch ihre Bemühungen hatten keinerlei Einfluss auf den Mann, dessen unbarmherziger Griff sie zwang, mit seinen großen Schritten mitzuhalten. Vor der verschlossenen Tür zum Esszimmer kamen sie zum Stehen. Eine Gänsehaut breitete sich auf Elissas Armen aus, lief ihr als ein kalter Schauer über den Rücken.

War es das? War dies das Ende ihrer jahrelangen Flucht?

Sie versuchte sich an das Gefühl der Gegenwart Gottes zu erinnern, das sie am Abend auf der Landstraße gespürt hatte. An die Stimme, die ihr so deutlich gesagt hatte: *Bleib!*

Doch alles, was sie fand, war ihre eigene Unruhe.

Sie wurde ins Esszimmer gestoßen und alle Gedanken an Flucht, an Entkommen entflohen. Warme Luft schlug ihr entgegen wie eine Mauer. Der Gestank nach Erbrochenem stieg in ihre Nase, ließ sie instinktiv die Luft anhalten. Und zugleich drang ganz leicht der metallische Geruch von Blut zu ihr durch, ließ sie erneut gegen die Erinnerungen an den Mord an ihrer Mutter ankämpfen.

Bei ihrem Eintreten schnellte Sarai Williams' Kopf nach oben. Durch die Bewegung teilten sich ihre vollkommen wirren Haare wie ein Vorhang, enthüllten die Tränenspuren auf ihren Wangen, das Grauen in ihren braunen Augen.

Elissa stolperte. Doch sie wurde unnachgiebig weitergezogen. Wie ein warnender Schrei griff die Angst aus Sarais Blick nach Elissa, stach hervor aus ihrem unter der goldenen Haut blassen Gesicht.

Die sonst so elegante Frau saß in ihrem Nachtgewand an der Wand, ihre linke Hand an die Wand gefesselt, ihre Füße festgebunden, sodass es ihr unmöglich war, sich zu befreien, selbst mit ihrer freien Hand.

Grobe Hände zogen Elissa durch den Raum, drückten sie unsanft zu Boden, fesselten ihre Hände an ihrem Rücken. Elissa nahm es kaum wahr. Ihr Herz wollte in ihrer Brust zerbrechen. *Raphael!*

Der Esstisch hatte den Blick auf ihn verdeckt. Doch nun sah sie seinen reglosen Körper, wie er viel zu nah am Kamin auf dem Boden lag. Seine linke Hand war gefesselt an das Ofengitter, neben ihm Erbrochenes und eine Blutlache.

Tränen schnürten ihr die Kehle zu, sperrten ihren entsetzten Schrei in ihrer Lunge ein, ließen selbst das Luftholen schwierig werden.

Sein Kopf lag in Sarais Schoß. Sein weiches Haar war oberhalb der linken Schläfe über einer Platzwunde verklebt, ließ sein schwarzes Haar noch dunkler erscheinen. Elissas atemloser Blick folgte dem Blut von der Wunde bis dort, wo es bis über sein Ohr gelaufen war, mit grausamen, roten Fingern nach seinem geliebten Gesicht griff.

Auf Raphaels Stirn stand Schweiß und seine Haut war so blass, dass dunkle Ringe unter seinen Augen hindurchschimmerten. Für einen kurzen, fürchterlichen Augenblick glaubte sie, das Leben hätte ihn verlassen. Kraftlos ließ sie sich an die Wand sinken, ihr Blick weiter wie gebannt auf Raphael gerichtet.

Einer der Männer sagte etwas, doch sie hörte es nicht. Schwere Schritte entfernten sich, doch sie beachtete es nicht. Dann hob sich Raphaels Brustkorb für einen Atemzug und auch Elissa konnte endlich wieder Luft holen.

Schmerz schoss durch ihren Kopf, strafte sie dafür, so lange die Luft angehalten zu haben. Ihr Blick traf Sarais, deren Augen mit mühsam verborgenem Entsetzen über Elissas Gesicht wanderte. Dann blitzte Wiedererkennen in ihnen auf.

„Emily?"

Es machte sowieso keinen Unterschied mehr. Elissa nickte bestätigend. Flüsterte: „Elissa Belham."

Sarais Blick schnellte zurück zu Elissas Augen. Erneut leuchtete Wiedererkennen im Braun ihrer Augen auf, als Raphaels Schwester sie ein weiteres Mal musterte. Und Elissa musste ihr zugutehalten, dass sie dieses Mal nicht einmal einen Funken Abscheu, nicht einmal ein Aufblitzen von Entsetzen sehen ließ. Stattdessen breitete sich ein langsames Lächeln auf Sarais Gesicht aus. „Schön, dass wir uns wieder begegnen, Miss Belham."

Elissa spürte, wie sich ihre eigenen Mundwinkel trotz der fürchterlichen Situation hoben. „Nur unter diesen Umständen nicht, nicht wahr? Bitte, ich bin Elissa."

Sarais Lächeln wurde sogar noch breiter und sie erwiderte: „Dann musst du mich Sarai nennen!", während die Finger ihrer freien Hand weiter sanft über Raphaels Kopf strichen.

Ihre letzten Silben wurden beinahe verschluckt, als der Regen draußen auf einmal begann, beinahe horizontal gegen die Fensterscheibe zu prasseln. Elissa erschauerte. Niemand würde kommen, um sie zu retten. Und mit ihren gefesselten Händen konnte sie sich kaum bewegen.

Jesus! Es war kein richtiges Gebet. Und dem Toben des Regens nach zu schließen, hatte ihr innerlicher Schrei auch keine Chance, bis zum Himmel vorzudringen. Und doch wusste Elissa, dass er hier war.

Raphael stöhnte leise und sofort wandte Elissa sich ihm zu. Doch er blieb bewegungslos liegen.

„Ist er ... Ist er schon aufgewacht?" Beinahe hatte Elissa Angst, die Frage zu stellen. Ihre Worte waren so zögerlich, dass sie nicht damit rechnete, dass Sarai sie über dem lauten Regenprasseln überhaupt gehört hatte.

Doch die junge Frau lächelte ihr beruhigend zu: „Ja." Ihr Lächeln verwandelte sich in ein wissendes Grinsen: „Dein Name war das Erste, was er gesagt hat. Und jetzt ergibt es sogar Sinn."

Elissa zog verlegen die Schultern hoch, während sie zugleich merkte, wie ihre Wangen warm wurden.

„Als sie dich gefunden haben, hat er sich zu schnell aufgesetzt und ist wieder bewusstlos geworden." Sarai schlug die Augen nieder, doch Elissa sah die Tränen, die trotz der lächelnden Lippen an ihren Wimpern hängen blieben. Wie gerne hätte sie die junge Frau in eine tröstende Umarmung geschlossen oder ihr auch nur eine Hand auf die Schulter gelegt!

Doch ihre Hände blieben gefesselt. Und ihre Lage aussichtslos.

Draußen zuckte ein Blitz, erhellte für einen Moment den Raum, in den der Morgen noch keinen Weg gefunden hatte. Elissa zuckte zusammen vom Donnergrollen, das den ganzen Himmel zu erschüttern schien. Doch ihr Blick haftete gebannt an Raphael. Hatte er gerade eben etwas gesagt? Sie lehnte sich näher, weg von dem harten Holz der Wand.

Tatsächlich! Seine Lippen bewegten sich, leicht wie ein Lufthauch. Zu leise, als dass die Worte gegen den Regen ankommen würden. Elissa rutschte noch ein Stück vor, so weit ihre Fesseln es erlaubten.

„Elissa." Das Wort war nur ein Flüstern, doch Elissas Herz hüpfte vor Freude, als sie ihren Namen auf seinen Lippen hörte.

„Ich bin hier." Ein weiterer Blitz erhellte den Raum, das Krachen des Donners übertönte jedes weitere Wort. Ließ Elissa trotz der Warnung des Blitzes erneut zusammenzucken.

Versteckte für einen kurzen Augenblick das Geräusch, das Elissa meinte, über dem Regen gehört zu haben. Doch! Da war es wieder.

Das rhythmische Schlagen von Hufen. Elissa erzitterte. Eine Kälte, die von tief in ihr kam, ergriff von ihr Besitz. War das das Ende? Oder näherte sich Rettung?

Aber Elissa kannte niemanden, der wusste, wo sie waren. Da war niemand, der kommen würde. Schwere Schritte näherten sich auf dem Flur. Beschleunigten ihren rapiden Herzschlag noch weiter.

Jesus!

Ihre Hände begannen zu zittern. Nicht Raphael! Nicht Sarai! Wenn sie schon gehen musste, warum konnte sie nicht alleine gehen? Warum hatte diese leise Stimme in ihr sie aufgefordert zu bleiben? Warum nicht, schon viel früher wieder aufzubrechen?

Beschütze uns!

Die Tür zum Esszimmer öffnete sich und ihr riesenhafter Geiselnehmer erfüllte den hölzernen Türrahmen. *Beschütze Raphael!*

„Bitte."

Sein Blick schnellte zu Elissa.

„Bitte. Lasst die beiden gehen."

Sarai wandte ruckartig den Kopf, öffnete den Mund. Blitzlicht ließ das Gesicht des Mannes aufleuchten, betonte die geraden Linien, die harten Kanten.

Rasch sprach Elissa weiter, bevor Sarai ihr widersprechen konnte. „Ihr habt mich", erneut zuckte sie zusammen vom Donnerschlag, ließ sich nicht beirren: „Ihr könnt mit mir machen, was ihr wollt. Aber lasst diese beiden gehen!"

Ihre Stimme klang flehentlich. Und es war ihr egal. Sie würde auf ihren Knien betteln, wenn sie dadurch Raphaels Leben und das seiner Schwester retten könnte.

Doch der Mann beachtete sie nicht weiter, ging stattdessen auf Sarai zu, fesselte auch ihre zweite Hand, die weiter liebevoll Raphaels Kopf gestreichelt hatte.

Angst schnürte Elissa die Kehle zu. „Bitte!"

Sarai starrte sie mit riesigen Augen an, schüttelte entsetzt den Kopf. Ihr Blick schrie Elissa an, ruhig zu sein, fragte: *Was tust du denn?*

Elissa holte Luft, überlegte fieberhaft, was ihn überzeugen könnte, die beiden am Leben zu lassen. Doch der Mann kam ihr zuvor und knurrte: „Ruhe!"

„Aber –"

„Du auch!", fuhr er Sarai an, die ängstlich zurückwich. Er bückte sich, fesselte auch Raphael noch fester. Als ob er hätte fliehen, geschweige denn aufstehen können in seinem Zustand! „Es ist sowieso zu spät. Sie sind schon hier. Und jetzt seid still!"

33

Der Regen schien direkt auf Raphaels Kopf zu prasseln, mit jedem einzelnen Tropfen Schmerz durch seinen Schädel zu jagen. Und zugleich war der pochende Schmerz, den sein eigener Herzschlag verursachte, die schlimmste Folter.

Die Dunkelheit vor seinen Augen schien mit der Dunkelheit in seinem Inneren zu verschmelzen, bis er kaum noch Grenzen erkannte. War es das? Kam die Nacht ihn nun holen?

Stimmen verschwammen in seinen Gedanken und er wusste nicht mehr, welche real waren, welche Erinnerungen und welche es waren, die ihn gefangen hielten.

Schritte in der Finsternis. Schritte, die gingen, ihn verließen.

Stimmen. Flüstern, beruhigendes Murmeln.

Raphael kam langsam wieder zu sich. Spürte den harten Boden, wo er gegen seine Schulter drückte. Schmeckte Blut. Nahm die viel zu starke Hitze wahr, die ihn von hinten versengte. Der Ofen.

Schritte, die kamen, blieben. Elissa! Ihre Stimme, bittend, flehend.

Grobe Hände, die ihn ergriffen. Seine Hände mit rauem Seil verschnürten.

Das ständige Pochen hinter seinen Augen, das ihn blendete, wo kein Licht mehr war. Er stöhnte. Rauch stieg in seine Nase. Ein Feuer, das sie schürten?

Huftrommeln in der Dunkelheit. Ein Hengst in der Nacht. Ein Strahl Mondlicht. Dann –

Ein Knurren dicht an seinem Ohr. Brummende Geräusche, Stimmen, die er kaum hörte. Deren Worte er nicht mehr kannte. Und dann Stille.

Eine Frauenstimme. Hell. Und doch bestimmt, niederdrückend. Elissa. Eine stille Antwort, ihr lieblicher Gesang nun tonlose Worte. Die Dunkelheit zupfte an ihm wie die Dämmerung am Tage. Doch da war etwas …

Das Pochen ließ allmählich nach, das Summen wurde wieder leiser. Elissa! Er musste sich besinnen, musste sie retten, einen Weg finden, um zu fliehen! Raphael ahnte, er war verloren. Aber vielleicht könnte er den beiden Frauen, die ihm das meiste bedeuteten auf dieser Erde, zur Flucht verhelfen. Selbst die geringste Chance wäre jeden Augenblick der Qual wert. Jeden Moment, in dem ihm jemand von innen heraus den Schädel einschlug.

Die Geräusche verschwammen, wurden zu einem leisen Murmeln und Raphael strengte sich an, sie zurückzuholen. Er versuchte sich zu konzentrieren, die Stimmen wieder voneinander zu trennen. Da war Elissa, still, stiller als sonst. Seine Schwester, deren wortlose Anwesenheit er neben sich spürte. Eine Männerstimme, eine zweite. Und eine Frau.

Raphael runzelte die Stirn, um die gesprochenen Worte zu verstehen. Schmerz drückte ihm die Kehle zusammen und ließ ihn atemlos zurück. Das Gespräch verstummte. Oder vielleicht hörte er es nur nicht über dem lauten Summen, das nun wieder alles andere übertönte.

„Was soll das?" Eine Männerstimme durchbrach die Schmerzen.

Dann noch einmal die Frau: „Das ist deine Chance. Jahrelang habe ich gesucht und hier ist sie, mein Liebster. Endlich bekommst du deine Rache!" Die Worte waren leise, jubilierend, und doch beinahe schnarrend. Sie dröhnten in Raphaels Ohren.

Der Mann schien sie nicht verstanden zu haben, denn er fragte noch einmal, dieses Mal gefährlich leise: „Was soll das?"

„Ich dachte, du freust dich?" Schrille Worte, die sich durch Raphaels Kopf bohrten. Am liebsten hätte er sie angeschrien, endlich ruhig zu sein. Doch seine Lippen schienen noch immer nicht so wirklich zu funktionieren, seinen Gedanken noch immer nicht ganz Folge zu leisten.

„Wolltest du das nicht?"

„Nein." Das Wort war ruhig. Beinahe zu ruhig. Die Stimme rau und zugleich weich wie ein Stück Treibholz, das das Meer umhergeworfen, der Sand abgerieben hat.

„Das glaube ich dir nicht. Damals hast du Rache geschworen. Jetzt kannst du es endlich zu Ende bringen. Hier." Das Geräusch eines Abzugs, der gespannt wird. „Erschieß sie."

Elissa holte scharf Luft. Raphael hielt den Atem an. Erneut stieg ihm Rauch in die Nase und er hustete. Krümmte sich von dem Schmerz zusammen. Er durfte nicht bewusstlos werden! Nicht jetzt! Er musste sie retten!

Doch der Schmerz, die Fesseln hielten ihn gefangen. Schweiß sammelte sich auf seiner Stirn, das Seil schnitt in seine Handgelenke und auf einmal kam ihm eine Idee: Der Ofen!

Das Pochen wurde stärker, das Summen lauter, die Hitze intensiver. Doch Stück für Stück versuchte Raphael, näher an das Feuer hinter ihm zu gelangen, robbte über den warmen Holzboden. Hoffte, nicht bemerkt zu werden. Hoffte, dass es ihm gelingen würde. Versuchte, sich gegen den bevorstehenden Schmerz zu stählen.

Er biss die Zähne zusammen, schluckte Blut. Betete um Elissas willen, dass er noch rechtzeitig wäre. Von einer neuen Dringlichkeit erfüllt, streckte er seine gefesselten Hände hinter sich. Die Hitze stach seine Finger zuerst und es benötigte alles an Entschlossenheit, um seine Hände nicht zurückzuziehen. Und er war noch nicht nah genug!

Raphael blendete alles aus, rutschte noch ein Stück näher an den Ofen, streckte seinen schmerzenden Körper den Flammen entgegen. Nur mühsam hielt er den Aufschrei zurück, als das Seil um seine Hände Feuer fing. Der Geruch nach versengtem Seil und verbrannter Haut kroch in Raphaels Nase. Brennende Flammen leckten an seinen Händen.

Eine alarmierte Männerstimme rief etwas. Raphael kämpfte gegen die Schatten an, die ihn zu überwältigen drohten. Die versprachen, die Schmerzen, selbst die Hitze, die Flammen zu verjagen.

Seine Fesseln lösten sich.

Chaos brach aus.

Mit einem Brüllen zwang er seinen Körper, ein letztes Mal zu funktionieren.

Eine Frau schrie.

Ein Schuss fiel.

Und die Dunkelheit breitete ihre bedrohlichen Flügel über Raphaels Körper aus.

***

Elissa sah in die Augen des Mannes, der sie jahrelang verfolgt hatte. Sogar bis in ihre Träume. Brixton glich noch immer dem Mann, der sie damals an jenem Abend am Strand angegriffen hatte. Und zugleich sah er vollkommen anders aus.

Seine Haare waren noch immer etwas zu lang, noch immer sonnengebleicht. Doch nun waren sie ordentlich zur Seite gekämmt, sein Vollbart sauber getrimmt. Wo er damals den Hut eines Piratenkapitäns und einen langen dunklen Mantel getragen hatte, trug er jetzt die gepflegte Kleidung eines Gentlemans. Lediglich die dunklen Wasserflecken auf seiner Hose und die Feuchtigkeit, die seine blonden Haare beinahe braun färbte, verrieten seinen Ritt durch den strömenden Regen.

Ein Blitz warf sein grelles Licht durch die Fenster, doch diesmal dauerte es länger, bis der Donner folgte. Elissa holte Luft. Ihre Hände zitterten noch immer von dem Moment, in dem Jack Brixton an der Seite einer ihr fremden Frau und gefolgt von Harrys drahtiger Gestalt das Esszimmer betreten hatte.

Ihr Geiselnehmer hatte gegrüßt: „Willkommen, Captain Brixton."

Und sofort war Elissas ganzer Körper erstarrt.

Es war eine Vermutung gewesen. Eine Schlussfolgerung. Nach all den Jahren hatte sie manches Mal kaum noch geglaubt, dass ihr Halbbruder sie tatsächlich verfolgte. Und doch war sie nie weniger glücklich darüber gewesen, recht gehabt zu haben.

Verwirrung war in Brixtons Auge zu sehen gewesen. Er hatte sie sich kaum anmerken lassen, aber für einen kurzen Augenblick war sie klar zu sehen gewesen. Warum? Hatte er sie nicht verfolgen, sie jahrelang jagen lassen?

Sein Blick hatte sie dort auf dem Boden entdeckt und sofort war Wiedererkennen in dem dunklen Blau aufgeblitzt. Sein rechtes Auge war von einer Augenklappe verdeckt. Elissa erinnerte sich nicht daran, dass er schon beim letzten Mal, als sie ihn gesehen hatte, eine getragen hatte. Dabei erinnerte sie sich gut an jene Nacht. Viel zu gut.

Sie erinnerte sich, wie er vor ihr gestanden hatte. Wie sein Blick über ihren Körper gewandert war. Das leichte Lächeln, das beinahe boshaft einen seiner Mundwinkel gehoben hatte. Sein Schweigen, als er sie angegriffen hatte. Ihr verzweifelter Kampf. Ihre aufgeschürften Hände, als er sie in den Sand stieß. Der Stein, den sie zu fassen bekam. Die Haare, die er ihr ausgerissen hatte, als er sie daran vom Boden hochgezerrt hatte. Die Luft, die aus ihren Lungen gepresst wurde, als er ihr in den Bauch schlug. Und schließlich sein leises Grunzen, als sie den Stein in ihrer Hand mit aller Kraft in ihn rammte. Hinter ihren Kopf, dorthin, wo er seine grausame Hand in ihrem zerzausten Haar vergraben hatte.

Dann war sie gerannt. Schnell und weit weg. Und dennoch war sie ihm nicht entkommen.

Unwillkürlich ballte sie ihre verkrüppelte Hand zu einer Faust. Beinahe spürte sie wieder die sengenden Flammen, die scharfkantigen Scherben der Explosion auf ihrer Haut.

Nein, entkommen war sie ihm nicht. Aber konnte es sein …? Konnte es sein, dass auch er jener Nacht nicht entkommen war? Dass ihr Stein mehr Schaden angerichtet hatte, als sie geglaubt hatte? Ihr Blick flackerte zurück zu seiner Augenklappe. War sie das gewesen?

Er lehnte sich scheinbar entspannt gegen die Wand, doch Elissa spürte die Anspannung in seinen breiten Schultern beinahe mehr, als dass sie sie sah.

Ihr Herz klopfte wild in ihrer Brust, bis Elissa meinte, es müsste bald zerspringen. Doch sie konnte ihren Blick nicht lösen von ihrem Verfolger. Ihrem Bruder.

Brixtons Blick war bei seinem Eintreten einmal über den Raum gewandert. Sarai und selbst Raphaels reglosen Körper hatte er vollkommen ignoriert. Stattdessen war seine Aufmerksamkeit auf Elissa zu ruhen gekommen, sein Blick wich nicht eine Sekunde von ihrer ängstlich bebenden Gestalt.

Also wusste er, wer sie war? Hatte er es damals am Strand gewusst? Elissa ließ ihren Blick über sein Gesicht wandern, versuchte die Gesichtszüge ihres Vaters in ihrem Halbbruder zu erkennen. Sie entdeckte ein paar, wusste nicht, ob sie sich freuen sollte über die bleibenden Erinnerungen an ihren Vater oder entsetzt sein sollte darüber, sie im Gesicht seines Mörders zu finden.

Die Sommersprossen, die auch Elissa nur zu gut gekannt hatte, bevor ihr Gesicht vollkommen vernarbt worden war, zierten Brixtons gebräunte Nase. Selbst seine blauen Augen waren den ihren nicht einmal so unähnlich. Sie funkelten fast freundlich, während er dort gegen die Wand gelehnt stand, täuschten beinahe hinweg über die harte Grausamkeit darunter.

Doch Elissa würde sich nicht täuschen lassen.

Er klopfte mit den Knöcheln seiner rechten Hand leicht gegen die Augenklappe. „Ja, das warst du, kleine Schwester."

Er wusste, wer sie war! Elissa drückte sich schutzsuchend gegen die Wand in ihrem Rücken. Doch da war nichts, was ihr Schutz bieten würde, nun da er sie gefunden hatte. Ein Schweißtropfen lief über ihre Stirn, rollte über ihre Schläfe, wanderte durch die Täler und Krater, die die Narben der Explosion in ihrem Gesicht hinterlassen hatten. Die Explosion, die ihren Vater das Leben gekostet hatte.

Elissa merkte, wie ihr Atem begann, schneller zu gehen. Wie das Knistern und Knacken der Flammen im Ofen lauter zu werden, sie zu umgeben schien. Und zugleich hing ihr Blick noch immer an Jack Brixtons Auge, an dem stürmischen Blau, das sie festhielt, sie dort verankerte.

Erschrocken zuckte sie zusammen, als die Frau auf einmal vor ihr in die Hocke ging und mit ihren Fingern über Elissas Wange strich. Beinahe wünschte sie sich ihren Schleier zurück, wünschte sich eine Schutzmauer, wenn auch noch so dünn.

Die teure Seide des tannengrünen Kleides der Fremden raschelte in einem sanften Flüstern, als sie langsam den Kopf schüttelte. Die Diamanten in ihrem Dekolleté fingen das Licht ein, funkelten. „Hier hattest du dich also versteckt."

Wer war diese Frau?

„Du weißt nicht, wie schwierig es war, dich zu finden, Elissa." Ihre Stimme war klar. Und doch hatte sie etwas Ruchloses an sich. Sie bedachte Elissa mit einem strahlenden Lächeln und erhob sich in einer einzigen geschmeidigen Bewegung. Nun blickte sie auf Elissa herab und ein bösartiges Licht schien aus ihren Augen zu leuchten. „Endlich wird mein Jack abschließen können mit dir und deiner selbstgefälligen Familie."

Sie zog eine Pistole aus einer Tasche, die ihr voluminöser Rock verborgen hatte. „Und weil du dir ein so abgelegenes Versteck ausgesucht hast, muss es ja auch nicht leise sein. Keine Angst, mit der Pistole wird es bestimmt schneller gehen als bei deiner Mutter. Ich hatte ja keine Ahnung, dass ein Messerstich so langsam töten kann." Sie wischte sich mit ihrer freien Hand einen Fussel vom Rock.

Elissas Kopf schnellte zurück. Doch sie hatte keine Zeit, sich zu sammeln, keine Zeit, ihre Gedanken zu ordnen. Einzusortieren, wer diese Frau war. Ob *sie* und nicht ihr Halbbruder ihre Mutter ermordet hatte.

Denn in diesem Augenblick beugte die Fremde sich zu ihr hinunter und strich ihr mit der Schusswaffe über die Wange. Das Metall war kalt, die Seile, mit denen ihre Hände gefesselt waren, rau auf ihrer Haut. Elissas Atem stockte – sie war vollkommen ausgeliefert.

Und die Frau sah es. Triumph glänzte in ihren Augen. Vielleicht auch ein kleines bisschen Wahnsinn.

Ihre Stimme war so klar und zugleich so eiskalt wie ein Gebirgsbach. Vermochte Elissa mit jedem Satz den Atem zu rauben: „Möchtest du noch etwas loswerden? Letzte Worte?"

Sie wedelte mit der Pistole in Richtung der Williams-Geschwister. „Willst du um ihr Leben flehen, wie deine Mutter um deines gefleht hat?"

Tonlos fragte Elissa: „Wer sind Sie?"

Doch sie bekam keine Antwort von den dünnen Lippen der Frau.

Nur das leise Flüstern in ihrem Herzen, das sie bat: *Bleib.*

Beinahe hätte Elissa bitter aufgelacht. Wohin sollte sie gehen? Ihre Fesseln waren so eng, dass sie sich kaum eine Handbreit bewegen konnte. Ihr Blick fiel auf Raphaels noch immer blutende, noch immer regungslose Gestalt. Auf Sarai, deren gute Erziehung ihren Rücken aufrecht hielt, während Tränen aus den Augen rollten, in denen sprachloses Entsetzen stand.

Bleib.

Wo sollte sie bleiben? Hier? An diesem Ort, an dem es keine Hoffnung mehr gab? An dem Dunkelheit jegliches Licht überwältigt hatte? Wohin sollte sie gehen?

Zu mir.

Ihre Lippen verzogen sich nun tatsächlich zu einem Lächeln, als sie endlich verstand. Sie schloss die Augen und begann, den Himmel mit ihren Gebeten zu bestürmen. Den einen zu bitten, der selbst in dieser Situation die Oberhand behielt. Sie würde sich nicht von ihren Ängsten jagen lassen. Auch nicht innerlich! Egal, wie real, egal, wie unausweichlich die Bedrohung war. Und egal, ob sie im nächsten Augenblick von einer Kugel durchbohrt werden würde oder nicht.

Brixton fragte Harry etwas, zu leise, als dass Elissa es hätte verstehen können.

Sie würde bleiben. Die Hoffnung wählen. Das Vertrauen.

„Valerie?"

Die Angesprochene reagierte nicht. Elissa öffnete die Augen, betete weiter.

Die Frau presste ihr den Lauf der Pistole gegen die Wange. Ihr Blick wich nicht von Elissas.

„Mrs Brixton?"

„Valerie?"

Weder Harrys etwas verunsicherte Frage, noch Brixtons erneuter Ruf löste eine Reaktion in der Angesprochenen aus. Auch wenn sie immerhin eine von Elissas Fragen beantworteten. Valerie Brixton.

Doch es hatte kaum Bedeutung im Angesicht der bitteren Rache, die ihr aus den grünblauen Augen entgegenblickte. Drang kaum vorbei an dem kühlen Lauf der Pistole, der ihrem Leben jeden Augenblick ein Ende setzen würde.

Ein dröhnendes Rauschen erfüllte Elissas Ohren. Ihr Herz schlug wild in ihrer Brust.

Bewegungslos wartete sie auf ihr Ende.

Die Mörderin zog den Abzug.

Es klickte und Elissas Körper zuckte.

Wimmernd kniff sie ihre Augen zusammen. Das helle Lachen der Frau schallte in ihren Ohren.

Endlich verstand Elissa, was passiert war: Die Kammer war leer gewesen.

Kraftlos sank sie in sich zusammen. Ihre Lippen bewegten sich in stummem Gebet. Doch sie wusste nicht, welche Worte sie sprach. Wusste nicht weiter, als den Namen ihres Herrn immer wieder vor sich hin zu murmeln.

Ihre zitternden Finger streiften den warmen Holzboden, die Fesseln um ihre Handgelenke rieben über die empfindliche Haut, Tränen rannen ihr unkontrolliert über die Wangen.

Sie schmeckten salzig auf ihren Lippen.

Raphael stöhnte. Sarai weinte.

Und dann schnitt Jack Brixtons donnernde Stimme durch das Chaos.

34

„Was soll das?"

Elissa zuckte erneut zusammen, so laut war Brixtons Stimme. Sie drückte sich mit dem Rücken gegen die Wand hinter sich, spürte das harte Holz, das dennoch keinen Halt gab. Die Tränen rannen weiter ungebremst über ihre Wangen.

Brixtons dunkler Blick streifte seine Männer, die sich verunsichert zurückzogen, kam auf Valerie Brixton zu liegen.

Die Frau ihres Bruders wandte sich ohne ein weiteres Wort um, ging auf den berüchtigten Piratenkapitän zu und legte eine Hand an seine Wange. Ihre Stimme war leise und zugleich lag Jubel in ihren Worten: „Das ist deine Chance. Jahrelang habe ich sie gesucht und hier ist sie nun, mein Schatz. Endlich bekommst du deine Rache!"

Ein Lächeln lag auf ihrem Gesicht und Elissa meinte, selbst durch den Schleier ihrer Tränen hindurch echte Zuneigung in den Augen zu entdecken, die sie soeben voller Hass durchbohrt hatten.

Doch was in Brixtons Blick lag, konnte sie nicht entziffern. Vollkommen still blieb er stehen, starrte an seiner Frau vorbei und musterte Elissa, deren zitternde Muskeln sie kaum aufrecht hielten. Das Klicken des Abzugs hallte noch immer in ihren Ohren nach.

„Was soll das?" War Brixtons Stimme soeben die des Kapitäns gewesen, der damit ein ganzes Schiff zu befehligen vermochte, so war seine erneute Frage nun so ruhig wie das beinahe unhörbare und doch bedrohliche Pfeifen des Windes, der den kommenden Sturm ankündigte.

Auch Valerie Brixton schien es gehört zu haben. Wie eine vom Wind aufgepeitschte Flutwelle, die sich dem Sturm entgegenwarf, baute sie sich vor Brixton auf: „Ich dachte, du freust dich?"

Sie trat einen Schritt zurück und wurde nun auch still. Gefährlich still. Das schien noch bedrohlicher als der feurige Hass, den sie Elissa vorhin entgegengebracht hatte. Trotz des flackernden Feuers im Kamin breitete sich eine Gänsehaut auf Elissas Armen aus.

„Wolltest du das nicht?"

Brixtons Blick ließ Elissa endlich los, richtete sich unnachgiebig auf seine Frau. „Nein."

Valerie Brixton trat einen überraschten Schritt zurück und Elissa holte scharf Luft.

Raphael hustete, gab einen Schmerzenslaut von sich. Doch Elissa wagte es nicht, ihren Blick von ihrem Halbbruder zu nehmen.

Er wollte sie nicht umbringen? Gefesselt wie sie war, konnte sie sich kaum bewegen. Doch ihr Herz schien ihre fehlenden Fluchtmöglichkeiten wettmachen zu wollen, schlug so schnell, dass Elissa sich fragte, wie lange es das wohl durchhalten konnte.

Hatte sie sich getäuscht? War es tatsächlich *Valerie* Brixton, die Elissa wie ein Raubtier verfolgt hatte, das seine Beute durch den Wald hetzt?

„Das glaube ich dir nicht! Damals hast du Rache geschworen. Jetzt kannst du es endlich zu Ende bringen. Hier." Valerie Brixtons dunkle Locken wippten, als sie die Pistole hob.

Augenblicklich reagierte Elissas Körper und sie kauerte sich schutzsuchend zusammen. Beobachtete, wie die Frau Patronen aus ihrer Tasche zog, die Waffe lud.

Herr, rette uns!

Die Mörderin spannte den Hahn, streckte ihrem Mann die Waffe entgegen. „Erschieß sie."

Elissa holte noch einmal scharf Luft.

Brixtons raue Hände nahmen die Pistole aus der Hand seiner Frau entgegen.

Auf deren aufforderndes Nicken hob er die Waffe und richtete den Lauf auf Elissa. Dunkel gähnte das schwarze Loch der Mündung vor ihr. Ein Schweißtropfen lief über ihre Schläfe, vermischte sich mit den Tränen. Sie wünschte sich, sie könnte die Tränen stoppen, könnte das Zeichen von Schwäche verstecken. Zumindest die Illusion von Stärke aufrechterhalten.

Brixtons blaue Augen bohrten sich in ihre. Und wo er vorhin jegliche Gedanken verborgen hatte wie hinter einer dicken Mauer, ließ er sie nun seinen inneren Konflikt sehen.

Allein die Tatsache, dass sie ihn damals am Strand gesehen hatte, dass sie ihn mit der Zerstörung der Sommerresidenz ihrer Familie in Verbindung bringen konnte, gab ihm genug Grund, ihr Leben hier und jetzt zu beenden.

„Bitte! Bitte tun Sie das nicht!" Sarais flehentliche Stimme durchdrang die Spannung, die den Raum füllte. Doch Brixton hatte nur einen kurzen Blick übrig für sie, so schneidend, dass er Sarais Protest sofort zum Verstummen brachte. Dann richtete er diesen Blick wieder auf Elissa.

Die Härte in seinen Augen ließ keinen Zweifel – er würde keine Schwäche zeigen. Nicht vor seinen Männern, nicht vor seiner Frau, vor allem aber nicht vor sich selbst. Doch was bedeutete das? Elissa sah den inneren Kampf, der sich hinter seinen steinernen Gesichtszügen abspielte, konnte die Fragen beinahe hören, die in ihm um die Vorherrschaft streiten mussten: Wäre es Schwäche, sie nicht umzubringen? Die Bemühungen seiner Frau, ihm Rache zu verschaffen, nicht zu würdigen? Ihr fehlgeleitetes Liebesgeschenk abzulehnen?

Oder wäre es Schwäche, sie umzubringen? Sich dem Drängen seiner Frau zu beugen? Zu tun, was er nicht wollte?

Das Zittern ihrer Hände ließ das Seil rau über die empfindliche Haut an ihren Handgelenken reiben. Ihr Puls rauschte in ihren Ohren. Ihr Blick wagte es nicht, den ihres Halbbruders zu verlassen. Elissas Augen begannen zu brennen, so lange hatte sie nicht mehr geblinzelt. Wenn sie ihre Augen auch nur für den Bruchteil einer Sekunde schloss – würde sie sie je wieder öffnen?

Der Zeiger der alten Standuhr zählte tickend die Sekunden. Scheinbar endlos und zugleich viel zu schnell. Im Flur knarrte eine Diele. Brixton zuckte nicht einmal mit der Wimper und auch Elissa wagte es nicht, sich zu rühren.

Aus dem Augenwinkel sah sie, wie sich ihr riesenhafter Geiselnehmer in der Zimmerecke regte. Mit großen Schritten verließ er das Esszimmer und brummte nur: „Ich seh' nach, Captain."

Das hieß, zumindest einer der Männer war scheinbar Brixton und nicht seiner Frau treu ergeben. Doch das entspannte Elissa nicht. Der Lauf der Schusswaffe blieb unnachgiebig zwischen ihre Augen gerichtet.

Der Sturm tobte noch immer in Brixtons Augen, doch seine Gesichtszüge waren so undurchdringlich, als wären sie aus Stein gemeißelt. Sein Griff um die Pistole blieb fest, während sein Blick plötzlich ruhig wurde.

Im selben Moment, in dem Elissa in den Augen ihres Halbbruders erkannte, dass er sie nicht erschießen würde, sah es auch Valerie Brixton.

Und dann geschah auf einmal alles gleichzeitig.

Daniel Williams trat durch die Tür. Jäh riss Valerie ihrem Mann die Waffe aus der Hand. Der Geruch nach versengtem Fleisch füllte Elissas Nase.

Harrys alarmierte Stimme rief etwas. Im selben Moment durchdrang ein Brüllen den Raum. Der lodernde Hass in Valerie Brixtons Blick brannte sich in Elissa.

Diesmal wäre ihr Schuss tödlich.

Ein dunkler Schatten füllte Elissas Blickfeld. Raphael warf sich auf sie, die Luft wurde aus ihren Lungen gepresst.

Metall blitzte auf.

Sarais gellender Schrei durchschnitt die Luft.

Ein Schuss fiel.

35

Stille breitete sich aus in dem Raum mit den vertäfelten Wänden, nachdem auf den ersten Schuss zwei weitere gefolgt waren.

Begraben unter Raphaels Körper, dem Gewicht seiner nun bewegungslosen Muskeln, wurde Elissas Körper grob gegen den Boden gedrückt. Sein Brustkorb lag auf ihren Schultern, presste ihre Wange gegen das Holz. Es war warm unter ihrer Haut, roch nach dem Wachs, mit dem Mrs Martin und sie die Dielen erst letzte Woche gebohnert hatten. Ihr rechtes Schulterblatt bohrte sich schmerzhaft verdreht in das glatte Holz.

Sarai rief etwas, Geräusche drangen gedämpft zu Elissa durch, doch sie hörte sie kaum. Unbeteiligt beobachtete sie, wie sich auf Raphaels Hemd ein roter Fleck bildete. Erst verfärbten sich nur einzelne Fäden, wie bei den Eisblumen, die im Winter am Fenster wuchsen. Dann der ganze Stoff. Das kleine Stück Haut an Raphaels Hals, das Elissa in ihrer unbequemen Position sehen konnte, wurde blasser, während das Blut sich gemächlich, als hätte es alle Zeit der Welt, zu einem Tropfen formte.

Auf einmal löste sich der Blutstropfen, landete wie ein grausamer Weckruf auf Elissas Stirn. Und befreite sie ganz plötzlich aus ihrer Schockstarre. Ihr Herzschlag, den sie kaum mehr wahrgenommen hatte, wurde schneller, stärker. Ein weiterer Blutstropfen fiel auf ihre Stirn, lief in ihren Haaransatz.

Sie musste den Blutfluss stoppen, musste sich um Raphael kümmern! Doch sie konnte sich nicht regen, konnte kaum überhaupt atmen. Sie war gefangen unter Raphaels Körper, der die Kugel abgefangen hatte. Die Kugel, die für sie bestimmt gewesen war!

„Raphael!" Ihr Ausruf kam nur als ein ersticktes Flüstern über ihre Lippen. Und rief keinerlei Reaktion hervor. Verzweiflung legte sich wie ein eiskaltes Band um ihre Mitte, zog sich immer enger.

Dann plötzlich bewegte sich Raphaels Körper und Elissa holte tief Luft. Erleichterung ließ weitere Tränen aus ihren Augen strömen – bis Daniel Williams' Kopf über ihr auftauchte, sein besorgter Blick sie musterte. Und Elissa verstand, dass *er* seinen bewusstlosen Bruder von ihr heruntergezogen hatte. Dass es nicht Raphael war, der sich bewegt hatte.

Ihr Blick schnellte zu seiner reglosen Gestalt. Das Blut hatte sich von seiner Schulter inzwischen bis über die Brust ausgebreitet, stach hervor im scharfen Kontrast zu seiner aschfahlen Haut.

„Raphael!" Elissa begann, gegen ihre Fesseln zu kämpfen. Nahm nur entfernt wahr, wie Daniel ihren Namen rief. Seine große Hand auf ihrer Schulter ließ sie innehalten. Wortlos zückte er ein Messer und zerschnitt ihre Fesseln.

Sobald sie frei war, stürzte sie an Raphaels Seite. Still lagen seine dunklen Wimpern auf den blassen Wangen. Ihre Hände wanderten hektisch über seinen Brustkorb, suchten nach Leben in seinem bewegungslosen Körper.

Auf einmal öffneten sich seine Augen und seine unfokussierten Pupillen suchten nach ihr. Seine linke, seine unverletzte Schulter bewegte sich, seine Hand tastete suchend über den Boden. Rasch griff Elissa nach ihr, holte scharf Luft, als sie die Verbrennungen um seine Handgelenke, das rohe Fleisch sah, das die brennenden Seile hinterlassen hatten.

Vorsichtig streichelte sie seinen Handrücken. „Ich bin hier."

Er holte zitternd Luft, sein Griff um ihre Hand überraschend fest. „Bleib." Unverhohlene Furcht lag in seiner rauen Stimme.

„Ich bleibe, Raphael. Ich verspreche es."

Er seufzte, dann entspannte sich sein Körper und seine Muskeln wurden schlaff.

„Raphael!" Selbst die Angst, die ihre Stimme zittern, ihre Finger kribbeln ließ, brachte Raphael nicht dazu zu reagieren. Bewusstlos lag er da, während sein Blut eine allmählich größer werdende Pfütze auf dem Boden bildete.

Plötzlich war Sarai an ihrer Seite und drückte ein Stück weißen Stoff gegen seine Wunde. Elissa warf ihr einen dankbaren Blick zu. Vergewisserte sich, dass Raphaels Brustkorb sich weiter hob und senkte. Erst dann hob sie zum ersten Mal, seit die Schüsse gefallen waren, den Kopf und musterte ihre Umgebung.

Harry lag ein Stück entfernt auf dem Boden. Über seinem Wangenknochen begann eine dunkle Verfärbung sichtbar zu werden, während sein eines Auge beinahe komplett zugeschwollen war. Ein Stück neben ihm stand Daniel, nun, nachdem er die beiden Frauen befreit hatte. Erst jetzt fiel Elissa auf, dass der Jüngere der Williams-Brüder nicht viel besser aussah als sein vermutlicher Kontrahent. In der Hand, in der er vorhin das Messer gehalten hatte, mit dem er ihre Fesseln gelöst hatte, lag nun eine Pistole. Und er hielt sie auf Jack Brixton gerichtet.

Doch dieser schenkte der auf ihn zeigenden Schusswaffe keinerlei Aufmerksamkeit. Schweigend kniete er neben der stillen Gestalt seiner Frau. Die grüne Seide ihres Kleides lag elegant um sie herum ausgebreitet, Schönheit vollkommen unberührt von dort, wo ein dunkler Fleck auf ihrer Brust blühte, ihre Augen leblos zur Decke starrten.

Das Knistern des Feuers drang an Elissas Ohren, sein flackerndes Licht ließ die Schatten bedrohlich tanzen. Doch Elissa konnte den Blick nicht lösen von dem nun seltsam ruhigen Gesicht, das jede Emotion verlassen hatte. Auf dem kein Hass mehr stand, keine Rache drohte. Und dem zugleich jedes Leben, jedes Lachen fehlte.

Eigentümlich taub beobachtete sie, wie die große Hand ihres Halbbruders sanft die Augen seiner Frau schloss. Wie er sie ein letztes Mal auf die Stirn küsste.

Schwerfällig wie ein Greis erhob er sich. Seine Knie knackten laut in der Stille. Der Blick in seinen Augen war leer und zugleich dicht, als hätte er die Mauern darin wieder hochgezogen, den Schutzwall wieder aufgebaut.

Rauch stieg in Elissas Nase, doch neben Brixton, der dabei war, das Zimmer zu verlassen, und Sarai, die um Raphaels Leben kämpfte, verlor das Feuer im Ofen, die Macht der Erinnerungen an Bedeutung.

Ihr Halbbruder wandte sich um, ging in Richtung der Tür, ohne der Pistole, die weiterhin auf ihn gerichtet war, auch nur die geringste Beachtung zu schenken. In der Tür blieb er stehen, drehte sich ein letztes Mal um. Und trotz der Barrieren, trotz der Schutzmauer sah Elissa es in seinem Blick. Er hatte sie nicht erschossen. Doch er würde auch nicht bleiben, um zu helfen.

Mit einer seltsam drängenden Eile fragte sie: „Warum? Warum hast du nicht auf mich geschossen?"

Er verschränkte die Arme vor seiner Brust, neigte den Kopf. „Meine offene Rechnung war mit unserem Vater. An ihm wollte ich mich rächen. Sein dreckiges Geld ist mir egal, ich habe selbst genug."

Die Härte in seinen Worten ließ keinen Zweifel daran, dass die Gerüchte wahr waren, wie er an diesen Reichtum gekommen war. Der Blick, mit dem er Elissa bedachte, war eisern. Verbot ihr jedes weitere Wort und verspottete sie, die verwöhnte junge Frau, der alles zugefallen war. Die junge Frau, die um nichts hatte kämpfen müssen, die nichts selbst verdient hatte.

Elissa straffte die Schultern. Jene junge Frau gab es schon lange nicht mehr. Der verbietende Blick ihres Halbbruders würde ihr nicht ihre vermutlich einzige Chance auf Antworten nehmen. Nicht nach allem, was sie in den langen Jahren der Flucht ertragen hatte.

Und auch wenn sie nicht sicher war, ob sie die Antwort auf ihre Frage überhaupt hören wollte, konnte sie die Worte nicht daran hindern, über ihre Lippen zu kommen: „Wieso um alles in der Welt hatte unser Vater Rache verdient? Ich kenne keinen Menschen, der mehr an die Armen gespendet hätte, der liebevoller war zu seiner Familie als er."

Brixton lachte bitter auf. „Also ist er ein Sieger, nur weil er sein Verliererblatt unter den Tisch hat fallen lassen, gute Miene aufgesetzt hat zum bösen Spiel?"

Unter der mühsam unterdrückten Wut hörte Elissa Ehrlichkeit heraus. Und ahnte, dass sie tief innen drin nicht hören wollte, was er als Nächstes zu sagen hatte.

„Hat je irgendjemand John Belham dafür bestraft, dass er als Offizier in der königlichen Marine eine Frau geschwängert und sie dann einfach vergessen hat? Hat er je darunter gelitten, dass er diese Frau krank und ohne Hilfe in einem feuchten Drecksloch in den Docks zurückgelassen hat? Dass er sie mit ihrem neugeborenen Sohn alleingelassen hat, selbst als sie ihn nur um eine andere Unterkunft angefleht hat, um einige Pennys?"

Seine Nasenflügel bebten, als er mühsam beherrscht weitersprach: „Und während wir beinahe verhungert wären und auf den Straßen betteln mussten, ist dein geliebter *Vater* in seiner Kutsche an uns vorbeigefahren. Hat seine schöne neue Familie verwöhnt mit scheinbar endlosem Reichtum. Während wir nur einige wenige Schilling für Medikamente gebraucht hätten … Ist es Mord, dass ich den Mann umgebracht habe, der für den Tod meiner Mutter verantwortlich war?"

Ekel stand auf Brixtons Gesicht, als er auf den Boden spuckte. Sein Blick ließ sie nicht los. „Ich sage dir, es war gerecht. *Mein* Gesetz." Die schwelende Glut in seinen Augen wurde kalt. „Und falls es einen Gott gibt, sicherlich auch *sein* Gesetz. Dann wird John Belham eines Tages neben mir in der Hölle schmoren. Und er wird mir recht geben."

Elissa blinzelte. Biss sich fest auf die Zähne. Schweiß lief über ihre Schläfe.

Sie konnte die Erzählung ihres Halbbruders nicht in Einklang bringen mit dem liebevollen Vater ihrer Kindheit. Konnte die grausame Person nicht einmal in Verbindung bringen mit dem Mann, der behutsam ihre Tränen getrocknet hatte, wenn sie sich ein Knie aufgeschlagen hatte.

Doch sie konnte das Licht der Wahrheit, das in Brixtons Augen leuchtete, auch nicht vollkommen ignorieren. Und ihren Vater nach seiner Wahrheit zu fragen, war ebenfalls unmöglich.

Denn er war tot. Ermordet von diesem Mann. Durch die Explosion, die ihr einfach alles genommen hatte. Deren knisternde Flammen sie selbst jetzt noch hören konnte.

„Und am Strand?" Ihre Frage war beinahe tonlos. Leise hustete sie. Ihr Blick flackerte erneut zu seiner Augenklappe.

Brixtons Lippen verzogen sich zu einem zynischen Lächeln.

„Ich habe nie gesagt, dass ich ein sanftmütiger Mann bin." Sein Blick wanderte über ihr entstelltes Gesicht. „Du hast genug gelitten."

Mit diesen Worten drehte er sich um und verließ den Raum.

Und ließ Elissa zurück in dem Scherbenhaufen, zu dem seine Rache, der Hass seiner Frau, ja selbst seine Worte, ihre Welt zerschlagen hatten.

Durch ihre wie zugeschnürte Kehle holte sie mühsam Luft. Der dicke Rauch, der dabei den Weg in ihre Lunge fand, brachte sie zum Husten.

Ein Warnschrei ließ sie herumwirbeln. Ihre Augen wurden weit, als sie sah, was sie über dem Gespräch mit Brixton kaum wahrgenommen hatte.

Sarai saß neben Raphael, presste noch immer ihre blutbedeckten Hände auf seine Wunde, während ihre aufgerissenen Augen auf die hintere Zimmerecke gerichtet waren. Daniel, der Elissa die Warnung zugerufen hatte, packte den Arm seiner Schwester und schrie sie an: „Los! Wir müssen hier raus!"

Um den Ofen herum stand das Zimmer in Flammen. Wie ein gieriges Monster kletterten sie an den Vorhängen hinauf, suchten nach immer mehr Nahrung. Ihr bedrohliches Fauchen ließ Elissa erstarren.

Sie spürte, wie das Blut aus ihrem Gesicht wich. Die Flammen rückten näher. Die Vergangenheit drohte sie einzuholen. Schmerzen, die sie kaum ertragen konnte. Selbst die Erinnerung daran war kaum auszuhalten.

Sarai schrie: „Elissa!"

Nur langsam fand ihr Blick die junge Frau, die noch immer neben Raphael kniete.

Sarai, die bemerkt zu haben schien, wie sehr Elissa neben sich stand, rief ihr erneut zu: „Elissa, komm!"

Daniels überraschter Blick richtete sich auf sie. Doch er fing sich schnell wieder, nahm ihren Arm und zog sie weiter weg von den hungrigen Flammen, die inzwischen zu groß geworden waren, um sie noch löschen zu können.

Mit zögerlichen Schritten ging sie auf Sarai zu, ließ sich neben Raphael auf die Knie fallen. Diese griff nach ihren Händen. Für die Situation beinahe unwirklich sanft, wies sie sie an: „Drück hier, so fest du kannst!"

Elissa kam ihrer Aufgabe nach, während ihr Blick weiterhin gebannt den Weg der Flammen verfolgte. Aus dem Augenwinkel beobachtete sie, wie Daniel sich Sarai zuwandte. „Ihr müsst hier raus, ich nehme Raphael!"

Sarai schüttelte energisch den Kopf: „Das schaffst du nicht alleine! Du bist verletzt!"

Elissa hatte keine Verletzung an dem jungen Mann gesehen, doch sie wagte es nicht, ihren Blick vom Feuer zu lösen. Dann kam ihr ein anderer Gedanke: „Mrs Martin!"

Ihr leiser Ausruf ging unter im Knistern der Flammen und der Diskussion der Williams-Geschwister. Sie wiederholte, dieses Mal lauter: „Jemand muss nach Mrs Martin schauen!"

Augenblicklich sprang Sarai auf und eilte in Richtung der Tür. „Ich mach das! Schafft Raphael hier raus."

Elissa erklärte ihr den Weg und wandte sich dann sofort wieder Raphael zu. Sie musste ihn vor den Flammen, musste sein Leben retten!

Ihr Blick fiel auf das Blut, das sogar zwischen ihren Fingern hervorquoll. Wenn es dafür nicht schon zu spät war.

Der noch auf dem Boden liegende Harry stöhnte, rappelte sich langsam auf. Bemerkte das Feuer, Valerie Brixtons leblosen Blick und humpelte schwankend aus dem Zimmer. Niemand hielt ihn auf.

Daniel beugte sich vornüber, hustete. Seine Stimme war rau, als er sie mit einer Handbewegung zu Raphael aufforderte: „Hilf mir, ihn über meine Schulter zu legen!"

Elissa kam seinen Anweisungen nach, gab ihr Bestes.

Blut tropfte zu Boden von Daniels Hand. Er bedeutete ihr mit dem Kopf, voranzugehen. Unendlich langsam quälten sie sich durch den Flur, ein Kampf gegen die Zeit. Das Blut der Brüder hinterließ eine grausame Spur. Rauch waberte in den Flur, füllte die Decke wie die Gewitterwolken den Himmel.

Elissa warf immer wieder einen Blick zurück. Hoffte, Sarai mit Mrs Martin zu entdecken. Vergeblich.

Schließlich erreichten sie die Treppe. Daniel kämpfte sich Stufe um Stufe hinunter. Sein Atem war laut. Raphaels lebloser Arm schwang mit jedem Schritt hin und her.

Elissa wünschte, sie könnte helfen. Doch sollte Daniel ins Stolpern geraten, hätte sie keinerlei Chance. Jeder der beiden war mehr als einen ganzen Kopf größer als sie. Unaufhörlich murmelte sie den Namen ihres Herrn vor sich hin. Endlich erreichten sie den Treppenabsatz. Elissa flüsterte ein erleichtertes „Danke!", eilte voran und riss die Haustür auf.

Feuchte, kalte Luft schlug ihr entgegen. Ein schneidender Wind trieb den Nieselregen beinahe horizontal durch die Luft. Trotzdem traten sie ins Freie.

Daniel taumelte inzwischen eher, als dass er ging. Unter dem Schutz eines Baumes ließ er seine Last mit einem leisen Ächzen zu Boden sinken. Sofort kniete Elissa sich neben Raphael, presste ihre Hände gegen die noch immer blutende Wunde.

Wie viel Blut hatte ein Mensch? Konnte er überhaupt noch am Leben sein?

Auch Daniels Gesicht war inzwischen schmerzverzerrt. Mit einem sorgenvollen Blick auf Raphael stöhnte er, drückte seine rechte Hand gegen seinen Bauch. Doch er gönnte sich keine Pause.

Hilflos musste Elissa mitansehen, wie er zurück in das brennende Haus rannte. Der leichte Regen durchnässte ihre ohnehin noch feuchte Kleidung, ihre Haare.

Jesus!

Der Wind schien ihre Kleidung einfach zu durchdringen. Ihre rechte Hand schmerzte von dem Druck auf Raphaels Wunde, den auszuüben ihr immer sinnloser erschien. Blut quoll zwischen ihren Fingern hindurch, sammelte sich auf dem matschigen Boden und färbte die Erde rot.

„Hilf uns!" Sie hörte, wie ihr Schrei von der Hauswand zurückgeworfen wurde.

Immer dickere Rauchschwaden drangen aus dem Backsteinhaus. Ein Ruf drang aus der Richtung des Dorfes durch den Regenschleier. Nur zögerlich löste Elissa ihren Blick von dort, wo sie abwechselnd Raphaels aschfahles Gesicht und die Eingangstür beobachtet hatte, in der Hoffnung, eine Regung zu sehen.

Dunkle Schatten kamen auf sie zu. Dann löste sich eine Gestalt aus dem Nebel, der sich über den Weg gelegt hatte. Ihr folgten weitere, bis eine ganze Gruppe Menschen auf sie zukam. Näherte sich Hilfe? Oder war die Bedrohung noch nicht vorbei?

Mit einem letzten Stoßgebet ignorierte Elissa das erschöpfte Zittern ihrer Hände, straffte die Schultern und hob den Kopf. Wer auch immer dort näher kam – sie würde um Raphaels Leben kämpfen, wie er um sie gekämpft hatte.

„Daniel!"

Sarais entsetzter Schrei ließ Elissa herumwirbeln und gerade noch sehen, wie Daniel mit Mrs Martin auf dem Arm durch die Eingangstür taumelte. Sarai, die schon einige Schritte weiter gewesen war, rannte zurück an seine Seite. Doch auch ihr unterstützender Griff um den Arm ihres Bruders konnte nicht verhindern, dass dieser stolperte.

Er fing sich nur mit Mühe. Dann sank er auf die Knie.

Im selben Augenblick ertönte aus dem Haus ein Krachen, das selbst den gewaltigen Donnerschlägen Konkurrenz machte, die vorhin den Raum erschüttert hatten. Flammen züngelten aus den Fenstern.

36

Die Schatten zogen an ihm, zerrten ihn, verspotteten ihn.

„Nein!" Tonlose Worte. Stummes Lachen.

Dunkelheit, die immer näher kroch. Ihn einkreiste. Ihn schon lange gefangen hielt.

Da war nichts als diese bodenlose Dunkelheit. Finsternis, die selbst nach seinem Herzen griff.

Doch er musste sie retten! Musste seinen Körper irgendwie dazu bringen zu funktionieren. Raphael versuchte sich zu erinnern, wen er retten musste. Wovor er retten musste. Doch seine Gedanken schienen zerstreut, als würden sie gejagt von den Schmerzen, die ihm keinen Frieden, keinen Moment der Ruhe ließen.

Bodendielen knarrten und Raphael stellte fest, dass er zum ersten Mal seit Langem wieder bewusst Geräusche wahrnahm. Weicher Stoff lag auf seiner Haut, ein Gewicht drückte behutsam auf ihn – eine Decke?

Wo war er? Die Gerüche kannte er. Doch es konnte nicht sein.

Er wollte den Kopf heben, aber Schmerz pochte hinter seinen Augen. Erträglich, nicht mehr blendend wie zuvor. Dennoch stark genug, um ihn kaum eine Bewegung machen zu lassen.

Trotzdem bewegte er seine linke Hand, um zu fühlen, was ihn umgab, herauszufinden, wo er war. Scharf sog er die Luft ein, als durch die Bewegung ein Verband über seine Handgelenke rieb, wunde Haut brannte, als würde dort noch immer ein Feuer brennen.

Ein Feuer. Der Ofen. Der Raum, aus dem es kein Entkommen gab. Elissa!

Ruckartig versuchte er, sich aufzusetzen, doch ein neuer, scharfer

Schmerz schnitt ihm durch Mark und Bein, raubte ihm die Luft. Seine Schulter schien in Flammen zu stehen. Keuchend holte er Luft, biss die Zähne zusammen. So fest, dass seine Wangen schmerzten, seine Zunge Blut schmeckte.

Kaum nahm er sie wahr, die Schritte, die sich auf der anderen Seite einer Tür näherten. Doch das Knarren, als erst die eine Seite, dann die andere Seite einer Diele unter dem Gewicht einer Person ächzte, als würde sie sich über die Tritte beschweren, war ihm viel zu bekannt. Warum war er hier?

Die Geräusche der lebhaften Londoner Straßen drangen selbst durch das geschlossene Fenster, selbst durch den Nebel an Schmerzen an sein Ohr. Was tat er in seinem Elternhaus? Und wie war er hierhergekommen, wie entkommen aus dem Raum ohne Ausweg?

Zögerlich öffnete sich die Tür. Schwere Schritte traten ein. Ein Mann. Der Geruch, den er an sich trug, kam Raphael nur vage bekannt vor.

„Raphael?" Daniel. Sein Bruder, der nicht einmal eine einzige Nacht in seinem Haus hatte übernachten wollen. Der Sarai bei ihm gelassen hatte, obwohl er es doch hätte besser wissen müssen!

Raphael hielt die Luft an, als das Schluchzen, die Schreie seiner kleinen Schwester aus seiner Erinnerung nach ihm griffen. Kam Sarais Zwilling, um ihn zur Rechenschaft zu ziehen, dass er sie nicht beschützt hatte? Um ihn aufzufordern, sich seiner Familie nie wieder zu nähern?

Raphael würde einer solchen Aufforderung sofort widerstandslos nachkommen. Wenn nur der Schmerz ein wenig nachlassen, ihn tief genug Luft holen lassen würde, um ein wenig zu Atem zu kommen.

Hatte Sarai ihn hierherbringen lassen? Sie würde bestimmt protestieren, sein Vater würde ihn auffordern zu bleiben. Doch Daniel hatte recht. Er hatte hier nichts verloren.

„Raphael?" Daniels Stimme hatte einen neuen, einen beinahe besorgten Unterton, den Raphael nicht verstand.

Unwillkürlich wandte er ihm den Kopf zu.

Auf einmal eilig näherte sich sein kleiner Bruder, blieb ein Stück entfernt stehen. „Du bist wach?"

Raphael brummte leise. Sein Hals war so trocken, dass es sich eher wie ein Krächzen anhörte. Doch er würde seinen Bruder nicht darum bitten, ihm beim Trinken zu helfen. Würde Daniel ihm Vorwürfe machen? Seine Wut über das Geschehene an ihm auslassen?

Holz knirschte beinahe unhörbar – vermutlich trat der junge Mann von einem auf das andere Bein.

„Warum kommst du, Daniel? Bin ich nicht genug gestraft?"

Seine Worte klangen müde, so unendlich müde. Warum war er noch am Leben?

Doch es kam keine Antwort. Keine donnernde Stimme aus dem Himmel. Und auch sein Bruder schwieg.

Raphael konnte sich die Abneigung auf seinem Gesicht, die ihm so oft entgegengeblickt hatte, nur zu gut vorstellen. Die Eiseskälte, die manches Mal zu heißem Hass geschmolzen war.

Metall klapperte, als Daniel etwas auf einem Beistelltisch abstellte. „Ich will nicht, dass du leidest."

Raphael holte überrascht Luft. Nach all der Zeit konnte er den leisen Worten nicht wirklich Glauben schenken.

Daniel kam näher. Ein Stuhl neben Raphaels Bett ächzte, als der große Mann sich darauf niederließ. Die kostbaren Stoffe seines Anzugs raschelten leise, als sein Bruder, inzwischen der mächtige Erbe eines riesigen Handelsunternehmens, unbehaglich auf dem teuren Polster herumrutschte.

Dann blieb er auf einmal still sitzen. Seine Stimme war ruhig, klang beinahe ein wenig rau, als er anfing zu reden: „Ich habe gehört, was Sarai zu dir gesagt hat. Dort in deiner Bibliothek. Und ich stimme ihr zu."

Raphael lachte bitter auf, bereute es noch im selben Moment, als stechender Schmerz seine blinden Augen blendete. Er konnte ein

Wimmern nicht ganz unterdrücken, versuchte keuchend, wieder zu Atem zu kommen.

Monatelang hatte er seine Erblindung vor seiner Familie geheim gehalten, hatte keine Schwäche zeigen wollen vor diesem Bruder, dessen verurteilende Blicke ihn noch tiefer getroffen hatten als die Vorwürfe, die er sich selbst machte. Und nun lag er hier. Hatte nicht einmal genug Kraft, um den Kopf zu heben, geschweige denn sich aufzusetzen.

Daniel legte eine beruhigende Hand auf seine linke Schulter. Am liebsten hätte Raphael sie abgeschüttelt. Doch die Schmerzen fesselten ihn, machten beinahe jede Bewegung unmöglich.

„Raphael, ich meine das ernst. Ich weiß, was ich früher gesagt habe. Aber ich war sechzehn und hatte gerade meine Mutter verloren! Es war meine Trauer, die aus mir sprach."

„Und doch waren es wahre Worte, nicht wahr? Ich war schuld an dem, was passiert ist. Und damit werde ich immer leben müssen."

Daniel zog seine Hand zurück und obwohl Raphael eben noch verabscheut hatte, dass sein kleiner Bruder ihn zu beruhigen versuchte, während er sich nicht einmal gegen die Berührung wehren konnte, vermisste er nun die zerbrechliche Verbindung, die es zwischen den beiden Brüdern seit fast zehn Jahren nicht mehr gegeben hatte.

„Vielleicht warst du derjenige, der verursacht hat, was an jenem Abend passiert ist. Aber du bist sicher nicht derjenige, der unserer Mutter das Leben nahm! Das kann nur der eine, der es auch gegeben hat."

Raphael hörte an der Stimme seines Bruders, am Knarren des Stuhls, dass er sich vorbeugte; ahnte seine Eindringlichkeit, als er fragte: „Bist du Gott?"

Bist du Gott?

Nein, natürlich nicht. Sonst wäre vieles nicht passiert, vieles anders gelaufen. Und doch hatte er so oft versucht, Leben zu retten, wiedergutzumachen, was für andere schmerzhaft, was schiefgelaufen war.

Während er sich selbst immer als hoffnungslosen Fall betrachtet hatte. Beinahe Angst gehabt hatte vor der Hoffnung selbst.

Daniels tiefe Stimme schnitt ein weiteres Mal durch seine Gedanken: „Falls es dir hilft, das zu hören: Ich vergebe dir. Der Einzige, der dir jetzt noch vergeben muss, bist du selbst."

Die Worte klangen hart. Und wahrscheinlich hatte er das verdient. Wie oft hatte er sich selbst bis über seine Grenzen getrieben in dem Versuch, seine Fehler wiedergutzumachen?

Wie sehr war er nach seiner Erblindung im Selbstmitleid versunken, hatte gedacht, nichts könnte ihm jemals wieder Freude bringen?

Wie viele Male hatte Gott ihm Menschen geschickt, die ihn liebevoll korrigierten, Wahrheit zusprachen?

Wie lange hatte er Gott selbst ignoriert? Die Aufforderung zu vergeben. Und zu vertrauen.

Daniel erhob sich langsam.

„Daniel?" Raphael hörte, wie der jüngere Mann innehielt. Die Brüder hatten nie wirklich miteinander über Emotionen geredet. Hatten seit fast einem ganzen Jahrzehnt kaum überhaupt miteinander geredet. Es war schwer. Schwerer als erwartet. Doch Raphael zwang das Wort, das sein Inneres erfüllte, über seine Lippen: „Danke."

„Natürlich. Es tut mir nur leid, dass ich so lange gebraucht habe."

Raphaels Lippen verzogen sich zu einem Lächeln.

Daniel wandte sich zum Gehen.

„Warte!" Schnell griff Raphael mit seiner linken Hand nach Daniel. Ignorierte die Schmerzen. Bekam nur den rauen Stoff eines Verbands um Daniels rechte Hand zu fassen. „Was ist passiert?"

Daniel lachte leise: „Ich wollte noch gar nicht gehen. Eigentlich bin ich vor allem gekommen, um deinen Bart zu schneiden. Du siehst aus wie etwas, das die Katze von der Straße geholt und wieder ausgespuckt hat."

„Na danke." Raphaels Stimme war staubtrocken, doch er konnte nicht das verlegene Grinsen verhindern, das seine Mundwinkel nach oben bog. Die Kraftlosigkeit und Schmerzen, die seinen Körper in die Matratze drückten, ließen ihn sich tatsächlich ein wenig fühlen wie etwas, das einmal durchgekaut und wieder ausgespuckt worden war.

„Folgender Vorschlag: Du lässt mich deinen Bart trimmen und ich erzähle dir währenddessen, was passiert ist."

„In Ordnung." Das war eine Abmachung, bei der Raphael doppelt gewann. Endlich würde er erfahren, wie es Elissa und seiner Schwester ging, und zugleich würde er sich dann hoffentlich wieder ein wenig mehr wie ein menschliches Wesen fühlen. Außerdem wusste er, dass er das Friedensangebot seines Bruders so oder so niemals hätte ablehnen können. Denn nichts anderes war es.

„Kann ich dir mit einem Messer an meinem Hals vertrauen?" Seine Stimme krächzte ein wenig, so trocken war sein Mund, sein Hals.

Er hörte Daniel leise lachen. Dann plätscherte Wasser und sein Durst wurde so viel schlimmer. Plötzlich spürte er kaltes Glas an seinen Lippen und die Hand seines Bruders, die vorsichtig seinen Kopf ein Stück hob.

Etwas Wasser lief über sein Kinn, in seinen Kragen, doch er war so ausgedörrt, dass er weder dem kalten Wasser noch der Demütigung sonderlich viel Beachtung schenkte.

Das Schweigen wurde größer, drückender, doch Daniels tiefe Stimme füllte es bald: „Du bist mehr als drei Tage lang nicht aufgewacht. Dein ungewöhnliches Dienstmädchen wird sich unglaublich freuen, wenn es hört, dass du wieder unter uns weilst. Ich glaube, ich habe noch nie ein zäheres kleines Ding erlebt als sie. Erst als sie vor Müdigkeit beinahe von dem Stuhl hier gefallen ist, konnte Sarai sie davon überzeugen, endlich schlafen zu gehen. Und Vater wird bestimmt auch gleich wieder da sein, er wollte nur kurz etwas essen. Bis auf dein Dienstmädchen hat fast niemand mehr geglaubt, dass du überhaupt wieder aufwachst."

Der sonst eher ruhige Daniel räusperte sich, gab Raphael einen weiteren Schluck zu trinken und fuhr fort: „Es tut mir leid, zuzugeben, dass ich selbst auch nicht ganz sicher war, ob ich dich für deine Lady hübsch mache oder für deine Beerdigung. Entschuldige."

Drei Tage! Und immer noch war er so müde, als hätte er seit Wochen kaum geschlafen. Doch zugleich fiel ihm ein riesiges Gewicht vom Herzen. Es ging den beiden Frauen also gut!

Und Elissa war hier! Sein Herz machte einen freudigen Satz.

Hieß das, sie hatte sich entschieden, ihn nicht zu verlassen? Oder hatte sie nur abwarten wollen, ob er überlebte, um sich dann endgültig zu verabschieden?

Raphael trank einen weiteren Schluck. Als das kühle Glas schließlich seine Lippen verließ, fühlte er sich deutlich besser und sogar das Pochen in seinem Schädel ließ ein wenig nach. Er hörte, wie Daniel das Glas auf dem Nachtschrank platzierte.

„Danke." Er begann sich zu wiederholen. Und doch fiel es ihm mit jeder Minute schwerer, sich dafür zu schämen, auf so viel Hilfe angewiesen zu sein. So viel Unterstützung zu bekommen von seinem Bruder. Der Bruder, von dem er gedacht hatte, dass er froh wäre, wenn es Raphael endlich nicht mehr geben würde.

Und nun stand Daniel hier, bereit, ihm den Dienst zu erweisen, den jeder Kammerdiener hätte tun können. Konnte er sie annehmen, diese Vergebung? Diesen Freispruch Gottes, selbst im Angesicht seiner offensichtlichen Schuld?

Müdigkeit zog an ihm, ließ ihn die Augen schließen, während sein Bruder sich an seinem Bart zu schaffen machte. Doch er wehrte sich gegen den Schlaf. Ließ zu, dass ihn die Stimmen umarmten, die versucht hatten, seine Selbstanschuldigungen mit der Wahrheit zum Schweigen zu bringen.

Sein Vater, der ihm nie die Schuld gegeben hatte an dem, was passiert war.

Mrs Martin, die mit ihm sogar in den Norden gereist, die ihn trotz seiner manchmal schroffen Worte nicht aufgegeben hatte.

Und Elissa.

Elissa, die ihn ermutigt, ihn zum Lachen gebracht, ihm wieder Schönheit gezeigt hatte. Die ihm klar und eindeutig gesagt hatte, dass nicht er es war, der über Leben und Tod bestimmte.

Sarais sanfte Stimme: *„Ich will doch nur, dass du endlich siehst, dass Gott die Schuld, von der du denkst, dass du sie trägst, schon lange auf sich genommen hat."*

Und nun sein Bruder.

Raphael seufzte. Gab den Schmerz, an den er sich so lange geklammert hatte, aus seinem Herzen.

Und ließ sich von der Gnade finden.

37

Durch ein geöffnetes Fenster drang die noch immer kalte Frühlingsluft herein und mit ihr die Gerüche und Geräusche Londons. Ein Junge schrie etwas, Gespräche vermischten sich zu einem Murmeln und Hufe klapperten einen lebhaften Rhythmus.

In den letzten Jahren ihrer Flucht hatte Elissa nie geglaubt, je wieder hierher zurückzukehren. In diese Stadt, aus der sie nach dem Mord an ihrer Mutter voller Furcht geflohen war.

Nun, nachdem Sarai sie zu einigen Stunden Schlaf überredet hatte, begannen ihre Gedanken allmählich wieder klarer zu werden. Was war wohl aus Hattie geworden? Aus dem Stadthaus ihrer Familie? Aus ihrem Erbe? Hatte irgendjemand daran geglaubt, dass sie noch am Leben war? Da Brixton sie nicht für tot hatte erklären lassen, würde ihr Erbe vermutlich noch auf sie warten.

Wie ein Echo, das unheimlich durch eine verlassene Gegend hallte, hörte sie die Worte ihres Bruders in ihren Gedanken, fragte sich, was davon Wahrheit und was in Bitterkeit und Zorn verdreht worden war. Ihren Vater fragen war nicht mehr möglich. Nur vergeben konnte sie.

Und sie wusste, das würde sie auch. Bald. Wenn der Schmerz nicht mehr ganz so frisch, ihre Gedanken nicht mehr in allzu wilder Unruhe waren. Und wenn Raphael endlich aufwachen würde! Wie sie es überstehen sollte, falls er nie wieder die Augen öffnen, nie wieder mit ihr sprechen würde, wusste sie nicht.

Sie versuchte, ihr Herz davon zu überzeugen, weiter zu hoffen, weiter daran zu glauben, dass es den ihr so geliebten Mann noch gab. Irgendwo in dem stillen Körper, hinter den geschlossenen Augen, die sie die letzten Tage bangend und hoffend, mal erschöpft und mal eindringlich betend angesehen hatte. Die sie beobachtet hatte in der Hoffnung, auch nur ein leichtes Flattern der Wimpern, ein leichtes Zucken um die Mundwinkel zu entdecken.

Drei Tage. Drei lange Tage, die sie an seiner Seite gewacht hatte. In denen sie ihm vorgesungen, mit ihm geredet hatte, ohne je eine Antwort zu erhalten. Tage, in denen sie neben ihm geschwiegen hatte, wenn ihr die Worte ausgegangen waren. In denen sie ihm aus der Bibel vorgelesen hatte, versucht hatte, nicht die Hoffnung aufzugeben. In denen sie Raphaels Familie kennengelernt, den Geschichten aus seiner Kindheit gelauscht hatte. In denen sie gehofft hatte, dass die Familie Williams sie weiter in ihrem Haus dulden würde.

Mit Sarai gemeinsam war sie über einen Bibelvers gestolpert, der ihr Herz nicht mehr losließ: *Wir rühmen uns auch der Trübsale, da wir wissen, dass die Trübsal Ausharren bewirkt, das Ausharren aber Erfahrung, die Erfahrung aber Hoffnung; die Hoffnung aber beschämt nicht.*

Seitdem versuchte sie, sich an diesen Worten aus dem Römerbrief festzuklammern. Die Hoffnung zu wählen.

Doch sie wusste, dass sie keine Garantie dafür waren, dass Raphael endlich wieder zu ihnen zurückkehrte. Denn wenn diese Verse von Hoffnung sprachen, dann von der Hoffnung auf *Gottes* Herrlichkeit. Nie davon, dass in diesem Leben alles gut sein würde.

Und zugleich war es, als würde Gott selbst sie tragen, ihr liebevoll wunderschöne Momentaufnahmen zeigen. Selbst in diesen schweren Stunden kam Elissa nicht umhin, Schönheit zu entdecken, wohin sie auch sah.

Schönheit in der Zuneigung, mit der Karl Williams seinem so schwer verletzten Sohn die Haare aus der Stirn strich, während seine Lippen sich in stillem Gebet bewegten.

Schönheit in dem medizinischen Können, mit dem Raphaels Studienfreunde sich um ihn kümmerten in der Zuneigung, die Elissa aus der Sorge auf ihren Gesichtern ablesen konnte.

Schönheit in der wortlosen Unterstützung, in der Daniel Williams' starker Arm sich um seine Schwester legte; in dem Vertrauen, mit dem Sarai sich an ihn lehnte, bei ihm ihre Tränen zuließ.

Schönheit in dem weichen Bett, dem Dach über ihrem Kopf, das die Familie Williams ihr, einer Fremden, angeboten hatte. In der Freundschaft, die seit jenen angsterfüllten Momenten in Raphaels Haus auf dem Land zwischen Sarai und ihr aufgeblüht war.

Schönheit darin, wie das Sonnenlicht am Morgen Raphaels stilles Gesicht streichelte, als wollte es ihn liebevoll erwecken. Selbst Schönheit darin, wie das Leben auf den Straßen weiter seinen beinahe eiligen Gang ging, während es in diesem Haus zum Stillstand gekommen zu sein schien, Raphaels Leben Tag um Tag in der Schwebe hing.

Elissa ertappte sich selbst dabei, wie sie zum Rhythmus ihrer Schritte mit einem leisen, etwas melancholischen Summen in das Lied der Vögel eingestimmt hatte. Ihre Schritte wurden ein wenig langsamer, als sie sich Raphaels Krankenbett näherte, und sie versuchte, gegen die in ihr aufkeimende Hoffnung anzukämpfen. Sie wusste nicht, wie oft sie es noch verkraften könnte, ihre aufblühenden Hoffnungen auf dem Boden liegend, zerbrochen zu sehen.

Eine Bodendiele knarrte an der inzwischen schon gewohnten Stelle unter ihren Füßen. Plötzlich drangen Männerstimmen an ihr Ohr und Elissa blieb nach einigen weiteren Schritten im Türrahmen zu Raphaels Zimmer stehen.

Sie nahm Daniel kaum wahr, der soeben nach einem Handtuch griff, sah kaum, dass Raphaels Bart erst zur Hälfte getrimmt war. Wie gebannt war ihr Blick gerichtet auf seine offenen Augen, die ohne etwas zu sehen die Decke anstarrten. Auf seinen Mund, der sich bewegte. Dann verstummte er und sein jüngerer Bruder erzählte weiter. Keiner der Brüder schien Elissa bemerkt zu haben, die sich so fest am Türrahmen festkrallte, dass ihre Fingerspitzen weiß wurden. Die Erleichterung ließ ihre Knie weich werden, erfüllte sie.

Raphael war aufgewacht!

Als hätte jemand einen riesigen Felsblock von ihr heruntergezogen, atmete sie zum ersten Mal seit Tagen wieder tief durch. Vielleicht sogar zum ersten Mal, seit sie Raphaels zerschmetterte Gestalt auf dem Boden seines Esszimmers entdeckt hatte.

Selbst nachdem Daniel mit Mrs Martin auf dem Arm aus dem brennenden Gebäude gestolpert war, hatte es kaum einen Moment gegeben, in dem Elissa zur Ruhe gekommen war.

Noch während Raphaels Zuhause wütend fauchend in Flammen aufgegangen war, waren ihnen die Bewohner des Dorfes zu Hilfe geeilt. Wahrscheinlich hatten die Schüsse sie angelockt. Doch Elissa waren sie wie ein kleines Wunder erschienen, wie sie dort mit Haushaltsgegenständen und Mistgabeln bewaffnet und zugleich mit besorgten Gesichtern aus dem Regen aufgetaucht waren.

Nachdem Mrs Martin und Raphael mit ihrer Hilfe in die einzige Herberge der kleinen Häuseransammlung gebracht worden waren, hatte die Heilerin Elsbeth Raphaels Wunden versorgt. Auf ihrem runzligen Gesicht hatte sich dabei kaum auch nur der Anschein eines Hoffnungsschimmers gezeigt. Währenddessen waren immer weiter dunkle Rauchschwaden durch den Nebel gedrungen, hatten sich mit den Wolken vermischt.

Für Raphaels Haus war jegliche Hilfe zu spät gekommen, es war zu Valerie Brixtons brennendem Grab geworden. Doch Raphaels Haushälterin hatte erfreulicherweise kaum neue Wunden davongetragen. Brixtons Männer hatten Mrs Martin scheinbar nicht als Gefahr gesehen, die verletzte Frau lediglich an ihr Bett gefesselt und mit Laudanum betäubt. Schon als sie im Dorf angekommen waren, hatte die Wirkung nachgelassen. Der Kampf um Raphaels Leben dagegen hatte in der engen Herberge erst begonnen.

„Und dann? Was ist mit deiner Hand passiert?" Raphaels leise Worte drangen an Elissas Ohr. Und obwohl ein Kratzen darin lag, obwohl seine Stimme so unglaublich schwach klang, war es das schönste Geräusch, das sie seit Langem gehört hatte. Still blieb sie im Türrahmen stehen, betrachtete einfach nur das geliebte, nun wieder mit Leben gefüllte Gesicht.

„Ich … ich bin nicht sicher. Es ist so viel gleichzeitig passiert. Die Frau hat ihre Waffe gehoben und ich wusste, sie würde schießen. Es …“

Daniel holte ein wenig zittrig Luft. „Es war meine Kugel, die ihr das Leben nahm. Und ihre Kugel, die dich traf. Ich glaube, ihr Mann hat versucht, ihren Tod zu verhindern. Er hat mir die Pistole aus der Hand geschossen. Aber er war ein wenig zu spät. Und wie deine Schulter dir sicher bestätigt – ich auch.“

„Aber Sarai ist unverletzt? Und Elissa auch?“

Daniels Hand ging weiter ruhig ihrer Beschäftigung nach, während er seinen Bruder beruhigte: „Ja. Auch wenn du dein Bestes versucht hast und dein Dienstmädchen beinahe zerquetscht hättest.“

Der Jüngere der Brüder lachte leise, beruhigte Raphael, als dieser etwas aufgebracht klingend fragte: „Aber es geht ihr gut? Und sie ist hier?“

Ihr Herz wurde warm, als Elissa die Sorge in seiner Stimme hörte, die Sorge um sie. Wo es doch *er* war, um dessen Leben das ganze Haus seit Tagen gebangt hatte.

Dann wurde ihr Herz auf einmal eiskalt, als Daniel ganz sachlich feststellte: „Du weißt, dass du sie so schnell wie möglich wirst heiraten müssen? Es wäre ein Skandal, wenn je jemand herausfindet, dass die Tochter der Belhams monatelang in deinem Haus gelebt hat.“

Die Kälte breitete sich bis in Elissas Finger aus. Ihr ganzes Gesicht kribbelte. Also wusste Daniel Williams genau, wer sie war.

Als er dort in der Herberge mit einem Blick auf Elsbeths gebeugte Gestalt und ihre verbogenen Finger beschlossen hatte, Raphael nach London zu bringen, damit er die bestmögliche Versorgung erhalten könnte, hatte er sie zurücklassen wollen. Er war schon dabei gewesen, ihr Anweisungen für Mrs Martins weitere Pflege in der Herberge zu geben, als Sarai den Raum betreten und ihm sofort widersprochen hatte. Dabei war eine hitzige Diskussion zwischen den Geschwistern ausgebrochen, während der Daniel seine eigene, noch immer blutende Hand vollkommen ignorierte. Erst als Elsbeth darauf bestand und Sarai ihn darauf hinwies, dass er den Teppich ihrer Gastgeberin volltropfte, siegte anscheinend seine gute Erziehung und er unterbrach die Diskussion mit seiner Schwester, um die alte Heilerin einen Verband anlegen zu lassen.

Da er danach sofort begann, Anweisungen für Raphaels weitere Versorgung und seinen Transport zu geben, stieg Elissa schließlich in York an Sarais Seite mit in den Privatwaggon der Williams'. Die stille Siegerin der Diskussion warf ihr einen verschmitzten Blick zu, bevor sie sich wieder Raphael zuwandte, unverhohlene Angst um ihn in ihren Augen.

Irgendwann auf der langen Reise forderten die Ereignisse des Tages und die durchwachte Nacht davor ihren Tribut und Elissa konnte sich nicht länger gegen die Erschöpfung wehren.

Während sie geschlafen hatte, musste Sarai mit Daniel geredet haben, denn als sie schließlich wieder erwachte, war sein Widerwille dagegen, dass Elissa sie begleitete, einer offenen Neugierde gewichen, wann immer er sie ansah. Sie musste ihm zugutehalten, dass sein Blick nie länger als nötig an ihren vernarbten Gesichtszügen hängen blieb, die selbst ihr Lachen zu einer Fratze verzogen. Doch Grund zu lachen hatten sie auf der unendlich scheinenden Reise ohnehin nicht.

Selbst die bequemen Polster des Privatwaggons konnten das Rütteln der Räder, das Rattern der Gleise nicht abfangen. Mit jeder Meile wurde Raphaels Gesicht blasser. Als sie schließlich das Londoner Stadthaus der Familie Williams erreichten, war Elissa froh, dass Raphaels Brustkorb sich überhaupt noch regelmäßig hob und senkte.

Dr. Miller wartete an der Seite seines rothaarigen Freundes Isaac Carter und Karl Williams' schon vor dem Haus auf sie, nachdem Daniel zuvor ein Telegramm an Raphaels Studienfreund hatte senden lassen.

Sarai legte ihren Arm um Elissa und stumm beobachteten die beiden Frauen, wie die Diener Raphaels leblose Gestalt aus dem Wagen hoben. Mrs Martin hatten sie in der Herberge bei Elsbeth zurückgelassen, da sie vor allem Ruhe brauchte. Mit besorgt gerunzelter Stirn folgte Karl Williams dem Doktor ins Haus, der schon in der Eingangshalle begann, Anweisungen zu geben.

Der Nieselregen hatte sie nach London verfolgt und hüllte die beiden Frauen auch nun in seine kalte Umarmung, die Elissa die Gänsehaut auf die Arme trieb. Atemlos, als hätte ihr jemand so fest in den Bauch geschlagen, dass sie selbst jetzt noch nicht Luft holen konnte, trat sie an Sarais Seite über die Türschwelle des ihr fremden Hauses. Fest entschlossen, dass nichts und niemand sie davon abhalten könnte, an Raphaels Seite zu wachen, bis sicher war, dass er überleben würde.

Und niemand hatte versucht, sie davon abzuhalten. Trotz ihrer Kleidung, die für ein Dienstmädchen auf dem Land zwar angemessen, in London jedoch eher schäbig war, hatten die Williams' sie seit dem Moment, in dem sie über ihre Türschwelle getreten war, vollkommen normal behandelt, beinahe schon wie ein Familienmitglied. Elissa war davon ausgegangen, dass Daniel dies um Sarais Willen getan hatte. Nichts hatte darauf hingedeutet, dass er sie erkannt hatte. Nie hatte er der Neugierde in seinen Augen nachgegeben und sie ausgefragt. Überhaupt hatten sie kaum miteinander geredet, wenn Elissa auch die ganze Zeit über bereit gewesen war, darum zu kämpfen, an Raphaels Seite bleiben zu dürfen.

Und nun, da Daniel beiläufig feststellte, dass Raphael sie heiraten sollte, dass sie für immer an seiner Seite sein sollte, erwachte der begraben geglaubte Schrei in ihrem Inneren mit neuer Eindringlichkeit wieder zum Leben. *„Lauf, Elissa! Geh!"*

Sollte Raphael hier bei seiner Familie bleiben und irgendwann wieder in die Londoner Gesellschaft zurückkehren wollen, würde ihre Anwesenheit ihm Türen verschließen. Raphael bräuchte eine Frau, die ihn in ebendiese Gesellschaft einführen, ihn beliebt machen konnte. Seine Worte, seine Vergangenheit, sein Wunsch, dazuzugehören, klangen noch in ihr nach. Doch sie selbst wollte sich nie wieder in diesen Kreisen bewegen. Was, wenn Raphaels Wunsch noch lebendig und nur unter seiner Reue, seinem Schuldgefühl verborgen war? Sie wäre nur ein weiteres Hindernis. Eine weitere Person, für die er sich verantwortlich fühlen würde.

Sie war nicht gut für ihn. Und sie wollte nicht erleben, wie er das erkannte.

„Elissa?" Raphaels Stimme war kaum hörbar und doch riss sie Elissa schneller aus ihren Gedanken, als ein Fanfarenstoß es hätte tun können.

Woher wusste er, dass sie hier war? Hatte sie wieder einmal laut vor sich hin gesprochen? Ruckartig hob sie den Kopf, stellte fest, dass Daniel fertig war mit Raphaels Bart, dass beide Brüder sich ihr zugewandt hatten. Dass der eine sie neugierig musterte, während der andere mit gerunzelter Stirn ins Nichts starrte.

„*Lauf, Elissa. Geh!*" Mühsam kämpfte sie an gegen die Worte ihrer Mutter, die aus der Vergangenheit nach ihr griffen. Trat einen zögerlichen Schritt nach vorn.

Sie wusste, dass ihre Mutter nie gemeint, nie gewollt hatte, dass sie floh vor allem, was sie liebte. Und doch war es noch immer schwer, gegen den Instinkt zu handeln, der sie jahrelang am Leben gehalten hatte.

„Elissa?" Kraftlos versuchte Raphael, ihr seine linke Hand entgegenzustrecken. Sie bewegte sich nur einige wenige Fingerbreit über die Decke.

Nun hielt Elissa nichts mehr. So schnell sie konnte, eilte sie an seine Seite, sank dort auf ihre Knie. Legte behutsam ihre Finger um Raphaels Hand, spürte seine warme, raue Haut auf ihrer. Sie vergaß Daniel, der noch immer auf Raphaels anderer Seite stand, vollkommen. Seine Worte über Skandal und Heirat verloren jeden Belang.

Liebevoll strich sie mit ihrer anderen, ihrer verkrüppelten Hand Raphaels dunkle Haare aus seiner Stirn. Und ihre Hand, ihr Herz erinnerten sich wieder daran, dass ihre Schwäche, ihre Makel, ja selbst ihre frühere Schönheit bei ihm bedeutungslos waren. Dass er an ihrem Herzen, an *ihr* interessiert war.

Er wandte ihr den Kopf zu. Die tiefen Linien in seinem Gesicht, die Falten auf seiner Stirn zeugten von den Schmerzen, die ihn immer noch fest im Griff hielten. Doch er schenkte ihnen kaum Beachtung, richtete seine ganze Aufmerksamkeit auf Elissa. „Warum glaubst du, du wärst nicht gut für mich, Elissa?"

Sein Flüstern war erschöpft, doch sein Griff um ihre Hand versprach, sie nicht gehen zu lassen. „Du bist doch mein Sonnenschein." Ein mattes Lächeln ließ sein Gesicht aufleuchten.

Wie gebannt hing Elissas Blick an dem sanften Schwung seiner Lippen, fasziniert davon, wie sehr das gepflegte Aussehen, das er seinem Bruder zu verdanken hatte, seinen ohnehin attraktiven Gesichtszügen schmeichelte.

Langsam näherte sie sich mit ihrem Gesicht dem seinen, fieberte die weiche Berührung herbei. Sie spürte den warmen Hauch seines Atems auf ihrem Gesicht, hörte sein leises Flüstern: „Bleib."

Dann berührten ihre Lippen vorsichtig die seinen.

Ein Räuspern auf der anderen Seite des Bettes ließ Elissa erschrocken hochfahren. Hastig zog sie ihre Hand aus Raphaels. Sie hatte Daniels Anwesenheit komplett vergessen!

Mit hochrotem Gesicht begann sie: „Entschuldigung, das war unverzeihl–", doch Daniels tiefes Lachen unterbrach sie.

„Ich glaube, an dieser Stelle verlasse ich den Raum. Wie ich sehe, muss euch beide niemand zu einer Heirat überreden."

Elissa senkte beschämt den Kopf. Doch das Grinsen aufhalten, das sich angesichts Daniels Schmunzeln ohne ihre Erlaubnis auf ihre Lippen schlich, konnte sie nicht.

Mit langen Schritten ging der junge Mann zur Tür, drehte sich dort noch einmal um und warf zurück: „Aber die Tür lasse ich offen, denkt dran!"

Elissa verschränkte ihre Finger ineinander, rang die Hände. Trat noch einen Schritt zurück. Gerade eben noch war sie zu dem Schluss gekommen, dass sie nicht gut für Raphael war. Und nun küsste sie ihn? Vor seinem Bruder? „Raphael, es tut mir wirklich leid. Ich –"

Wieder wurde sie unterbrochen, doch dieses Mal nicht von Daniels selbstbewusster Stimme. Raphaels Mund bewegte sich, doch sie hörte ihn nicht. Augenblicklich verstummte sie, lehnte sich über ihn.

„Elissa." Schwach bewegten sich seine Finger und wo sie soeben peinlich berührt ihre Hand aus seiner gezogen hatte, griff sie nun wieder nach seiner Hand.

„Ich liebe dich." Sein Flüstern war tonlos. Sie war nicht einmal ganz sicher, ob sie richtig gehört hatte. Und doch ließ es ihr Herz einen Schlag lang aussetzen. Brachte alle ihre Gedanken zum Verstummen.

Er war bereit gewesen, sein Leben für sie zu geben.

Konnte es wirklich sein?

War es nicht sein Bedürfnis, seine Schuld wiedergutzumachen, Menschen zu retten, das ihn angetrieben hatte? Sondern seine Liebe zu ihr?

Raphaels Lider schlossen sich, verdeckten das helle Blau seiner Augen. Die dunklen Wimpern streichelten seine Wangen.

Auf einmal dringlich, legte sie ihre Hand an sein Gesicht und küsste ihn erneut – diesmal vollkommen ungeniert. Dann erwiderte sie mit fester Stimme: „Ich liebe dich auch."

Raphael antwortete ihr nicht mehr. Ob er zu erschöpft war, um ein weiteres Mal zu reden, oder ob er eingeschlafen war, wusste sie nicht. Doch sie wusste, sie würde alles tun für diesen Mann, der bereit gewesen war, alles zu geben. Für sie.

Sie würde für ihn da sein, bis er wieder sicher auf seinen Beinen stand. Würde ihn unterstützen, bis sein Körper geheilt war. Würde ihn lieben, bis die Wunden seiner Vergangenheit zu Narben verheilt waren, bis sie nicht mehr waren, als ein Zeugnis der Vergebung.

Und sollte er je in die Londoner Gesellschaft zurückkehren wollen, würde sie ihre Schultern straffen und ihm zur Seite stehen. So lange, wie ihr himmlischer Vater ihr Zeit geben würde.

Sie würde mutig sein. Würde strahlen.

Weil sie geliebt war. Von diesem Mann, der tiefer geschaut hatte.

Von dem Gott, der sie niemals aufgegeben hatte.

Und vielleicht könnten sie den Schatz teilen, den sie entdeckt hatten: die Schönheit, die im Herzen verborgen liegt.

Was ist Schönheit?

Ist es ein Sonnenaufgang? Oder der Moment am Abend, wenn ein weiterer Tag zu Ende geht und Ruhe einkehrt? Die zerbrechlichen Flügel eines Schmetterlings oder die vernarbte Rinde eines Baumes, der schon seit Jahrzehnten den Elementen trotzt?

Ist es das sanfte Rauschen des Windes oder die Kraft, mit der er meterhohe Wogen aufpeitscht?

Was ist Schönheit?

Eifersucht und Neid haben schon manchen Mord begangen, weil sie es war, die begehrt wurde. Aber hat sich dadurch jemals die Schönheit auf dieser Welt gemehrt?

Schönheit kann lügen, sie kann betrügen. Sie kann ein Geschenk sein und ebenso kann sie uns zugrunde richten.

Was ist Schönheit?

Ist es ein strahlendes Lachen oder ein aufmunterndes Lächeln im schlimmsten Schmerz? Sind es freundliche, schmeichelnde Worte oder die harte Wahrheit, ausgesprochen in Liebe?

Können unsere Augen sie erfassen? Können wir sie jemals begreifen?

Schönheit in dem Erstaunen, mit dem das Neugebore-
ne zum ersten Mal in die Welt blickt, Schönheit in dem
Frieden, mit dem sich die Augen der Alten zum letzten Mal
schließen.

Schönheit.

Einsam trotz ihrer ständigen Begleitung.

Geliebt, zerronnen.

Liebend gefunden.

Danksagung

Liebe Leserinnen und Leser,

danke, dass ihr dieses Buch in die Hand genommen habt und Elissas und Raphaels Geschichte für einige Stunden Teil eurer Lebensreise werden durfte! Ich hoffe, dass ihr Gottes bedingungslose Liebe durch die Seiten hören konntet oder zumindest dazu inspiriert wurdet, innezuhalten und hinzuhören.

Mein größter Dank geht an diesen Gott, der mir immer wieder so viel Grund gibt, begeistert zu sein von unserer Welt und von all den kleinen und großen Schätzen, die er darin für uns versteckt hat! Der Gott, der es möglich gemacht hat, dass ihr dieses Buch überhaupt in den Händen haltet.

Ein riesiges Dankeschön auch an meine Familie, die dieses Buchprojekt so liebevoll auf allen Ebenen unterstützt hat! Ganz besonders an meine Mama, die seit dem Moment, in dem ich einen Stift halten konnte, fast jeden meiner Texte gelesen hat – egal, wie inspiriert oder experimentierend – und mir die Liebe zu Büchern direkt mit in die Wiege gelegt hat.

Danke an meine wundervollen Freunde, die akzeptieren, dass ich manches Mal in Gesprächen ein wenig abwesend bin, wenn ich in Gedanken noch in irgendeinem möglichen Handlungsstrang feststecke. Die mich anfeuern und mutig machen, oft allein dadurch, wie mutig sie selbst ihren Weg gehen.

Danke an den Brunnen Verlag, der mir und den beiden Protagonisten eine Chance gegeben und dabei so viel Expertise beigetragen hat!

Und zum Schluss, weil sie wie die Zündung beim Start einer Rakete fast zuletzt dazukam und zugleich diejenige war, die diesen Start überhaupt erst möglich gemacht hat – vielen Dank meiner Lektorin Carolin! Danke für deine Zeit, deine Fragen und guten Gedanken, die du investiert hast. Und vielen Dank für deine Begeisterung für diese Geschichte. Es hat wirklich Spaß gemacht, mit dir zusammenzuarbeiten!

Nun, liebe Leserinnen und Leser, liegt es an uns, das Echo von Gottes Liebe in diese Welt zu tragen. Und denen zuzusprechen, die es noch nicht hören können, es vergessen haben oder es einfach immer wieder hören müssen: Du bist wertvoll. Du bist geliebt!

Ingrid Kretz

Die Feuermagd von Dillenburg

376 Seiten, Hardcover
ISBN 978-3-7655-3654-0

Mitten in der Nacht wird die Magd Philippa von ihrer Freundin Elsa geweckt. Diese hat furchtbare Neuigkeiten: Sie wird wegen Kindsmordes an ihrem unehelichen Säugling gesucht! Philippa muss miterleben, wie die Freundin verhaftet wird. Doch damit nicht genug: Einige Tage später, in der Nacht des 14. Mai 1723, bricht ein Brand in Dillenburg aus, der beinahe die gesamte Stadt zerstört. Zudem will jemand die Heirat von Philippa und dem Gerichtsschreiber Caspar verhindern. Philippa und Caspar kämpfen für ihre Liebe und fragen sich gleichzeitig: Wie ist der Brand entstanden? Was hat Elsa damit zu tun? Und warum wird sie „die Feuermagd von Dillenburg" genannt? *Eine ergreifende Geschichte von der Sehnsucht nach Liebe und der Zerbrechlichkeit von Zukunftsträumen vor dem Hintergrund einer wahren Tragödie.*

www.brunnen-verlag.de

Ane Mulligan

Zart wie Blüten, stark wie Stahl

352 Seiten, Paperback
ISBN 978-3-7655-2146-1

Ane Mulligans Roman über fünf starke Frauen, ihre Freundschaft und ihren Zusammenhalt zur Zeit der Großen Depression zeigt unvergleichlichen Südstaatencharme. 1929: Der Börsencrash führt im ländlichen South Georgia zu entbehrungsreichen Zeiten und die Witwe Magnolia „Maggie" Parker kämpft sich als berufstätige Frau und Mutter eines siebenjährigen Sohnes durchs Leben. Schon lange ist sie ihrem habsüchtigen Schwiegervater ein Dorn im Auge, denn er hat es auf den Lebensmittelladen abgesehen, den ihr Mann ihr hinterlassen hat. Doch er hat nicht mit Maggies Kampfgeist gerechnet und mit der Stärke der Südstaatenfrauen! Gemeinsam mit ihrer Schwester und drei weiteren Freundinnen findet Maggie immer wieder neue Wege durch die Wirtschaftskrise hindurch und entdeckt: Mit Gott und den richtigen Freundinnen an der Seite kann man alles schaffen!

www.brunnen-verlag.de